藤田孝典

コロナ貧困

絶望的格差社会の襲来

毎日新聞出版

はじめに

「死にたいほどつらい」

私たちのもとには、毎日のように生活困窮者からの悲痛なSOSが届く。

日本で新型コロナウイルス感染者が確認されて1年余が経過した。感染拡大で生活や雇用に深刻な影響が及んでおり、仕事もお金も住まいも失った人たちは増加の一途をたどっている。とりわけ非正規雇用で働く多くの女性、若年層、高齢者の暮らしはこの1年で劇的に悪化した。さらに、2人に1人くらいの相談者が「死にたい」と訴えていることにも強い危機感を抱いている。収束の見通しは依然として立たず、募る不安が心身にダメージを及ぼしていることが窺える。

＊

ここで少し自己紹介をさせていただくと、私は社会のなかで弱い立場にいる人たちの支援を行う社会福祉士（ソーシャルワーカー）である。20年前から生活や福祉に関する相談対応をはじめ、さまざまな提言や制度改革に取り組んできた。2011年に設立したNPO法人ほっとプラスでは、相談者に同行して福祉サービスの利用手続きを申請したり、就労相談に応じたり、食料や住居を提供したりと、日常生活を安心して送るための支援を行ってきた。2020年3月からは「生存のためのコロナ対策ネットワーク」や「反貧困ネットワーク埼玉」で支援活動を開始したが、これほどまでに多くの人たちが困窮している状況を過去に見たことがない。

多い日は1日で100件を超える相談があり、すべてに対応しきれないこともあった。家賃を支払えず荷物をまとめて退去した人、自殺未遂をした人、刑事事件（窃盗や無銭飲食）を起こした人からの相談もある。収入や預貯金がみるみる減っていき、心に余裕がなくなりほとんど眠れない、うつ症状が出ているという訴えも多い。もともと問題だった格差や貧困がいっそう広がり、一刻の猶予もない状況だ。

人類史上かつてない危機のなか、政府は3度目の緊急事態宣言を2021年6月20日で解除し（沖縄県を除く）、東京オリンピック・パラリンピック開催に向けて突き進んでいる（6月28日現在）。「国民の命や健康を守り、安全・安心の大会を実現することは可能だ」と政府は説明するが、本当に国民の命と暮らしを守ることが大事だと考えるならば、一刻も早く中止を宣言し、生活に苦しむ人々のために医療・福祉資源や財源を割くべきだと思う。民意に耳を傾けない今の政権には、中止という選択肢はないように見える。

＊

現場で今、何が起きているのか。その実態についてもっと広く社会に伝える必要があると考え、執筆したのが本書である。

今必要なのは、「自分とは無縁ではない」と気づくことだと思う。これを機に私は、社会にはびこる自己責任論をたたき潰したいと考えている。それゆえ本書では、貧困に至った相談者の事例と対処法を数多く紹介している。登場人物たちの体験を通じて、「自己責任なんてとんでもない、誰もがいつ貧困状態になってもおかしくないのだ」という認識への転換を強く促したい。

これほどまでに大量の生活困窮者が出るということは、私たちが築き上げてきた社会のどこかに歪《ひず》みがあるのではないかと、この機会にぜひ現実を見つめ直していただきたい。本書が、徹底して貧困問題に向き合い、原因を突き詰め、問題を解決するために何ができるのかを考えるきっかけとなり、現場から社会を変える「ソーシャルアクション」の一助となれば本望である。

コロナ貧困　絶望的格差社会の襲来　目次

第1章　コロナ禍が浮き彫りにした貧困と格差

第2章 崖っぷちに追い込まれる女性たち

第3章 コロナが明けたら美人さんが風俗嬢やります
――「ナイナイ岡村風俗発言」を検証する

第4章 未曾有の貧困危機から命と暮らしを守る――支援・相談窓口

第5章 誰一人取り残さない社会を実現する

ブックデザイン・図表――宮坂佳枝
写真――髙橋勝視(毎日新聞出版)
編集協力――柴崎あづさ
校正――東京出版サービスセンター
DTP――センターメディア

第1章

コロナ禍が浮き彫りにした貧困と格差

コロナ禍が押し広げる新たな貧困

本章では、新型コロナウイルス感染症の蔓延が私たちの暮らしに及ぼした打撃がいかに深刻であるか、その蔓延がいかにさまざまな問題を顕わにしたかを改めて捉え直していきたい。

生活困窮者支援活動を行う私たちソーシャルワーカーの間に、「ただ事ではない」と危機感が共有されていったのは2020年2月末頃からである。メールや電話で「所持金があと4000円」「家賃が払えず住む場所がなくなった」という悲鳴が届き始めたのだった。

埼玉県、千葉県、東京都、神奈川県、大阪府、兵庫県、及び福岡県の7都府県に感染拡大を防ぐための緊急事態宣言が発令されたのは2020年4月7日のこと。外出自粛が求められ、「密閉」「密集」「密接」の3密を避けた生活様式と、手洗いや消毒など衛生観念の見直しを徹底することが全国民に呼びかけられた。

そうした対策は世界同時多発だったといってよい。ウイルスは人の呼気や唾液や触れ合いによって伝播する。人が来なければ店は閉めるしかない。公共交通機関の利用者も減る。

厚生労働省の集計によると、直ちに解雇や雇い止めが起こった業種はホテルや旅館など宿泊業で、続いて飲食業や製造業、観光バスやタクシーなど道路旅客運送業に広がった。都道府県別では東京都、大阪府、北海道の順に多くを数える。緊急事態宣言による休業要請や外出自粛が影響したようだ（2020年7月3日付毎日新聞）。

夏の盛り、一時的に感染者は減るも、秋口からは第2波、3波が世界中を襲う。日本でも冬の訪れとともに、感染者数は再び増加の兆しを見せていた。勢いは首都圏にとどまらず、1人の感染者が他人にうつす平均人数を表す「実効再生産数」が1を上回る水準で全国に再拡大していく。

明けて2021年1月8日、2度目の緊急事態宣言が発令された。それでも感染者数は底を打たず、病床が足りないという理由で、東京都、神奈川県、千葉県、埼玉県の首都圏1都3県は一時宣言延長される。やっと感染者数が減り始めた3月21日に宣言は解除されたのだった。第4波への懸念が高まるなか、東京オリンピック・パラリンピックの聖火リレーが3月25日から始まった。

しかし、感染の再拡大は一向に収まらず、2021年4月23日、政府は東京都、大阪府、兵庫県、京都府の4都府県を対象に3度目の緊急事態宣言の発令を決定した。

2カ月で2倍から3倍へ急増

車が出払ってがらんどうのようになった駐車場に茫然《ぼうぜん》と座り込む高齢者。鉄の仕切りがついて寝転ぶこともできなくなったベンチしかない公園で、子どもを抱いてただ歩き回るだけの女性。鍋や大工道具、何に使うのかわからない反故紙など、生活道具一切を籠に入れて自転車を押している男性……。埼玉県内のある駅近くの地下道の見回りをしていると、さほど意識していなくとも明らかに路上に放り出されたと見られる人々に遭遇する。

身なりや荷物や自転車の様子等が、それなりに彼らの状況を伝えてくる。ネットカフェや漫画喫茶が休業する前は、苦しいながらも寝場所だけはある人たちだったろう。

2020年4月18・19日、1度目の緊急事態宣言後の週末に「コロナ災害を乗り越えるいのちとくらしを守るなんでも相談会」を全国25都道府県で開催したところ、42万件もの相談があった。

5回線を敷いた埼玉会場は受話器を置けばすぐ着信する状態が続いた。中小企業の社長や自営業者、フリーランスの方など業種や雇用形態にかかわらない。派遣労働はじめ非正規労働をしている人たちについては、休業補償も受けられず自宅待機を命じられたり、所

「コロナ災害を乗り越える　いのちとくらしを守るなんでも相談会」の開催について記者会見をする著者と猪股正弁護士（左）＝さいたま市の埼玉総合法律事務所で２０２０年４月１４日（提供：共同通信社）

定の有給休暇取得後に欠勤扱いされたりしているといった労働環境の不備が目立った。

これまで平時であれば年間３００～５００件くらいの相談を受けていたが、この電話相談では瞬く間にその2倍から3倍にふくれ上がった。

リーマン・ショックを超える雇用危機

２００８年のリーマン・ショック時は、稼働年齢層である15～64歳の労働者が推定２６５万人（野村総合研究所調べ）失業した。外需や為替の動向に景気が左右される自動車産業を中心に製造業が大きな影響を受け、工場の寮などに住んでいた非正規社員は職と住まいを同時に失って路上に放り出された。

今回のコロナ禍では、失業者数はその倍以上ともいわれる。総務省が２０２０年６月30日に公表した５月の労働力調査では、新型コロナウイルス感染拡大の影響で完全失業率は前月から０・３ポイント上昇の２・９％。２０２１年３月の調査では、完全失業者数は１９４万人、前年同月比35万人増である。13カ月の連続増となった。完全失業率は２・９％で高止まりである。

労働者はリーマン・ショックとは次元の違う困難に見舞われているのだ。年齢・性別では20代女性が多く、雇用形態は非正規、業種別では小売・飲食、世帯構成は単身者という労働者からの相談が圧倒的だ。

たとえば飲食店一軒が休業を余儀なくされると、店舗だけでなく、店に食材を卸す会社や什器や食器を扱う企業の雇用も大打撃を受ける。そうして家賃が払えなくなり所持金数百円で退去した人や、自殺企図をした人、生活苦のあまり刑事事件（窃盗や無銭飲食）を起こした人からの相談も相次いだ。

２０２０年８月17日の内閣府発表によれば、緊急事態宣言の前後と重なる４〜６月期の国内総生産（ＧＤＰ）は年率27・８％減となった。

世界的に見ても景気が悪化し、輸出はリーマン・ショック直後の2009年1~3月の25・5%減に次ぐ過去2番目の下落となった。2021年に入っても感染は収束に至っておらず、景気の悪化がどこまで続くかわからない。

私たちは「休業手当を出してもらえない」といった相談を多く受けたが、今後は「働きたくても働き口がない」という嘆きがさらに増えるのではないか。ハローワークは窓口・電話ともに混み合っており、人手を増やして対応しているが、十分に就職支援できる体制とはいえない。

経済活動は再開されてはいるが、求人が増えるのは限られた分野だろう。ダメージを受けた分野と、そうでない分野の激甚《げきじん》な差も生んだ。コロナ不況のダメージを受けた企業は東日本大震災の時のような「みんなで乗り切ろう」といった連帯感はなく、組織のリストラや早期・希望退職を募っており、新たに人を採用する余裕などない。

最前線で働く人々のリスク

政府の外出自粛要請を受けて「不要不急」の業務が停止するいっぽう、生活維持に欠かせない仕事を担い、テレワークもできず、感染リスクを押して公共交通機関を使わなければばならない人たちの存在が浮き彫りになった。

医療従事者、スーパー・コンビニエンスストア・薬局店員、介護福祉士・保育士、市区町村の役所職員、バス・電車運転士、郵便配達員・トラック運転手、ゴミ収集員といったそれらの仕事は、その後「エッセンシャルワーカー」と呼ばれるようになる。エッセンシャル（essential）は「必要不可欠な」「本質的な」といった意味で、コロナ禍で改めて意識したという人は少なくないはずだ。

社会的に必要不可欠なライフラインを担っているにもかかわらず、医療専門職の正規雇用を除くと、大半は賃金や処遇が上がらない非正規雇用で、しかも接触型サービスである。高いリスクに見合った報酬を得ているとは言いがたい現実がある。

私たち生存のためのコロナ対策ネットワークなどが開く相談会では、エッセンシャルワークに従事する女性非正規労働者からの相談が、最初から顕著であった。そのほか、タクシー運転手や介護施設などで働き、少ない年金を補っていた高齢者からのＳＯＳも毎日のように受け取った。

女性、子ども、高齢者が社会の網から落ちかかっている。さらに、ひとり親や単身の非正規雇用者は、性別を問わず孤独のなかにある。彼らが困窮しているのは個人の責任ではなかったことが、コロナ禍で日々、薄皮をはぐように明白になっていった。

生活保護申請件数が増加

厚生労働省は2020年7月1日、4月の生活保護の申請件数が全国で2万1486件と前年同月に比べて24・8％（4273件）増えたと発表した。4月に新たに受給を開始した世帯は1万9362世帯で、前年同月比で14・8％（2503世帯）増である。前年同月比で2ケタ増加したのは、2008年9月のリーマン・ショックの影響で支給世帯が増加した2010年1月以来、約10年ぶりのことだ。厚生労働省の担当者は、「新型コロナによる4月の緊急事態宣言で、生活に困った人が増えたとみられる」としている。

2021年6月2日、2020年度の1年間の生活保護申請件数が22万8081件（速報値）に上り、前年度から2・3％（5039件）増えたことがわかった（**図表1－1**）。増加は、リーマン・ショック後の2009年度に過去最多の34万9223件となって以来11年ぶり。同日、2021年3月の生活保護申請件数も発表された。2万2839件となり、前年同月と比べて8・6％増えた。前年同月からの増加は7カ月連続で、増加幅を見ると前年9月は1・7％だったが、月ごとに少しずつ大きくなっている。

図表1－1　生活保護申請件数の推移

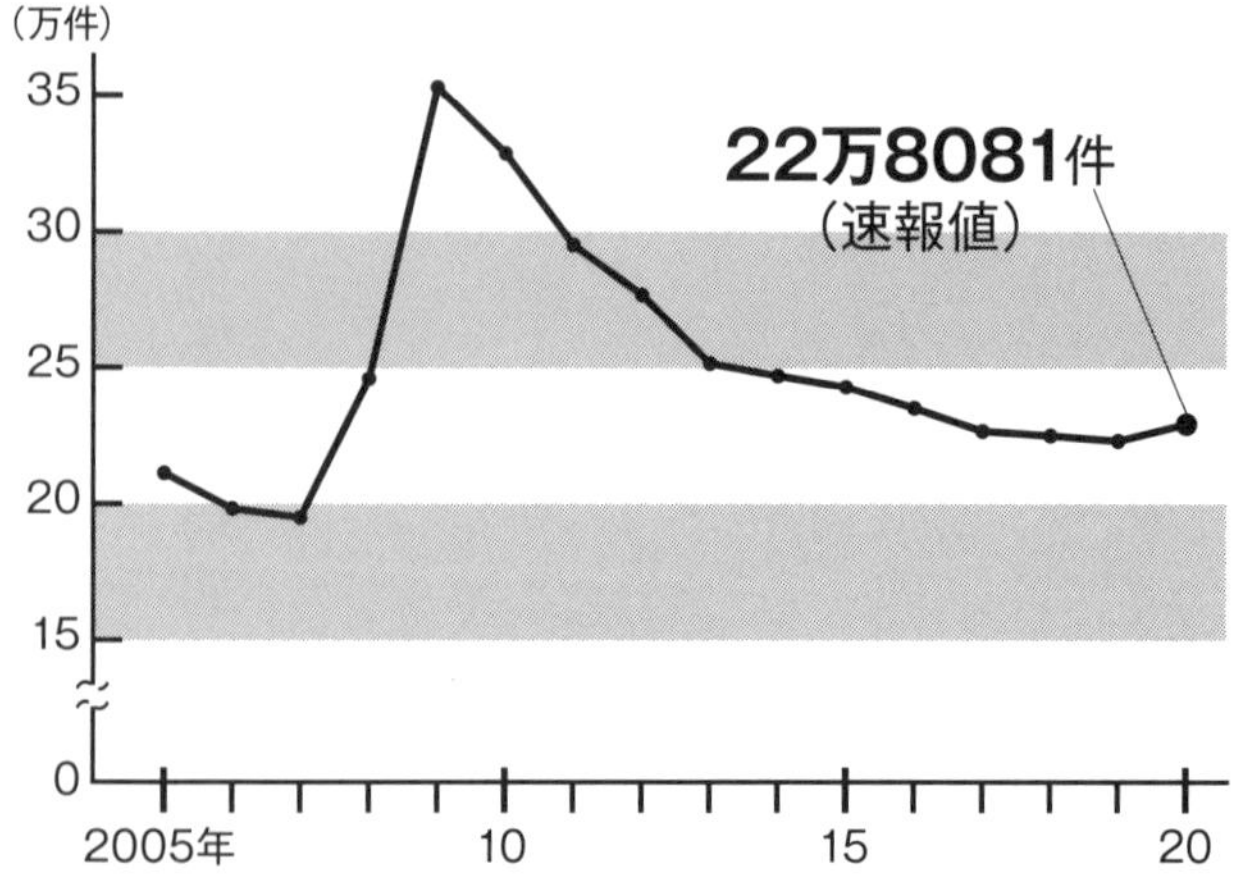

出典：厚生労働省の発表をもとに作成

私たちへの相談内容も、生活保護申請へつなげる案件が増えた。生活保護申請はセーフティーネットであり、雇用保険失業給付、生活福祉資金貸付、住居確保給付金、休業補償といった社会保障が有効に機能していないことが見て取れる。

「Twitterデモ」で国民の声を政治に届ける

私たちは「給付金Twitterデモ」と称し、一律10万円の特別定額給付金の再給付を求める署名活動をインターネット上で始めた。「#再度の現金給付を求めます」がTwitterでトレンド入りし、連日、SNS上に再給付を求める声があふれた。

2度目の緊急事態宣言が主要都市と感染拡大地域で出されたことに伴い、再給付への要望は悲鳴にも似た形で広まった。

Twitterデモで発信するハッシュタグ（#）は、生活困窮者、シングルマザー、生活保護利用者、非正規労働者などから意見をもらって毎日変更している。「貧困」「給付」といったキーワードがTwitterでトレンド入りすれば、多くの人の目に留まり、議論が喚起されるからだ。政治家の目にも留まる。だから「デモ」なのである。

そんななか、麻生太郎財務大臣は2021年1月22日の閣議後の記者会見等で、前年の「特別定額給付金」の支給について「あれは税金ではなく政府の借金でやったこと。さらに借金を増やすのか」と返し、再度の一律給付を完全否定した。「給付しても貯蓄に回される」という論法は使えないと思ったのか、「次世代にツケを払わせるのか」という言い分に切り替えてきたのだ。

「借金」というのは、10万円給付のために2020年度第1次補正予算に計上した12・8兆円をすべて新規国債発行で賄ったという意味であり、次の支援は個人への一律ではなく、経営が悪化した企業に対し、「雇用調整助成金」や資金繰り支援の拡充などで支えていくということだった。

当然ながら、すべての人が企業に勤めている訳ではない。非正規社員が４割を占める日本の労働環境だ。企業向け支援では、こぼれ落ちてしまう人のほうが圧倒的に多い。生活費に回ることはもちろん、貯蓄で備えにする人もいるだろう。寄付する人もいるはずで、国民の安心感に必ずつながる。「#二回目の現金給付求めます」「#一律給付金再支給」といったSNSの声は日々増え続けている。

10万円再給付は消費税引き上げとワンセット!?

なかでも私が気になるのは、２０２１年1月18日に行われた第２０４回国会における菅義偉内閣総理大臣の施政方針演説である。47歳で衆議院議員に当選した際、当時の梶山静六内閣官房長官から贈られた言葉を自らの政治信条として紹介した。「今後は右肩上がりの高度経済成長時代と違って、少子高齢化と人口減少が進み、経済はデフレとなる。お前はそういう大変な時代に政治家になった。そのなかで国民に負担をお願いする政策も必要になる。その必要性を国民に説明し、理解してもらわなければならない」などと語ったという。それが菅首相の国会議員としての原点ということだが、なぜこの期にそんな思い出話をしなければならなかったのだろう。

2度目の緊急事態宣言下でなされた演説なので、「国民に負担をお願いする政策」とは、時短をはじめ生活の緊縮かと思ってしまいがちだが、「給付金を増やすことで次世代への借金が増える」という負担について、あらかじめ釘を刺したとも解釈できる。。緊急事態にかこつけて確信的予定を紛れ込ませ、国民の合意のないまま、なし崩し的に既成事実を積み上げるという、政府お得意の「発表」ではないか。菅政権が一番顔色を見なければならない、財務省へのおもねりとも思える。

この演説については、多くの経済記者たちが「この『負担』とは増税のこと」と解釈し、記事にした。10年前の東日本大震災直後、当時の菅直人民主党政権は10兆円の復興財源に充てるために住民税に1000円を加算（10年間）、所得税額の2・1％を課税（25年間）、法人税の10％を課税（2年間）という復興増税を断行した。給付金配布には、このような犠牲（負担）を伴うということをあえて念押ししたかったのかもしれない。

計算によると、消費税をあと5％上げれば、コロナ対策に使った国費76兆円が5〜6年で回収できるという。だが、これを鵜呑みにしてはならない。ここで私たちは2つのことを認識しておく必要がある。

まず、特別定額給付金や各種生活支援策を導入すると消費税が上がるというもっともらしいロジックに騙されないことだ。

そして、たとえ新型コロナウイルス対策予算がふくらみ、財政上の課題が出てきた場合でも、消費税増税以外の選択肢はもちろんあるということだ。

菅政権、財務省のロジックに騙されてはいけない。まず特別定額給付金の再支給、各種生活支援策の拡充は、誰に何と言われようとためらうことなく引き続き求めていくべき正当な権利なのだ。絶対に、政権側の「支援策を拡充すると、その後に増税するぞ」という脅しに屈してはならない。

特別定額給付金の再支給は大袈裟ではなく、命にかかわる問題だからである。にもかかわらず、政府は一向に聞く耳を持たず、「再支給は考えていない」と繰り返す。政府に対して、私はこれまで是々非々の態度で向き合ってきた。「保守」や「愛国」を語るのであれば、最低限、自国で暮らす民の暮らしや命を守ることに気概を感じる人に政治を行ってほしい。これほど自国民の命や暮らしに無関心な政治家は他国にいるだろうか。

あまりにも異常すぎる現状に、理解が追いつかない。なぜ施策一つで救える命を救おうとしないのか、目の前で苦しんでいる人を助けようとしないのか。皆目見当のつかない人が政治の中枢にいる。

東京五輪より優先されるべき施策――生活困窮者支援

毎日新聞と社会調査研究センターによる全国世論調査（2021年5月22日実施）によると、東京オリンピック・パラリンピックについて、40％が「中止すべきだ」としている。「再び延期すべきだ」は23％で、「中止」と「再延期」を合わせると6割を超えた。海外からの観客を入れずに開催する現在の方針については、「妥当だ」は20％で、「国内の観客も入れずに無観客で開催すべきだ」は13％、「わからない」が3％である。

他の大手新聞社やテレビなどによる5月時点の世論調査でも、「中止」が「開催」を大きく上回る。新型コロナウイルス感染症対策の緊急事態宣言・まん延防止等重点措置の期間延長が影響しているのはもちろん、政府への不信感がこの国ぐるみのイベントを極めて危うくしている。

国民の過半数が中止に傾いても、政府のコロナ対策分科会の尾身茂会長が「パンデミックの中での開催は普通でない」と強く発言しても、政府はまともな答弁をしない。まして や医師と看護師が感染者の治療やワクチン接種で多忙を極めるなか、医療従事者のボランティアをも要請している。これがまともな国の政府の判断なのか。

夜回りで路上生活者の安否確認をする著者。通路の壁には行政による「警告文」が貼られていた＝埼玉県川口市の地下道で2021年6月16日（撮影：髙橋勝視）

私は反貧困ネットワーク埼玉のメンバーと川口駅周辺で夜回りを行った。地下道に向かうと、顔見知りの中高年男性ホームレスたちの姿がない。事情を聞いてみると、市役所の人たちが突然やってきて、赤文字で大きく「違法行為です」と書かれた紙を壁に貼り、ダンボールや荷物を撤去したのだという。行政側は、道路に段ボールを持ち込んで寝泊まりする野宿者たちを「不法占拠者」だとして退去警告を始めたのだ。

オリンピック開催国に野宿者や貧困者などがいては、見栄えがよくないということか。ダンボールは一見ゴミのように思われがちだが、路上生活者にとっては大切な「住居」なのだ。明らかに、東京オリンピック・

パラリンピックに向けての強制排除なので、すぐさま仲間の弁護士たちと対策を練ることにした。

コロナの収束が見通せないなかで強行すれば、「東京2020オリンピック・パラリンピック」は国民すべてが歓迎する平和の祭典にはならない。生活困窮者への支援など優先すべき政策が目に見えているなかで、多くの能力、時間、資金、資材がオリンピックに割かれるという、目を疑いたくなる状況が続いている。

こども庁創設より優先されるべき施策――世帯ごと支援

政府は杜撰《ずさん》な政権運営を続けているが、自民党は子どもに関する政策を担う「こども庁」の新設も議論し始めた。子育て支援や児童虐待対策など、複数の省庁にまたがる課題に一元的に取り組むことで、政策を円滑に進める狙いだという。2021年7月にも、加藤勝信官房長官をトップとする準備室を立ち上げる方針を固めたのである。

確かに子どもを取り巻く環境は悪化しており、大事な取り組みではあるが、これまで政府は困窮する子育て世帯と向き合ってきただろうか。

子どもの貧困は親が抱える貧困、生活困難を背景とする。子の親を支援しなければ、子どもは安心して暮らすことができないというのは周知の事実である。

なかでも深刻なのは、ひとり親世帯の窮地である。子育てと両立させるため、母親が短時間非正規社員として低賃金で働いたり、性風俗産業に従事したりして生計を立てている。社会保障による給付が極めて脆弱《ぜいじゃく》で、生き地獄と化している「棄民」状態を、長きにわたって政府は見捨ててきた。それゆえに日本は世界でも有数の子育てしづらい国になったわけで、こども庁など今さら感しかない。

新しい組織を創設して「やっている感」を演出するものの、社会保障給付をしないという、中身の伴わない政治体制にはいい加減、付き合いきれない気分である。そんな新組織をつくるよりも、困窮する世帯に一日も早く食料を送り就労を支援し、児童扶養手当や社会保障給付を拡充し、生活保護が受けやすくなるよう制度改変を急ぐべきだ。選挙を見越しただけの、形だけの政治はたくさんである。

子ども食堂は貧困問題を解決しない

現在の子育て世帯は夫婦共働きが多く、子どもたちの孤食や「コンビニ食」が広がっている。さまざまな家庭の事情で保護者と食事をとることができない子どもたちと、近隣のおばさん、おじさんが一緒に食事する場が「子ども食堂」だ。2012年ごろスタートした子ども食堂は、地域の住民や市民団体が中心となって、無料または低料金で子どもたちに食事を提供している。保護者も食事を作るのが大変なので、近隣のおばさん、おじさんの手料理を楽しみに、親子で参加する場合もある。各団体は資金難に苦しみながらも、クラウドファンディングで寄付を募ったり、ボランティアを募集したりして努力を重ねながら取り組んでいる。最近では、企業や民間団体の助成を受けたり、地方自治体等が予算を組んだりして財政支援するところもある。

子ども食堂は、食事を提供するだけではなく、地域での子どもの見守り支援や家庭への支援も含まれている場合が多い。形を整えることだけに汲々としている政府に代わり、民間支援団体が実質的に子どもたちと向き合ってきた。2020年には全国で子ども食堂は5086カ所を数えており、コロナ禍（2020年2月以降）でも増えている。子ども食堂に多くの人が関心を寄せ、活動の輪が広がることは喜ばしい。

そのいっぽうで、子ども食堂の活動をめぐる社会の動きには懸念すべき点もある。

子どもが元気にご飯を食べる姿は絵になり、メディアでも頻繁に報道される。貧困状態の子どもを地域で見守ろうという共感の声が上がり、支援につながる。しかし、子どもが貧困状態に陥っているとすれば、父親や母親といった大人の貧困と低所得が背景にあるのだと、まず私たちは認識しなければいけない。なかでも日本のシングルマザーの貧困、子どもの貧困は深刻である。シングルマザー等の相対的貧困率は48・1％にまでおよび、彼女たちは日夜働いても生活が苦しい。このような状況下で子どもの貧困と大人の貧困は別だという分断が生まれ、大人の貧困は自己責任として片づけられてしまうことを危惧する。

つまり、「子どもだけは助ける」というのは違う。社会的弱者を救うはずの規制緩和が格差を拡大させてしまったように、子ども食堂というネーミングの心地よさは、親の貧困問題の本質を隠してしまっている。

もとより子どもの貧困は、政府や自治体が責任を持って改善する社会問題である。民間に委ねておいていいはずはない。

税や保険料を原資として政府や自治体が主体的に再分配を行うべきところを、これまで寄付や民間の善意、市場に委ね続けてきたのが日本の公的福祉である。内閣府は「子供の未来応援基金」などの寄付を集めて子ども対策費を捻出しているが、本来は税や保険料で拠出すべきだろう。保育や介護に至っては市場開放までして、市場原理に基づく経営や運営が広がっており、行政の存在意義が地域で見えなくなっている。もうこれ以上、政府や自治体は公的責任を放棄してはいけない。

民間の子ども食堂では「どうしたら要保護児童に手を伸ばせるか」という議題が常に上がるほど、深刻な事態に陥っている児童を把握・捕捉《ほそく》できていないのだ。会計をやりくりしながら懸命に取り組んでくださっている子ども食堂運営者に、さらに貧困対策まで担わせるというのは無理な話である。やはり、子どもの救済については自治体の保健師や児童福祉司、児童相談所、学校が保護者と連携して、公的な制度利用や支援につなげるべきだろう。

いずれにしても、子ども食堂が議論の俎上《そじょう》に載るのは良いことだと思う。これを契機に、子どもの貧困対策や不十分な社会保障政策に光が当たることを期待している。

〈事例1〉世帯年収1000万円の共働き夫婦、大減収で住宅ローン破綻

仕事がなくなり派遣会社の寮を追い出された労働者。アパートの家賃を滞納して契約解除した人。夜逃げ同然で家出した人。アパートからネットカフェ生活へ移行した人……。1度目の緊急事態宣言が発令されて以降の首都圏では、住居を喪失したという相談が急増した。埼玉県内で定期的に行っているホームレス支援活動で、私自身も当事者の窮状を目

の当たりにした。

長びくコロナ禍によって苦しんでいるのは生活困窮世帯だけではない。住宅ローンや教育費が捻出できなくなった中間層も限界にきている。私は「中間層崩壊」と呼んで警鐘を鳴らしているが、以下はそれに該当する事例だ。

〈夫が運送業で、コロナで仕事がなくなり、住宅ローンが払えなくなっています。私のパートも飲食店なので、雇い止めになりました。どうしたら援助を受けられるでしょうか〉

こんなメールが40代の吉井美佳さん（仮名）から届いたのは、第2波の襲来する2020年秋口のことだった。

吉井さん夫婦は世帯年収1000万円くらいを共働きで得ているが、子どもたちはまだ高校進学や大学進学を控える。そんななかで住宅ローンは月17万円を超える。東京都内に住んでおり、仕事がないのに湯水のようにお金が出ていく、という表現をされた。

運送業は残業や深夜労働の多い業種だ。相談を受けた時期は、感染拡大対策のため世界中で再ロックダウンする国が続出していた頃だ。中国からの資材輸入がストップするなど、物流は大きな影響を受け、相談者の家庭も収入がほとんどなくなった。夫婦で働いて年収1000万円だったのが、約3分の1になってしまった。

収入の多い家庭は支出も多い。吉井さんの場合は子どもの学校のこともあり、引っ越しもできない。そこで、子どもの進学費用だけは確保しようと、政府が特例を設けている社会福祉協議会からの緊急小口資金と総合支援資金の貸付で、合わせて200万円まで無利子で貸し付けてもらうことになった。

夫は50代にさしかかっており、今後、運送業界が復活するにしても、その時にはもう若い人に現場を譲らなければいけない年齢になってしまっているかもしれない。だが、一応は住宅ローンと進学費は捻出できることになった。子どもは無事に合格し、この4月から晴れて大学生となった。

生活の基盤である住宅を失うなど本来、絶対にあってはならないことである。家を追い出されそうな状況になったら、すでに生活保護申請が可能な状態だと判断いただき、お住まいの役所の福祉課へ早急に相談してほしい。

新型コロナウイルスがいまだに収束していない状況下で、路上生活に至ることがあってはならない。とにかく今はすべての人が健康で文化的な最低限度の生活を営めるような住宅で、新型コロナウイルスの感染から身を守ることが重要な時期である。

〈事例2〉部下25人超を持つ旅行会社の50代課長が整理解雇

鹿島和明さん（仮名・54歳）は大手旅行会社に勤め、25人以上の部下を抱えて年収も800万円を超えていた。しかしコロナ禍が旅行需要に大打撃を与え、鹿島さんは整理解雇されてしまった。大学生の子どもが2人おり、失業保険は出るものの、自分の転職活動にも原資が必要であり、このままではとても子どもの学費までは払えないという。

まさに、コロナ禍の長期化で中間層が崩壊していく典型的なケースだ。住宅ローンの返済が滞り、子どもが大学進学を断念したという世帯は、コロナ禍がなければどんな生活を送っていただろうか。

鹿島さんは退職金は出たものの、再就職先がいつ決まるかもわからず、住宅ローンも残っていた。退職金と失業保険には手を付けたくないとのことだったので、社会福祉協議会で貸付申請をして様子を見ることになった。子どもの学費については奨学金を受けることを勧めた。

社会福祉協議会の窓口では、新型コロナウイルス感染症の影響による休業や失業等で生活資金に困っている人を対象に、無利子で最大200万円貸し付けている。この生活福祉資金で当面の間は何とかしのげるだろうが、中長期的に見て家族4人が暮らしていくには心許ない。償還免除があるとしても、あくまで借金である。鹿島さんの場合、前職のキャリアを生かして就職活動をしても、中高年層なのでなかなか仕事は見つからないだろう。200万円という高額債務を生活困窮世帯がこれから返済し続けていくのは、至難の業だ。

そのようななかで、田村憲久厚生労働大臣が動きを活発化させてきた。麻生財務大臣の「生活困窮者への限定給付をする考えもない」という意見に反して、生活福祉資金貸付の償還免除を具体化させて、事実上、給付にする場合の措置を発表したのである。現在は住民税非課税世帯を対象にしており、実質、最大200万円の給付となる世帯もある。これにより生活福祉資金が少し利用しやすくなった。

今後は、住民税非課税世帯基準だけでなく、より広い範囲で生活福祉資金を給付措置として対応させてほしい。本来は最大200万円まで一括で給付してよいはずなのだから。

〈事例3〉マスクがなくなる恐怖におびえる50代夫婦

コロナ禍で最も注目されている生活必需品のうちの一つといえば、マスクではないか。

かつて50枚入り数百円だった不織布マスクが「税抜3980円」で販売されるなど、マスク不足で値段が高騰したのは2020年2月から5月にかけてのこと。いわゆる「転売ヤー」も話題になった。いつの時代も人々の困窮につけ込んで、利潤を上げる輩は出てくるものである。

新型コロナウイルスの感染拡大を防ぐため、そして国民の不安を解消するために、政府が全世帯に布マスク2枚ずつの配布をすると発表。あまりの政策のお粗末さに、全国民が失笑したものだ。しかも、包装を始めた段階でカビの付着や異物混入など不良品が続々と見つかり、検品体制を強化したことで配達が遅れるなど問題が続出する。政府は、「相対的にコスト面でも安価であり、マスク需要の抑制に資する一定の効果はあった」と主張するが、「小さくて話すとずれるし、使いにくい」など機能性を疑問視する声も多く、「税金の無駄遣い」と批判が相次いだ。

今やマスクは、「感染拡大防止に努めている」「周囲に気遣っている」「マナーを守っている」人の証しだと世の中で認識されるようになった。

「マスクがない」「マスクを買うために朝からこんなに長い行列」……。報道を見て不安になり、店をめぐった人も多いはずだ。

野和田さん夫妻（仮名・ともに50代）はこの「マスク騒動」でパニックに陥った。2人とも不安神経症やうつの症状があり、一つ気になることがあるとそれしか考えられなくなってしまう。1枚100円超と高騰しているネット通販でも、「今買わないと、もっと高くなるのでは」と落ち着かなくなり注文。届いても、「今買っておかないと、なくなってしまうかもしれない」とさらに買い続けた。夫妻ともに定職には就けず、生活保護を受給しており、そのお金をマスクにつぎ込んだのである。

たちまち生活費に困り、食べるものにも窮した。ひとたび不安になると、目の前のことに集中することでしか、パニックを収められない人もいる。マスクばかり買えば生活費が足りなくなってしまうのは自明なのだが、そのバランスを取るのが難しい。

とにかく心配することが多いのが、こうした精神疾患のある人たちだ。消毒液を大量に買い込んでいる人や、手をずっと洗い続けている人もいた。外出することの恐怖心やお金がないことへの焦燥感《しょうそう》を、何とか鎮《しず》めようとしているのかもしれない。「コロナウイルスが体にくっついているかもしれないと思うと、不安で仕方がありません」という声も多く聞いた。

生活保護を受けていても、そのお金で栄養のある食べ物を買う、人間関係を立て直す、再就職に備えて学び直すなど、将来のために活用することができない。野和田さん夫妻の場合は、特別定額給付金10万円が支給されてやっとマスク以外のものも買えるようになったが、この10万円も「生活保護を受給していると、もらえないのではないか」と、ずいぶん心配されていた。

マスクや消毒液をはじめ、トイレットペーパーや乾物、缶詰などが店頭から消えた時期があった。一部には転売目的もあっただろうが、不安神経症を潜在的に抱える人が大量に買い込んだのではないか。日本の場合、ストレスによる精神疾患のきっかけの大元は、雇用の問題ではないかと私は思っている。生活相談を受けていると、「仕事がなくなったら、人生は終わりだ」と悲観的に捉えてしまう人に少なからず遭遇するからだ。

転職活動がなかなかうまく行かずに失業状態が続いてしまっても、生活保護が最後のセーフティーネット（安全網）として機能する。世間には、受給世帯に対して「詐欺師だ」「悪いことをしている」「怠け者」という穿《うが》った見方をしている人たちも相当数いるのは事実だ。しかし、私たちがこれまで出会ってきた生活保護受給者の方たちの多くは、気は優しくて繊細で、気遣いすぎて自分を追い詰めてしまうような、心配性の傾向が強い。

だからこそ、自分と同じような性格の人と世帯を形成するのだろう。野和田さん夫婦は、知的障害や精神障害がありながらも、お互いにできない部分を補い、支え合い、助け合いながら生きている。これからも可能な限り、彼らを支える仕事をしていきたい。

〈事例4〉持続化給付金の申請で自営業の77歳女性を救済

三河和子さん（仮名・77歳・単身）は、絞りたての青汁を小さなスタンドで売っていた。本部から原材料を卸値で仕入れ、多少上乗せして販売する。青汁のアンテナショップともいえる委託販売である。2カ月で10万円ほどの年金が支給されており、店の手取りと合わせて生活費は7、8万円というところだった。三河さんのように、国民年金では足りない分を小ぢんまりした店で稼ぐ年金生活者は多い。もとより、ぎりぎりの経営をしていたところへコロナ禍が襲いかかった。客足は途絶え、アルバイトに給料を払うと赤字に陥った。

私のもとに相談に来られた三河さんには、持続化給付金の申請を勧めた。持続化給付金とは、感染症拡大により特に大きな影響を受ける中小企業や個人事業主に対して、事業継続のために事業全般に広く使えるお金を給付するというもの（2021年5月現在、申請受付は終了）。売り上げが前年同月比で50％以上減少している事業者を対象に、中小法人等の法人は200万円、フリーランスを含む個人事業者は100万円を上限に、現金を給付する。

三河さんは、ニュース等で持続化給付金のことは知ってはいたものの、自身が対象となるのかどうか、そして手続き方法がよくわからず、申請すらしていない状態だった。これまで毎月、事業収支は記録しており、前年同月と比較して売り上げが50％以上減少していることが証明できたため、無事に給付が決定。申請から約2週間後、三河さんの口座に無事入金があり、店を継続できることになった。

また、私の事務所が東武鉄道沿線エリアにあり浅草駅とつながっているため、埼玉県内から東京・浅草に勤務していた人たちも多く支援した。江戸情緒を楽しめる観光地は、コロナ感染拡大の影響でインバウンド（訪日外国人観光客）が減少。観光客数も商店街の売上も激減し、1年や2年では取り戻せない状態になった。２０２０年のゴールデンウィーク明けには、浅草の仲見世通りや東京スカイツリーで働いていた70代女性の生活保護申請に8件、立て続けに付き添った。

浅草の経営者たちからのＳＯＳは毎日のようにあり、三河さんの時と同様、持続化給付金の申請を勧めた。しかし、「１００万円だけでは経営がもたない」ということで、水道光熱費や衛生費等、経費を削れるだけ削って事業計画書を作り、信用金庫等から融資を受けている。

大学中退を迫られる若者たち

大学生たちはアルバイトとキャンパスライフも奪われた。文部科学省調査によれば、2020年4月から12月の間に、新型コロナウイルスの影響で大学や短大などを中退した学生は1367人（中退者全体の約4・8％）に上ったという。「学費に充てる予定だったアルバイトができなくなった」「親が失業し、仕送りがなくなった」「自分が働かなければ……」といった経済的理由が圧倒的に多かった。

東京地区私立大学教職員組合連合の調査結果によれば、2020年度6月以降の仕送りは8万2400円と、アンケートを取り始めた1986年度以降、過去最低である。首都圏（東京・神奈川・千葉・埼玉）の私大下宿生の生活費は1日平均607円と、こちらも過去最低を更新した。

2020年4月、感染拡大を受けて、政府は大学等へ休業を要請する。キャンパスへの立ち入りが禁止され、図書館や学生食堂、研究室といった施設のサービスも停止した。オンライン講義しか受けられなくなった学生たちは学費等の減額を大学側に求める署名活動を始める。各大学が生活費や学費を支援する制度を設け始めたのには、学生たちが自ら声を上げて活動したことが大きい。世界各国でもコロナ禍で追い詰められた若者が自身の苦境に対して、学費に限らず声を上げる事例は増えている。日本の若者も、連帯意識を持って組織化を行い、政府に対して声を上げていくことが重要だ。

私たちのもとには下宿を引き払う相談が多く寄せられた。契約した首都圏のアパートをいったん退去して実家で受講する学生も出てきた。

文部科学省はといえば「学生支援緊急給付金給付事業」を行ったが、留学生に限っては「学業成績が優秀な者であること」という給付条件を付けた。その理由として、「留学生の場合は、我が国で学ぶ意欲のある外国人留学生を支援するため、その確認として、一定の出席率や成績といったものも要件とした」と説明している。学生が経済的に困窮していることと学業成績は関係がないのに、留学生に対してのみ異なる基準を設けるとは、まさに国籍差別ではないか。

コロナ禍で修学が継続できない学生たちは、たとえばフードバンクを利用して食費を節約し、学費に回してほしい。文具類は学生支援室などで借りる。雇い止めされたアルバイト先には休業補償を求める。意外と知られていないのだが、アルバイトやパートでも、勤務先が休業して給与が支払われなくなったら、支援や補償を目的とした休業支援金がある。

店側が応じなければ、私たちのような生活支援団体やユニオン、労働組合に相談してほしい。

学生をはじめ若年層の人たちはＳＮＳ活用に長けているのが強みだ。ＳＮＳ上で学生向けの無料相談や困窮支援機関などに問い合わせ、「私は今、孤独なのです」「助けがほしい」と伝えてほしい。「孤独だ」と私たちに声を届けた時点で、あなたは孤独でなくなる。助けてくれ、と言えることは今後の人生を送るうえでも大事なことで、なんら恥ずかしがる必要はない。

自粛要請でイベント産業も大打撃

感染拡大が危惧された２０２０年２月20日の段階では、コンサートや演劇やショーといった屋内で人の集まるイベントは感染リスクが高まりやすいとして、安倍晋三首相（当時）は感染防止策の徹底を呼びかけた。それでも、２〜５人を超えるクラスター感染が各地で増えていった同月26日、「イベントの中止、延期または規模縮小等の対応」が要請されてしまった。

天候や災害などにも左右される興行では、観客が入って初めて報酬が支払われることも多い。働き手も客も、実は「公演当日にならないと、どうなるかわからない」というのがイベントの宿命だ。華やかではあるが、脆弱な業界だともいえる。

大規模なイベントには、出演者だけでなく、舞台をサポートするスタッフも多くかかわる。照明、音響、操作オペレーター、会場設営、大道具、小道具、運送会社、警備員、客席案内、清掃員等々。中止になった場合、何千人ものフリーランサーの仕事が瞬時に飛ぶ。劇場が衣装部や照明部を抱えている場合もあるが、大方は下請け会社の社員かフリーランスでさまざまなイベントを掛け持ちして収入を得ている。

もともと文化や芸術を保護・振興する文化予算が少ないことは、劇団主宰者らも指摘し続けてきたことだった。音楽家、劇団員、スポーツ選手、書道家、華道家、カメラマン、芸人など、ふだん私たちを楽しませてくれていた人たちが苦境にあえいだ。

私たちのもとには、劇団員、ミュージシャン、ミュージカル俳優からの相談も数多く寄せられた。

「小さな劇場だが賃借料が払えない」

「劇場に花や物品を納入する仕事、取引先が全滅した」

「多い時には1000万円を超える収入があるが、現状ではゼロになってしまった」

「いつ活動再開できるかわからないので、融資を受けても返済する見込みも立たない」

「教室を開けないので、月謝が入る見込みがなく生活していけない」

メモを取りながら聞いていると、胸が苦しくなるような声ばかりである。フリーランスの人が多いので、持続化給付金の申請を手伝わせていただいた。

劇場に社員として雇用されている場合は、雇用調整助成金で休業手当を出してもらうことができる。劇場が申請しない場合は、本人が申請して休業支援金・給付金を受ける手もある。

個人支援に頼らず政府は生活保障の拡充を

そんななか、お笑いコンビ「ダウンタウン」の松本人志氏による個人融資は評判になった。「コロナで収入が減った芸人に松本人志が金貸します。条件。おもろいやつ」との内容で、1人上限100万円を無利子無担保で貸し付けるもの。返済期間は5年間だそうだ。

株式会社スタートトゥデイ代表取締役社長の前澤友作氏による個別支援、お金配り、難病の子どもへの支援なども過去には話題になったが、あくまで個人が自由意志で財産を処分するものである。だが、いくら富裕層といっても個人支援には限界がある。良くも悪くも、当然に出資者の意向が強く働く。

だからこそ、政府による無差別平等の生活保障を拡充することが極めて重要なのである。そもそも、なぜ松本人志氏や前澤友作氏などが個別に助けることになってしまうのか。美談で語るだけで終わらせてはならない社会問題だと思っている。

2021年4月25日からは3度目の緊急事態宣言が発令されたが、観客数を減らして3密を防ぐとともに、マスクの着用、手洗い、消毒、換気などの感染対策を徹底して、徐々にではあるがイベントが再開した。仕事の現場だけでは足りないので、ウーバーイーツのようなフードデリバリーで生活費を稼ぐというのが、エンターテイナーらの常態になりつつある。

エンターテインメント業界には、何とかこの危機を乗り越えてほしいと願う。ウーバーイーツの仕事でどうにか生計を立てている劇団員たちは、「絶対にステージをやらなきゃいけない」と語る。コンサートやライブを開催することで、舞台にかかわるスタッフのチーム力が高まり、ステージのクオリティが保たれるからだ。やはり彼らには、熱気渦巻く舞台がどうしても必要なのである。その「熱気」が感染を引き起こす要因になっているとは、エンターテインメント業界は苦難の時代を迎えたといっていいだろう。

『ハリー・ポッター』シリーズを生み出したJ・K・ローリングが、イギリスで生活保護を受けながら物語の構想や執筆をしていたというのは有名な逸話である。政府や社会が一時的に困窮状態を見過ごさずに支援したからこそ、偉大な作品が生まれることになった。

このようにヨーロッパの国々では、行政が音楽文化に財政的な支援をしたり、歌劇場を運営したりと手厚い対応を行っている。劇団員や舞台スタッフは公務員として給与が支払われる。ヨーロッパでは国や行政が文化芸術を担うことを認識しており、お互いに連携し合いながら社会全体で振興を進めているのだ。

いっぽう日本はというと、残念ながら文化芸術をはじめアーティストを支援するという土壌がいまだに築けていないのが現状だ。今まさに、未来の偉大な芸術家やアーティストが夢を諦めるか否か、苦渋の決断を迫られている。文化・芸術活動に取り組み、私たちの生活に潤いを与えてくれるような人たちを見捨ててしまっては、後継者がいなくなってしまうし、文化が廃れてしまうことだろう。

〈事例5〉正社員でも解雇――イベント会社勤務の28歳女性

松宮香里さん（仮名・28歳）が正社員として働いていたのは、イベントの下請会社の一つだった。チケット販売を請け負い、全国のライブハウスにスタッフを派遣し、市民会館やホールに企画を提案していた。アーティストのマネージャー業もこなしていたようだったが、コンサートが2回中止になり、業績が急激に悪化。会社は不渡りを出し倒産した。

２０２０年2月26日に安倍首相（当時）がイベント自粛を要請した後、全国各地で予定されていたイベントは軒並みキャンセルとなった。東京五輪というビッグイベントがどうなるか、世間で取り沙汰されている間に、小さなところからバタバタと倒れる。２０２０年1月および2月分の給料不払いのまま、「もうわが社には現金がない。本当に申し訳ない」と謝罪され、解雇された。給与明細を受け取る際に「給料は改めて手渡しで」と言われたが、実際には渡されていないという。

松宮さんは会社都合での退職となるため、失業給付が1カ月後に出る。相談を受け、給付申請の手続きを進めるいっぽう、ハローワークには給与未払分の立て替えも申請してもらった。

企業倒産により賃金が支払われないまま退職した労働者に対して、「未払賃金立替払制度」という未払賃金の一部を立て替え払いする救済措置がある。全額補償ではなく、原則として給与の8割が補償される。30歳未満で88万円、30～44歳までが１７６万円、45歳以上で296万円までが現在の立替払いの上限だ。1年以上の事業活動実績があること、未払賃金の合計が2万円以上あることなど条件があるが、雇用保険料を事業者と労働者の双方が負担しているので、失業時には雇用保険が適用されて給付（失業等給付）が受けられると考えてよい。アルバイトも給付の対象になるので、厚生労働省のホームページで確認して、自分の権利を確かめてほしい。

松宮さんの場合はこの制度で未払い分を補償され、失業保険を受けながら、次の仕事を探すことになった。

なお十分とは言えないが、私たち生存のためのコロナ対策ネットワークが要求してきた「雇用保険失業給付期間の延長」「みなし失業給付」も2次補正予算に組み込まれて2020年7月10日から申請が始まった。失業中の補償、休業中の補償がより強化されたので、受けられるものはぜひ受けてほしい。

非正規労働者を大量に生み出した小泉・竹中「構造改革」の大罪

コロナ禍はすべての人々を容赦なく巻き込んでいるが、派遣労働を含む非正規労働などもともと立場の弱い人々へのダメージは、いっそう深刻だ。

このような派遣労働、非正規雇用を増やす政策を推進してきた張本人といえば、現在は人材派遣大手パソナグループ会長を務める竹中平蔵氏であることは自明だ。東京五輪を開催すべきだと主張する論客としても名を馳せている。

竹中氏は以前から、日本の企業は従業員（正社員）を解雇しにくいことで生産性も向上せず、経済成長も鈍化し、産業構造も旧態依然だと主張。実際に２０００年以降、竹中氏はこの破滅的な持論を政策に反映させ、小泉純一郎元首相とタッグを組んで「構造改革」路線を推し進めた。

いわゆる「小泉・竹中改革」という雇用の流動化政策で、何が起きただろうか。世界各国が経済成長し、賃金も上昇しているなか、日本は経済成長もなく、実質賃金も上がらなかった。企業側からすれば、非正規労働者は雇い止めしやすい「雇用の調整弁」であるから、短期的には人件費抑制の方針とセットで導入されていった。その結果、派遣労働者、非正規労働者が増え、ワーキングプアと呼ばれる働く貧困層も増大した。

竹中氏ら富裕層が増えるいっぽう、貧困層も膨大な厚みとなって格差が拡大した。若者は安定した雇用で働けないため、将来の見通しが立たず、結婚して世帯を形成することにも二の足を踏んだ。少子化の加速度合いは深刻なものだ。地域によっては、社会システムの再生産や次世代への継承ができなくなっている。私を含む「就職氷河期世代」と呼ばれる人々の苦悩を加速させた元凶は、まさにこの小泉・竹中改革だと言っていい。

リーマン・ショックに続いてコロナ禍でも、竹中氏らの構造改革の失敗は明白となり、甚大な被害が出ている。解雇や「休業補償なき自宅待機」を真っ先に命じられたのは、派遣労働者と非正規労働者だったからだ。竹中氏らの政策のために、どれほど多くの人たちが痛い目に遭い、被害を受けてきたことか。20年以上もの間、日本の労働者の雇用を不安定化させてきた彼らの罪は重い。

高度な専門性を有した派遣・非正規労働者はごく一部であり、大半は非熟練の地位に据え置かれている。彼らは人的投資としての教育や職業訓練、企業内の研修機会に十分恵まれず、正社員やコアスタッフの周縁で働くことを余儀なくされてきた。そのため、同じ仕事内容でも正社員との給与格差は相変わらず大きい。非正規雇用とは差別処遇だと言っても差し支えないくらい、人を侮蔑した働かせ方だと思う。しかも、給与が低いことや非正規雇用であることは能力が低いためだと自己責任にされてしまい、まともな待遇が保証されないまま現在に至る。だからこそ、経済危機のたびに最初に悲鳴を上げるのは、非正規労働者なのである。

貧すれば電通とパソナが儲かる日本社会

このような時こそ、雇用調整助成金を継続して使いやすく改変し、雇用を是が非でも維持するべきだ。

ところが、多くの労働者が将来を不安に感じている時に、雇用調整助成金や雇用維持の方針に疑問を呈したのが、この竹中平蔵氏である。日本の社会保障をさらに骨抜きにする驚くべき発言をTwitterで行っているので、彼の言動への警戒を怠らないでほしい。

大手広告会社の電通や竹中氏が会長を務める人材派遣会社のパソナは、一般社団法人「サービスデザイン推進協議会」を設立した。竹中氏は政府が行う緊急経済対策である持続化給付金事業などの支援給付事務を実質的に請け負い、その事務経費を取得するビジネスを始めた。行政に寄生した中抜き事務手数料を得る活動であり、これは経済用語で「レントシーキング」と呼ばれる。政府官庁に寄生して都合よく規制を設定・解除したり、政府官庁を安く切り崩したりして利益を上げていく手法は、世界各国でも非難されているが、日本では監視が緩い。同法人は約2兆3000億円の給付用資金を扱い、国から769億円の委託料が支払われていた。

たとえ国民の生活が困窮し、経済危機が到来しても、政府の事業を請け負えば利益は確保できる。極端に言えば、税を拠出している小規模事業者や労働者が困れば困るほど、中抜き業者の懐には金が舞い込んでくることになる。つまり、生活困窮者が増えると事業規模が拡大するので、その環境整備に心血を注いでいるわけだ。それゆえに「典型的な貧困ビジネス」だとの批判は、甘受せざるを得ないだろう。

今回のような政府が実施する給付事務は、電通やパソナなどの政商が請け負うのではなく、公務員が直接行うべきだろう。

小泉・竹中改革後、公務員や専門職員は削減され、自治体に雇われて働く臨時・非常勤職員（非正規公務員）と、自治体が発注する仕事で働く民間労働者（公共民間労働者）という「官製ワーキングプア」に置き換えられ、公共サービスは深刻なレベルで縮小していった。厚生労働省、地方自治体の福祉課、保健所、ハローワーク、労働基準監督署、どこも最前線の現場は人手が足りない。本来は率先して市民生活を支えるべき公務員の仕事が、高額な業務委託費を取る委託請負業者に奪われている。そこで働く官製ワーキングプアと非正規公務員はいつまでたっても困窮し、市民から日夜クレームと抗議を窓口で受け続けるのである。

コロナ禍は、日本のさまざまなしくみの醜悪さを明らかにしてくれている。今度こそ根本的に社会システムを振り返り、誰がどのような思惑で動いているのかを注視してほしい。併せて、20年後の日本社会を構想する際に、誰に付託するべきか、そして誰の言葉を尊重するべきかについて、社会を破壊しないためにも国民一人ひとりが考え、意見を持ってほしい。

今後、非正規労働者は生活困窮者へスライドし、ますます苦しい立場に置かれることになるだろう。アフターコロナの日本社会を展望する際には、バブル崩壊時の雇用政策の轍《てつ》を踏んではならない。

非正規激増の戦犯である竹中氏は、経済学者という肩書と閣僚だった経歴を生かし、現在も各政府委員を務め、厳然と社会政策に影響を行使できる立場にある。竹中氏のような「過去の経済人」をもてはやすことは、もうやめにしていただきたい。さらに取り返しのつかない被害を社会に与えることになり、日本の将来に救いようのない禍根《かこん》を残す。今後は、日本の雇用を流動化させ、貧困化を推し進め、持続不可能な社会構造に転換させてしまった政策責任をしっかりと問いただし、二度と政策決定の中枢に関与できないように監視するべきだろう。

まさか自分が……誰でも生活困窮者になり得る

多くの相談者が、「まさか自分がこれほどまでに困窮状態に陥るとは」と驚きを隠せない。同時に、社会保障の給付対象者になって初めて、「日本の生活保護の給付水準ってこんなに低いのですね」と衝撃を受けている。このように多くの人々が当事者意識を持って福祉制度にかかわる機会ができたというのは、ある意味、歓迎すべきことだと思う。

というのは、この世の中、誰が社会保障の給付対象になってもおかしくない状況だからだ。新型コロナウイルス感染者数は一時期より抑え込まれているものの、生活相談で困窮を訴える人たちの数は日に日に増えている。中間層からの住宅ローン滞納、教育費の捻出困難などのメール相談も途切れない。感染拡大によって、もともと生活基盤が脆弱な労働者の多くが生活困窮者に追いやられた。ある程度の所得のある中間層世帯は、生活困窮世帯へと突き落とされた。

突き落とされる前に海外に目を向けよう。米国ではバイデン大統領が1・9兆ドル（約200兆円）の大規模追加経済対策を実施した。所得制限はあるものの、1人当たり最大1400ドル（約15万円）の個人向け現金給付を行っている。現金給付は、2020年3

月決定分（1200ドル）、12月決定分（600ドル）に続き、3回目となる。

社会保障を手厚くする政治に舵を切ったバイデン大統領は、中長期の社会構想を明らかにし、さらに追加経済対策で3兆ドル（約330兆円）規模の財政出動の方針を示した。合計すると短期間に530兆円規模の財政出動だ。歴史的に見ても、1930年代のニューディール政策以来の超巨大財政出動であり、並々ならぬ覚悟が見て取れる。

一転して日本に目を向けると、対象を限定した小出しの現金給付や補償策が続いている（ないよりはましだが）。ポストコロナ時代を見据えた社会構想もなければ、国家ビジョンもない。選挙のたびに緊張感を持って民主的な議論を積み重ねてきた米国に、格段の差を見せつけられている。

日本でも一刻も早く補正予算を審議し、生活困窮世帯に当座の現金を給付するなど緊急措置を講じるべきだろう。バイデンのような大規模な財政出動が決断できるか、現金給付を含む生活支援策、雇用創出を拡充できるかが、菅政権の生命線だろう。

＊

そのようななか、日本の自治体は小さいようで、実は大きな取り組みに着手している。女性にとっての必需品である生理用品を公共施設で無償配布することを決めたのだ。配布場所は地域により異なるので、「#生理用品無料配布プロジェクト」をSNSで検索してほしい。

私たちの社会では生活必需品が商品化されており、食料品、灯油、ガソリン、電気、ガス、水などもお金を払わないと手に入らないしくみになっている。

生活困窮者や低所得者がこれらの生活必需品を無償または低負担で入手できるようにすることは、中長期的な見地から生活支援を行ううえで、大変重要である。「生理の貧困」が可視化された事例も参考にしながら、これから私たちはどのような日本社会を構築していくべきか、みんなで社会の諸問題を共有し、議論を深めていきたいものだ。

第2章

崖っぷちに追い込まれる女性たち

男女格差、正規と非正規……いびつな労働環境があらわに

「雇用の調整弁として非正規労働者は使いやすい」という当たり前になった言葉が、コロナ禍ほど実感できた時はなかっただろう。

日本の労働市場は1960年代以降の男女格差を文化として温存してきた。今回最も重要なのは、女性へのしわ寄せという構造的な問題が表面化したことである。

総務省が2020年12月1日に発表した10月の労働力調査によれば、正規労働者が前年同月から9万人増加しているのに対し、非正規労働者は85万人減少した。つまり、新型コロナウイルス感染拡大により、85万人の非正規労働者が何らかの形で辞めているのである。そのうち何と53万人が女性だ。

NHKが専門家と共同で実施したアンケート調査では、2020年4月以降、解雇や休業、退職を余儀なくされるなど、仕事に何らかの影響があったと答えた人の割合は、男性が18・7％であるのに対し、女性は26・3％であり、女性は男性の1・4倍に上っている。実際、女性が男性よりも高い確率で仕事を失っていることが指摘されており、業種別では観光や飲食、小売など女性が多く雇用されてきたサービス業で突出している。

図表２−１　ひとり親世帯の相対的貧困率

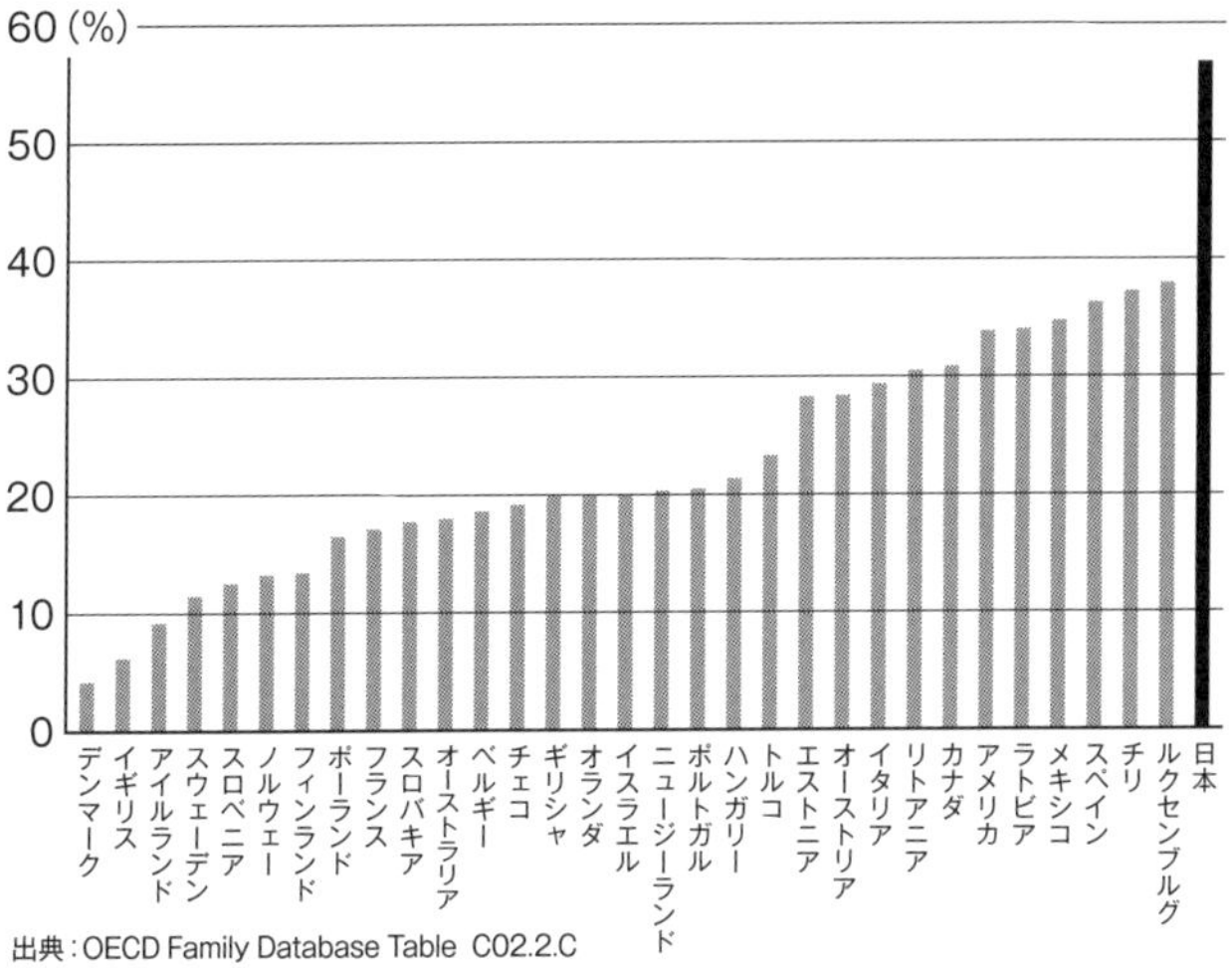

出典：OECD Family Database Table CO2.2.C

数だけの問題ではない。男女間の賃金格差は大きく、２０１９年の給与所得者の年間平均給与は４３６万円であり、男女別では男性５４０万円、女性２９６万円（国税庁２０２０）。そして何らかの経緯で子どもを一人で育てていく場合、２０１９年の国民生活基礎調査では、ひとり親世帯の貧困率は４８・１%と２人に１人が相対的貧困に陥っている。ひとり親にはシングルファーザーとシングルマザーがいるが、厚生労働省調べでは母子家庭は１２３・２万世帯と、父子世帯18・７万世帯を大きく上回る（２０１６年度）。子どもを育てることに困難を抱えている女性の多さが見て取れる。

　さらに、ＯＥＣＤ（経済協力開発機構）

諸国と日本を比較すると、**図表2－1**が示すように親が就労していてもひとり親世帯の相対的貧困率は50％を超えており、先進諸国のなかで群を抜いている。日本の母親は、子育てと両立させながら必死に働いても収入が圧倒的に少ないことがわかる。

それなら男性に養ってもらえばいい。そう考える人たちがいまだにいる。もしそれが可能だったとしても、女性が生きてゆくための代償に、男性に「性」を差し出すことになってしまう。確かに、これまで日本の社会では「家族」が経済的に困窮することを防ぐ大きな役割を果たしてきた。しかし今日では、各世代で単身者（ひとり暮らし）が急増しており、家族がこれまで果たしてきた役割・機能を行えなくなっている。

世界経済フォーラム（WEF）が経済、政治、教育、出生率や健康寿命などから男女格差を算出する「ジェンダーギャップ指数」において、日本は2016年の111位から順位をさらに下げ続けており、コロナ禍の2021年4月の発表では156カ国中120位と、G7中最下位を更新した。

閣僚や企業の管理職に女性の登用が少ないことも、かねてから指摘されてきた。安倍政権（当時）の目玉だった「女性活躍推進法」は、女性を管理職に登用することを推進したが、戦前から続く女性差別を振り返り、総括することは行われなかった。過去の検証と反省がなければ、同じことはまた起こる。2020年9月16日に発足した菅義偉新内閣では女性閣僚は2人で、3人だった直前の安倍内閣から1人減った。

他の国々がダイバーシティー推進に向かっているなか、日本では2021年2月、多様性と調和の重要性をコンセプトに掲げた東京オリンピック・パラリンピック競技大会組織委員会の森喜朗会長が女性蔑視の発言をして辞任するなど、社会での女性参画の遅れを世界中にさらしてしまった。

森会長が辞任に至ったのは、複数の海外メディアで女性蔑視発言が取り上げられ、国内外から非難が殺到し、さらにIOC（国際オリンピック委員会）の「森会長の最近の発言は完全に不適切であり、IOCのコミットメントと五輪アジェンダ2020の改革に矛盾している」との声明が決定打となった。外圧によってではあるが、女性差別が問題視されて是正策が講じられたことは、日本がオリンピック開催国になった「メリット」だったとも言える。

〈事例6〉ロープを手にSOSメールを打つ20代失職女性

〈家賃が払えないので明日出て行かなければならない。ホームレスにはなりたくないので

首をつるロープを買ってきました〉

南美加さん（仮名・22歳）からメールが届いたのは、２０２０年12月のことだった。こういう時は「思いとどまりましょう」といったメールではなく、まず所持金を聞くなど、現実的な返信をする。

〈お財布に４０００円くらいです〉

〈仕事はどうされていますか〉

〈カフェで働いていたんですが、コロナで雇い止めにあいました〉

首都圏のアパートにひとり暮らしだった。カフェで働けなくなった後、風俗店に移ったのだが、そこも感染症拡大で閉店になり、大家さんに待ってもらっていた家賃も、とうとう払えなくなったのだという。

〈実家に帰ることはできませんか〉

〈きょうだいが多いので、私が帰ると迷惑をかけるだけだし……〉

実はこんな理路整然としたメールではなく、話が前後したり、矛盾した言葉が出たり、誤字があったりする。仕事がなく貯金も潰《つい》え、自殺を考え始めると、人はまともな文章が書けなくなる。ただ、状況が嘘でないことはメールの文面から読み取れた。

睡眠薬を大量に飲んだが死にきれなくて、メールをくれた人もいる。「追い出されたらホームレスになればいいや」と、あっけらかんと開き直ることなどできないからこそ、精神も危うくなるし、誰かに自分の暴走を止めてほしくて「これから死ぬ」と、支援団体に連絡をくれたりする。だから、「狂言ではないか」と高をくくらないでほしい。

すぐに連絡が取れればいいが、こちらがつい見逃したりしていると、相談者は何度も発信しなければならない。繰り返し「これから死ぬ」と発信しているうちに、やがて自分が自分に暗示をかけることになって、実行してしまう場合もある。

すぐに南さんの面談に入り、翌日には生活保護の申請に付き添った。仕事も貯金もなく、家賃も払えないのだから、待ったなしの措置である。生活保護の法的要件は、「生活に困窮する者が、その利用し得る資産、能力その他あらゆるものを、その最低限度の生活の維持のために活用」しても、規定された最低限の生活ができないことが前提になる。「維持のため」の努力のなかには親や親族など、扶養義務者への扶養照会も含まれる。未成年の弟妹を抱える南さんの実家に自治体が照会したところ、「そういうことならぜひ保護を受けてほしい」という返答があった。

実際、南さんの言うとおり、実家の資産状況は芳しくはなかった。地域により細かな額が違うので具体的には書けないが、まずは必要なだけの生活費が支給された。現金が振り込まれるまでの間は、社会福祉協議会が窓口になっているフードバンクで日用品と食品の無料支援を受けて、緊急事態を乗り切っている。

生活困窮者には食品と通信インフラの無料支援を

フードバンクとは、地域の家庭や企業、休業店に呼びかけて、未開封の食料品や日用品を寄付してもらう民間の生活支援活動である。

子ども食堂、シェルター（避難場所）、個人宅への配送など、状況に応じてさまざまな受け取り方ができる。具体的な場所は、全国社会福祉協議会のホームページにアクセスして確認してほしい（https://www.shakyo.or.jp/network/kenshakyo/index.html）。

こうした支援窓口にアクセスする手段を持たない人は、間違いなく窮地に陥る。保護費、給付金などが振り込まれたら、何よりも先に携帯電話（スマートフォン＝スマホ）は復活させてほしい。そこまでの人生の岐路に立ってほしくはないが、「命か、家か、携帯電話か」という選択を迫られたなら、まず命、次に携帯電話が優先だ。

携帯電話は災害と困窮の最強支援ツールであり、何をおいても必要なものとなっている。

外部の支援団体などに連絡すれば、命や暮らしを守れるからだ。生活が困窮しているなら携帯電話を解約すれば利用料金を節約できるではないか、という考えは決定的な誤りである。

携帯電話の重要性は年々高まっており、相談者の多くがネット情報をスマホで見て連絡してくる。私たちの支援活動もSNSやメールを通じてのやり取りが多い。スマホがない暮らしを想像するだけで恐ろしいことである。

コロナ禍では、携帯電話会社が利用料金の一定の支払い猶予を設けており、条件や猶予期間は事業者によって異なる。契約者からの申告がなければ適用されないので、契約している事業者へまずは問い合わせてほしい。

住居や水道など、人間が生きていくのに必要なものは公共財として民間企業に渡さず、共同管理（コモン）の一環として自治体が運営していくべきというのが私の持論だが、携帯電話やインターネットも、それらと同様の生命線ではないか。

菅政権のいいところを挙げるとすれば、大手通信キャリアに働きかけて一気に通信料を引き下げたことだ。世界でも突出して高かった日本の通信料は、ようやく米英などの先進国並みとなった。

今後も可能な限り、政府はこれらの企業に働きかけを行い、生活必需品は安価で提供されるように、あるいは商品化の度合いを引き下げていくように注力するべきだ。第1章（60ページ）で述べたように、女性の生理用品がトイレットペーパーと同様、学校などの公共施設に常備されていくように、無償配布するものを増やす政策を歓迎したい。

〈事例7〉水商売で生計を立てる「虐待サバイバー」にコロナが追い打ちをかける

給料が生活費に届かず、副業で水商売をする女性からの生活相談は日に何件も届く。就職しても非正規従業員だったり、給与水準が抑えられたりしているからだ。

飯村奈津さん（仮名・33歳）は、夫からのＤＶ（ドメスティック・バイオレンス）が原因で離婚し、都内のキャバクラで働くようになった。昼に寝て、夜に出勤する、昼夜逆転生活が始まる。時間給も高く、その日のうちに給料が出る日払いなのもありがたい。

はじめは救われた気分で働いていたものの、次第に夜眠れなくなった。夕方からの出勤で昼夜逆転生活になってしまい、体内リズムがおかしくなったのだろう。好きでもない相手に疑似恋愛を仕向け、笑ったり酒を飲んだりするサービスが、日常生活に支障をきたすような乖離状態を引き起こす。

当然、コロナ禍でお客はだんだん減っていき、ノルマをこなすことも難しくなった。一生働ける仕事ではないことを改めて思い知らされる。常連客とのカラオケ中にふいに涙が出てきたり、テーブルに何を運ぶかを忘れてしまったり、ミスが続くようになる。一軒だけでは稼げなくなり、複数店をかけもちするようになった。

夜の世界では、男性でも女性でも、規則正しい仕事に就くのが難しい人が多く働く。水商売なら辞めても別の店にすぐ移れるし、勤務形態も「今日これから行ってもいいですか」「明日行きます」と店に電話すればいいだけだったりする。日払いというのも助かる。そこまで柔軟な働き方を用意してくれているセーフティーネットが、夜の世界しかなかったといってもいい。

飯村さんは店を転々と渡り歩きながら、その時々でお客の相手をしていたが、コロナ禍でその収入基盤が全滅した。２０２０年夏の時点で相談があった。

所持金は数千円。彼女とのやりとりを通じて、幼い頃から激しい暴言と暴力を生母から受けていたことがわかった。出身家庭で心身に傷を負うと、子どもはその後の人生に大きなダメージを受ける。親の代わりに自分を受け止めてくれる庇護者（＝男性）を探そうとして、家庭を持つことに過度な期待をしてしまう場合もある。たとえば、メールや電話にすぐ応答してほしい、どこにいるかいつも知らせてほしいなど、親に甘えられなかった分まで求める。飯村さんは家庭のぬくもりを求めて結婚。しかし、夫への愛情は親への代償行為である分激しく、結局破綻したという。そのことは、支援団体に送られてくるひっきしなしのSOSメール、

〈コロナで休業し、所持金がない。アパートを出るしかない〉

といった文面からも読み取れた。幼児期から受けた虐待が積み重なり、大人になるにつれ重症化していったのかもしれない。家族に頼れないこと、仕事がないこと、精神を患っていることなど、いずれも生活保護受給要件は十分となり、手続きすることとなった。

飯村さんはやがて、「友人のところに住まわせてもらうことになった」と連絡をくれた。家賃の負担もなく、いわば「居候」らしい。相手は「男性の友人」ということだった。

彼女の他者依存は、男性に嗜虐性《しぎゃくせい》を起こさせてしまうかもしれない。だが、どんなボーイフレンドですかといったことまでは踏み込めない。その後、彼女から連絡はない。

〈事例8〉自殺未遂で救急搬送された24歳セックスワーカー

阪神・淡路大震災や東日本大震災などの災害時に、避難所・避難先で困っている女性や

子どもを狙った性被害、性暴力、DVなどが増加した。

コロナ禍では感染リスクを減らすために「ステイホーム」をしたことで、家庭内で虐待や性暴力を受ける女性たちが増え、逃げ場を失う事態に追い込まれている。福祉事務所やシェルターを持つ民間の支援団体等に救いの手を求められなかったある女性は、ボーイフレンドの家に泊めてもらううち性行為を求められ、不本意な妊娠をしてしまった。パートナーと過ごす家が、安全な場所ではなくなっていることを意味している。

無店舗型性風俗店（デリバリーヘルス＝デリヘル）で月30万～50万円の収入を得ていた佐野望さん（仮名・24歳）は、2021年1月、自殺未遂を起こした。

家族に頼れずひとり暮らしをしながらキャバクラで働いていたが、コロナ禍で店が休業してしまった。収入は、抗うつ剤などの医療費や、不安からくる大量買いなどで使い果たしており、貯金はない。接待型ではなく接触型のハードな性風俗店に移行せざるを得なくなった。デリヘルを始めたものの、そこでも仕事がなくなり、路上やSNSで男性に声をかける個人売春に移っていく。そうなると、服用する薬もより強力になっていく。精神科の主治医からは仕事を辞めて生活保護を受けるように助言もされたが、自分のような人間が福祉でお世話になるのは申し訳ない、と思ったそうだ。

朝起きられなくなり体調も悪いので、病院に行くと性病であることが判明した。そうして個人売春もできなくなった。

主治医の言葉を思い出して、困り果てた挙げ句に向かった福祉事務所では、まったく相手にされなかった。

「24歳？　あなたみたいな若い人は生活保護って受けられないんだよ」

「頼れる男性や好きな男性はいないの？　一時的でも頼ってみたら？」

「まだ働けるでしょう。アルバイトならあちこちで募集しているよ」

「どうしてこんなになるまで資格を取っておかなかったの。それじゃ生活保護を受けたって同じことの繰り返しだよ」

人生に絶望し、帰宅途中にある友人宅で大量服薬をして自殺を図った。

気がついた時には、友人に起こされて助けられていた。幸いにも命は助かったが、大量服薬のせいで、体はまったく動かせない。救急車で病院に運ばれ、そのまま入院する。退院後は家で治療することになった。駆けつけた友人がたまたまSNS上で私のTwitterを見つけ、連絡してくれた。

退院後、一緒に生活保護の申請窓口に向かうと、要保護性ありということで即日受理された。本人も「過去の福祉事務所の発言は何だったのか。もう少し早く支援団体に相談したかった、本当に安心しました」と涙ぐみながら話してくれた。

生活保護が開始されると、国民健康保険の被保険者から外れる。ほとんどの生活保護受給者は、医療費の全額が医療扶助で支払われる。けがの治療や心身の休養が必要な困窮者には、医療費がかからないだけでも大きな安心だ。後遺症が残るかもしれないが、彼女は今、リハビリに励んでいる。

女性ひとりで相談窓口に行くと、体よく追い返される

生活保護を受けようと福祉事務所の相談窓口に赴くと、ろくに話も聞かれずに貸付を紹介されたり、劣悪な遠方の施設への入居を勧められたりといった事例が今も散見される。厚生労働省も窓口で追い返すような「水際対策」を厳しく戒めている。生活保護は受けて当然の権利であることをどう世の中に浸透させていくかが、今後の行政のポイントとなるだろう。

幾多の病気を抱えて働けなくなっていた佐野さんは当然、保護案件に該当するケースだった。しかし、最初にひとりで相談窓口に出かけた時は保護申請させてもらえなかった。

自治体の職員などに多いのだが、特に「何の問題もなく育った」人々のなかには、家庭は温かくて頼りになる受け入れ先であり、何かあれば逃げ帰れるシェルターのようなイメージを抱いているケースが多い。そして、「働けるのに働いていない人に、働くよう勧めるために保護申請の窓口はある」と思っている職員もいる。相談窓口を「拒否するためのもの」と取り違えているのだが、その誤解を支えているのが「女性は男性に頼るもの」という偏見だ。

「何の問題もなく育った」自治体職員のなかには、母親がこまめに家事と育児をし、父親ひとりが稼ぎ手だった、昭和の時代の「平和な」家庭をイメージしている者がいる。若い女性が相談に訪れると、「若いんだから働きなさい」「夜の仕事でも何でもあるでしょう」「付き合っている男性はいないの？」「家族がいるでしょう。まずは家族に頼りなさい」などと言って追い返す。

切羽詰まって民間の相談機関に駆け込んだ後、男性の社会福祉士が付き添って再度申請する。すると、すんなり受理される。そのいっぽうで、女性の社会福祉士が付き添うと、1回での受理が難しいことがあるのも事実だ。窓口が男性職員だったりするとなおさらで、女性蔑視、女性差別の意識は実に根深いといえる。

「男性に頼れないのは、あなたに女性としての魅力がないからだ」といった侮辱や、「若い人は受給できない」といったでたらめな説明をされたら、泣き寝入りせずにSNSで発信したり、新聞に投稿したり、異議申し立てをしてほしい。

「働いたことのないような人間には税金を使えない」といったモラルハラスメントを受けたら、精神的苦痛を受けたとして全国各地の弁護士会へ人権救済の申し立てをすることもできる。理不尽な対応を受けたら、「生活保護は自分たちが生きていくための権利だ」と正々堂々と主張してほしい。

それと同時に私たちソーシャルワーカー、支援団体は今後も女性支援に注力していく。遠慮なく相談してほしいと願っている。

コラム 1

生活保護窓口の職員も非正規という矛盾

ここで、ハローワークや福祉事務所などで相談対応をする公務員について触れておこう。

複雑なのは、「平和な家庭で育ち、収入も安定しているため、日々の生活に困窮する人の状況が想像できない」正規公務員がいるいっぽうで、雇用の不安定な非正規公務員も生まれてしまったことだ。

２０１７年、地方公務員法と地方自治法が改正されて、ちょうどコロナ禍に当たる２０２０年４月から、全国64万人の自治体非正規職員に「会計年度任用職員」が導入されることになった。

もともと全国の自治体職員は、１９９４年の３２８万人をピークとして、少子化や市町村合併、コスト削減などを背景とした民間へのアウトソーシングなどにより、年々減り続けてきた。住民の暮らしを守る専門職であるはずの自治体職員が、暫定的に「臨時・非常勤」とされ、何年働き続けられるかは地方により異なるという曖昧さでしのいできたのである。だが、「会計年度任用職員」導入により、十把一絡げだった「臨時・非常勤」がキャリアと能力によって、**図表２－２**のように分かれることになる。

これにより、非常勤の曖昧さが法で固定化されることになった。「一会計年度内を

図表2−2　任用根拠の明確化・適正化

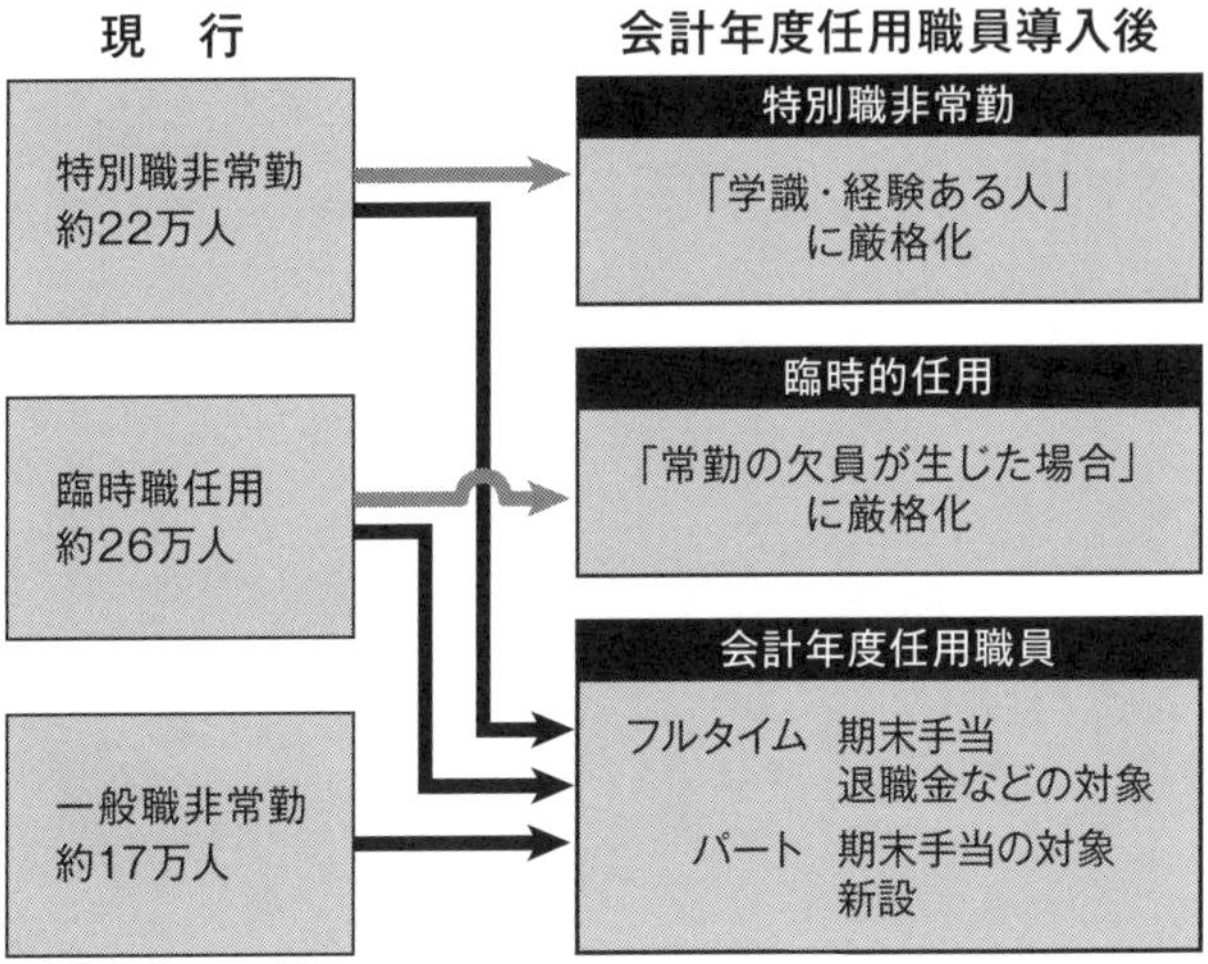

越えない範囲」と任用期間を明確にしたことで、更新せず雇い止めにしても違法ではないとされた。

そして、求人情報などを見るとわかるのだが、コロナ禍で大量増員が必要となったハローワークの相談員、生活保護ケースワーカー（「相談支援員」など名称は自治体により異なる）、雇用調整助成金などの対応職員は、「学識・経験のある特別職非常勤」でもなければ、欠員が生じた場合の補助である「臨時的任用」でもなく、それ以外の「会計年度任用職員」（パートタイマー含む）として公募されている。景気が回復すれば要らなくなるから、年度ごとに任用する職員で十分という考え方だろうか。しかし私は、「会計年度任用職員」として採用されている人こそ正規公務員として雇う必要があると考えている。

2008年9月のリーマン・ショック時にも、似たような事態が起きた。雇用対策のため急増させた非常勤職員を、リーマン・ショック回復後に大量リストラしたのだ。

自治体職員は、雇用対策などに不可欠な専門的職種とはいえ、コロナ後には整理解雇の対象となり得る。雇用は非常時には民間企業では減るが、平常時には回復する。いっぽう公務員の場合は、有事には大量に必要になるが、平常に戻れば大量解雇となる。常にどこかで誰かが解雇の危機にさらされている時代になったといえるだろう。

タウン誌の男性編集長がその経験を買われて町立図書館長となり、突出した実績を上げたが「予算がつかないので」雇い止めにあい、ブログで経緯を訴えたことから、「図書館長もクビになる時代」と全国で問題になった。また、「職場の統率が取れていない」という理由で雇い止めにあった別の女性図書館長は、自治体を相手に提訴に踏み切っている。

生活保護の相談対応に当たる職員の方には、困窮者の実情など勉強していただきたいことはたくさんあるが、「自分がリストラされないよう、窓口に来た人をとにかく追い返す」ことだけはしないでほしい。もし自分が逆の立場になったらと想像力を働かせてほしいし、たとえ不安定な立場でも、自治体の職務に携わっていれば自分が社会を変えられる可能性があるのだ。

「公務員は安定していてずるい」「生活保護を申請するような人は怠け者だ」といった対立的な見方ではなく、互いを食い合うような関係を生んだ社会構造の歪みに目を向ける必要があるだろう。生活保護申請者と相談窓口担当者は、そもそも敵対する相手ではなく、連携して社会のしくみを変えていく同志だ。住民の暮らしを支える根幹が揺れているのは「予算がないから」と行政側は言うが、ではどこに分配されているのか。多額の予算を投じて全世帯に布マスク（通称アベノマスク）を配布するとは、一体どういうことか。

おかしいと思った者同士が声を上げて是正を求めていくことが、社会を変える起爆剤になる。

自死でしか救われない女性たち

先進国のなかで、日本は突出して自殺者が多いことで知られる。銃社会といわれ、銃による自殺が多いアメリカでも自殺死亡率は日本の半分以下だ。

少し前の話になるが、2015年12月に過労自殺した当時24歳の大手広告会社の女性社員は、1カ月100時間を超える残業を強いられ、男性上司から「髪ボサボサ、目が充血したままで出社するな」「女子力がない」などのパワハラに悩まされていたことが自身のTwitterで明らかになっている。男性と同じように働くだけでは許されず、女性は見た目や気配りといったことも仕事の評価対象とされる。これは、女性に過度な負担を強いるれっきとした差別である。

「無職者」「被雇用者」「自営業者」の自殺は急増しており、原因・動機別では1998年から「経済・生活問題」が急増した。こうした状況を受け、政府は「自殺総合対策大綱」を策定。インターネットによる相談サイトの開設や自治体ごとの対策強化を行った。自殺者数は徐々に減少に転じ、2019年にようやく2万169人となり10年連続で前年を下回った。

だが、そこを新型コロナウイルスが直撃する。2020年の自殺者数（確定値）は、リーマン・ショック直後の2009年以来、11年ぶりに増加に転じた。特に、女性と若年層の自殺が増えている。新型コロナウイルスの感染拡大の影響で、経済的に苦境に追い込まれ、孤立に陥った人が増えているとみられる。

2020年の国内の自殺者数は前年より4・5％多い2万1081人。男性は1万4055人（前年比23人減）で11年連続の減少となったのに対し、女性は7026人（前年比935人増）と2年ぶりに増加した。

製造業に就く男性に雇用不安が襲ったリーマン・ショックとの違いは、コロナ禍では多くの女性労働者たちが解雇や休業に追い込まれていることだ。

厚生労働省は、「新型コロナウイルスの影響が長期化するなか、仕事やDV、育児や介護の悩みなどが深刻化していることが背景にある可能性がある。また芸能人の自殺を伝える報道の影響を受けているおそれもある」としている。

2020年12月、苦境に陥った女性たちに着目した番組、NHKスペシャル「コロナ危機　女性にいま何が」が放映された。私が所属するNPO法人ほっとプラスや反貧困ネットワーク埼玉なども取材協力して、「貧困の見える化」に取り組んだ。

失業率と自殺者数が相関関係にあることは社会科学的に見てもわかっており、不況期では自殺率は上がる。公共サービスや生活インフラが現金でしか得られない社会では、失業によって収入源が断たれることは心身を変調させるほどの痛手となる。稼ぎ手が失業状態にあることは、扶養されている子どもなど家族の生活をも脅かすことにつながっていく。

〈事例9〉失職した父親から面前DVを受ける女子中学生

母親の心づくしの夕食を食べていたら、「子どもにこんなまずいものを食べさせるなんて、ひどい母親だ」と父親に皿をひっくり返された。母親が部屋を掃除していると、父親に「うるさい」と怒鳴られた。さらに、子どもが学校の宿題ができないでいると、「おまえのしつけが悪い」と母親が罵倒された……。どれも「面前ＤＶ」であり、こうした夫婦間の暴力が子どもの成長期の脳に損傷を与えることがわかってきた。

目の前で親が配偶者らに暴力を振るえば、子どもは極度に緊張し、不安や恐怖を感じやすくなる。長期間に及ぶと、子どもの将来の学力や情緒にも大きな影響を及ぼす。ハーバード大学での研究結果によると、６～８歳頃に激しい夫婦げんかを見て育った子のグループは前頭葉の縮小や視野狭窄の傾向があり、ＩＱと記憶力の平均点が低かったという。

私たちのもとには、中学生や高校生からの相談メールも届く。中学1年生の森中千紗さん（13歳・仮名）は、

〈お父さんが失業してしまい、ずっと家にいて、お母さんにひどいことを言っている。一緒にいるのがつらい〉

とメールをくれた。耐えきれずに家出をしても、すぐに連れ戻されてしまう。学校は休校中のため、外出もままならない状態だった。

２０２１年２月４日に警察庁が公表した２０２０年の犯罪情勢統計（暫定値）によると、虐待の疑いで警察が児童相談所に通告した18歳未満の子どもは10万６９６０人で、前年の９万８２２２人より８７３８人（８・９％）増えた。統計を取り始めた２００４年から毎年増え続け、初めて10万人を越えて過去最多となった。そのうち面前ＤＶなど「心理的虐待」が７万８３５５人で、全体の７割を占めた。

だが、数字に表れるのは氷山の一角だと感じる。体に外傷が残らない心理的虐待の被害は潜在化する傾向があり、多くは面接でやっと判明する。森中さんのような事例は、実際には10万人どころではすまないのではないか。

このメールだけでは児童相談所につなげるのも難しい。「いのちの電話」などの番号も

教えて森中さんとやりとりするうち、「子ども食堂のおばちゃんに相談してみる」という声が聞けた。やがて、森中さんのお母さんから連絡があった。緊急事態宣言下、森中さん母娘に支給された合計20万円の特別定額給付金を元手に、離婚することにしたという。

20万円では、敷金も礼金もなく初期費用がかからない、いわゆる「ゼロゼロ物件」しか借りられない。契約時にしっかりと退去時の内容を確認しておかないと、出て行く時に高額請求されるかもしれない。コロナ禍では母親が職探しをするのも難しいだろう。

だが、暴力を振るい、暴言を吐き続ける父親と世帯分離すれば、生活保護を受けることができる。父親からの経済的支配と虐待から逃れるには、まずは世帯を分けることだと森中さん母娘は決断したのだった。

勇気ある決断に至った母娘を、今後も可能な限り福祉専門職として支えていきたいものだ。

貧困が自死のリスクを高める

64ページでも述べたとおり、飲食業や宿泊業などの対面型サービス業が雇用危機にさらされている。この業種は女性労働者の比率が高く、多くが非正規雇用のため、総じて女性労働者は男性労働者よりもいっそう深刻な状況に陥った。

新型コロナウイルス感染拡大による外出自粛で、いつも以上に家族が密接して過ごさざるを得ず、適度な距離感を保てずに家族間で摩擦が生じることが増えている。「アルバイトには休業補償は支払えないと言われ、一家心中を考えた」といった悲鳴が全国各地から寄せられた。1日2食が1食となり、思春期で多感な娘の生理用品も買えなくなった。娘はトイレットペーパーなどで代用していたようだが、ずっとふたりで一緒に家にいるうち、「なんで離婚したの」と娘になじられ、あやうく手にかけるところだったという母親もいる。

先の見えない苦境や貧困は、家庭内暴力、自分への暴力（自傷行為）、セルフネグレクト、自死につながる。雇用の不安定さだけが要因ではない。収入の減少、仕事の減少、解雇などに対して生活を下支えする扶助機能があれば、「まだ私は生きていける」という実感が持てる。しかし日本の社会保障は、貧困に対処しきれていない。

現在の菅政権は「自助・共助・公助」を強調しながら政策を実施しているが、日本は伝統的に社会保障、いわゆる「公助」が弱い。つまり、生活困窮に至る前に支援する方策が少ないので、女性は精神疾患や自死に追い込まれていく。

相談会に訪れた派遣労働者の20代女性は、飲食店の厨房で働いていた。半年ごとの契約更新だったが、2020年9月末をもって雇い止めになった。

将来の見通しも立たないことから、相談に来た時には都内のアパートを解約し、北関東の実家に戻っていたのだが、両親とは生活費をめぐって日常的な口論が絶えないという。実家暮らしで住居費がかからないとはいえ、雇用不安にあるのは両親も同じであり、結局、実家も居心地のよい場所ではない。

首都圏は家賃が高く、収入が減少すると生活の維持も難しい。離職等により経済的に困窮し、住居喪失者または住居喪失のおそれがある人に対しては、政府は住居確保給付金を用意しているが、コロナ禍でも期限付きであり、先の見通しが立たなければ生活再建策として十分ではない。

そのために、女性たちは家族を頼ったり、男性パートナーと同棲したりと家計を同一にして急場をしのいでいるが、家族内不和やDVや性暴力によってストレスも溜めていく。頼るところがなく明日の食べ物がないという状況は大変なストレスであり、こうした状況が積み重なると、女性の自死のリスクは高まっていく。誰にも求められていないという絶望感、どうせ私はだめだという自己否定、他者への怒りの感情などが鬱積して精神疾患を発症し、生きていても仕方がないと自死に至ってしまう。だからこそ、女性だけでなくすべての人たちを貧困や生活困窮に陥らせてはいけないのである。

日本のシングルマザーの貧困率は50％

ここで改めて述べておきたいのが、母子家庭の窮状だ。相談が急増したのは女性のうち、シングルマザーでもある。「家族は安心して生活を共にする存在である」という思い込みは、一面的な見方であり極めて危険だ。もちろん、家族やパートナーに頼れない女性は、どこにも寄宿することができずに追い込まれていくこととなる。

千葉県の賃貸住宅に住む30代の女性は、コロナの影響で給料が減り、子ども2人を抱えて行き詰まった。子どもを連れて離婚することにしたが、相手から約束の養育費が支払われない。経済的に苦しくなり実家に帰ったが、コロナ禍では新たな仕事もなかなか見つからない。

また、東京都の50代女性は息子と2人で生活保護を受けて暮らしていたが、息子が専門学校に進学して世帯分離となったため、息子の分の支給が減額された。家計の足しにしようと女性はアルバイトを始める予定だったが、コロナの影響で採用取り消しになってしまった。

やはり生活保護を受給して子ども5人を育てていた女性は、コロナによる休校で子どもたちがずっと家にいるので、光熱費や食費がかさみ、生活費が足りなくなってしまった。喘息の症状のある子ども2人をもつ女性は、コロナ感染のリスクがあるため病院へ連れて行けない。本人はうつ病の治療を受けたいのだが、子どもの世話をしなければならず病院に行けないでいる……。

多くの女性が、仕事がないか、あってもパートやアルバイトで低賃金、実家に頼ろうとしても親が高齢で介護の問題が重なっていたり、自身も疾患を抱えていたりする。日本のシングルマザーの貧困率は約50%。あえなく性風俗の仕事に就く女性も少なくない。ちなみに、私たちのもとにはシングルファーザーからの相談はない。これも男女の根深い差別構造を象徴する状況と言えるだろう。

「死にたい」と思うほどつらくなったら、「いのちの電話」「よりそいホットライン」といったサービスなども活用して、その胸の内を誰かに打ち明けてほしい。

ただ、その傍《かたわ》らで、自殺を防ぐための相談対応を行うボランティア団体も、相談員の減少や高齢化、運営資金の確保の難しさで疲弊している。新型コロナウイルス感染防止のため、通常のシフトが組めず、かかってくる電話に対応しきれないケースもある。ボランティアの善意に頼り過ぎている構造の見直しと、政府主導による財政支援や人的支援が今、まさに求められている。

〈事例10〉氷河期世代のシングル女性は今

持病を抱えながら都内の賃貸住宅でひとり暮らしをする橋本理世さん（仮名・44歳）は、コロナの影響で派遣先の仕事がすべてキャンセルになった。登録型派遣だけでなく、1日単発でも働ける土産物店でアルバイトもしていたのだが、両方の仕事がなくなったので、国からお金を借りられないかということで電話相談があった。

橋本さんは1976年生まれ。1994年から2007年までの間に学校を卒業した「氷河期世代」に属する。1982年生まれの私も含めて、あえて「棄民世代」と呼ぶ層だ。拙著『棄民世代　政府に見捨てられた氷河期世代が日本を滅ぼす』（SB新書）でその背景を述べているように、有効求人倍率が1を下回り、何百社に履歴書を送っても正社員として採用されず、新卒の時点でアルバイトや派遣社員として働かざるを得なかった。

2007年以降は非正規就労が男女ともに増加したが、橋本さんの世代は女性が圧倒的にバブル崩壊後の大打撃を受けた。年功序列で給料の右肩上がりが当然の時代に仕事をしていた親世代からは、「若い時は給与が安くて当たり前」「苦しいのは今だけ。だんだん上がっていくから」と希望だけ持たされた。

彼らは「給与据え置き」のまま、2021年現在、30代後半〜50歳になっている。橋本さんのように、正社員の経験がなくずっと非正規社員で生きてきた人もいれば、景気が好転した後、正社員になった人もいる。ただ「新卒一括採用」が主流の日本では、「後から正社員」は昇進・昇給も抑えられがちで、非正規雇用とあまり変わらないような労働条件の「周辺的正社員」だったりする。まして女性は「いずれ結婚して男性に養ってもらうのだから」と、正社員の道を閉ざされることが多かった。当然、他の世代と比べて所得も貯蓄も少ない。また、短期間で職を転々とするため、家族がいない単身者の場合は社会や人とのつながりが途絶えてしまう。

リーマン・ショックの時は、製造業の男性の雇用環境の急速な悪化が大きく取り沙汰されたが、日本の雇用構造のなかでは女性労働者の多くが非正規でも当たり前と見なされていた。しかし、コロナ禍でそうした女性の非正規労働者たちの待遇改善にようやくスポットライトが当たり始めている。

私たちが橋本さんに勧めたのは、まず社会福祉協議会が行っている生活福祉資金の貸付である。緊急小口資金は最大20万円まで無利子で借りられる。加えて、住居確保給付金を受け、さらに一律10万円の特別定額給付金を受け、無料低額診療を行う施設に通院することになった。

1度目の緊急事態宣言解除後の2020年6月から日雇いのアルバイトも再開し、橋本さんはどうにか家賃を払い続けられるようになった。

この世代の特徴は、社会に出た時はすでに就職氷河期だったことだ。「自己責任」の名のもと、政府からの給付や支援はほとんど何もないなかで生き抜いてきた。だがコロナ禍の緊急経済対策で、ようやく公的な支援やサービスを受けやすくなり、貸付や給付の対象になることができた。これは大きな前進だ。彼女は、「人生のなかで初めて国が役に立ちました」と苦笑いをしながら話してくれた。

職を失い、再就職に苦労している人は、ぜひ政府の公的サービスを活用してほしい。健康で文化的な最低限度の生活を維持しながら、職業訓練を受けて専門知識を身につけたり、公的資格を取得したりして、会社に依存しないキャリアを得ることも可能だ。

家父長制「世帯主給付」は制度として破綻している

コロナショックは、戦前から脈々と続く日本の深刻な男女差別を浮き彫りにしたが、ここでは10万円の特別定額給付金の一律給付決定後に露呈した、「世帯主の横暴」について記しておきたい。

果たして、すべての国民は10万円を受け取れたのか。家族が4人なら、家族全員分の40万円が世帯主の口座に振り込まれる。私たちにこの給付金関連で相談のあった家庭は100％、男性が世帯主だった。

「なぜ個人の口座に振り込まれないのか」

「夫のDVが原因で別居している場合も、10万円は受け取れるのか」

「夫が何年も前から生活費を渡してくれない。この給付金を夫がすべて使った場合は、離婚する覚悟でいる」

など、私たちのNPOにはもちろんのこと、他の支援機関にも世帯主の口座に一括で振り込まれることへの疑問や対処法について、相談が殺到した。市役所の窓口に相談しても、「ご家族で話し合ってくださいね」で終わってしまう。話し合いが成立しない家庭だから困っているというのに。

世帯主への給付は、家族間のトラブルを増やす要因となる。実際に申請や給付が始まると、

「父親が『世帯主に受け取る権利があるのだから、世帯主が好きに使う』と言い始めた」

という声も聞かれた。

〈あなたは10万円を受け取れそうですか?〉

2020年4月27日、立憲民主党女性自治体議員有志が実施したアンケート結果がSNS上で発表された。「10万円を手にできない理由はなんですか?」という質問に対し、

「世帯主の口座に振り込まれた瞬間に、勝手に使われてしまう」

「母親の支配から逃げてひとり暮らしをしているため、居場所を知らせておらず住民票も移せずにいる」

「同居している世帯主が経済的DVと精神的DVのため」

といった、世帯主一括振り込みゆえの問題が続出した。

相談の電話をかけたり、アンケートに答えることができたりする状況ならば、まだ救いがあるかもしれない。家族の目を気にして、外部との接触がままならない人も多いのでは

ないか。世帯主の問題は、相談件数の何十倍も世の中で起きているのだろう。

〈事例11〉ローン破綻で所持金300円になった32歳ダブルワーカー

駅から近く、緑も多い良好な環境のマンションの住人のなかには、月収の半分以上をローン返済に充てているケースがある。返済金や管理費、光熱費などの生活費を引くと、貯金はほとんどない。今回のようなコロナ禍をはじめ、火災や自然災害などがひとたび起これば、あっという間に経済危機に陥る。

皆川遥子さん（仮名・32歳）は、都心にほど近いマンションに住み、昼は事務系の会社員、夜は水商売をするダブルワーカーだった。コロナの影響で会社は休業し、キャバクラの仕事はシフトが削られ無収入になってしまった。給与は公共料金やローンの支払いに充てていたので、生活用品も買えない。クレジット会社からは借りられるだけ借りてしまい、所持金300円の状況で相談の電話があった。

昼の仕事は月収20万円前後だった。この月収で、ひと月の返済額10万円という住宅ローンを組めたのがまず問題だと思う。一般的に家賃は月収の3分の1が目安と言われるなかで、家計に占める住居費が5割近くを占めていても、今の銀行は簡単にローン審査を通す。

生活費を補うためにダブルワークをしても、皆川さんのように夜の仕事のヘアメイク代や衣装代がかさんでしまっては意味がない。

水商売にさほど抵抗がない人が生活苦に陥った場合、勧誘されるのが性を売る仕事、つまり売春だ。相談を受けたなかで年代別に見ると、20~30代の女性に多く、コロナ禍で売春へのハードルが極めて低くなっていると感じる。相手はSNSや出会い系サイトで簡単に探せるし、マッチングアプリもある。パパ活、援助交際、という不適切な表現も流行するなか、買売春のハードルも下がる。一見すると手軽だが合法ではないので、犯罪や事件に巻き込まれる危険性もある。性暴力やデートDVの被害にあっているケースが少なくなく、それでも切羽詰まれば、当座の資金を工面するために、体を売る生活を止めるわけにいかない。

皆川さんの場合は、すぐにフードバンクで食料を調達してもらった。包装紙の破れや印字ミスなどで市場に出せない食品を無償で提供する活動がフードバンクであり、食品メーカーから寄贈された品々を私たち支援団体でも備蓄している。それで2週間ほどしのいでもらい、その間に皆川さんの昼の勤務先と交渉した。休業手当が60%しか出ていなかったので、労働組合につないで全額支払ってもらった。雇用調整助成金を利用してもらうよう、会社に働きかけたのである。

本来、住宅ローンが月収の半分を占めているような場合は、家賃の安い賃貸住宅に引っ越すなどして、ダブルワークしなくても暮らしていけるよう生活の規模を小さくしたほうがよい。しかし、昼は派遣社員として事務の仕事をし、夜はスナックで接客するなどして、夜の収入に頼った暮らしをする人は多い。ボーナスも昇給もない待遇では、マンションを購入してひとり暮らしなど無理なはずだった。この問題には、住居費の異常な高さに加えて、不安定な非正規雇用に女性を縛りつけ、女性が性を売って働くことを容認する日本の悪しき社会構造が凝縮されている。

家計を見直さない限り、同じようなことが皆川さんには起こるだろう。ひとりではお金の出入りの把握ができず、家計管理も苦手な人は存在する。借金しないですむよう節約したり、衣食住を見直したりすることから始めていきたいものだ。

私たちが暮らす資本主義社会は、なるべく商品を購入させて消費させるように仕向けていく。お金がなければ普通に暮らすことも難しい。

そこで、お金を得るために労働力や性を販売しなければならない状態に陥る。当然、労働者を低賃金で使う程度が激しくなれば、「搾取」と呼ばれるほど苛烈なものになる。

労働組合が弱体化した現代社会では、この労働搾取構造に気づく人はそれほど多くない。もしこのような理不尽さに気づくことができれば、労働組合に参加して賃金や処遇改善、差別の撤廃を求めて雇用主と交渉することも可能だが、やはりこれが最も難しいのではないか。

皆川さんは、私たちに相談した段階で「何とかしよう」と自分で決意したわけで、その後、労働組合に入った。それがどれほどハードルの高いことだったかは計り知れない。

性風俗業界で働かざるを得ない女性たちの問題は、第3章でも詳しく述べる。

第3章

コロナが明けたら美人さんが風俗嬢やります

――「ナイナイ岡村風俗発言」を検証する

性的搾取が容認される日本

本章では「ナイナイ岡村風俗発言」とは何だったのか、第2章で取り上げた女性の貧困問題にも関連づけて考えてみたい。

２０２０年4月23日深夜、吉本興業に所属するお笑いコンビ「ナインティナイン」の岡村隆史氏が、単独でパーソナリティを務めるラジオ番組「ナインティナイン岡村隆史のオールナイトニッポン」でこんな発言をした。

「今は辛抱。『神様は人間が乗り越えられない試練はつくらない』って言うてはりますから」

コロナで風俗店に行けなくなった、と嘆く男性リスナーのメールに対するコメントである。

「ここは絶対、乗り切れるはずなんです。コロナが収束したら、もう絶対面白いことあるんです。それは収束したら、なかなかのかわいい人が短期間ですけれども、お嬢（風俗嬢）やります。短期間でお金を稼がないと苦しいですから」

1度目の緊急事態宣言下で、風俗店は軒並み休業となっていた。岡村氏は続ける。

「……3カ月の間、集中的にかわいい子がそういうところでパッと働いてパッとやめます。

『え？　こんな子入ってた？』っていう子たちが絶対入ってきますから。だから、今、我慢しましょう。我慢して、風俗に行くお金を貯めておき、仕事ない人も切り詰めて切り詰めて、その3カ月のために頑張って、今、歯を食いしばって踏ん張りましょう」

どうだろうか。新型コロナウイルスは世の中のさまざまな醜悪さを明らかにしてくれるが、なかでもこの発言は最悪レベルの下劣さである。

岡村氏は、新型コロナウイルスの影響で仕事がなくなった女性たちが貧困状態に陥り、性を商品化して売らなければならないことを、「コロナが収束したら絶対面白いことある」と表現する。これは誇張表現でも何でもなく、この通りの発言をしたことが紛れもない事実であることに驚く。

子どもから大人まで幅広い世代に人気があり、少なからぬ影響力を持つ日本のコメディアンが、新型コロナウイルス感染拡大の影響で困窮する女性を公共の電波で歓迎したのである。

知人から発言があったことを教えてもらい、radiko（ラジコ：1週間以内に放送された番組が聴ける）で視聴した。日本社会における女性の貧困、女性差別の根幹に触れてしまい、課題意識が私のなかでも鮮明になった。

「短期間でお金を稼がないと苦しいですから」と女性の困窮状態を想像できたうえで、男性買春者たちの声を代弁する形で性の商品化を歓迎する。

さらに、「集中的にかわいい子がそういうところでパッと働いてパッとやめます」と生活苦で切羽詰まって女性が性を売らなければならなくなると、うれしそうに予想する。

読者の皆さんは、どう感じただろうか。

私は絶対にこのような発言を許してはいけないと思っている。同時に、出演者の不適切発言に気づけず、生放送中にお詫びと訂正の対応ができなかった番組スタッフや放送局も猛省すべきである。

第2章でも述べたように、私たちのもとには、コロナ禍で勤務先が休業して生活が困窮したため、濃厚接触型の性風俗関係の店で働かざるを得なくなった女性たちからの相談も多く寄せられている。

彼女たちの多くは、「好きで」「誇りを持って」風俗業界に飛び込んだわけではない。それでも、女性たちが「自ら好んで」性サービスしてくれている、と思いたがっている男性買春者の幻想が、この国にはある。

「性処理用の商品」と見なして女性の品定めをし、共感し合うのが面白いというのなら、そんな男性たちは人間のクズだと思う。あえて強い表現を使って戒めておきたい。

生活に困窮する女性がいれば、互いに助け合おうとか、福祉事務所に相談してみようといったメッセージを発するべき時期に、このような問題発言をする。それが許されるのも日本特有の性質だ。

世界各国の著名人たちがボランティアや寄付の呼びかけなどの支援活動を懸命に行うなかで、何という有様だろうかと心底情けなくなった。

公共のラジオ放送であったという事態を私は重く受け止め、「岡村隆史『お金を稼がないと苦しい女性が風俗にくることは楽しみ』異常な発言で撤回すべき」と題した記事を「Yahoo！ニュース」で発表した（2020年4月26日）。

遅すぎた見解発表と問題意識の希薄さ

女性がやむを得ない事情で性風俗の仕事をすることを待ち望むような岡村発言に、私以外の支援者や性暴力被害者支援の専門家からも、批判が相次いだ。擁護の余地がない発言であるにもかかわらず、これに疑問を持てない人たちに向けて、説明を続けたい。

2020年4月27日、ニッポン放送の公式ホームページに次の謝罪文が掲載された。

4月23日（木）深夜に生放送の「ナインティナイン岡村隆史のオールナイトニッポン」において、パーソナリティの岡村隆史氏から、現在のコロナ禍に対する認識の不足による発言、また、女性の尊厳と職業への配慮に欠ける発言がございました。放送をお聴きになって不快に感じられた皆様、関係の皆様にお詫び申し上げます。弊社番組に関わる全ての制作スタッフには、迅速に、より一層の教育を図ってまいります。

https://www.allnightnippon.com/topics/52464/

岡村氏の所属事務所公式ホームページにも謝罪文が掲載され、4月30日未明に放送された同ラジオ番組でも、本人から改めてのお詫びが語られた。

この度は4月23日（木）「ナインティナイン岡村隆史のオールナイトニッポン」の放送における私の発言により不快な思いをされた方々に深くお詫び申し上げます。大変申し訳ございませんでした。

世の中の状況を考えず、また苦しい立場におられる方に対して大変不適切な発言だった

と深く反省しております。
2020年4月29日　ナインティナイン 岡村隆史
https://www.yoshimoto.co.jp/corp/news/media/media200429.html

私が問題提起してから4日目、本人の問題発言からは1週間後のことである。まずもって対応が遅すぎだろう。そもそも本人や周囲、ラジオを聴いていた彼のファンたちは、何ら問題意識を持ち合わせていなかったことが見て取れる。

むしろ岡村氏の擁護側に回り、醜悪な女性差別発言を繰り返す機会を与えてしまったことに、うんざりさせられた出来事だった。

批判者のもとに心ない非難や罵詈雑言が殺到

謝罪の遅れ、見解発表の遅れは、身勝手な憶測を呼び、周囲の人々を無意識に「批判者への攻撃」へと導く。

岡村氏は知名度もあり、多くのファンを抱え、財力も発言力もある社会的な権力者である。その権力者を批判するということは、大変な労力が伴う。特に社会的に弱い立場にある女性が意見を述べると脅迫や嫌がらせを受けることも多く、報復を恐れて声を上げたくても上げられないだろう。

　すでにそれを証明するように、岡村氏の発言を批判した私はもちろんのこと、勇気を振り絞って批判・発言した女性たちのもとには、数々の心ない非難や罵詈雑言が殺到し、SNS上は「炎上」した。「岡村氏は『楽しみ』とは言っていない」などと、私の記事タイトルへの反発や抗議、捏造だという指摘が殺到した。なかには日常的な社会活動、研究活動、言論活動を脅かすようなものまで現れた。自分たちが崇拝する権力者に物申す私たちのような批判者は、不愉快極まりない存在に違いない。

「私たちは誇りを持ってセックスワークをしているのに、貶《おとし》めるような発言はしないでほしい」

　といった批判は買春者、女性差別主義者の典型的な言い逃れであることにご留意いただきたい。

　性風俗で働く女性を喜ぶ者を批判しているのであって、働く女性たちを貶めているのではない。「性サービス」を正当化する巧みなイメージ戦略の求人広告をはじめ、性的搾取を容認する社会に問題を提起しているのだ。たとえ今は誇りを持ってセックスワークをしているとしても、性暴力や性感染症・妊娠リスクが高く、一生続けられる安全な職業ではない。

つまり、今回の「ナイナイ岡村風俗発言」は、どのような擁護論が出てこようとも、看過できるものではないということだ。批判する一択しか選択肢がない――ここに気づけない日本社会を少しずつでも変えていかなければ、女性は性的対象として商品化され、生き方を制限されるばかりか、永遠に地位や権利は向上しないだろう。

このような私の訴えの意図をTwitterなどSNS上から読み取れず、「(藤田は)女性を貶めている」「(藤田は)おかしなことを言い始めた」という反駁《はんばく》がコメント欄に埋まった。

批判にさらされる岡村氏を何としても守ろうとする「機構」が存在するのも世の常である。有名人なのだから、芸のセンスのある人気者なのだからといった理由で、ダメージを最小限に抑えようと画策する人々もいる。コロナを「ただの風邪」と見なしたがる人が少なからずいるように、自身が動揺しないために問題を矮小化する。そして、破綻した擁護論を振りかざし、支離滅裂な論理で権力者を守ろうとする「応援団」が大量に生み出されていった。政府を滅茶苦茶な思考で支持する人々とも類似する光景である。

ＳＮＳ上には「深夜ラジオの発言なんだから許してやれよ」という、著名人による軽薄で無責任なコメントも散見された。こうやって権力者同士で擁護し合い、権力構造を強化してきたため、問題の本質が議論されず、問題そのものがなかったことにされるか、あるいは一部の異常者による屈折した、取るに足らない批判だとして処理されてきた。今回の批判者が、藤田孝典という男性だったからよかったと思う。

批判者に対する不当な攻撃や非難は当然許されるものではないが、このような事態を引き起こした責任の一端があることを岡村氏は自覚すべきだろう。少なくとも、謝罪や見解発表が早ければ、このような被害も抑えられたはずだ。

公表された「謝罪」は、誠意の感じられない定型文

すでに出来上がった権力・社会構造に対して異議申し立てをすることは、だからこそ容易ではないのだ。声を上げにくい状況下で、やむにやまれず批判した私たちの真意を、岡村氏本人や関係者、ファンなどにはぜひともご理解いただきたい。

私を含め、誰だって過ちを犯すし、自戒しながらも死ぬまで成長し続けるのが人間である。批判された側には当然、謝罪なり反論なりの権利がある。

だが、ニッポン放送の数行の謝罪文は「放送をお聴きになって不快に感じられた皆様、関係の皆様にお詫び申し上げます」という、誠意に欠けるテンプレート対応だった。

日本では、権力者たちが謝罪をする際には、具体性も内容もない文章の読み上げが定番になっている。政治家たちの数々の失言でも、「誤解を与えたのであれば、深くお詫び申し上げます」といった中身のないお決まりの文句を用いた謝罪で片づけるケースが実に多い。長年、それでよしとされてきたのだから、経験則として同じ様式がとられるのも当たり前だ。「それでは許さない」とする声が高まった今回は、稀有な出来事だったのかもしれない。

本来、謝罪とは、自分の価値観に固執せずいったん脇に置いて、事態を客観的に受け止め、自己を省みるという非常に勇気の要るものである。その時々の状況に応じて文章表現するのではなく、テンプレート形式の謝罪文のコピー&ペーストで済ませてしまっては、誠意が微塵《みじん》も感じられず、ぞんざいな対応としか言いようがない。

だからこそ、今回のニッポン放送や吉本興業の対応は実に興味深かった。相変わらず、「コピペ」で使えるテンプレート謝罪文を出してきた。女性蔑視や性的搾取を助長する発言をして「笑い」を取った岡村氏と、彼の発言を問題視せずスルーしてしまった番組スタッフの責任は極めて重い。それにもかかわらず、このようなテンプレート謝罪文で済ませるとは、改めて芸能・放送業界の人たちの感性に強い不信感を抱いた。特定の支持者が一定数いれば番組も存続できるし、一定期間が過ぎれば人は忘れ去る、と。どこかの国の政府対応を見ているかのようである。

昨今、放送業界で働く人たちの人権感覚の欠如が非常に問題視されている。ニッポン放送は今後、「弊社番組に関わる全ての制作スタッフには、迅速に、より一層の教育を図って」いくとのことだが、人権に関する知識が現場に行きわたるまでには相応の時間を要するだろう。番組の生放送中に差別や偏見を助長するような発言や演出があった時に、「これはまずい」と気づき、すぐに訂正し謝罪するといった軌道修正ができるようなスタッフのスキルアップと制作体制を切に望む。

反響を呼んだネット上の署名活動

「ナイナイ岡村風俗発言」を受けて、2020年5月1日には岡村氏が司会を務めるNHKの番組「チコちゃんに叱られる!」の降板および謝罪を求めるオンライン署名活動が始まった。一般社団法人Voice Up Japan(change.org)の山本和奈さんの呼びかけによるも

毎日新聞出版　愛読者カード

本書のタイトル「　　　　　　　　　　」

●この本を何でお知りになりましたか。

1. 書店店頭で　　　　2. ネット書店で

3. 広告を見て（新聞／雑誌名　　　　　　　　　　　）

4. 書評を見て（新聞／雑誌名　　　　　　　　　　　）

5. 人にすすめられて　　6. テレビ／ラジオで（　　　　）

7. その他（　　　　　　　　　　　　　　　　　　　）

●どこでご購入されましたか。

●ご感想・ご意見など。

上記のご感想・ご意見を宣伝に使わせてくださいますか？

1. 可　　　　2. 不可　　　　3. 匿名なら可

職業	性別 男　　女	年齢 歳	ご協力、ありがとうございました

郵 便 は が き

料金受取人払郵便

麹町局承認

1763

差出有効期間
2022年1月31日
まで

切手はいりません

102-8790

209

(受取人)
東京都千代田区
九段南 1-6-17

毎日新聞出版

営業本部　営業部行

ふりがな	
お名前	
郵便番号	
ご住所	
電話番号	(　　　　)
メールアドレス	

ご購入いただきありがとうございます。

必要事項をご記入のうえ、ご投函ください。皆様からお預かりした個人情報は、小社の今後の出版活動の参考にさせていただきます。それ以外の目的で利用することはありません。

ので、降板には至らなかったが、1万6169人の署名を集めた。若い同志たちの勇気ある行動を称賛したいし、ともに連帯していきたいと感じさせられる出来事だった。

署名提出に添えられた文章によれば、岡村氏側の謝罪が形式的であったこと、社会に多大な影響力を持つ一流のお笑い芸人が、女性蔑視だけでなく、経済的困難により性売買をせざるを得ない若い女性の搾取を促す発言をしたことに対し、絶望したことがきっかけだったとのこと。

さらに、日本の性風俗産業は、長年「人身売買」や「未成年搾取」の観点から海外でも問題視されてきたことにも言及している。以下もご参照いただきたい。

・2019年のTimes紙の記事によれば、東京には5000人を超える中学・高校生が性的搾取をされており、さらに日本全国には約17万人もの中学・高校生が何らかの形で売春させせられている。

・日本では、日本人女性だけでなく、韓国、中国、タイ、ベトナム、ロシア、コロンビア等出身の外国人女性たちも人身売買や売春で性的搾取をされており、世界レベルでの問題になっている。

この署名活動には当然、賛否両論があることは重々承知している。社会はそう簡単に異論を受け入れない。今まで普通にやってきたことなのに何が問題なのですか、と。案の定、何が何でも岡村氏を擁護しようとする論調が次々と現れた。

しかし、山本さんのように「岡村隆史さんの発言に対する『署名はやりすぎだ』。その声に対して、22歳の私が持つ危機感」と声を上げる若者たちが増え始めていることに、私は希望を感じる。世界各国でも「Z世代」（おおむね1990年代中盤から2000年代終盤に生まれた世代）と呼ばれる若者たちが、旧態依然の差別構造に対峙しているからだ。ここからしか社会変革は生まれないのではないか。

ラジオ番組終了で問題は解決したのか

岡村氏は2020年4月30日深夜放送、続く5月7日深夜放送で自身の女性蔑視発言を謝罪。相方の矢部浩之氏もこの2回の生放送に出演し、「公開説教」を行った。放送中、矢部氏が「男尊女卑」「女性軽視」に言及した場面はあったが、問題発言当事者である岡村氏の口から、自分の発言がそれに該当するという表明はなかった。岡村氏からは、「本当にすみません」「申し訳ありません」といった形式的なお詫びの言葉は聞かれたが、それ以上の具体性のある改善策、再発防止策については一切語られなかった。あとは世間が忘れるのを待つだけ、という従来の戦略がとられることとなった。自分の発言の何が問題だったのかを岡村氏は認識できているのだろうか。

そして2020年5月14日深夜、「ナインティナイン岡村隆史のオールナイトニッポン」放送内で番組の終了が発表された。今後は矢部氏が加わり、「ナインティナインのオールナイトニッポン」に再編されることになった。

番組の見直しが行われたことは評価するが、根本的な課題解決には程遠いと言えるだろう。今回の問題は、岡村氏が女性の困窮を期待する発言をし、さらにセックスワークに従事せざるを得なくなった女性への性搾取をけしかけるような発言までしたことである。擁護しようもない下劣な発言であったことはれっきとした事実なので、改めて強調しておく。

ラジオのような公共の電波で流れた女性蔑視、差別発言は大きなダメージを社会に及ぼす。特に著名人の場合、その影響は甚大である。いくら岡村氏が申し訳ないと自責の念を抱いていたとしても、彼の発言を容認するリスナー、支持者に守られてきた深夜ラジオの伝統や慣習は、すぐに修正できるようなものでもない。

時間の経過とともに、「もういいではないか。許してやればいい」と問題そのものが風化していく。そうなると、本人自身も徐々に何事もなかったかのように忘れていく作業、封印する作業に入ることだろう。

私たちに置き換えて考えてみても、このように差別にあふれた世の中に慣れてしまえば、何が正しくて何が間違いなのか、無意識のうちに誰かを傷つけているのではないかと、気づく機会も減っていく。そして、「この社会構造に問題はない、これでいいのだ」と忘れ去っていくことの繰り返しだ。そして、また別の誰かが似たような女性蔑視発言をするのだろう。

だからこそ、私は当初から岡村氏の発言を重く捉えていると指摘してきた。同じような発言がまた繰り返されて、さらに傷つく人が出ないようにしたいと願っているからだ。

そのうえで、今後どのような社会を目指していくべきかを考える際に、女性蔑視だと感じた人たちからの「もうやめてほしい」という意見を最大限、尊重していくべきだと改めて思う。私たちは、根本から認識を変えなければならない。大した問題ではないと思っている方は、この機会にもう一度これまでの経緯を振り返りながら考えてみてほしい。

いずれにしても、岡村氏には表面的な謝罪で終わらせず、自身の発言内容に真摯に向き合い、何が問題だったのかをしっかりと認識していただきたい。そのうえで、番組関係者や所属事務所関係者など周囲の人たちとともに、再発防止策、被害を与えた女性たちへの補償のあり方について、しっかりと考えていただきたいと願っている。

コラム 2

コロナ禍の政治家ジェンダー差別発言、ワースト1位は杉田水脈氏

「公的発言におけるジェンダー差別を許さない会」をつくる大学教授らが、2020年1月~2021年2月20日に報道された政治家たちによる差別発言をネットアンケートで集計した。

1位（1995票）

「女性はいくらでもうそをつける」

（自民党の杉田水脈《みお》・衆議院議員が党の非公開会合で述べた）

2位（1216票）

「女性がたくさん入っている理事会は時間がかかります」

「女性っていうのは競争意識が強い」

「女性を増やしていく場合は、発言の時間をある程度、規制をしていかないとなかなか終わらないので困ると言っておられた。だれが言ったとは言わないが」

「（組織委の女性理事は）みんなわきまえておられて」

などの発言

（東京オリンピック・パラリンピック競技大会組織委員会の森喜朗・前会長が日本オリンピック委員会（JOC）の会合で述べた）

3位（794票）

「あり得ないことだが、日本人が全部L（レズビアン）、G（ゲイ）になったら次の世代は一人も生まれない」

「LだってGだって法律に守られているという話になったのでは、足立区は滅んでしまう」

という発言
（白石正輝・東京都足立区議会議員が2020年9月、区議会で述べた）

なお、ワースト4位以降の結果については、「ジェンダーに関する問題ある公的発言ワースト投票2021」（https://yurusanai-seisabetsuhatsugen.jimdofree.com/）をご覧いただきたい。

改めて吐き気をもよおすような発言の数々だが、これが日本社会の現実である。性の多様性を認めず、女性や性的マイノリティーを拒絶し、追い込んでいく不寛容な社会だ。

性産業経営者が「従業員を守っている」と主張する欺瞞

前項で、「私たちは誇りを持ってセックスワークをしているのに、貶めるような発言はしないでほしい」という意見が、性風俗業界で働く女性たちから寄せられたことに言及した。もちろん、性風俗従業員、セックスワーカーへの支援や給付も手厚くすべきだと私は考えている。

そのいっぽうで、「性産業を差別しないで」と連帯して声を上げる経営者たちについては、異議申し立てをしたい。経営者たちは従業員と同列のように装っているが、まったく別のものである。

1度目の緊急事態宣言解除後、客足が戻らずに売り上げが7割、8割減った各業界の惨状を報じるニュースが相次いだ。そのなかで特に大きな話題になったものの一つが、性風俗事業者が新型コロナをめぐる「持続化給付金」などの休業補償を求めた動きだ。

持続化給付金は、ソープランドやストリップ劇場、出会い系喫茶などの性風俗業を営む事業者を支給対象外としている。2020年5月11日、給付金の対象から性風俗業が外された経緯について、梶山弘志経済産業大臣は「社会通念上、公的資金による支援対象とすることに国民の理解が得られにくいといった考えのもとに、これまで一貫して国の補助制度の対象とされてこなかったことを踏襲し、対象外としている」と国会答弁した。

「この訴訟は『セックスワーカーの安全を守るための訴訟』そして『性風俗業界の未来に関わる訴訟』です。訴訟を通じて『セックスワークisワーク』、セックスワークは仕事であり職業だという想いを世の中に伝えてゆきたいと考えています」

原告である関西地方の性風俗事業者はこう主張して、性風俗業に対する補償を求め、弁護士と共に政府へ要望書を提出した。そして2020年8月には、訴訟資金を募るクラウドファンディングを開始。

同年9月23日、新型コロナウイルスで売り上げが減少したにもかかわらず、性風俗事業者が持続化給付金を受給できないのは憲法が保障する「法の下の平等」に反するとして、無店舗型性風俗店の運営会社が国に計約450万円の損害賠償を求める訴えを起こしたのである。

ここで留意すべきは、「性風俗事業者・経営者」は、「性風俗従業員・セックスワーカー当事者」ではないということである。原則として、「性風俗事業者・経営者」は自ら性的サービスを提供するのではなく、「性風俗従業員・セックスワーカー」が濃厚接触をして得た利益の一部を受け取ることで、経営を成り立たせている。女性を売春にあっせんする仲介業は、歴史的に見ると古代から存在していた職業で、女衒《ぜげん》、ピンプ、性的搾取と呼ばれる業種だ。

実のところ、「性風俗従業員・セックスワーカー」と経営者・店舗との間に雇用関係はなく、業務委託契約が交わされているだけで、個人事業主扱いになっている場合が多い。性風俗従業員は最近だとウーバーイーツのような働き方の、自営業者ともいえる。

そのため、健康保険や厚生年金といった各種社会保険の適用対象にならず、労災対象にもならないことが一般的である。これまで私は、精神疾患や疾病、感染症に罹患して退職しても何の補償もない事例に嫌と言うほど立ち会ってきた。セックスワーカーの安全を守るためだと主張する「性風俗事業者・経営者」たちは、「セックスワーク is ワーク」と言いながら、肝心のワーカーの生活保障、労働者保護を疎《おろそ》かにしている。

要望書の文言をもう一度読み返してみよう。「性風俗事業者・経営者」たちは「自分たちの経営を守るため」の訴訟なのに、「セックスワーカーを守るため」と詐欺的な宣伝を謳って、意図的に混同をもくろんではいないか。つまり、「性風俗事業者・経営者」たちは悪辣で狡猾《こうかつ》な策を社会に仕掛けたのだ。これほど醜悪な事態は、近年稀に見るほどである。女衒の論理や女性差別が闊歩《かっぽ》する社会など、私は望まない。誰かの性欲解消のために犠牲になってよい人間など一人もいない。

「本質的に不健全」――給付金裁判で国は真っ向から否定

注意してほしいのだが、働いている人のうち、従業員として雇用されているのでなく、店から業務委託を受けて個人事業主として働いている場合には、もとより政府の持続化給付金の給付対象になっている。また、生活保護や各種支援制度についても、性風俗従業員・セックスワーカーを理由として除外する対応はしていない。

明けて2021年4月15日、先の訴訟の第1回口頭弁論が、東京地裁で行われた。国側は、「性を売り物とする性風俗業者は本質的に不健全。給付対象外としたことは差別ではない」と請求の棄却を求めた（2021年4月15日付毎日新聞）。当然の論理である。

いっぽう、原告の性風俗業経営者らは、「まるで嵐の中、性風俗業の者だけが裸で外に追い出されたよう。これは国による職業差別だ」と陳述している。

「性産業を差別しないで」と声を上げる経営者たちは、意図的に自己の搾取や女性差別を隠して、社会に訴えることを恥とも思わないようだ。社会福祉の立場からすると、我々が守らなければならないのは、これらの異常な搾取者ではなく、彼らに搾取されているセックスワーカーたちである。

本当にセックスワーカーを守りたいのなら、性病や感染症、抑うつ症状などさまざまなリスクを抱える彼女たちの安全に配慮して、休業し続けるか、廃業することが経営判断として適切ではないだろうか。

当然ながら、「性風俗従業員・セックスワーカー」に生活保障、休業補償をするうえで差別的な扱いがなされることは、あってはならない。

性風俗業では障害者虐待も横行している

誤解してほしくないのは、コロナ禍という緊急時だから女性が「性の商品化」をされているのではなく、日常的に女性への性的搾取が行われている社会構造があるということだ。これが表面化しただけである。私のもとに相談に来た未成年者たちから、デリヘルで働いていたことを打ち明けられることもしばしばある。

さらに2020年7月、ある性風俗店のサイトに次のような驚くべき内容が掲載された。

支援学校出身で知的障害を持つ○○ちゃんが当店の仕事に初挑戦！　意思の疎通は可

能で、お話しした感じは幼いですが天真爛漫で明るい子です！　禁止事項は特にないので、ニコニコ従順で人と過ごすのが大好きな彼女をアナタ色に染めてやってください！

私は社会福祉士として、知的障害者や精神障害者の支援にもかかわっているが、このように知的障害のある女性を性風俗経営に利用する悪徳業者が後を絶たない。「障害者にわいせつな行為をすること又は障害者にわいせつな行為をさせること」は、障害者虐待防止法に抵触する。

仮に知的障害者が自己決定をして性風俗業で働きたいと願ったとしても、障害者虐待の観点や社会的擁護の観点から、福祉専門職の間では他の選択肢を提示し社会福祉で保護することが適切だという判断が共有されてきた。これは精神障害者でも同じであることに留意してほしい。

障害者が望むなら福祉作業所や福祉施設で生活するよりも、性風俗業で働かせたほうがよい、という暴論も当事者支援団体と称される関係者から一部聞かれる。断じてあってはならないことだ。発言自体が明らかに障害者虐待であり、人道上問題である。

知的障害、精神障害のある女性を性風俗業で働かせることは虐待だという認識が広がってほしいものである。いうまでもなく、児童も同じである。

このような当たり前のことさえも通じないほど、性風俗産業の堕落ぶりは酷いし、それで問題がないとされてきた社会を私は問題視している。もう、このような人権侵害を終わりにする時がきている。

犯罪の温床となりやすい性風俗

警察庁の発表（2020年3月）によれば、性風俗関連特殊営業は3万1956件あり、なかでも無店舗型の出張サービス（デリヘル）は一番多く、2万1619件が営業している。

現在の性風俗業はデリヘル経営が増え続けており、その投資資金の少なさから、新規参入や資本投入、事業譲渡・売買も盛んに行われている。そのため、さまざまな経歴の資本家、経営者が事業運営に乗り出している。彼らは、自身が性産業の搾取者だという認識も乏しいのかもしれない。

そのなかで、社会通念上、許されない違法行為もしばしば起きている。

2019年の風俗関係事犯（風営適正化法違反・売春防止法違反・わいせつ事犯・ゲーム機等使用賭博事犯・公営競技関係法令違反）の検挙件数は、4653件であり、検挙人員は

4315人だった。賭博や薬物といった多くの違法行為があり、行政処分、行政指示が日常茶飯事である。性風俗営業が健全化しているとは言い難いことが、このデータからもご理解いただけるだろう。

性風俗事業者には、反社会的組織に資金供給することもやめていただきたい。風営適正化法違反の暴力団構成員等関与率は9・3％で年々減少傾向であるが、用心棒代わりに暴力団の関与を今も断てないでいる事業者もいる。暴力団との関係を性風俗経営者たちは否定するが、業界全体を見れば、何かしら関係があることは明らかだ。

もともと性搾取、性売買という非人道的な行為を生業にする事業経営は、反社会的な組織とのつながりが強かったことは否定のしようがない。

本書ではすべてには言及できないので、関心のある方は次の資料をご参照いただきたい。

令和2（2020）年3月　令和元（2019）年における風俗営業等の現状と風俗関係事犯の取締り状況等について　警察庁生活安全局保安課

https://www.npa.go.jp/publications/statistics/safetylife/hoan/R2.fuzoku.toukei.pdf

先述した内容にとどまらないが、「社会通念上、公的資金による支援対象とすることに国民の理解が得られにくい」理由の一部を事実に基づいてご紹介した。

セックスワークは女性のセーフティーネットではない

岡村氏のラジオ番組内での女性蔑視発言に話を戻そう。

私に寄せられた意見は年齢層も幅広く、中学生や高校生からもメールが届いた。

「岡村さんのラジオが生きる希望だから、なくさないでほしい」

「人生のつらい時期に岡村さんのラジオに救われました」

「変わるために何をすればいいか教えてほしい」

「自分たちの居場所を奪わないでほしい」

――リスナーの思いは大事であり、尊重すべきものである。おそらく、岡村氏の番組が生きることに苦しむ人たちを救ったこともあっただろう。

だが、岡村氏の発言を促したのが、男性リスナーからの「コロナの影響で、今後しばらくは風俗に行けない？」というメールだったことにも再度、言及しておきたい。

日本は、コンビニエンスストアなど子どもが簡単に立ち寄れる場所に「成人向け雑誌」

が平然と並んでいる社会環境にある。東京オリンピック・パラリンピックに向けて訪日外国人へのイメージダウン、そして未成年や女性への悪影響に配慮し、2019年8月末で多くのコンビニが店頭での「成人向け雑誌」の取り扱いを中止したことは当然の判断だと思う。

日本では、家庭に経済的余裕がなければ、性産業に従事して学費や生活費を稼げばいいという誤った認識が、子どものころから何となく刷り込まれてしまう。

性を買う人がいれば売らざるを得ない人も出てくる。「世の中には性欲やストレスを解消できない人もいる。お金を払っているのだから、いいじゃないか」と性風俗店利用を肯定する意見もあるが、性風俗業は女性のセーフティーネットではない。女性の弱みに付け込んで利用する男性側の論理を正当化しているだけだ。

生活支援団体が関与しなければ、岡村氏が言うように、路頭に迷っている女性にスカウトが声をかけ、性風俗産業へと誘うことになる。かわいい女性なら性商品として高く売れるのだから、売れればいいではないか、と。

このように本来は行政がなすべき福祉サービス、生活保障を性風俗産業が担っている現状は、まさしく「福祉の敗北」だと言える。歴史的に見ても、お金がなくなったら風俗で働けばいいんだと、女性を苦しい立場に追いやることがいまだにこの社会では公然と行われている。

事実、日本における性産業、性の商品化の需要は凄まじく、女性の性搾取を容認する構造が福祉の拡大・拡充を阻止している。「お金がないなら体を市場で売れ」と女性を酷使する性風俗産業と、岡村氏のような「性の商品化」を待ち望む下劣な購入者たちがいる野蛮な社会を放置しておくのはもうやめにしたい。この社会構造の問題をいまだに是正できていないという点では、私たち福祉関係者にも責任がある。これを変えていきたい。

生活費や教育費の高さが「性や労働の窮迫販売」を強いる

専門学校生や大学生、大学院生たちからの生活相談もやまない。日本の学費は先進国の中でトップレベルに高額で、返さなくてよい給付型奨学金（スカラシップ）がほぼ皆無である。セックスワークへの誘導はするが、学業支援、生活支援、社会保障を整備しない社会だ。

近年は、セックスワークが「簡単、安全、高収入」であるという巧妙なイメージ戦略がSNSを活用して行われており、性産業へのハードルが大幅に引き下げられている。だから、家庭に余裕がなければ、学生自らが性産業に従事するなどして、学費や生活費を稼がざるを得ない。若い女性が困窮すればするほど儲かるのが性産業だ。援助交際やパパ活などに足を踏み入れる10~20代の女性も増えているが、マイルドな言葉に置き換えても買春、性売買、人身取引であることに変わりはない。

日本の社会は長らく女性たちに性的搾取を強いてきたし、21世紀に入ってもなお、このような人権無視の環境を放置している。彼女たちの毎日は、カール・マルクスのいう「労働の窮迫販売」に過ぎない。売れる労働力がなければ、体でも尊厳でも、何でもいいから売って生命を維持する。

「積極的に」生きようとしているが、「積極的に」売っているわけではない。家にあるテレビやエアコンや本など売れるものはすべて売って、最後に生きていくために性風俗にたどりついた。本来、「健康で文化的な最低限度の生活」がきちんと保障されていれば、こうしたことは起こらないはずだ。

この議論の参考資料となる**『マルクス主義、フェミニズム、セックスワーク論　搾取と暴力に抗うために』（森田成也　慶應義塾大学出版会　2021年）**を紹介したい。たとえセックスワークに誇りを持つ働き手がいるにせよ、それは新自由主義（ネオリベラリズム）からこぼれ落ちた人々のセーフティーネットだから受け入れられているに過ぎず、背景には戦前から続く女性への差別主義があると論じている。新自由主義が、「規制緩和」（労働市場の非正規化）や「合理化」「スリム化」（「小さな政府」という名の公務コストカット）によって新たな差別を生み出したことと併せて考察したい。そのしわ寄せが最も及んでいるのが女性と子どもだということも含めて。

風俗業界を辞めて、人生の再スタートを決意した女性たち

2021年1月からの2度目の緊急事態宣言発令以降、10〜30代の女性たちからの相談が急増している。私は毎日、TwitterなどSNSを活用して対応しているが、多い日だと100件を超える相談がある。

福祉事務所へ相談に行っても、「仕事がないといっても、夜の仕事だったらあるでしょう」「好きな男性いないの？　結婚したらいいのに」などと言われ、生活保護を受けられないといった声も数多く寄せられる。

本来、仕事ができる状態であっても、仕事場がなく、仕事探しに困難が伴う場合には生活保護の受給は可能だ。親族による扶養は生活保護に優先するが、扶養義務が果たせない

図表3－1　風俗業界で働く女性の社会的孤立を解消するためのしくみ

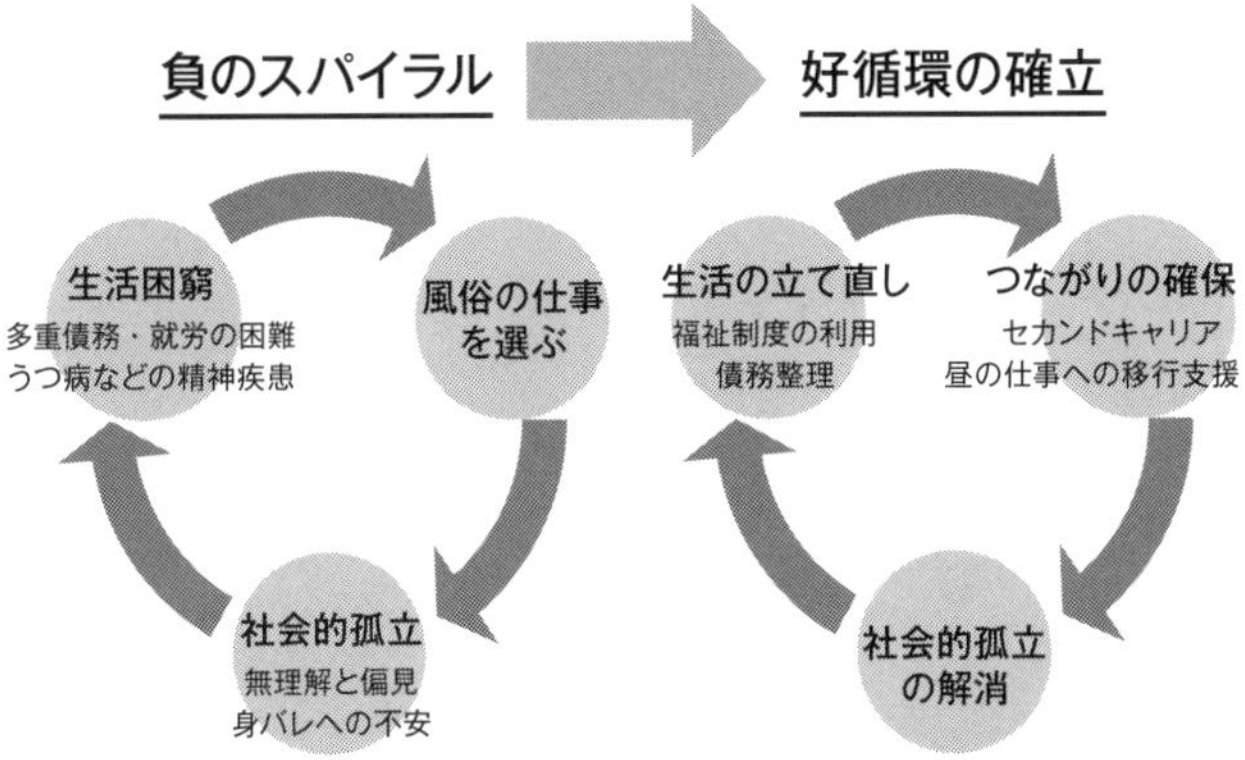

「とにかくやめさせる」ではなく、「働くリスクを減らす」
「やめた後のセカンドキャリアを準備する」支援が大事！

事情があれば、保護申請上は何ら問題がない。そもそも本人が生活保護を受けたいと申請意思を示せば、申請書を記載させるなどして審査を開始する義務が福祉事務所にはある。

　年齢や稼働能力、親族扶養を理由にして保護申請を違法、不当に拒絶してきた福祉事務所に対し、「生きさせろ」「生活保護を受けさせろ」という声が、当事者から上がり始めている。

　現代社会では、当事者の体験談がＳＮＳ上で一気に社会に拡散されていく。若いから、働けるから、家族がいるから、などを理由に福祉事務所で保護申請をさせてもらえなかった女性たちが赤裸々に体験談を語り、その声が同じような境遇の女性たちに届く。それに勇気づけられ、私も生活保護を受けられるのだと理解した女性たちが、福祉課の窓口に相談し始めている。このように「一時的に生活保護を受けようよ」と当事者の女性たちが発信してくれるのは、とても心強い。

若年層の相談がいまだかつてないほどに急増するなか、私たち福祉専門職も微力ながら、彼女らの生活保護申請に同行する取り組みを続けている。申請に同行する理由は、常態化している福祉事務所による違法、不当な行為をその場で牽制、是正するためだ。保護を受けることは何も恥ずかしいことではない、生活保護は生きるための権利だと声を上げることで、従来の社会規範、市民意識を根本から変え、福祉制度をよりよく変えるための機運を高めたい（**図表3―1**）。

虐げられてきた女性が生活保護を受給し、それを原資に資格取得の勉強を始めたり、新しい仕事を探し始めたりと、新しい人生をどう生きようかと模索する姿がコロナ禍で増えていることは大きな希望だ。これからも一緒に歩んでいきたいものだ。

「ナイナイ岡村風俗発言」を風化させてはならない

岡村氏は自らが結婚したことを2020年10月23日未明、深夜のラジオ番組「ナインティナインのオールナイトニッポン」で発表した。問題発言への批判を受け、精神的に落ち込んでいた岡村氏の支えになってくれたことが結婚のきっかけになったとも報道されている。

お祝いごとに水を差すようで申し訳ないが、ここで改めて1年余り前に起きた問題を振り返っておかなければ、岡村氏が再び発言することはなくとも、彼と同様の思考回路、擁護意見を持つ別の加害者が出るだろう。

第2章でも言及しているように、コロナ禍の日本では女性の自殺者数が急増している。お金を稼がないと生活が苦しい女性たちが、自ら死を選ばざるを得ない環境に追い詰められている。その要因は、男女の賃金格差が大きく、女性が生活困窮に至りやすい日本の社会構造にある。

このような情勢を踏まえて、岡村氏には日本を代表するお笑い芸人の一人だからこそ、今後も性風俗産業で働かざるを得ない女性や女性の貧困問題に関心を持ち、具体的な支援をするなどの行動を示してほしい。岡村氏と同様、男性買春者たちにも自らの過失を償うべく贖罪を始めてほしい。

繰り返しになるが、諸外国では岡村氏のような著名人が生活支援や貧困支援の現場に足を運び、社会貢献活動をする姿も珍しくない。岡村氏には影響力が大きい立場を生かして、福祉現場での相談対応が円滑に進むように力を貸してほしいと心から願っている。

コラム 3

映画を通して知る社会保障――『わたしは、ダニエル・ブレイク』

少し前の映画になるが、ケン・ローチ監督の映画『わたしは、ダニエル・ブレイク』（2016年 イギリス）は、英国政府の複雑な社会保障制度にはじかれた人たちが、苦境に置かれながらも人間の尊厳を求めてもがく姿を描いている。

心臓病を患って仕事ができなくなった59歳のダニエル・ブレイクは、障害者手当の審査を受けに福祉事務所へ行く。ドクターストップはかかっているものの、生活できるとして彼は障害者ではなく「就労可能」と認定される。そこで職業安定所に行き失業給付を受けようとするが、そのためには求職活動をしなければならず、パソコン検索をしなければならない。大工のダニエルはパソコンを使ったことがない。

職員の助言がなされるべきところだが、「マニュアル以外のアドバイスはするな」とお役所のルールで禁止されており、心ある職員ですら何の手助けもできない。そもそもドクターストップのかかっているダニエルは、仕事をすることができないのだ。

こうした制度の矛盾にはばまれた彼は、やはり機械的な審査により給付が受けられなかったシングルマザーのケイティと交流していく。彼女もまた2人の子どもを抱えて困窮しており、やむを得ず性売買の仕事に就いていた。

主人公ダニエルは、非人間的で血が通わない社会保障の運用と官僚主義に抗議して闘ったが、異議申し立ての直前に亡くなってしまう。ケイティは職を得られず、社会から疎外され、困窮や貧しさからいつ抜け出せるかわからない。その閉塞感の描写が、私の胸に強く迫ってきた。

この映画で描かれている英国の社会保障の現場と、日本の現状はとても似ている。英国と日本では、社会保障制度への申請の壁がとてつもなく高くなっているからだ。その特徴は、「申請主義」と「選別主義」である。

申請主義では、困窮していても、申請しないと困窮状況を認知してもらえず、支援を受けられない。そして選別主義では、支援を受ける各種条件が必要以上に厳しく、条件に合致しないと支給を受けることができない。そして、助ける相手、保護すべき人を行政側が選び出し、それ以外の人には就労を強く促す形で運用されている。「本当に助けるべきは誰か」という19世紀英国以来の議論が、現在も継続している。

19世紀中ごろの英国で主流だったのは、「広く救貧税を徴収し、困っている人たちに再分配して支援する行為は合理的ではない」という考え方だった。困っている人たちをあえて飢えさせ、労働市場に押し出すべきだという考え方が広く支持されていた。飢えれば働くのだから、社会保障を手厚くする必要はない、という論法だ。現在も同じような感覚で制度運用されている面がある。

「自己責任論」も根強く残っている。これだけ雇用が確保された現代社会にあって、なぜ貧しいのか、なぜ計画的に生きてこなかったのか、と困窮者を責める論法だ。これは政府の役割を軽視し、個人的な資質、能力、道徳論にすり替えるレトリックである。日本では、生活保護受給者をバッシングする際によく用いられる。貧困は社会構造の問題によって引き起こされるものであり、個人の責任ではなく社会の責任だということは歴史的に見ても事実なので、繰り返し強調しておきたい。

映画の終盤、主人公ダニエルが人間の尊厳まで否定されることを拒否して自らを主張した場面、同じ境遇にあるケイティ家族が連帯意思を表明して助け合ったことに、大きく心を揺さぶられた。社会や福祉制度をよりよく変えていくために、私も当事者とともに声を上げ続けていきたい。

第4章

未曾有の貧困危機から命と暮らしを守る

――支援・相談窓口

最優先すべきは命を守ること

本章では、失業や収入減に対処する方法をはじめ、離職などにより住居を失うか、失うおそれの高い場合の相談先や支援内容について紹介する。

経済危機が起こると人間が真っ先に死に追いやられるのが日本の社会なのだと、まず認識していただきたい。最優先すべきは、自分や他者の命を守ることだ。

「不況期では自殺率は上がり、好況期はその反対だ。完全失業率と自殺率の時系列カーブを描くと、両者は恐ろしいほど同調している。失業率が上がれば自殺率も上がる」（2019年1月9日付ニューズウィーク日本版）と教育社会学者の舞田敏彦氏が述べているように、日本では雇用喪失と自殺率との強い相関が以前から繰り返し指摘されている。

特に男性は雇用を喪失すると、自ら命を絶つリスクが急激に高まる傾向にある。リーマン・ショックや東日本大震災の時にも、倒産、事業縮小、失業によって働く場所を失ってしまった人々が、路頭に迷い将来を悲観して命を絶ち、その都度、政府や社会が経済対策と同時に自殺対策を検討してきた。そのため、他者に相談をする心理的ハードルを下げるための取り組みが、さまざまな関係機関によって続けられている。誰でもつらい時には、極端な思考に陥ってしまうこともある。その際には、悲観的になり過ぎないこと。恥ずかしい、苦しみをわかってもらえないなどと思い込まずに、相談システムをうまく活用し、命を守る行動に出てほしい。そして、周囲にも相談窓口の情報を拡散してほしい。

英国で始まった自殺予防のための電話相談にヒントを得て、1971年10月に日本で開設されたのが**「いのちの電話」**だ。2020年現在、50の連盟加盟センターがあり、約6000名のボランティア相談員が活動している。

東日本大震災後には、死にたいほどつらいという人の相談を受けるために、厚生労働省が**「よりそいホットライン」**を創設し、現在も電話相談を24時間体制で受けている。

どうしても電話では相談しにくいという人は、SNSを活用してみてはどうだろうか。たとえば、厚生労働省では電話相談だけでなく、**「新型コロナウイルス感染症関連　SNS心の相談」**を開設し、新型コロナウイルス感染症の影響による心の悩み相談を受け付けている。

コロナ禍の影響は、中・長期的に続くことが予想される。政府には、相談員の増員や研修体制の整備などを強化するべく予算確保を早急に検討いただきたいし、踏み込んだ措置を要請したい。

▼いのちの電話

0570-783《なやみ》-556《こころ》

▼厚生労働省「新型コロナウイルス感染症関連　SNS心の相談」

https://lifelinksns.net/

日、月、火、木、金：17～22時、水：11～16時

▼同「心の健康相談統一ダイヤル」

0570-064-556（有料）

※相談対応の曜日・時間は都道府県によって異なる。

▼同「よりそいホットライン」

0120-279-338（24時間対応）

岩手県、宮城県、福島県から電話をかける場合

0120-279-226

▼「新型コロナこころの健康相談電話」

一般社団法人日本臨床心理士会、日本公認心理師協会

０５０−３６２８−５６７２　受付時間　10〜13時（月〜土）

家賃が払えなくても住み続けられる方法

「家賃が払えない」「家賃の滞納で立ち退きを迫られている」「マイホームのローンが支払えない」……。コロナ前には、「普通に」生活していた人たちが、住居喪失の危機に瀕している。私は、「家賃を払えない時は、無理して払わないでください。また、諦めて住居を出ることもしないでください」とアドバイスしている。

行政サービスは住民票のある地域で受けられるものであり、ひとたび住居を失ってしまうと、再就職活動にも支障をきたすことになるからだ。

退去勧告、立ち退き要請を受けたら、まずは勇気をもって「事情があって支払えない」旨を大家さんに伝えて交渉してほしい。そして、書面を持って住まいの役所の福祉課へ行き、**「住居確保給付金」**（**図表４−１**）か**「生活福祉資金の特例貸付の緊急小口資金」**を申請する。住居確保給付金とは、休業等に伴う収入の減少により、住居を失うおそれが生じている方々について、原則３カ月、一定の条件を満たした場合は最長12カ月（延長は３回まで）、

図表4−1　住居確保給付金

支給上限額は下記の通り。自治体によって額が異なる。

●東京都23区の例

世帯の人数	単身世帯	2人世帯	3人世帯
資産要件（貯蓄基準）	50万4000円	78万円	100万円
収入基準額（月額）	13万8000円	19万4000円	24万1000円
支給家賃額（上限額）	5万3700円	6万4000円	6万9800円

出典：厚生労働省 生活支援特設HPをもとに作成

家賃相当額を自治体から家主に支給するというものだ。たとえば、東京都23区であれば、月5万3700円まで支給される。

緊急小口資金の特例貸付とは、緊急かつ一時的に生計の維持が困難となった場合に、上限20万円を無利子で貸すという**「特例貸付」**だ。当座の生活のための緊急かつ一時的な生活費が必要な方におすすめの貸付制度だ。2021年6月26日現在、緊急小口資金の申請締切は2021年8月末日となっているが、延長される可能性もあるので、厚生労働省の「生活支援特設ホームページ」の最新情報に注視していただきたい。

適正な情報があるかないかで命や暮らしが左右される時代に私たちは生きている。だから、生活に困窮する多くの人たちのために、こういった情報をSNSや口コミで拡散していただきたい。

ちなみに全米各地では、失業者たちが連帯して家賃の減額や支払猶予、さらには債権放棄を家主に対して求める運動が活発化している。**通称「レントストライキ(家賃ストライキ)」**といわれる社会運動である。市民には住む権利があるのだから、その居住権をも保障するべきだという主張は欧米に広がっている。この運動を受けて、政治も貸主と借主の間に立って、政策の調整に入っている。つまり、主体的な市民運動がなければ、政治や政策は動かないということだ。

日本でも一時的に家賃の支払いを猶予してもらえるならば、当面は食費や医療費などに優先的にお金を充てることもできるだろう。そうすれば、コロナ禍の収束後の生活再建も早まるはずだ。

今はまさに経済的な緊急事態であり、誰にも罪がない天災、いや政治による人災といってもいい状況だ。そもそも支払うお金がないのだから、家賃を支払えない当事者を責めたてても意味はない。だからこそ、不動産業者や大家業の人たちは、借主や債務者にではなく、政府に補償を求めてほしい。こんな時こそ、家賃滞納やローンの不払いに寛容な社会であってほしいと願う。

▼住居確保給付金相談コールセンター
0120－23－5572　受付時間　9～21時（土日・祝日含む）
▼個人向け緊急小口資金・総合支援資金相談コールセンター
0120－46－1999　受付時間　9～17時（平日のみ）

無料低額宿泊所に依存せず「ハウジング・ファースト」を実践すべき

家賃支払いを猶予してもらうための家主との交渉が面倒で、それなら出ていったほうがいいと立ち退きに素直に応じ、荷物をまとめてネットカフェへ退去してしまった人もいた。

家賃を滞納して借金もあり、しかも親に頼れないような人の大半が身を寄せるのは、インターネットカフェやビデオボックス、温浴施設、簡易宿所、違法貸しルーム（脱法ハウス）などである。

こうした場所は感染リスクが高いだけでなく、ゆっくり休めないという点で健康被害が起こりやすい。親との縁が薄かったり、周囲の人たちからいじめを受けたりしてコミュニケーションを取るのが苦手になると、就職しても長続きせず失業するなどの悪条件が重なる。さらに、福祉サービスに関する情報や知識がなかったりすると、条件の整った賃貸住宅に入居するハードルは極めて高くなってしまう。

ネットカフェに流れ着いた「住宅難民」は、貧困ビジネス業者にとっては格好のターゲットだ。「安く住めて食事も出るところがありますよ」と優しく声をかけてくる。生活保護の申請も手伝ってくれるし、銀行で口座をつくる際に立ち合ってくれたりもする。そうして不衛生で狭い無料低額宿泊所を紹介され、印鑑と通帳は保管してもらえるといえば聞こえはいいが、要は悪徳業者から奪われてしまうのだ。

それでも、人間には良くも悪くも順応性(慣れ)がある。劣悪な環境ではあるが、薄いベニア板の仕切りがあって個室ではあるし、カップ麺やレトルト食品の支給もある。生活保護費として支給される約12万円はあらゆる名目で搾取されるが、多少の小遣いは与えられる。そうなると、「周囲も似たようなものだし、どうせこんなものだろう」と諦め、少しずつ心身の健康が蝕まれ、困窮状態から抜け出せなくなっていく。

これは以前、埼玉県に実在した元暴力団関係者がかかわっていた施設のケースだ。「ネットカフェ難民」も同じで、緊急事態も慣れれば日常となる。そうなると、「健康で文化的な最低限度の生活」を営むことはさらに難しくなっていくのである。

東京、大阪、神戸などの大都市では、住まいや仕事を失い、ネットカフェや友人宅などを転々として寝泊まりする人への支援活動が行われている。

たとえば東京都では「TOKYOチャレンジネット」だ。コロナ禍で収入減になり住居を失った人には、ウィークリーマンションなどの緊急シェルターを用意し、その間に生活支援、居住支援、仕事の相談や資金貸付相談などが行われる。だが、自治体経由で紹介される仕事の職種が限られていることもあり、たとえばライブハウスで活動を続けたいミュージシャンの場合、それを「仕事」と認めてもらえず、結果として宿の提供が受けられないといったこともある。

自治体の対応に疑問を抱いたら、民間の支援団体にもぜひ問い合わせてほしい。

▼TOKYOチャレンジネット
https://www.tokyo-challenge.net/
〒160-0021 東京都新宿区歌舞伎町2-44-1

東京都健康プラザハイジア３F
０１２０－８７４－２２５／０１２０－８７４－５０５（女性専用ダイヤル）
開所時間　10～17時（月・水・金・土／祝日は休み）
10～20時（火・木／祝日は休み）

▼一般社団法人つくろい東京ファンド

２０１４年６月、「市民の力でセーフティネットのほころびを修繕しよう！」を合言葉に、東京都内で生活困窮者の支援活動を行ってきた複数の団体のメンバーが集まって設立。空き家や空き室を活用した住宅支援事業を展開している。

０３－５９４２－８０８６

▼認定ＮＰＯ法人自立生活サポートセンター・もやい

生活に困窮し住まいを失った人に対し、その人が自らの住まいを得られることを目指し、入居支援事業を行っている。

０３－６２６５－０１３７（火：12～18時／金：11～17時）

自分で申請すれば、休業支援金が受けられる

２０２０年7月、休業手当の支給がない労働者への新しい給付金が開始された。「新型コロナウイルス感染症及びそのまん延防止の措置の影響により休業させられた中小企業の労働者のうち、休業中に賃金（休業手当）を受けることができなかった方に対して、当該労働者の申請により、給付金を支給するもの」である。**休業前の1日当たり平均賃金×80％（1日あたり上限1万1０００円）を支給してもらえる制度**で、労働者自身で申請することが可能だ。

正社員、非正規社員、パートやアルバイトなどの雇用形態に関係なく、中小企業の労働者はすべて該当する。もちろん、学生アルバイトも該当するので、休業中の労働者は本制度を活用して、本来得られたであろう給与分の80％は必ず受け取ってほしい。

これまで本制度は郵送による申請のみだったが、２０２０年10月9日からはオンライン申請も可能になった。

厚生労働省の**「新型コロナウイルス感染症対応休業支援金・給付金 オンラインによる申請方法」**を確認して、申請手続きを進めてもらいたい。

不明な点があれば、専用のコールセンターも設置されているので、電話で照会しながら手続きをすることも可能だ。

だが、課題もある。企業が申請書に「休業手当を払っていない」と記入することを嫌い、労働者への休業支援金支給が進んでいないのだ。

メディアの取材に対して、企業側の社会保険労務士が堂々と「行政指導のリスクがある以上、なるべく休業支援金を使わないよう助言している」と問題発言をしている。本制度を利用しないようにアドバイスするなど言語道断だ。休業支援金が支払われないことは労働者にとって死活問題なので、企業や社会保険労務士などに申請を拒まれたら、絶対に諦めず私たちに相談してほしい。厚生労働省は、このような企業や社会保険労務士が存在する以上、申請要件を緩和して企業側の記入がなくても申請が可能になるよう、制度変更すべきだ。

また、**生存のためのコロナ対策ネットワーク加盟の労働組合とユニオンでは、制度発足時から一貫して、休業支援金・給付金の申請や企業との交渉を行っている。**制度があるのだから、当然の権利である給付金を受け取らずに泣き寝入りさせられるなど、あってはならない。

▼新型コロナウイルス感染症対応休業支援金・給付金コールセンター
☎0120‐221‐276
月～金 8時30分～20時／土日祝 8時30分～17時15分

訳あり通販モールやフードバンクを活用する

休業支援金は、申請してから支給されるまでに何週間もかかることがある。コロナ禍で売り上げ危機にある事業者の食品や日用品をお得値で買えば、両者が助かるはずだ。特に困っていないという人でも、料亭に卸すような魚介はじめ高級食材を3割引、4割引で試食できるチャンスだ。年間2759万トンにのぼる日本の食品ロス（総務省人口推計2016年度調べ）を減らす手助けにもなる。ぜひ日本人の「もったいない精神」を発揮してほしい。

生活困窮などの事情がある世帯に対しては、**無料で食料品配布をする事業**が全国で拡大している。**「食品貯蔵庫」という意味のフードパントリー**だ。背景には、**企業や個人から**

食料品を集めるフードバンクと呼ばれる活動がある。ここに寄付された食料品を生活困窮者に届けるという取り組みである。「子ども食堂」と同じく覚えておいてほしい。

私の活動拠点である埼玉県内各地にはフードパントリーが続々と進出している。地域住民や地域企業を巻き込んで、公民館やＮＰＯ事務所、会社事務所、法律事務所などさまざまな場所で食品や日用品を配布中だ。

Ｇｏｏｇｌｅで「フードパントリー　お住まいの都道府県や市区町村」と入力し検索しよう。ただし、よく見ないと掲載情報が古いこともある。必要に応じて直接、主催者に問い合わせていただきたい。

食料品が無償配布されれば、その分の家計支出は抑えられ、その他のものに回すことができる。子育て世帯であれば、教育費、医療費、通信費、おもちゃや余暇活動費に充てることで、暮らしにゆとりが生まれるだろう。

これまで企業は食品を大量生産し、消費し切れないほど流通させ、いわゆる食品ロス（フードロス）を膨張させてきた。そのいっぽうで、パン一片にも事欠く家庭が多くある。廃棄を減らす環境保護と、食品を適切に消費できるしくみがつながる。企業がフードパントリーに食品を寄付するメリットは大きい。

▼ポケットマルシェ

https://poke-m.com/about

「#新型コロナで困っています」で検索する。農家や漁師から訳ありの生鮮食品を購入できる。

▼WakeAi（ワケアイ）

https://wakeai.net/

コロナ禍で経営不振になった事業者の商品を、通常よりも安値で取り扱う。「買って応援、食べて応援」する「社会貢献型通販モール」。

▼食べチョク

https://www.tabechoku.com/groups/64

産直取り寄せの生鮮食品からぜいたくなお菓子までいろいろ。生産者にとっては外食産業の時短営業などで納品先がなくなった食品のロスを防ぐことができる。

▼セカンドハーベスト・ジャパン（Second Harvest Japan）

https://2hj.org/10000pj/pickup/

フードパントリーの開設や運営ポイントを無料支援する。

ためらわずに相談会に参加し、困りごとを解消しよう

２０２０年から２０２１年にかけての年末年始には、「年越し大人食堂」が全国各地の公園や教会で開かれた。食品や生活用品の配布をはじめ、生活相談なども行われ、生活保護支援サービスへとつなげていった。

私たち生活困窮者支援の現場も慌ただしかった。大みそかの12月31日から正月３日まで、弁護士、司法書士、社会福祉士、労働組合などが連携して、電話相談会が全国５会場９回線で行われた。私も相談員として電話を取った。４日間でのべ２００件を超える生活相談、労働相談、法律相談が寄せられた。

「所持金が数千円しかなくて住居がない」という相談者には、ビジネスホテルの緊急手配

に動いた。病気と困窮で身動きできなくなっている人の自宅を訪問し、現金を給付し助けた事例もある。

　東京都内でひとり暮らしをする50代女性は、コロナ禍の影響で失業。現在は失業保険給付を受けるが、来月末に給付期限がきてしまうという。仕事はまだ見つからず、不安で仕方がないという。非正規雇用や派遣労働を転々とするという典型的なワーキングプアの働き方で生きてきたため、預貯金もほとんどない。

　正月の相談会を振り返り、非正規雇用者と派遣労働者の生活が困窮しやすいとつくづく実感した。いくら身を粉にして長時間労働を続けても、低賃金の不安定な待遇では日々の暮らしにゆとりが生まれるはずもなく、預貯金など到底できない。

　彼女は家賃を支払えなくなり、母親の住む実家に戻った。現在、母親の年金に頼りながら2人で暮らしている。母親に支給される年金額も多いわけではないので、将来が不安であるのは変わらない。

　本人の努力云々の問題とは言えない事例ばかりだった。コロナ禍が浮き彫りにした雇用の不安定さ、男女の賃金・雇用格差を是正していかなければ、今後も生活の窮状を訴える人々が後を絶たない。

支援団体が開いた生活や住まいに関する相談会＝2020年12月、東京・池袋（提供：共同通信社）

相談会は公園や教会等で引き続いて行われており、個別に困りごとを聞いて適切な支援機関につないでいる。現在、政府の支援制度は目まぐるしく変化しており、利用できる制度はどれか、どう手続きすればよいかなど、理解しづらいものが多い。各相談会場には、制度について熟知した専門職が控える。何でも気軽に聞いていただき、長期化しそうな困窮に備えてほしい。

他人に話すことに抵抗を覚える人もいるだろう。しかし、向き合って話すだけで気が楽になる場合もあるはずだ。まずは、電話をかけてきてほしい。

今はまだ困っていないという人は、相談会の情報拡散に協力してほしい。日本では、声をかけることに抵抗を覚える人が多く、それを必要としている人に制度がつながりにくい。「気軽に相談できる所がある」と伝えるだけで、助けを求めやすい環境が社会のなかでつくり出される。「とにかくまずは相談してごらん」と多くの人たちが周囲に伝えてくれることで、助かる命がある。

生活保護は生きるための正当な「権利」、積極的に活用しよう

「生活保護を受けるくらいなら死にます」

相談者の切実な声を聞くにつけ、偏見と誤解に満ちた生活保護制度の呪縛を解かなければ、と思う。所持金が残りわずかで交通費も出せないという相談者には、労働組合員が生活費を直接に届けに行く。それほど政府が準備した休業補償や生活保障策が機能しておらず、困窮する人々が増えている。これまで最も多かった相談は、「休業手当を払ってもらえない」というものだ。

政府は企業が従業員を休業させた場合に、本来支払っていた給与の一部を補償する雇用調整助成金を拡充し続けてきた。ところが、せっかくの制度が現場でほぼ機能していないのである。要は、設計が非合理なために、給付条件が厳しすぎて困窮者が利用できないのだ。

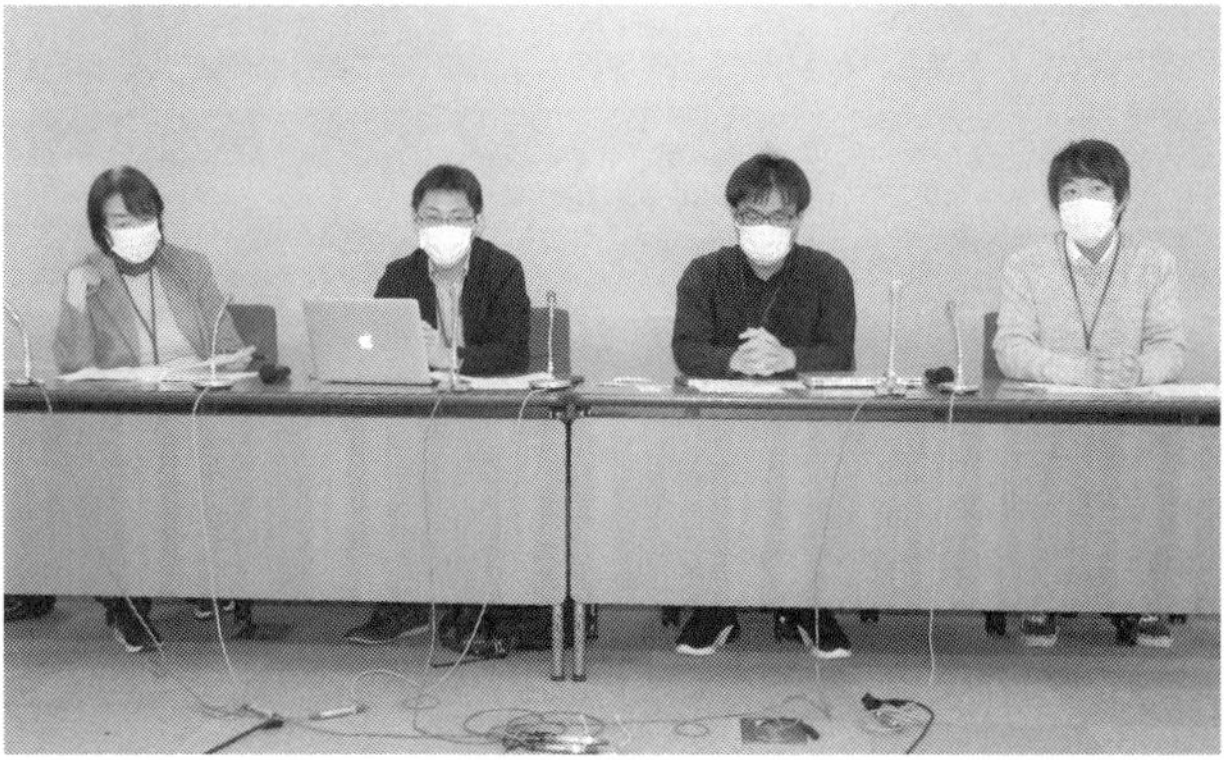

住居の確保や経済支援を求めて記者会見を行う生存のためのコロナ対策ネットワークのメンバーと著者（左から２人目）＝東京都内、2020年４月24日（提供：共同通信社）

これは私たちがずっと指摘してきたことで、ＮＨＫ『日曜討論』（２０２０年5月10日放送）に生存のためのコロナ対策ネットワーク共同代表として出演した際にも、加藤勝信厚生労働大臣（当時）らに改善を求めている。

休業補償も生活保障もなければ生活が困窮するのは明らかなので、その場合は迷わず生活保護制度を活用してほしい（図表４－２）。

生活保護制度とは、生活に困窮する方に対し、その困窮の程度に応じて必要な保護を行い、健康で文化的な最低限度の生活を保障するとともに、自立を助長することを目的としている。今、仕事を探そうにも外出自粛で難しいし、感染拡大リスクもある。コロナ禍が収束し、経済活動が再開されるまでの間、生活保護を受ければばい

図表4－2　生活保護の種類と内容

以下のように、生活を営む上で必要な各種費用に対応して扶助が支給される。

生活を営む上で生じる費用	扶助の種類	支給内容
日常生活に必要な費用（食費・被服費・光熱費等）	生活扶助	基準額は、 (1)食費等の個人的費用 (2)光熱水費等の世帯共通費用を合算して算出 特定の世帯には加算がある（母子加算等）
アパート等の家賃	住宅扶助	定められた範囲内で実費を支給
義務教育を受けるために必要な学用品費	教育扶助	定められた基準額を支給
医療サービスの費用	医療扶助	費用は直接医療機関へ支払（本人負担なし）
介護サービスの費用	介護扶助	費用は直接介護事業者へ支払（本人負担なし）
出産費用	出産扶助	定められた範囲内で実費を支給
就労に必要な技能の修得等にかかる費用	生業扶助	定められた範囲内で実費を支給
葬祭費用	葬祭扶助	定められた範囲内で実費を支給

出典：厚生労働省 HP

いのである。私たちがこれまで支払ってきた税金や社会保険料を、一時的に生活費に充てさせてもらうと考えてもらえばいいと思う。いわゆる経済危機の際のシェルターでもある。

しかし、相変わらず生活保護制度に対する誤解や偏見は根強い。「生活保護は受けるべきではない」「生活困窮に至るのは自己責任だ」という誤った認識が社会に浸透してしまった。２０１２年、国会で片山さつき参議院議員がお笑いコンビ「次長課長」の河本準一氏を名指しし、彼の母親の生活保護不正受給疑惑を徹底追及するなど、いわゆる「生活保護バッシング」の嵐が吹き荒れた。生活保護受給世帯への激しい差別はいまだに回復されない。

私たちはこのような悪しき風潮を見直す機会を得た。誰もが生活苦に陥る可能性があり、困った時はお互い様ではないか。生活保護は誰でも受ける権利がある。生活保護の申請に付き添ってくれる支援団体もあるので、今こそ相談してほしい。

▼生活保護の要件等

生活保護は世帯単位で行い、世帯員全員が、その利用し得る資産、能力その他あらゆるものを、その最低限度の生活の維持のために活用することが前提である。また、扶養義務者の扶養は、生活保護法による保護に優先する。

・資産の活用

預貯金、生活に利用されていない土地・家屋等があれば売却等し生活費に充てる。

・能力の活用

働くことが可能な方は、その能力に応じて働く。

・あらゆるものの活用

年金や手当など他の制度で給付を受けることができる場合は、まずそれらを活用する。

・扶養義務者の扶養

親族等から援助を受けることができる場合は、援助を受ける。

そのうえで、世帯の収入と厚生労働大臣の定める基準で計算される最低生活費を比較して、収入が最低生活費に満たない場合に、保護が適用される。

▼生活保護申請の事前準備

生活保護申請の窓口を訪れる際には、生活が苦しい状況を説明できるものをあらかじめ準備しておくことが大事。

・給与明細だけでなく、年金や児童手当など収入に関する資料を揃えておく。

・預貯金の額によっては生活保護を利用できなかったり、受給できる額が減ったりする場合がある。そのため預貯金の確認ができるようにしておく。

・生活保護を受給する場合、原則として車などの資産は売却しなければならない。ただ、生活するうえで必要な場合は認められることもあるので、毎日病院に行くのに使っているなど、生活必需品であることを説明できるようにしておく。

厚生労働省が全国の生活保護担当課へ注意喚起

ここでは、生活保護が必要な人を支援へとつなげる相談窓口の対処について述べておきたい。

新型インフルエンザ等対策特別措置法に基づく緊急事態宣言の発令によって、飲食店は営業時間の短縮や酒類提供の制限を受けることとなった。同時に外出自粛要請もあり、人々の往来や飲食店利用は激減した。

このような事態を考慮し、厚生労働省は２０２０年４月に次のような事務連絡を発出して、飲食店等の自営業者にも積極的に一時的な生活保護利用を促している。

2　保護の要否判定等における留意事項について

（2）一時的な収入の減少により保護が必要となる場合の取扱いについて

今般、一時的な収入の減少により保護が必要となる者については、緊急事態措置期間経過後には、収入が元に戻る者も多いと考えられることから、保護の適用に当たっては、下記の点等について留意すること。

・保護開始時において、就労が途絶えてしまっているが、緊急事態措置期間経過後に収入が増加すると考えられる場合で、通勤用自動車を保有しているときは、「生活保護法による保護の実施要領の取扱いについて」（昭和38年4月1日社保第34号厚生省社会局長保護課長通知）第3の問9－2に準じて保有を認めるよう取扱うこと。なお、「公共交通機関の利用が著しく困難な地域に居住している者については、求職活動に必要な場合に限り、当該自動車の使用を認めて差し支えない」としているところ、「求職活動に必要な場合」には、例えば、ひとり親であること等の理由から求職活動を行うに当たって保育所等に子どもを預ける必要があり、送迎を行う場合も含めて解して差し支えない。
・臨時又は不特定就労収入、自営収入等の減少により要保護状態となった場合であっても、2（1）の趣旨も踏まえ、緊急事態措置期間経過後に収入が増加すると考えられる場合には、増収に向けた転職指導等は行わなくて差し支えないこと。また、自営に必要な店舗、機械器具等の資産の取扱いについては、上記の通勤用自動車の取扱いと同様に考えていただいて差し支えない。

（厚生労働省　事務連絡　2020年4月7日　一部抜粋）

「臨時又は不特定就労収入、自営収入等の減少により要保護状態となった場合」、「緊急事態措置期間経過後に収入が増加すると考えられる場合には、増収に向けた転職指導等は行わなくて差し支えない」とし、「自営に必要な店舗、機械器具等の資産」（通勤用自動車も含まれる）は保有を認めるよう指示している。

つまり、自営収入の減少によっても生活保護利用は可能だし、営業再開できる見込みがあるなら、廃業させて転職指導する必要もなく、保有する店舗や器材はそのままでよい。自営業者が困窮している場合、生活保護を受けながら営業再開を待つことができる。

さらに3度目の緊急事態宣言の発令が決定した2021年1月7日にも、厚生労働省は全国の生活保護担当課に対して、「今般の緊急事態宣言等に伴う生活保護業務における対応について」という事務連絡を発出した。

要点をまとめると、相談者が申請をためらうことがないように、また自動車や店舗、自営のための器材などの保有を一定の条件のもと、認めるようにということだ。つまり、緊急事態なのだから従来の生活保護運用を変えろ、福祉課の意識を変えろ、という通達だ。

なぜ厚生労働省がこのような通達を繰り返すかと言えば、生活保護の相談窓口で周知徹底されていないからだ。生活保護に関する事務は「法定受託事務」とされ、基本的に厚生労働省の指導・指示に従って遂行しなければならない。しかし、福祉事務所ではいまだに相談者に生活保護申請を思いとどまらせるような対応をしている。就労を無理強いし、自営に必要な機械器具や自動車等の保有を認めず、親族へ一律に扶養照会する。

私たち支援団体や専門家は、不当な対応を目にするたび異議を申し立てている。もし生活保護窓口でこのように取り扱われたら、171〜173ページに記した支援団体へ相談してほしい。我慢してはいけない。コロナ禍はまだ当面の間は続く。堂々と福祉事務所へ行き、主張するのが権利である。

福祉課の相談窓口の方々は、申請件数が増えることは「街の恥」ではなく、命を救った数の多さなのだから、「街の誇り」だと思ってほしい。このようなパラダイムシフト（規範の転換）が今、自治体に求められている。

【各地の相談窓口】

▼東北　東北生活保護利用支援ネットワーク

022-721-7011（月・水・金 13〜16時／祝日休業）

▼関東（東京含む）・甲信越・北海道　首都圏生活保護支援法律家ネットワーク

http://seiho-lawyer.net/

048-866-5040（月〜金 10〜17時／祝日休業）

▼北陸　北陸生活保護支援ネットワーク福井（福井・富山）
０７７６－２５－５３３９（火18～20時／年末年始、祝日休業）

▼北陸　北陸生活保護支援ネットワーク石川
０７６－２０４－９３６６（火13～15時　18～20時／年末年始、祝日休業）

▼静岡　生活保護支援ネットワーク静岡
０５４－６３６－８６１１（平日９～17時）

▼東海　東海生活保護利用支援ネットワーク（愛知、岐阜、三重）
０５２－９１１－９２９０（火・木13～16時／祝日休業）

▼近畿　近畿生活保護支援法律家ネットワーク
０７８－３７１－５１１８（月・木13～16時／祝日休業）

▼中国　生活保護支援中国ネットワーク
０１２０‐９６８‐９０５（月〜金　9時30分〜17時30分／祝日休業）

▼四国　四国生活保護支援法律家ネットワーク
０５０‐３４７３‐７９７３（月〜金　10〜17時／祝日休業）

▼九州・沖縄　生活保護支援九州ネットワーク
０９７‐５３４‐７２６０（月〜金　13時〜16時30分／祝日休業）

保護者が感染したら児童相談所と一時保護所がある

新型コロナウイルスに感染する保護者が増えるなか、必要な時に適切な医療を受けることができない「医療崩壊」はすでに始まっており、医療機関に入院できない患者が大勢いる。子どもの養育を1人で担っている保護者は濃厚接触を避けられない。政府や自治体は引き続き、保健医療福祉の現場を支えるべきだ。保護者と子どもを絶対に社会で孤立させてはならない。

保護者が新型コロナウイルスに感染して子どもの養育が困難になった場合、あるいはそれが見込まれる場合、早急に児童相談所へ相談してほしい。厚生労働省は2020年4月、全国の児童相談所に**「保護者が新型コロナウイルスに感染したことにより入院した場合等の対応等に関するQ&A」**という事務連絡を発出している。

児童相談所と聞くと、「子どもを虐待したわけでもないのに、相談するのは抵抗感がある」と思われる方もいるかもしれない。しかし、児童相談所は本来、子どもたちの保護者に何らかの「困りごと」が発生し、子どもの養育に支障が出るという前提でつくられた行政の福祉専門機関である。保護者の新型コロナウイルス感染も、まさにその一つである。

東京都福祉保健局は、児童相談所を「児童福祉法に基づいて設置される行政機関です。原則18歳未満の子供に関する相談や通告について、子供本人・家族・学校の先生・地域の方々など、どなたからも受け付けています。児童相談所は、すべての子供が心身ともに健やかに育ち、その持てる力を最大限に発揮できるように家族等を援助し、ともに考え、問題を解決していく専門の相談機関です」と定義する。決して虐待だけに対応している行政機関ではないことがわかるだろう。そして、以下のような事態に対応している。

・保護者の病気、死亡、家出、離婚などの事情で子どもが家庭で生活できなくなった。
・虐待など子どもの人権にかかわる問題がある。
・わがまま、落ち着きがない、友達ができない、いじめられる、学校に行きたがらない、チック等の習癖、夜尿などで心配である。
・知的発達の遅れ、肢体不自由、ことばの遅れ、虚弱、自閉傾向がある。
・家出、盗み、乱暴、性的いたずら、薬物の習慣などがある。
・里親として家庭で子どもを育てたい。

もちろん、行政の専門機関なので秘密は厳守されるので、安心して相談していただきたい。

また、保護者が病気から回復するまでの間、一時養育してもらうことも可能だ。一時保護所は児童相談所に付属し、保護を必要とする子ども（おおむね2歳以上18歳未満）を一時的に預かる施設だ。また、子どものこれからの養育に備えて、生活状況の把握や生活指導なども行っている。

東京都福祉保健局のホームページには、一時保護所でのスケジュール例なども掲載されているので、目を通しておこう。詳しい情報は住まいの管轄下にある児童相談所に問い合わせればよい。

ひとり親世帯だけでなく、両親ともに新型コロナウイルスに感染する家庭もあるだろう。もはや他人事ではない。大事なことなので繰り返すが、児童相談所にも相談できることを覚えておいてほしい。

▼児童相談所相談専用ダイヤル
０５７０－７８３《なやみ》－１８９《いちはやく》

▼24時間子供SOSダイヤル（文部科学省）
いじめやその他の子どものＳＯＳ全般について、夜間・休日含め24時間相談できる。都道府県及び指定都市教育委員会などによって運営されている全国共通の電話。子どももかけてよい。

0120-0-7《な》8《や》3《み》1《い》0《おう》　24時間受付（年中無休）

▼子どもの人権110番（法務省）

「いじめ」や虐待など子どもの人権問題に関する専用相談電話。
0120-007-110　平日8時30分～17時15分（土・日・祝日・年末年始は休み）

危機を共有し労働組合に相談しよう

コロナ禍で生活困窮に追い込まれる労働者、休業者、失業者に対して、労働組合は積極的に相談支援、生活支援、場合によっては炊き出しやカンパ金支給なども実施している。労働者の危機に機敏に動き出す労働組合の存在は、本当に頼もしい。社会が危機に瀕している今こそ、労働組合やユニオン（合同労組）がどんな活動をしているのか、ご注目いただきたい。

もし自分が困った場合には、ホームページが頻繁に更新され、活発な動きをしている労働組合を選び、仲間になって活動するとよいだろう。今、労働組合が熱い。若者や女性、外国人など多くの人たちが、活動に加わり始めている。

「飲食店ユニオン」には、飲食店での勤務経験のある人たちが集まっているし、**「介護・保育ユニオン@総合サポートユニオン」**には、福祉職が集まっている。つらく苦しい思い、仕事の意義や楽しさをも分かち合える仲間と出会えるのも、労働組合が求められる理由だと思う。

これらの労働組合では、給料未払いや残業代未払いの回収だけでなく、不当解雇や雇い止めの撤回、労災申請や労基署への通告、各種ハラスメントの是正、弁護士らと連携した訴訟活動など、支援活動も多岐にわたっている。不当な対応をされた組合員たちは、時間がある限り大勢で団体交渉に参加し、企業に要求していく。企業は組合に対して誠心誠意応じる義務が発生する。一人の労働者の声は小さいので、レオ・レオニの絵本『スイミー小さなかしこいさかなのはなし』のお話のように、小さな魚たちが集まって、大きな魚に食べられないように助け合うのだ。労働組合では連帯感、団結意識が非常に大事だ。このような団体交渉によって、労働組合は多くの成果を勝ち取り続けている。

皆が「何となくおかしい」と思っていたことを、ある社員が組合を通じて問題提起する

首相官邸に向けてシュプレヒコールを繰り返す労働組合のメンバーたち＝東京都千代田区、2021年5月1日（撮影：東海林智）

と、会社は社員への向き合い方を変えざるを得なくなる。たった一人では、抗議の声を上げるのは大変な労力を要するが、労働組合に加入していれば団体交渉を申し込むことができる。たとえば、ワンマン経営者の理不尽な言動が見直され、職場の意識が変わり、全体を改善することも可能だ。一労働者の問題解決が職場や企業、ひいては業界全体に影響を及ぼすことができるのも、労働組合に期待される機能と役割だ。

細かな説明は省くが、日本の労働組合は長い間、企業内労働組合が一般的だった。しかも、正社員（大部分は男性）を中心に組織され、「正社員クラブ」と揶揄されてきた。パートやアルバイトなどの非正規労働者には女性や若者、外国人が多く、彼らは労働組合の枠組みの外に置かれることも珍しくなかった。

現在は、非正規雇用で働く人たちが約4割の時代だ。なかには、料理の配達代行サービスのように、インターネットを通じて単発で仕事を請け負う「ギグワーカー」もいる。会社と雇用契約を結ばない「個人事業主」のため、労災保険が適用されない場合も珍しくない。何らかのトラブルや事故に遭っても、自己責任になってしまう。

だからこそこの機会に、企業外に自由に加入できる労働組合があることをぜひ知っておいてほしい。新時代の労働組合が活発化している現在、1人で入れる個人加盟の労働組合、ユニオンを活用してほしい。

▼連合　なんでも労働相談ホットライン

０１２０－１５４－０５２

★総合サポートユニオン

０３－６８０４－７６５０（平日17～21時／土日祝13～17時　水曜定休）

info@sougou-u.jp

※勤務先の固定電話、業務用の携帯電話、勤務先のパソコンからの発信は控えること

▼首都圏青年ユニオン

どんな職業・働き方でも、誰でも一人でも入れる、若者のための労働組合。不在の場合は留守番電話に名前と連絡先を吹き込んでおく。

03―5395―5359

union@seinen-u.org

▼AEQUITAS(エキタス)

AEQUITASは、ラテン語で「正義」や「公正」を意味する。格差と貧困が拡大し、不公正がまかり通る日本に対して「社会的正義」の実現を求める団体。

https://aequitas1500.tumblr.com/

▼飲食店ユニオン

留守番電話に名前と連絡先を吹き込んでおくと、折り返し連絡がもらえる。

03－5395－5359

▼介護・保育ユニオン

03－6804－7650（平日17～21時／土日祝13～17時　水曜定休）

コラム 4

ダイヤモンド・プリンセス号、従業員の整理解雇の交渉例

2020年2月、神奈川県の横浜港に停泊した大型豪華客船ダイヤモンド・プリンセス号は、中国の湖北省武漢で確認された新型コロナウイルスの集団感染が日本で起こった場として象徴的存在となった。

同船を運航する米運航会社の日本法人カーニバル・ジャパンは同年6月上旬、業績悪化を理由に従業員67人のうち24人に退職勧奨した。合意しなかった7人のうち3人が労働組合「連合ユニオン東京」に加入して団体交渉で撤回を求めたが、同月30日付で解雇された。

その元社員3名が8月7日、解雇取り消しを求めて会社と日本法人社長を訴える裁判を起こした。

提訴側の代理人弁護士は、「『整理解雇4要件』を十分に満たしていない。特に雇用調整助成金や持続化給付金を申請しないなど、解雇回避努力が尽くされていない」と主張した。

法廷闘争のポイントは、以下の「解雇4要件」を満たしているかどうか。この要件はすべての労働者に適用されるので、ぜひ覚えておいてほしい。

1　人員削減の必要性
2　解雇回避努力（希望退職者の募集など）
3　人員選定基準の合理性

4　手続きの相当性（誠意ある労使協議など）

参考までに、提訴前の団体交渉時の会社側弁護士の主張も記しておきたい。これほどの詭弁《きべん》を弄《ろう》してまでも、会社側は元社員の主張を退けるのかというケーススタディにもなり、対策を講じる際に役立てることもできるだろう。

・雇用調整助成金を活用するよう原告は要求したが、会社側は「焼け石に水」「国民の税金を、そんな無駄なところに使うべきではない」などと述べて拒否。
・コロナ禍の厳しい状況では、今後必要な人材と雇用を維持できない人材とで、会社には当然線引きがある。
・ここは法廷ではないから、４要件に合っているかどうかなど興味がない。一流上場企業の通例であり、今回のような中小企業に当てはまらない。
・４要件の一つが存在しなければ解雇は無効であるとするような考え方は時代錯誤。
・日本人はひとつの会社にこだわりすぎる。これをチャンスだと思え。

困窮世帯に最大30万円給付の新制度

２０２１年5月28日、厚生労働省は新型コロナウイルスの感染拡大の長期化を踏まえ、困窮世帯へ最大30万円の自立支援金を支給することを発表した。条件は国が最大２００万円まで無利子で貸し付けている特例制度を上限まで使い切っていること、収入が単身世帯で月13万８０００円以下（東京23区の場合）であること、預貯金が１００万円以下であることだ。生活保護利用者は対象外。給付額は、単身世帯の場合は月6万円、2人世帯の場合は月8万円、3人世帯以上では月10万円。２０２１年7月以降に最大3カ月、支給される。

この新たな家計支援策について、「ほとんどの困窮世帯には使えない」と指摘する支援団体もあるが、現段階においては緊急事態なので、支援策の種類は多ければ多いほどよいと私は考える。対象から外れてしまう人たちが多いなら、また別の支援策を求めればいい。

さらに政府は、**緊急小口資金及び総合支援資金**（**初回貸付、再貸付**）について、２０２１年6月末までとしてきた申請期限の再延長を決めた。**新たな申請期間は２０２１年8月末まで**。申請や問い合わせ先は、住まいの市区町村の社会福祉協議会へ。

このように制度改正は頻繁に行われているので、常に政府発表や各種メディアの報道に注目していただきたい。

▼困窮世帯に最大30万円を支給する新制度
「新型コロナウイルス感染症生活困窮者自立支援金」相談専用コールセンター
0120－468－030（平日9～17時）

第5章

誰一人
取り残さない
社会を実現する

今こそソーシャルアクション！

コロナ禍によって、日本社会がこれから改善すべき課題がよりクリアになってきたと私は感じている。読者の皆さんはどう思われるだろうか。

日本では、大企業や富裕層への優遇税制と負担軽減が30年ほど続いてきた。1980年代までの大企業や富裕層は社会を構成する一員として、今よりもはるかに多くの税や保険料を負担していた。教育や医療、介護、公共サービスは今より安定して供給され、「一億総中流社会」と言われるほど格差は少なかった。

1990年代以降、政府は過度に「強者」を優遇する政策を講じたため、日本経済は停滞した。経済成長もなく、実質賃金も上がらず、貧困と格差だけが広がった。このような過ちは二度と繰り返してはならない。

これまでずっと経済対策の隅に置かれていた所得再分配、格差是正策、生活困窮者対策に、今まさに支持や共感の声が集まり始めていることを歓迎したい。いずれ日本でも、大企業や富裕層に対して負担増を求める議論が米国同様に起こることだろう。

最終章では、社会福祉全般に関する政府への政策提言をはじめ、誰一人差別することなく、個々人の生存を守るためのソーシャルアクションの必要性について述べる。一人ひとりの言動が変われば、社会は変わるのだから。

提言1 これからの社会保障はベーシック・サービス

現物支給で国民の命を早急に救う

日本でもワクチン接種が始まったが、新型コロナウイルスの収束に至ってはまだ先が見えない。

だからこそ、1回限りの現金給付という場当たり的な支援だけではなく、国民生活を丁寧に見つめながら、困窮者の家計負担を軽減する策を講じることが必要だ。そして、住民票や銀行口座がない人（DV被害者やネットカフェ住民など）にも現金給付が行きわたるような支援体制の工夫を凝らすべきである。

実際、消費者金融から借り入れをしている世帯も多く、国から支給された現金はその日のうちに借金返済で消えてしまう。感染拡大から1年以上が経過した今、住居確保給付金や生活福祉資金貸付、失業保険給付ではまかなえず、給付期限も切れ、とうとう現金のなくなった人たちが増え始めている。

この社会は、生きているだけでお金がかかる。食料品は、第4章で紹介したフードパントリーなどで無料で手に入れることができるが、住居費、水道光熱費、通信費といった固定費が毎月いやおうなく発生する。

住まい、医療、介護、教育、保育は「人が人として生きていくために必要不可欠な」資源であり、サービスだ。そこに税金を集中投下して、ほとんど無償で国民に提供する「ベーシック・サービス」を整備すべきと考えている。

新自由主義論者と闘ってきた経済学者の故・宇沢弘文氏は、ベーシック・サービスを社会共通資本と呼び、人間社会に必要なものは商品化すべきではなく、現代ではコモンと呼ばれるように、公共財にしてみんなで管理することが重要だと説いていた。

なかでも日本は、住宅費の負担が非常に重い国の一つだ。低所得であればあるほど民間賃貸住宅に住まなければならず、特に首都圏の家賃が生活を圧迫する。

一定期間、家賃無償や住宅ローン返済免除が政府の補助で行われたらどうだろう。「住宅の現物給付」が実現することになる。生活保護世帯では、住宅扶助費という現金が支給されたり、公営住宅などが現物給付されたりする。コロナ禍が収束するまで、一般世帯にもこの対象を広げてはどうだろうか。

地方は生活費が比較的かからないが、移動の手段、生活の足として自動車が欠かせない。コロナ禍が収束するまで、ガソリンを無償配給することも提案したい。

私は以前から「脱商品化」を提唱している。前述のように**住まい・医療・介護・教育・保育の5分野において、個人の責任で「商品」として購入するのではなく、公共サービスとして利用できるようにするのが「脱商品化」**だ。こうした政策を実現すると、貧困層だけでなく、すべての国民にも受益が行きわたる。

北欧諸国が実施しているこのようなベーシック・サービスの無償化や低負担化に取り組むのはどうだろうか。大胆なアイデアと議論で、社会の閉塞感に風穴を開けたい。

政府は「公助」を整備せよ

コロナ禍の非常事態時では、台湾の蔡英文《さいえいぶん》総統、ドイツのメルケル首相、ニュージーランドのアーダーン首相など、女性リーダーの発信力やメッセージの強さが際立った。

いっぽう日本のリーダー、菅義偉首相といえば、「準備された原稿を読んでいるだけ。まるで棒読み」「国民の理解を得ようとする姿勢に欠けている」「発信力が弱い」などの厳しい批判が相次いだ。

首相の演説というのは、もともと閣議で決定されており、どの国の大統領も原稿を読んでいる「だけ」というのはだいたい同じである。とは言うものの、気持ちが込められていたり、自然と声が大きくなったり、あるいは静かな語り口調になったり、話者の感情が伝わってくるものだ。だが、菅首相の発言にはそれが欠けている。

菅首相は、２０１９年に自民党総裁選に出馬する際、「自助・共助・公助」を政策として掲げた。その後の臨時国会の所信表明演説でも、同じように「目指す社会像は、『自助・共助・公助』そして『絆』」と述べ、「自分でできることは、まず自分でやってみる。そして、家族、地域で互いに助け合う。その上で、政府がセーフティーネットでお守りする。そうした国民から信頼される政府を目指します」と述べた。抽象的で意味がわかりにくいし、この発言には非常に強い違和感を覚えた。

「自分でできることは自分でやり、家族や地域が助け合い、政府が責任を持って対応する」と、なかなか聞こえのよい言葉を発しているが、これはつまり「政府は積極的には何もしない」と言っているのであり、現代社会に深く根を張る「自己責任論」につながる恐るべき考え方である。実際、政府は史上最大級の経済危機に巨額の財政支出を行ってきたが、政策効果が出ているとは言い難い。

２０２０年11月16日午前4時ごろ、東京・渋谷区のバス停で、路上生活をしていた64歳の女性が殴打されて亡くなる事件が起きた。女性は午前2時ごろにやってきてバス停のベンチに腰かけて休息を取り、明け方になると立ち去るという生活を同年4月ごろから続けていたそうだ。加害者の男性（46歳）は、「事件前日にお金をあげるからバス停からどいてほしいと頼んだが、断られて腹が立った」「痛い思いをさせればいなくなると思った」などと供述した。

この事件を受けて、同年12月6日夜、「殺害されたホームレス女性を追悼し、暴力と排除に抗議するデモ」が東京・代々木公園で行われた。彼女の死を「ひとごととは思えない」と捉える人たちが、いかに多いかということの証左である。呼びかけ人のひとりであるアジア女性資料センターの本山央子代表理事は、「政府は自助、共助を強制し、公助へのアクセスを阻んでいる。弱者に暴力が向かう構造を作り出している」と訴えた。

公助としての社会保障政策が弱い日本では、政府に言われるまでもなく、国民は可能な

ホームレスの女性が襲われて死亡したことに抗議してデモ行進する人たち＝東京都渋谷区、2020年12月6日（撮影：丸山博）

限り自分のことは自分でやりながら何とか必死に生きている。そのような従順な国民に対して「自助を、共助を」と言い放つとは、呆れてものが言えない。政府が今すぐ行うべきは、公助の整備だ。

正規公務員を増やす

2020年11月、「就職氷河期世代」を対象とした各省庁共通の国家公務員中途採用試験が、東京や大阪など全国9都市で行われた。1990年代初頭のバブル崩壊後の就職難に陥った30代後半から40代後半が中心とされ、この世代への重点採用を打ち出した大規模な省庁共通試験は初である。

就職難で新卒時に正社員になれなかった氷

河期世代が、定職に就けないまま高齢化すると、生活保護など社会保障費の増大につながるため、政府がとうとう重い腰を上げ2019年から支援に乗り出したのだ。

ＯＥＣＤの加盟国のなかで、日本の労働人口に対する公務員の数は最低水準である。公務員数（役人の数）を国際比較したグラフ（**図表5－1**）からもわかるように、日本は公務員数（役人数）が他国に比べて格段に少ない。さらに、人口1000人当たり80人程度の公務員が一般的であるのに対し、日本はその半分しかいない（**図表5－2**）。ドイツ、米国は州政府の機能が大きいので、地方公務員の数が多い点もグラフから見て取れる。

コロナ禍より以前から、日本では「合理化」「効率化」の名目で自治体経営をスリム化し、公務員や公共サービスを削減してきた。人手不足は非正規職員でカバーしてきたのである。

厳しい財政状況を受け、非正規の地方公務員は年々増加している。総務省によると、2016年には全国で約64万3000人と、調査開始の2005年から約4割増えた。全体の5分の1近くを占めている（**図表5－3**）。正規と非正規の賃金の開きは大きく、フルタイムで働く非正規公務員（特別職非常勤）の年収は、「正規の3分の1」といわれるほど低い。

「大きな政府」「小さな政府」という言葉を聞いたことはあるだろうか。**「大きな政府」と**

図表5－1　公務員数の国際比較（その1）2019年

人口1000人当たり「公務、国防、強制社会保障事業」分野就業者数（人）

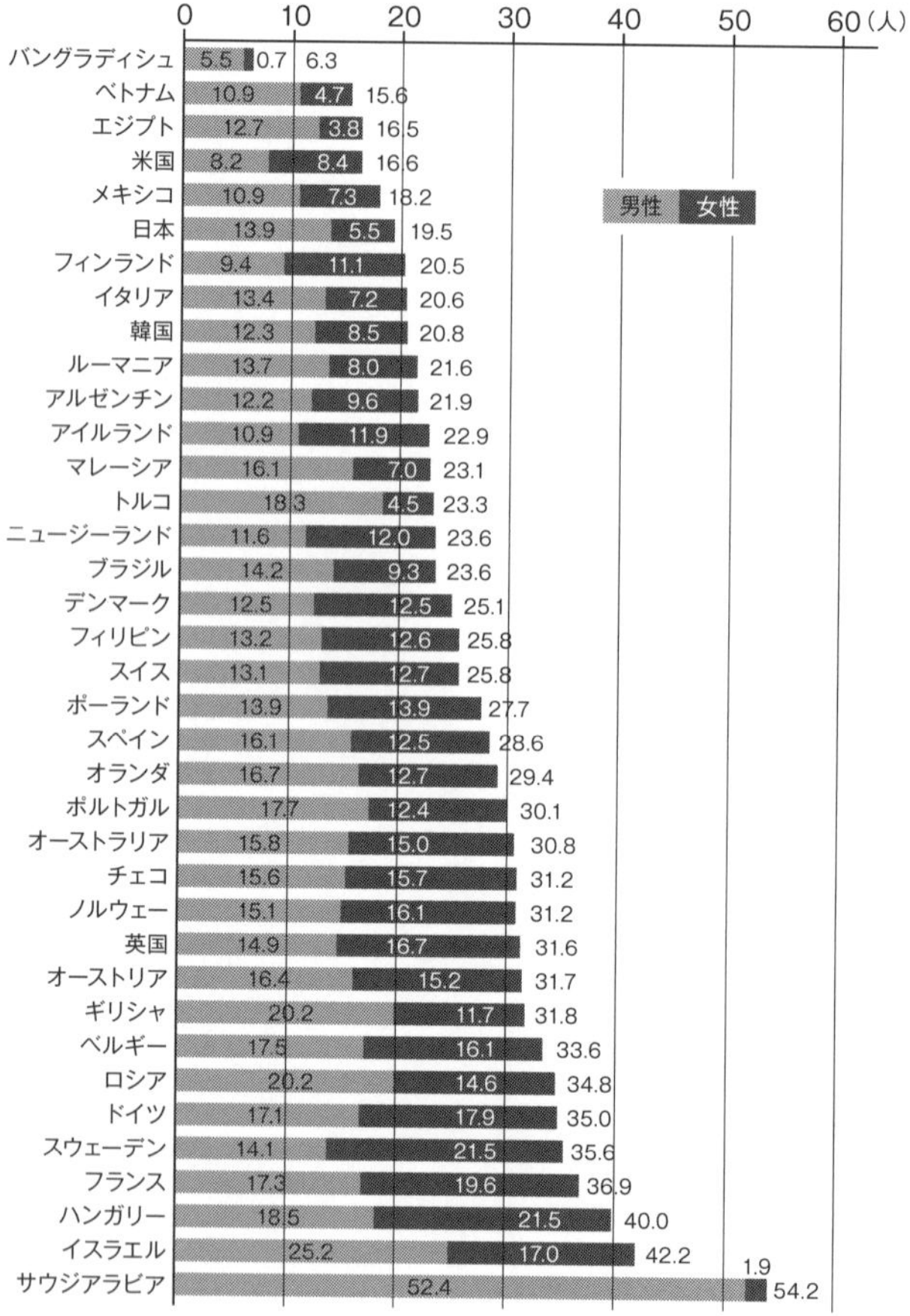

（注）国際標準産業分類（ISIC）第4版によるILOの産業別就業者数データによる。
2019年以外の年次は、バングラディシュは2005年（「世界の統計2011」、人口2008年）、
ニュージーランドは2015年、イスラエルは2017年、エジプト、オーストラリア、サウジアラビアは2018年。
マレーシアは2015年、アルゼンチンは主要都市部のみ、ニュージーランドは施設にいる者、
軍隊および義務兵役にある者を除く。
（資料）総務省統計局「世界の統計2021」（人口は世界銀行「世界開発指標WDI」）
出典：社会実情データ図録

図表5−2　公務員数の国際比較（その2）
人口1000人当たり公務員数

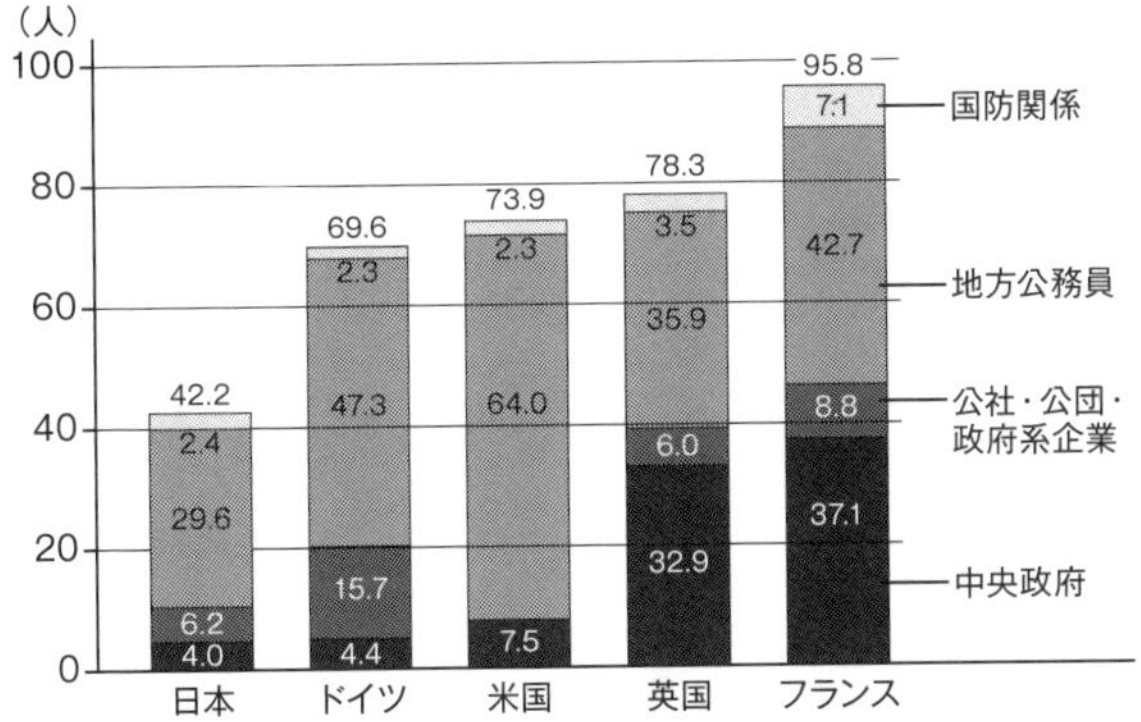

（注）2004〜2005年データ。
英国はフルタイム換算職員数。国公立学校・病院、郵政公社職員を含む。
地方公務員には地方自治体出資の公社・公営企業職員を含む。
（資料）野村総合研究所「公務員数の国際比較に関する調査報告書」（2005年11月）
出典：社会実情データ図録

は政府が経済活動に介入するあり方で、「小さな政府」とは経済活動に政府が極力加担しないあり方を指す。

日本のように「小さな政府」を採用する国は競争社会になるので、経済発展や人材の質が上がる反面、経済格差が生まれやすくなると言われてきた。そのいっぽうで、医療費や学費などの自己負担も多く、社会的弱者が切り捨てられやすいのが難点だ。

このコロナ禍で公務員の雇用を増やすことは、市民サービス向上に有効なだけでなく、就職難に苦しむ学生たちの救済にもつながる。

2008年のリーマン・ショック時は正規の公務員を増やさなかったため、雇用の

図表5－3　地方自治体の正規職員数と非正規職員数の変遷

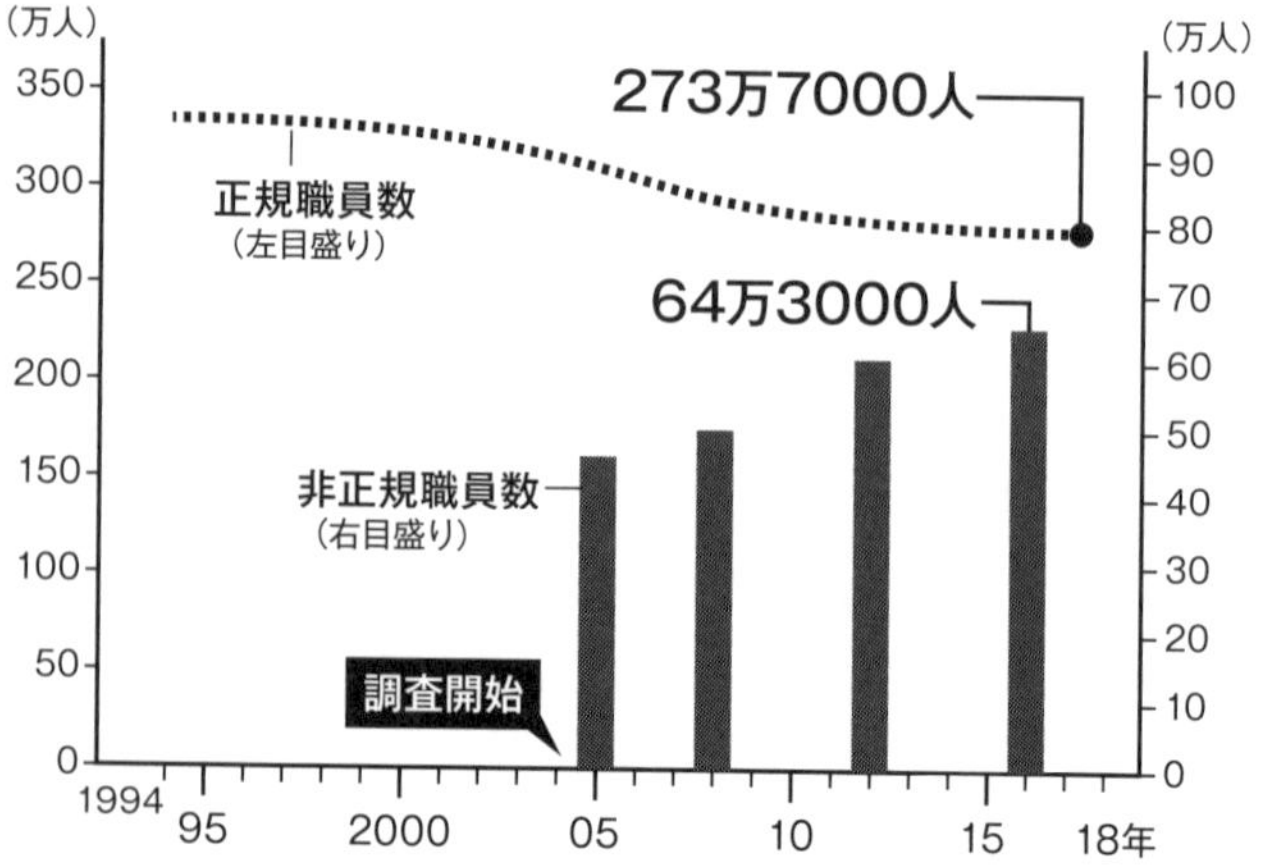

出典：総務省調査をもとに作成

受け皿がない若者の多くが非正規雇用、無業、ひきこもり等に追いやられてしまった。雇用が不安定な今のような時期にこそ、公的に安定した雇用創出を行うことが求められている。コロナ禍での給付金支給事業では、電通やパソナなど税金の中抜きをする企業への委託が大問題になった。本来、こういう公共サービスは公務員が担うべきだ。

まずは公務員の数が適正か、公共サービスが充実しているか、住民たちの声に耳を傾けるようなサービスを提供できているかを調査すべきだろう。

興味深いのは、2020年に特別定額給付金10万円の給付決定後、一番対応が早かったのが離島の村や地方の町だったことだ。住民の顔がきちんと見えている、あるいは住民の数に応じて適正に職員が配置されているところは、非常時でも住民サービスを迅速に行うことができる。都市部では、今の公務員数で適切なサービスを提供できるのかどうか、ぜひ見直しをお願いしたい。

富裕層から臨時徴税する

政府が「十分な補償なき自粛要請」を繰り返す背景に、相変わらずの財政規律、予算不足という解決困難な課題があるのだろう。国の借金は１０００兆円云々という話も出てきて、財政出動をいっそう困難にさせている。そのため、政治決断をする政権与党も首相官邸も、大胆な現金給付や生活保障策をなかなか実行に移せない。

ここでＺＯＺＯの創業者で実業家の前澤友作氏の声をご紹介したい。彼はファッション通販サイト「ＺＯＺＯＴＯＷＮ」を開設し、一代で富を築いた富豪としても有名な人物である。彼のような富裕層がコロナ禍においても増えていることは間違いない。

前澤氏は、「全員に無条件で現金配って、コロナイヤーでも余力のあった富裕層からは、何らかの税金を臨時徴収するほうが効率良いのではと思った。もちろん僕は応じます」と表明している。さらに、彼は以下のようにもコメントしている。

「儲かった人の税率はどんどん上げればいい。特に今回みたいに有事のときは臨時でもやったらいい」

この卓見は、財政規律や予算制約に苦しむ政府や財務省には有益な情報だろう。消費税ばかりが財源ではない。特に、一連の事件で信頼が地に堕ちている財務省は、前澤氏の提言を国税庁と検討してぜひ採用し、市民の信頼回復に努めるべきではないか。

１９８０年代半ば以降、所得税の最高税率は段階的に引き下げられているので、元に戻してもいいし、株式など金融資産の取引における課税を強化してもいい。１９８７年、１９８８年に行われた抜本的税制改革前は、所得税の最高税率が実質的に80％という時代もあり、富裕層は多く納税し、庶民の信頼を得ていた。今は最大でも45％である。

前澤氏を含む富裕層が多数保有する高級自動車、高級電化製品、ゴルフ用品、毛皮製品、宝石類等のぜいたく品には購入する際、以前のように緊急一時的でもよいので、物品税をかけたらいい。

税制に限らず、低所得者ほど負担が重くなる社会保険料の逆進性も見直せばいい。富裕層の国民健康保険や社会保険、介護保険料の負担割合が少なすぎることは、すでに多数の専門家から指摘されている。社会保険制度は税制から切り離され、富裕層ほど軽いしくみが採用されている。

しかも富裕層は労働者と違い、労働力を切り売りしなくても、株式など資産の保有益や取引益によるいわゆる「不労所得」が大きな割合を占める。

「税率上げると富裕層が日本から出て行っちゃう、ってよく言うけど、儲けさせてもらった生まれ故郷に恩返しできないような人はとっとと日本から出ていけばいい」

富裕層の実質税率を引き上げると、富裕層が日本からいなくなるという意見にも、前澤氏は適切に回答した。

まさにその通りで、シンガポールなど国外に逃亡している、あるいは国外逃亡を検討している富裕層は、前澤氏の発言をよくよく受け止めてほしい。非国民という誹《そし》りを免れない行為だ。

市民の危機は日本の危機である。コロナ禍を乗り切るためにどう対処していくのか、負担と苦境をどのように分かち合うのか、今まさに社会が問われている。私は、前澤氏の勇気ある発言を称賛したいし、彼の発言が具現化されて、富裕層が真の意味で市民から見直される存在となる契機になればと願っている。

提言2

生活保護を受けやすくする

「生活保護バッシング」を撲滅する

コロナ禍の経済的影響下、本書でも再三にわたって述べているように、生活支援の現場では生活保護への忌避を表明されることが多く、対応に苦慮している。所持金が数十円になり、路上生活の状態になっていても、「生活保護だけは受けたくない」と話す人が少なくない。

そう思わせてしまう社会状況が問題なので、当事者を責めることはできないが、あまりにも偏見や誤解が過ぎる。

生活保護制度は単なる福祉制度の一つであり、年金制度や障害者福祉制度、国民健康保険、児童手当、就学援助制度、介護保険、失業保険、労災、各種減免制度と同様に、困った時に受給して何ら問題がないものである。なぜこれほどまでに生活保護だけ、異様なほど忌避されなければならないのだろうか。

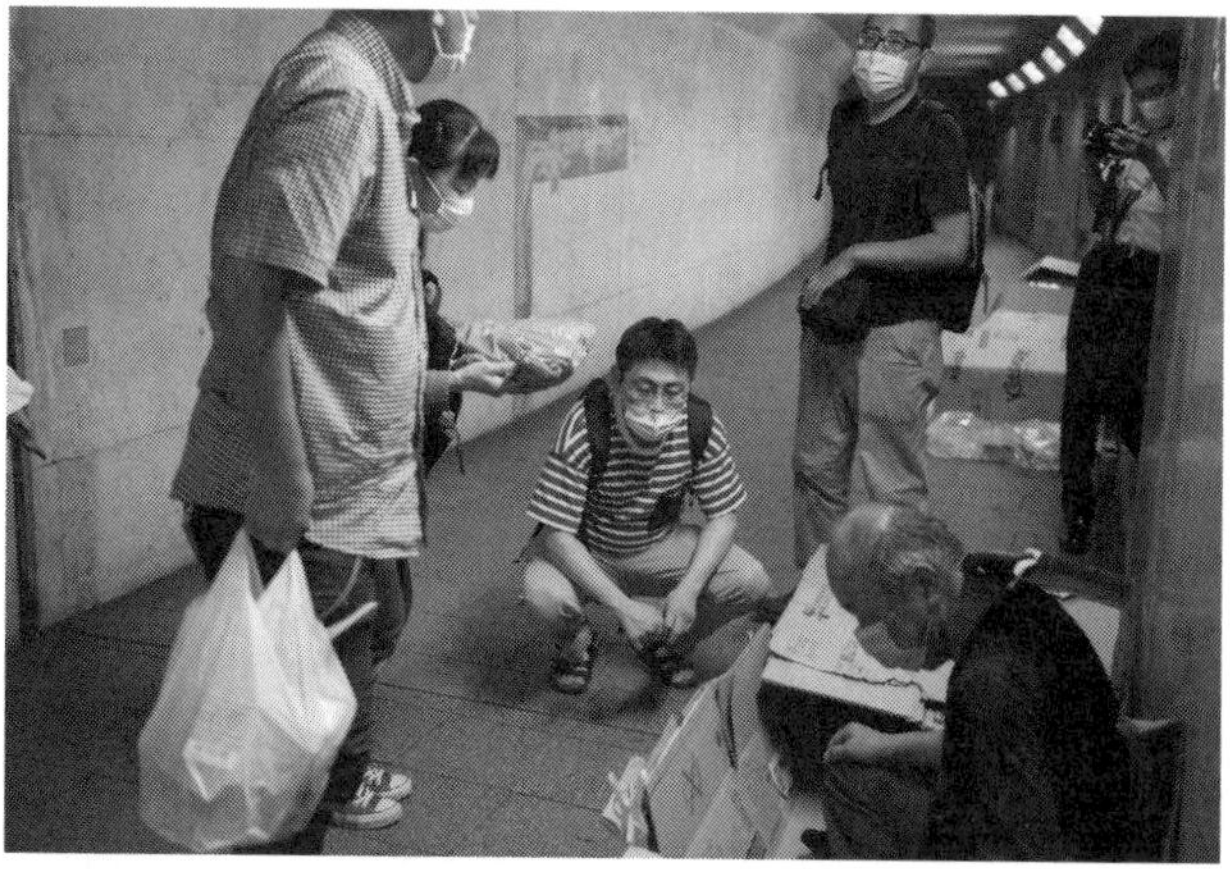

夜回り活動。ホームレス状態の男性に食料、医療品、衣類などを提供する著者（中央）と支援団体のメンバーたち＝埼玉県川口市で2021年6月16日（撮影：髙橋勝視）

生活保護制度を利用することは「恥」だという意識を国民に広く強固に植えつけたのは、他でもない「生活保護バッシング」であろう。生活保護バッシングは、社会保障費削減、自助優先の社会政策を推進したい人々による、政治的な意図に基づいたプロパガンダだった。生活困窮者が増大し続けている今こそ、プロパガンダに加担した人々の所業を振り返り、彼らにきちんと責任を取らせなければならない。そうしなければ、いつまで経っても生活保護申請は「恥」であり、受給するくらいなら死んだほうがマシだと思わせてしまうことになる。そして、全国で相次ぐ餓死事件、生活困窮ゆえの自殺、窃盗などの刑事事件、生活困窮する女性の売春などを止めることもできない。

２０１２年の民主党政権時、野党だった自民党は「生活保護に関するプロジェクトチーム」を立ち上げた。苛烈な生活保護バッシングを展開し、生活保護を受けることは「恥」だという認識を社会に強烈に植えつけた。さらに、私たちなど生活支援団体に対しても、「貧困ビジネス」「不当要求をする集団」「福祉ＮＰＯは怪しい」などと激しく非難し、攻撃を強めた。

この活動に関与した片山さつき氏、世耕弘成氏ら政治家の責任は大きい。しかも世耕氏は当時、「生活保護受給者にフルスペックの人権を認めるのはいかがなものか」という完全に一発アウトの差別発言も行っている。政治家とは本来、国民の生命や財産を守るために働いているのではなかったか。

生活保護受給者が受け取る保護費は、よほど異常な消費行動がない限り、行政側がその使途を制限することは禁じられている。当然ながら、福祉事務所による指導・指示は最小限に留めなければならない。生活保護受給者を一括りにして、行動を制限するようなことはあってはならないのだ。

生活保護制度は社会を安定させる装置の一つでもあり、私たちすべての国民が安全に暮らすためのシステムだ。コロナ禍で苦しむ人々をこれ以上増やさないためにも、「必要な方はすぐに生活保護を受けてください」と継続して強いメッセージを発するとともに、生活保護制度も受けやすくなるように適宜、見直しや改正を続けるべきだろう。

扶養照会は人権侵害

日本の生活保護制度には「補足性の原理」というルールがある。これは生活困窮している場合、まずは資産や稼働能力、扶養できる親族の力などを借りても、なお最低生活が送れない場合に限り、その足りない分を支給するというものだ。資産といえば、預貯金、証券、土地・家屋（居住用不動産は原則保有可能）、自動車（条件付きで保有可能）、貴金属類、返戻金の多い生命保険などが該当する。

そもそも、日本の生活保護は「家族主義」を前提としている。配偶者間、親子間、兄弟姉妹間、その他3親等内の親族にまで本人が申請してきた旨を連絡する。

「○○さんが生活保護の申請をしましたが、経済的な援助ができますか？」

恐るべきことに、本人が連絡先を把握していなくても、自治体は謄本や住民票を調べ上げ、親族を見つけ出す手段を持っている。

もちろん、親や兄弟姉妹はできる範囲で援助すればよいことになっており、照会を受けた親族は、金銭的に余裕がない場合、援助を断ることができる。ほとんどの場合、親族も生活に余裕がなく扶養などできないのだが、行政は慣例的に扶養照会を行っている。

諸外国ではこのような扶養照会はない。というのは、扶養義務の範囲が狭いからだ。イギリスでは、配偶者間（事実婚を含む）、未成熟の子（16歳未満）に対する親のみである。フランスでは、配偶者間、未成熟の子（事実上25歳未満）に対する親のみである。ドイツでは、配偶者間、親子間、その他家計を同一にする同居者のみである。

日本のように幅広い親族に困窮状況を知らせて扶養照会するなど、まるで嫌がらせであり、れっきとした人権侵害である。

厚生労働省は「扶養義務の履行が期待できない者」に対しては、扶養照会をしなくてよいと通知している。具体的には、扶養義務者が生活保護利用者、福祉施設入所者、長期入院患者、働いていない人、未成年者、70歳以上の高齢者、10年間音信不通の者等の場合である。その扶養義務者から虐待・DVを受けていた場合は、むしろ連絡してはいけないことになっている。

提言3

教育の無償化を目指す

義務教育の「無償性」は憲法が掲げている

子どもが小学校や中学校に入学すると、制服や体操着、給食費、ランドセルやカバン、部活動用品、実験用教材など、いろいろとお金がかかる。日本では義務教育は無償のはずなのに、なぜこれほどまでに家計の負担が大きいのかと疑問を抱いている人は多いと思う。改めて義務教育の無償化とは何なのかを一緒に考えてみたい。

日本国憲法では次のように定められている。

憲法第26条第2項

すべて国民は、法律の定めるところにより、その保護する子女に普通教育を受けさせる義務を負ふ。義務教育は、これを無償とする。

これに対して、教育基本法では次のように定められている。

第4条（義務教育）
国民は、その保護する子女に、9年の普通教育を受けさせる義務を負う。
②国又は地方公共団体の設置する学校における義務教育については、授業料は、これを徴収しない。

憲法では「義務教育は、これを無償とする」、教育基本法では「授業料は、これを徴収しない」と定めている。この食い違いは何なのか。文部科学省のホームページには次のような説明が掲載されている。

「授業料は、これを徴収しない。」

憲法は「義務教育は、これを無償とする。」と規定しており、この「無償」とは、「子女の保護者に対しその子女に普通教育を受けさせるにつき、その対価を徴収しないことを定めたものであり、教育提供に対する対価とは授業料を意味するものと認められるから、同条項の無償とは授業料不徴収の意味と解するのが相当である」と解するのが通例である。

なお、現在は教科書無償措置法等により、義務教育段階においては国公私を通じて教科書も無償となっている。


授業料と教科書が無償化されているとはいえ、前述のように学校の授業や課外活動には別途費用がかかるのが現実だ。

海外諸国、特に北欧では、経済が低成長でも若者に未来を託すために義務教育だけでなく高等教育を無償化としたり、給付型の奨学金を導入したりしている。

日本の教育システムは、子どもが生まれた家庭環境がその後のキャリアに多大な影響を与えるしくみになっている。家庭が貧しければ高等教育を受けることは難しい。つまり、家庭の貧困問題が教育格差を生んでいるのだ。

保護者の多額の私費負担をなくし、憲法が掲げる義務教育の無償化を本当の意味で実現し、誰もが公立の小学校・中学校に通う義務教育期間はお金の心配をすることなく安心して学べる環境を整えたい。

提言4　ジェンダーギャップを解消する

常識を疑う

第2章でも述べたように、最新の「ジェンダーギャップ指数2021」によれば日本の男女不平等ランキングは156カ国中120位と先進諸国でも際立って低い。

特に女性が経済的に自立することはいまだに難しく、男女の賃金格差、雇用形態など、労働の現場では差別が横行している。日本は女性差別が日常的にある社会だ。

福祉先進国スウェーデンでは、女性解放のフェミニズムを福祉の基盤とする。ジェンダーの視点で女性たちをエンパワーメントしており、大人の女性のための職業訓練校「女性国民高等学校」が各地にある。スウェーデンも日本と同様、木工を含む大工の仕事は伝統的に男性の仕事とされていた。しかし、現在では女性を対象に木工を学ぶコースも用意されている。職業訓練や資格取得支援も含めて、日本でも女性の就労に特化した支援が必要だ。

女性を差別するのは男性とは限らない。アンコンシャス・バイアス（無意識の偏見）が起きた事例を紹介しよう。アメリカで行われた有名な実験で、同じ内容の履歴書を用意し、1枚は男性名、もう1枚は女性名にして人事担当者に見せたところ、男性名の候補者を「仕事ができる」「採用したい」と考える人が多く、いっぽうの女性名の候補者を「優秀だが自己主張が強く、一緒に働きたくない」と判断した。まったく同じ経歴の持ち主なのに、性別が違うだけで評価が変わることが見て取れる。

スウェーデンでは、1982年に同姓・複合姓・別姓が選択できることが明文化された法律が施行された。日本では、女性が男性の姓に変更するものだという男性優位の結婚に異議ありと声を上げた人たちが出現したことで、選択的夫婦別姓の実現に向けたキャンペーンが1990年頃から始まった。

また、社会人のたしなみとして、女性には当たり前のようにハイヒールやパンプス着用が求められる。長時間履き続けられないほどつらい靴を、なぜ女性だけが強いられるのか。足が痛み、外反母趾などの症状を生み、避難が必要な緊急時に走ることもできない。

違和感を覚えた石川優実さんのTwitterでのつぶやきがきっかけで「#KuToo（クートゥー）」運動が始まった。「靴」と「苦痛」と性暴力被害を訴える「#MeToo（ミートゥー）」をかけている。

これはファッションやマナーの問題ではなく男女差別だ——女性は耐えて当たり前という旧来の価値観、健康、そして労働の問題なのだと主張する石川さんには、多くのバッシングがあった。「男だってネクタイを我慢しているんだ」とか「革靴も足が痛いんだ。男性も耐えているのだから文句を言うな」といった見当違いな書き込みも散見された。

男性もつらいなら、自分がネクタイや革靴から解放される運動を立ち上げればいい。声を上げた石川さんを攻撃するのは間違いであり、向かうべき相手はネクタイを強要する社会ではないか。女性の生きづらさの解消は、「男性らしさ」の強要に苦しむ男性を救うことにもつながるということに、気づくことはできないものか。

勇気を振り絞って声を上げた人が心折れないためにも、SNSを通じた社会運動には積極的に参加してほしい。あなたの「いいね」が人を救うこともある。

性別役割分業観から男性を解放する

私たちのところに来る相談者は、男性が圧倒的に多い。誰にも相談できないまま孤立し、追い詰められるまで動かない。

それに対して女性の場合は、コミュニケーション能力が高く、手遅れになる前に周りの人に臆さず窮状を伝えて解決策を見つけられることが多い。
「助けてください」とか「お金がなくて困っている」などと伝えて他者から援助を受ける力のことを、私たちは**「受援力」**と呼んでいる。男女を比較すると、男性のほうが受援力が低い傾向にある。男性は「困っています」という言葉を発するまでに相応の時間を要する。

失業中の男性は、だいたいスーツを着て相談に来る。失業して仕事もないのだからジャージなどの普段着でもよいのにとも思うが、スーツを着ることで、体面やプライドを保とうとしているのだろう。これはまさしく「男性は稼いで、家族を養うものだ」という固定観念に縛られていることの表れではないか。男性の収入だけでは家族が食べていけないのなら夫婦共働きで家計を支えればいいし、それでも生活が苦しいなら社会福祉サービスを受ければいい。

では、男性が性別役割分業社会の重圧から解放され、受援力を高めるにはどうすればよいか。

柔軟な思考で人と付き合い、社会と向き合うことだと思う。「こう生きなければならない」「これができなかったら死んだほうがマシだ」と考えてしまうと、生き方の幅も狭まり、息が詰まってしまうからだ。

相談者の多くは、「努力が足りないから貧困になった」と自分を責め、「稼げなくなった自分は役立たずだ」といって悔やんでしまう。そのように自責の念にかられてしまう気持ちはわからなくもないが、自分自身で生きにくさを助長する必要はない。時間をかけて、凝り固まった自身の考え方や価値観を解きほぐしていきたい。

まずは自分自身のこと、生活環境、人間関係を振り返り、生きづらさの原因は何かを探ってみてほしい。「死にたいほどつらい」というシグナルは大切で、この状況ではもう生きられないと心身が訴えているということだ。

自分自身で解決するのが難しい場合には、ためらわずに第三者に相談しよう。いくらでも話を聞いてくれて、あなたの苦しみの原因を取り除く手伝いをしてくれる人はいる。

ただし、主体的に問題に取り組むのはあなた自身である。人生の主役はあなたなのだから、他人に頼りすぎてもいけない。周囲は脇役である。

「第三者に相談するなんて恥ずかしい」「相談しても意味ないだろ」「また同じようなありきたりの話か」と思った人もいるだろう。これ自体が先入観であり、自分を縛り付ける呪縛である。ここから自由になるために、もがきながらもよりよく生きてほしい。

提言5　分断にあらがい、連帯する

肉屋を応援する豚になってはいけない

「派遣労働を合法にした党に労働者が投票。肉屋を応援する豚ですね」

日本最大級の匿名掲示板「2ちゃんねる」開設者のひろゆき氏が『21世紀の資本』（トマ・ピケティ）に触れるかたちで、資本と労働の格差を追認する労働者へ辛辣な指摘をSNS上で発信した。

「肉屋を応援する豚」には明確な定義はないが、2009年頃からネットスラングの一種として、インターネット掲示板などに頻繁に登場した言葉である。自分たちにとって不利益になっているのに、それに気づかず応援することを指すようだ。痛快な表現である。

その後の彼の投稿も、実に手厳しい。肉屋を資本、豚を労働者にたとえ、資本を支持し擁護する労働者の意見に対し、「非正規雇用が労働者にメリットがあるように思い込んでるんですね」と指摘する。インターネット界出身のひろゆき氏らしい、歯に衣着せぬ物言いである。

1986年に施行された労働者派遣法の歴史を振り返ると、1996年に政府は規制を緩和して派遣対象業務を26業務に拡大した。長引く景気低迷を受けて、1999年には派遣業種を原則自由化し、2000年には紹介予定派遣を解禁。2004年には「物の製造業務」への派遣を解禁した（期間は最長1年）。その背景には、労働力を安く使いたい経団連、企業、一部の労働組合、そして安い労働力を利用したい人材派遣会社の思惑があった。

厳しい労働条件でも、「安い賃金でも仕事があるだけマシ」という理由で労働者が辞めないので、派遣労働、非正規雇用の仕事が就職氷河期世代の受け皿にもなっていった。そのため、派遣労働者だけでなく、パート、アルバイトといった非正規労働者が増加し続け、現在も高止まりが続いている。

今でこそ、富裕層や資本への行き過ぎた優遇政策を「新自由主義」だとして批判する声が上がるようになったが、当時は企業の自由競争を推奨することで、すべての労働者が豊かになると思わされてきた。

ひろゆき氏の「王政から民主主義になっても、庶民は金持ちの操るメディアと政治家に騙されて、金持ちが望む政治家に投票し続けてます」という指摘は、残念ながら認めざるを得ないだろう。日本では自由民主党が経団連と密接につながり、大手人材派遣会社パソナ会長の竹中平蔵氏を重用しながら政治の舵を取っている。

さらに、「企業が正社員ではなく、非正規雇用にすることで、病気になったり年を取って能力値が下がったら簡単に切り捨てられるというメリットがあって導入した派遣労働の合法化。非正規雇用が労働者にメリットがあるように思い込んでるんですね」という彼の指摘にも、批判の余地はない。

非正規雇用を拡大することで、企業は労働者の賃金を安く抑え込むだけでなく、社会保険料負担や福利厚生なども減じてきた。そうして、労働者に本来払われるべき賃金を資本や富裕層に傾斜配分していった。

それでも、労働者たちが企業に対して待遇改善を求める声を上げることは実に少ない。逆に、声を上げようとする人をバッシングして牽制し合う。肉屋を応援しない豚を非難する。ひろゆき氏があえて「肉屋を応援する豚」という刺激的な言葉を用いて、「働く皆さん、このままでいいんですか?」と問題提起した意味を重く受け止め、じっくり考えてもらいたい。

労働組合は社会を良くする重要なツール

経済団体等は、貧困の原因を「本人の努力が足りないから」だと説明するが、生活に困窮している人たちと向き合う活動を通じて、私は「社会が貧困を生み出している」と常々感じている。

日本の貧困率（相対的貧困率）は15・4％、単身世帯で年収が122万円未満という水準で暮らす人が相当数いる。65歳以上の高齢者の4〜5人に1人がその状態の貧困であり、特に高齢単身女性の52・3％が貧困である。現段階でもはや年金だけで生活できる水準ではないのに、年金はこれから30年かけて3割カットすることがすでに決まっている。

女性差別の問題もある。シングルマザーは育休・産休の制度はあっても仕事と育児が両立できず、しかも会社からやんわり退職勧告されて働きたくても辞めざるを得ない。子どもの貧困もすさまじく、生まれた家庭によっては10代の時点で生涯貧困が宿命づけられてしまう。

さらに、企業が低賃金で長時間労働を労働者に押しつけると、うつ病などの精神疾患で働けなくなり、貧困に陥る若年層も増えていく。

全世代で貧困が広がると、最も弱い人たちに向ける眼差しがなお厳しくなる。「高齢者、女性、子ども、若者と働かない人たちに税金を使うのなら、その分を自分たちに返してくれ」という声が高まり、社会が壊れ始める。若者の死因のトップは自殺で、結婚・出産・子育てといったバブル期以前は当たり前だったライフプランが崩壊した。

私は、若者も含めてさまざまな世代の人を社会保障の対象にすべきだと主張している。賃金だけでは暮らせないのだから、企業にも相応の税金を支払ってもらい、人々の生活に不可欠なものを制度として整備することだ。病気になっても失業しても困らない、失職しても職業訓練を受けて転職できる、家賃補助や公営住宅などを用意して住む場所を確保する、給付型奨学金で将来を担う若者に投資する等々、生活に必要なものは社会で用意しようと呼びかけている。つまり、社会の再分配機能を高め、「商品化」された社会を「脱商品化」させるということだ。

社会福祉の脱商品化を進めていくうえで、労働組合の存在は大変重要だ。困窮者が急増している今こそ、分かち合いや連帯、そして労働組合の存在意義が見直されてほしい。なかでも、若年層を中心にしたユニオンの熱心な活動ぶりには目を見張るものがある。労働組合は今や企業別ではなく、個人加盟の時代だ。

労働組合は、実は強大な権限を有している。会社が真摯に労働者との交渉や対話に応じない場合、合法的に会社に損害を与えることができる。具体的には会社を告発したり、会社を相手取って裁判を起こしたり、会社の役員を変えたり、会社の経済活動を止めたりと、絶対的に弱い立場の労働者を守るためにあらゆる対抗措置を講じることができる。訴えられて損害を出したくない企業は、誠心誠意、労働者らの要求に耳を傾けて、話し合いによる解決を模索すればいい。

労働組合が組合員を増やして組織を拡大していくことで、貧困問題も確実に解決していく。すでに労働組合に参加している同世代の人たちとも連帯して、一緒に社会を良くする運動を進めていきたい。

提言6

社会の舵は私たちが取る

共同体の一員として誰もが必要不可欠な存在になる

2021年2月、**斎藤幸平氏の『人新世の「資本論」』（集英社新書）**が「新書大賞2021」に選出され、話題を呼んだ（248ページ参照）。気鋭の経済思想家として注目を集める斎藤氏は、近年では珍しいマルクス研究者であり、社会の共同管理（コモン化）を提唱している。

米ソ冷戦後、資本主義と共産主義の二項対立が終結して久しいが、日本に今、マルクスの亡霊が現れている。マルクスの『共産党宣言』の冒頭に、「ヨーロッパに幽霊が出る――共産主義という亡霊である」という言葉があるのだ。つまり、資本主義という経済システムが環境破壊や格差拡大によって行き詰まり、人は幸せになれないことが明白となった。公共財のすべてが商品化、市場化されているこの社会では、お金がなければ生活必需品も買えず、行政サービスも受けられない。

いっぽう、コモン化とは、ベーシック・サービスを社会全体で共同管理するものだと思ってほしい。古今東西を通じて、互助組織というものは古くから存在してきた。日本では協同組合というと生協（コープ）であり、組合員同士でまとめ買いをして安く分け合うイメージかもしれないが、本来は資本主義に対抗する公共財の共同管理を実践していくことである。組合員が物資や用役の購買、生産、加工、販売、金融の一部または全部を共同で営むことで、行き過ぎた市場経済による競争をうまくコントロールするのだ。

たとえば株式会社の場合、株式を保有する人（資本家、株主）の権限は強く、労働者の発言権は弱い。利益が出れば株主には傾斜配分されるが、労働者には所定の給与しか払われない。株主が利潤追求のために労働搾取や環境破壊を行っていても、労働者がそれに抵抗するのは難しい。

それに対して協同組合には搾取関係は存在せず、組合員同士が民主的に話し合って生産方法を変えることができる。そうして資本主義に対抗する組織として、地域の公共財を共同で管理し守り抜いてきた。

近年の諸外国のコモンを見ると、協同組合の発展は大々的だ。たとえば、**スペインの先鋭的な協同組合企業「モンドラゴン」**は、２０１１年の市民運動をきっかけに、自分たちの地域は自分たちで管理しようと、地域通貨や物々交換市、「時間銀行」などをつくり、貨幣収入に頼らなくても生きていけるシステムを築いた。

地場で採れた農産物を流通させる際は、地域の住民が集まって会社をつくり地元で費消する。そこで得た利益で電力会社や介護の会社をつくり、住民が共同経営する。電力が余れば他の市町村に売る。協同労働のしくみの延長線上で、資本家と労働者の搾取・被搾取という関係に終止符が打たれた。

日本でも、「限界集落」といわれる公共サービスの極端に少なくなった地域で、「自分たちの町は自分たちで守る」という地縁を生かした住民サービスが復活している。これも協同組合、協働労働という実践に拠るところが大きい。第一次産業から第三次産業まで幅広くカバーするようになった協同組合のコモン化は、参考にすべきだろう。

おそらく規模が大きすぎないことがポイントで、日本が地域ごとに小さくまとまっていくのは、私は悪いことではないと考える。一部の人たちが巨大な権力を独占するのではなく、共同体をどう民主的に運営するかを全員で話し合って決めていくのが新しい時代のコモンのあり方であろう。

デジタル化で貧困問題を解決

菅義偉政権は、組織の縦割りを排し、国全体のデジタル化を主導するデジタル庁を2021年9月1日に創設する準備を進めている。諸外国に比べて遅れを取ってきた行政のデジタル化をはじめ、オンライン診療・教育を強く推し進めることを目的としている。

内閣府特命担当大臣（マイナンバー制度）、デジタル改革担当、情報通信技術（IT）政策担当に就任した平井卓也衆議院議員は、国会審議中にタブレットでワニ動画を閲覧したことで一躍有名になった御仁だ。最近では、東京オリンピック・パラリンピック向けのアプリ開発の請負企業を「脅しておいたほうがよい」「徹底的に干す」などと2021年4月の内閣官房IT総合戦略室の会議で幹部職員らに指示したことが問題視されている。

さて、日本でIT推進政策が始まったのは2000年のこと。インターネット網の整備を急ピッチで進め、情報通信インフラは整ったが、ITやデータの利活用では先進諸国に大きく差をつけられた。特に行政のデジタル化の遅れが目立ち、オンラインで完結できる行政手続きは7・5％（2019年3月末時点）だ。

そうしたなか、新型コロナウイルスの感染拡大が日本のデジタル化の遅れを顕在化させた。

国民1人当たり一律10万円を給付する特別定額給付金では、国と地方自治体のシステムの連携がうまくいかず事務作業が滞り、給付に時間がかかる結果になった。オンライン申請もできるとの触れ込みだったが、システム障害が起きたり、申請内容に大量の不備があったりして、その確認作業で役所の職員に相当な負荷がかかった。

中央省庁においては、省庁間のシステムが異なるためにオンライン会議ができない。しかも、テレワーク実施どころか、オンライン化のための機器や回線などがまったく整っていない現状が明らかになった。

2020年7月、国連の経済社会局（UNDESA）が「世界電子政府ランキング」を発表した。日本は前回調査（2018年）の10位から14位に後退した。

参考までに、トップ10をご覧いただきたい。

1位・デンマーク　2位・韓国　3位・エストニア　4位・フィンランド
5位・オーストラリア　6位・スウェーデン　7位・英国　8位・ニュージーランド
9位・米国　10位・オランダ

「通信インフラの整備」「人的資本」「アンケート調査によるオンラインサービスの存在感」という3つの観点で評価される。日本は、通信インフラと人的資本については前回よりもポイントが高かったが、オンラインサービスのポイントが下がった。他国が急速に電子化を進めたので、日本は追い越されてしまったというわけだ。

この結果からもわかるように、日本はこのような電子政府先進国に大いに学ぶ必要があり、デジタル庁創設は社会全体のデジタル化を促進する絶好のチャンスである。

デジタル改革の一環で、注目すべき政府の取り組みがある。2021年5月19日、平井デジタル改革担当大臣はデジタル改革関連法に基づく「特定公的給付」の第1号として、厚生労働省の子育て給付金を指定したと発表した。指定したのは、新型コロナウイルスの影響で困窮する子育て世帯を対象とした**「生活支援特別給付金」**。要件を満たした世帯は、子ども1人当たり5万円を受け取れる。支給事務にマイナンバーを活用できるようになるため、支給対象となる世帯の多くは申請手続きが不要になる。諸外国ではすでに行われている申請不要の**「プッシュ型給付」**の実現で、日本の行政サービスのスピード化にも期待したい。

デジタル庁に期待することは、貧困問題の解決である。政府によるデジタル化を進めることで、生活困窮者の個々の状況を把握し、食料や生活必需品の支給や住居支援などきめ細やかなサポートを実現していただきたい。すべての人が健康で文化的な最低限度の生活を送ることができる社会を実現するためにも、情報システム構築や個人情報保護のセキュリティ対策、そして人材育成などの先行投資はケチらないでほしいものだ。

140字のつぶやきが社会を動かす

最後に、ソーシャルメディアによる社会変革の可能性について触れておきたい。

コロナ禍によって、対面で接する機会が少なくなった分、SNS活用の機会が増えている。アライドアーキテクツ株式会社が実施した「新型コロナウイルス感染症拡大に伴うSNS利用実態調査」（2020年4月8～12日）によると、「一番使う機会が増えたSNS」はTwitterで67％、次がLINEの60％だった。このようにSNSは、誰でも自由に自分の意見を発信し、不特定多数の人たちのさまざまな意見を受け取ることができる便利なメディアだ。

SNSで情報収集をしたり、政府や社会秩序に対して抗議や異議申し立てを行ったりすることも一般化してきた。第1章でも紹介したTwitterデモ（24ページ）。ハッシュタグ（#）をつけてキーワードをつぶやき、その議論が広がってトレンド入りすると、テレビのニュース番組や新聞などが取り上げるので、世の中の注目を集めることができる。SNSでの訴えが、社会や政治を変える原動力になっているのだ。

一個人のなにげないTwitterでのつぶやきやYouTubeに投稿された動画が、ひょんなことから話題になり、波紋を広げている。テレビ、ラジオ、新聞、雑誌といった既存のマスメディアが行き詰まるなか、一人ひとりのSNS上での発信が大きな力を持つ時代が到来したと感じる。社会を変えることができるのは、政治家でも官僚でもなく、私たち個人なのだ。

もしあなたが日常生活を送るうえで違和感を抱いたり、疑問を感じたりすることがあれば、SNSで問いかけてみてはどうだろう。賛同にしろ反対にしろ、何らかの反応があるはずだ。そうして思い切って自分の視点を発信して可視化させることで、社会の課題を共有できる人たちとつながり、解決の糸口を見出していくことができるかもしれない。

日本の社会は同調圧力が強く、波風を立てる言動は疎まれる。たとえ勇気を振り絞って声を上げたとしても、周囲からバッシングを受けることもある。そのため、場の空気を読んで周囲と異なる意見は述べない人が少なくない。

だが、おかしいと思うことに対しては、沈黙は追認になる。声を上げた人が後悔したり孤立したりすることのないよう、勇気ある人をしっかりとサポートするしくみを社会全体につくっていきたい。

おわりに

高齢化が止まらず、人口が減り続ける日本。仕事も住まいも失いかけている人たちは約3000万人いる。格差は広がり続けており、「貧しさは自己責任」と切って捨てていては、すべての人たちの足元がすくわれる。

貧困からの救済（救貧）と予防（防貧）を叶えるために近代国家が構築したのが社会保障だ。だが、私たちの社会は憲法の掲げる「健康で文化的な最低限度の生活」を誰もが送れるようにはなっていない。私は、社会保障が脆弱（貧困）であることにその因を見出す。だからこそ、「社会のしくみを劇的に変えませんか」と私は提唱しているのである。どのようなしくみが必要なのか、良き未来をつくるための発想の転換がコロナ禍の今、求められている。

＊

本原稿を執筆中の2021年6月、2つの気がかりな事件が起きた。

一つ目は２０２１年6月1日、東京都立川市のホテルで31歳の派遣風俗店店員が19歳の少年に殺害された事件である。少年はこの店に連絡し、女性を指名。呼ばれて部屋に入った女性が盗撮に気づき、派遣型風俗店の事務所に助けを求める電話をかけた。現場に駆けつけた同僚の男性も少年に腹を刺され、一時意識不明の重体となった。

その後の報道によれば、逮捕された少年は警視庁の調べに対して「俺なんか生まれてこなきゃよかった。風俗は少子高齢化を助長している。風俗の人はいなくなっていいと思った」などと供述しているという。その言い分は理屈が破綻しており真意を測りかねるが、背景には根深い女性差別が窺える。自分の身勝手な怒りの矛先を女性に向け、命を奪うなど断じて許すことはできない。そしてやはり、客の居場所に出向くデリヘルの仕事は相当な危険を伴うもので、いかなる人をも就かせてはならない業務であることが露呈した。

二つ目は、6月17日、埼玉県さいたま市大宮区のインターネットカフェで、利用客の男性が20代の女性従業員を人質にして個室内で立てこもった事件である。埼玉県警察本部は18日午後10時半ごろ、店内でこの男性の身柄を確保し、監禁容疑で現行犯逮捕した。人質となっていた女性は無事に保護された。

容疑者の男性は住所不定・無職の40歳で、東京都内のネットカフェなどを転々としていたとみられ、逮捕時の所持金が数百円だったこともわかった。動機や目的については、「言いたくない」と説明を拒んでいるとのことで詳しいことは不明だが、生活困窮の問題が絡んでいることは確かだ。

専門家の研究結果によれば、犯罪者の背景要因として貧困と悲惨な家庭環境が挙げられる。このことは、前述の事件を起こした少年と男性にも該当するのではないだろうか。

＊

現在の問題点は、雇用・社会保険・公的扶助という3つのセーフティネットが非常にもろく、多くの生活困窮者がこぼれ落ちてしまうことだ。ひとたび貧困状態に陥ってしまうと、最下層（アンダーグラウンド）からなかなか抜け出すことができない。

戦後からずっと、政府は生活困窮者支援、貧困対策を公的機関を通じて担ってきた。社会を安定させ、治安を維持するためでもある。だが、今はどうだろう。刑務所が第4のセーフティーネットになっている現状も看過できない。「お金が底をついて、住むところがない。ただで寝泊まりできる場所がほしい」という理由で、刑務所に入るために犯罪を繰り返す人が続出する社会は異常である。

私たちソーシャルワーカーが、生活に困窮している人たちに寄り添い、貧困に対する理解と協力を求めて積極的に活動していくことが、今ほど求められている時はない。困っている人を支援することは、結果的に社会全体の存続につながる。困った時は、ためらうことなく「助けて」と訴えることのできる、誰一人取り残されない社会の実現のためにこれからも声を上げていきたい。

*

最後に、本書は前作『貧困クライシス　国民総「最底辺」社会』（毎日新聞出版）でもお力添えをいただいた毎日新聞出版の峯晴子さん、そしてライターの柴崎あづささんのお世話になった。「コロナ禍を歴史的転換期と捉え、生活支援の現場を記録に残すべきだ」と私に執筆を勧めてくれた峯さんたちの尽力がなければ、発刊には至らなかっただろう。改めて感謝申し上げたい。

藤田孝典

2021年6月

巻末付録

本&映画ガイド

貧困問題や社会保障制度について考えるにあたり、参考になる本と映画を紹介したい。テレビ、ラジオ、新聞、雑誌、インターネットはもちろんのこと、書籍や映画、そして演劇などの芸術分野に至るまで、多方面から情報を仕入れ、世界を取り巻く状況とその背景の理解を深めてほしい。

世界が今のような状況に至った経緯に触れ、自分と同じように生きづらさを感じている人たちの声を聴こう。良質なフィクション、ノンフィクションから歴史や他者の視点を感じ取っていただければ幸いである。

1

〈雇用と経済の相関関係〉

『ブルシット・ジョブ クソどうでもいい仕事の理論』

デヴィッド・グレーバー【著】 酒井隆史・芳賀達彦・森田和樹【訳】／岩波書店／2020年

「ブルシット」とはでたらめでどうでもいいという意味のスラングで、口にしてはいけないと学校で教わるような罵《のの》り言葉だ。著者は「ブルシット・ジョブ」を、「あってもなくてもかまわないほど無意味、本人もそう感じているが、さもなくてはならないように取り繕わなければいけない仕事」と定義し、そうした仕事ほど高賃金であるという資本主義の行き着いた矛盾を突く。具体的には、人材コンサルタント、不動産仲介業、コミュニケーション・コーディネーターなどだ。

保健、医療、福祉、保育など、エッセンシャルワークがコロナ禍で注目されているが、日本でもブルシット・ジョブのほうが高給であり、社会に有益な仕事ほど低給であることも一般的だ。

たとえば、ブルシット・ジョブはなくなっても社会に大きな影響はなく、むしろなくなったほうがいい仕事として定義され、今後はＡＩなどに置き換わることも予言している。リモートワークが可能なホワイトカラーと、そうでないエッセンシャルワーカーの違いにも通じ、資本主義が剥奪していったものが雇用形態から提示される。

少子化、人口減少を迎え、限られた人たちで社会運営をしていかなければならないなか、私たちにとって大事にしなければならない仕事は何か、再考を促す書である。

2

『ルポ　雇用なしで生きる
――スペイン発「もうひとつの生き方」への挑戦』

工藤律子【著】／岩波書店／2016年

新しい共産主義モデルであるスペインの協同労働「コモン」を紹介した、ポスト資本主義を構想するうえで興味深いルポルタージュ。人間の価値が「お金」「労働生産性」に変わっていく資本主義のなかで自分らしく生きられない人たちが多い。お金のために働く以外の生き方があってもいいのではないか――そうした疑問からデモが起こり、会社に雇われないで生きるシステムが模索された。協同組合、協同労働のしくみがわかりやすく解説されている。パソコンの修理なり庭木の剪定なり、自分の得意分野を登録して労働を交換する「時間銀行」や、地域で流通する通貨など、脱成長路線で地域共同体が発展していくモデルも提示されている。

人口減少社会のなかで、経済成長が止まっている日本社会。過去に行ってきた苛烈な開発による環境破壊とは比べ物にならないほど、地球温暖化など気候危機が迫っている。他者や環境とともに協同・調和して生きていくにはどうすればいいのか。スペインの実践はポスト資本主義を構想するうえで学ぶところが多い。日本でもSNSから似た試みが行われようとしている。

3 『脱商品化の時代――アメリカン・パワーの衰退と来るべき世界』

イマニュエル・ウォーラーステイン【著】 山下範久【訳】／藤原書店／2004年

20世紀の福祉国家を分析し、新自由主義大国アメリカによる「帝国支配」が弱まれば、福祉軽視の時代も終わると著者は宣言する。

バイデン大統領の誕生で、米政府は社会主義的な政策と「大きな政府」への転換を掲げた。新自由主義大国のアメリカは変われるのだろうか。それに追随してきた日本も変われるのだろうか。啓示と問題提起に満ちた一冊である。

北欧の福祉国家は、経済構造を支える資本主義のあり方が日米と異なる。まず、生活に必要不可欠なサービスと生活必需品を政府や地域、専門家らが共同管理し、需要と供給を市場経済から切り離すことだろう。端的に脱商品化と呼ぶが、これを具体的に進めていくためには、その社会の人々にとって何が必要不可欠なものなのか、民主的に議論していく必要がある。日本は市場ですべてのものを購入しなければ生きることが難しいと思わされているので、今後の社会の有り様を構想するうえで大いに参考になるだろう。

4

『経済の時代の終焉』

井手英策【著】／岩波書店／2015年

20世紀の新自由主義思想をどう日本が受け入れてきたのか、歴史を俯瞰しながら、自助を強調する国民性、システムを分析する。もはや強者が自由を謳歌するだけでは人々が豊かにならないとし、新自由主義および自己責任社会を変えていくべきだと説く。そのための財政の有り様、税制の有り様を変えることは可能であるともいう。

著者が説く分かち合いの経済とは、新自由主義の価値、思想によって変質させられた社会を再生することだ。相互の助け合い、共同性を再生することであり、人間をモノや労働生産性、金の有無で差別する野蛮な社会を変革するよう促している。そのためにも、税を含む財政こそ民主的な運営が必要で、誰がどのように税を負担し、どのように分配、投資、使用していくのかを考えていくことの必要性を主張する。税は取られるもの、負担したくないもの、という価値観ではなく、積極的に社会のために負担し、何に使っていくのかを議論することこそ財政なのだ。財政社会学の基礎的な理解を促すこの示唆は、アフター・コロナにも通じるはずだ。

5

『福祉財政〈福祉＋α〉』

高端正幸・伊集守直【編】／ミネルヴァ書房／2018年

福祉財政の視点から国内外の福祉制度と財政、予算を比較検証する一冊。負担を嫌う富裕層、大企業、政府の「金がない」「福祉予算がない」という大合唱にどう向き合うべきか、財政社会学からヒントを与える。税を適正に集め、生活に分配するように求める市民、世論、運動が不可欠だと著者らは説く。

日本では近年、不公正税制のもとで貧困や格差が広がっている。明らかに昭和の時代よりも富裕層、大企業が税負担を避け、同時に一般庶民にその負担を押しつけてきた経緯がある。一般庶民もこれ以上の税負担は困難だと悲鳴が上がるなか、政府や自治体が必要な予算確保にも困難が生じている。私たちは税や財政とどう向き合い、社会をどう運営することができるのか、深く考えられる良書である。

6

『コモンの再生』

内田樹【著】／文藝春秋／2020年

新型コロナウイルス感染症への対応をめぐって、世界水準と比べても周回遅れであることが判明した日本。「令和の日本は後進国になる」と危惧する著者が、コモン（共有地）の再生を通して新たな活路を提示する。グローバル経済の揺り戻しで地域経済が活性化する時、世界は次のフェーズに入るだろう。新時代の「村社会」が考察できる。

脱成長というと経済成長を望まない、みんなで貧しくなることだと曲解する人たちがいまだにいるが、地域を基盤にした生活様式、共同生産様式を取り入れることで、十分豊かに暮らすことができると本書は示唆する。大企業や資本が市場で提供する商品を購入するだけが人間の生活ではないということに、立ち戻らせてくれる。

7

〈差別と福祉の歴史的背景を知る〉

『日本型福祉社会』

自由民主党【編】／自由民主党広報委員会出版局／1979年

21世紀への分岐点となった新自由主義について、それが生まれた1970年代の事情がわかる一冊。菅義偉首相が繰り返す「自助・共助・公助」は自民党の根幹思想であり、その内実は「自立した人々が家族や地域社会への帰属意識を持ち、助け合う」という、国の責任を放棄したものだ。福祉思想の劣化版であり、家族を持たない人、家族と助け合えない事情を持つ個人を置き去りにしており、日本で社会保障の見直しが進まない理由が理解できる。

社会保障や社会福祉を受けることは甘えであり、労働意欲が低い堕民を養成することになるという誤った思想が日本の社会で強く打ち出されている。超高齢社会で社会保障の対象者が増えていく時代だからこそ、この誤った思想を転換することが急務である。

8

『福祉資本主義の三つの世界——比較福祉国家の理論と動態』

G・エスピン＝アンデルセン【著】 岡沢憲芙・宮本太郎【監訳】／ミネルヴァ書房／2001年

英米や北欧の福祉制度を紹介しながら、20世紀に多くの国々がどのようなしくみで社会保障を提供してきたのかを解説する。税や福祉予算はどう分配されるのか、議論は民主的に進むのか、誰が意思決定しているかなどで分類され、特に税と社会保障の文脈で、高福祉高負担、中福祉中負担、低福祉低負担の国というパターンに分かれていく。日本がこれからどんな福祉国家、福祉社会を目指すべきかの道筋をシミュレーションできるはずだ。

9

『コーネル・ウェストが語るブラック・アメリカ
——現代を照らし出す6つの魂』

コーネル・ウェスト【著】　クリスタ・ブッシェンドルフ【編】　秋元由紀【訳】／白水社／2016年

アフリカ系アメリカ人の知識人の代表ともいうべき論客が、オバマ政権時代に著した新時代の人種論、人権論。奴隷廃止や公民権運動など、差別撤廃を求めて戦い続けた黒人6人の論理と生き方を分析しながら、「アラブの春」など現代の動きと比較検証していく。

著者が取り上げたキング牧師やマルコムXら6人はそれぞれが強烈な個性を有し、異なるアプローチで差別社会を具体的に変革してきた。諦めずに人々と連帯し、組織化をすることで、根強い差別やシステムを徐々に改変していくことが可能なのだと勇気づけてくれる。

特に黒人差別、女性差別など何重もの差別を受けてきたエラ・ベイカーら黒人女性活動家の実践は、差別からの解放を目指す現代日本の女性にも示唆に富む内容だろう。

10

〈格差の裏を読み解く〉
『なぜ世界の半分が飢えるのか――食糧危機の構造』

スーザン・ジョージ【著】 小南祐一郎・谷口真里子【訳】／朝日新聞社／1984年

人間が自分の歩ける範囲の土地を耕して自給自足する限りは、世界は飢えることがない。地球はそれくらい筋力があった。北半球と南半球で圧倒的な経済格差が生まれ、アフリカで食糧危機の起こった1980年代に発刊。格差のあり方は違うが、資本家によって格差が恣意的に作られることは変わらない。異常気象が続いている日本でなぜ食品が余っているのか。生産国を飢えさせ、農作物を商品としてコントロールするアグリビジネスの闇を突く。

11

『人新世の「資本論」』

斎藤幸平【著】／集英社新書／2020年

新時代の若手マルキストが、資本主義の地球環境に与える影響をデータ分析しながらこれからの資本主義、社会のあり方を論じる。新型コロナウイルス感染拡大の背景にも資本主義があり、新自由主義一強の希望のない社会は抜本的に改革される必要がある。

人間が資本主義というシステムによって、持続不可能なほど地球の隅々まで環境破壊してきた社会を著者は「人新世」と呼ぶ。そして、このままの資本主義では地球自体がもたないと警鐘を鳴らし、ポスト資本主義社会を早急に構想して実践を始めるべきだと説く。

資本主義の末期症状が噴き出し続けるなか、自民党の岸田文雄前政調会長が議員連盟を立ち上げ、「新しい資本主義のあり方」が議論され始めている。本書のヒットは、希望の一つでもある。

1

〈貧困は人災だ〉

『世界侵略のススメ』

マイケル・ムーア監督／アメリカ／２０１６年

グローバリズムの矛盾とまやかしを取材とドキュメンタリー映像で暴き続けてきたマイケル・ムーア。本作は新自由主義のアメリカと比較した、ドイツやフランスなど他国の福祉制度をムーア監督が「侵略」しながら紹介していくというもの。ほんの少しシステムを変えるだけで、人々は楽に暮らすことができるのだとわかるだろう。

2

〈群像劇が伝える連帯の真実〉

『パレードへようこそ』

マシュー・ウォーチャス監督／イギリス／２０１４年

サッチャー政権下で炭鉱閉山が進むなか、それまで交わることのなかったロンドンの性的マイノリティと炭鉱労働者が出会う。彼らは互いの価値観の違いにぶつかり合いながらも共闘することで、最終的にはサッチャー政権を揺るがし、社会を変えていく。1980年代の実話に基づく物語。

3 『1987、ある闘いの真実』

チャン・ジュナン監督／韓国／2017年

1980年代後半、軍事政権下の韓国で、スパイ容疑をかけられて拷問死した大学生を警察が隠蔽しようとしたことから、学生たちの組織化、連帯によって真実の追及が始まる。学生運動が軍事独裁政権を打倒していくさまは衝撃的だ。組織的に権利を主張する行動が旧弊した社会を変えていく。国家と闘った韓国民主化闘争の実話。連帯意識が希薄で、社会変革することを諦めがちな若者たちに見てほしい映画でもある。

4

『未来を花束にして』

サラ・ガヴロン監督／イギリス／2017年

劣悪な洗濯工場で働く女性が参政権運動の活動家と出会ったことから、「未来」は始まった。1910年代、イギリスの女性参政権をめぐって闘った人々を、一女性労働者の成長を通して描く。今あるさまざまな権利は投獄されても血を流しても負けなかった先人たちの闘争のうえにあることを実感する。それはたまたまあったものではなく、闘争によって勝ち取られたものなのだ。

◆著者紹介
藤田孝典（ふじた・たかのり）

1982年生まれ。社会福祉士。ルーテル学院大学大学院総合人間学研究科博士前期課程修了。NPO法人ほっとプラス理事、生存のためのコロナ対策ネットワーク共同代表、反貧困ネットワーク埼玉代表。聖学院大学客員准教授（公的扶助論）、北海道大学公共政策大学院フェロー。生活保護や生活困窮者支援のあり方に関する活動と提言を行う。

著書に『下流老人　一億総老後崩壊の衝撃』（朝日新書）、『貧困世代　社会の監獄に閉じ込められた若者たち』（講談社現代新書）、『貧困クライシス　国民総「最底辺」社会』（毎日新聞出版）、『中高年ひきこもり――社会問題を背負わされた人たち――』（扶桑社新書）、『棄民世代　政府に見捨てられた氷河期世代が日本を滅ぼす』（SB新書）などがある。

コロナ貧困《ひんこん》　絶望的格差社会《ぜつぼうてきかくさしゃかい》の襲来《しゅうらい》

印　　刷　2021年7月20日
発　　行　2021年8月5日

著　　者　藤田孝典《ふじたたかのり》
発 行 人　小島明日奈
発 行 所　毎日新聞出版
〒102-0074
東京都千代田区九段南1-6-17 千代田会館5階
営業本部：03（6265）6941
図書第二編集部：03（6265）6746

印刷・製本　中央精版印刷

ISBN978-4-620-32689-4

ニューヨーク・タイムズを守った男

Truth in Our Times
Inside the Fight for Press Freedom in the Age of Alternative Facts

David E. McCraw
デヴィッド・E・マクロー［著］
日暮雅通［訳］

毎日新聞出版

〈ニューヨーク・タイムズ〉ニュース編集室のすべての男女に捧げる。
奇跡のようなことを毎日行っている人たちに。

◎目次 ―ニューヨーク・タイムズを守った男―

《アメリカ合衆国憲法修正第一条》

連邦議会は、国教を樹立、または信教上の自由な行為を禁止する法律、言論または出版の自由を制限する法律、ならびに国民が平穏に集会する権利および苦痛の救済を求めて政府に請願する権利を制限する法律を制定してはならない。

装丁◎宮川和夫（宮川和夫事務所）
カバー写真◎iStock.com/mbbirdy

ニューヨーク・タイムズを守った男

TRUTH IN OUR TIMES
Inside the Fight for Press Freedom in the Age of Alternative Facts
by David E. McCraw

Published by arrangement with St. Martin's Press
through The English Agency (Japan) Ltd.

序章

本書は、アメリカの報道の自由が激しく混乱した時代を辿《たど》るものだ。狂乱の二〇一六年大統領選挙とともに始まったその時代、そして、続くトランプ政権の一年半のあいだに、マスコミと大統領の対立はエスカレートしていった。

トランプ政権とマスコミとの戦いに、時間は関係ない。読者が本書を手にしているころには、さらに多くのことが起きているだろう。記者との新たな小競り合い、手当たりしだいに連発される「フェイクニュース」というツイート、報道の自由の縮小を求めるさらなる声、という具合だ。ただ、選挙戦終盤の数カ月や、新政権の最初の数カ月に展開された出来事は、非常に重大な意味をもっていた。このとき双方が、そしてアメリカが、今後の戦いの様相を理解したからである。つまり、アメリカのマスコミに対する攻撃がどのような形をとり、それに対してマスコミがどのように反応するか、ということだ。

私は、ニューヨーク・タイムズ社ニュース編集室の弁護士を一五年にわたって務めた。本書の目的については、ささやかながら以下のように定めている。読者に対して、〈ニューヨーク・タイムズ〉による重大な報道の裏側を見せること。法律による――時に平穏に、時にそうではない――ジャーナリズムの保護とその具体的な方法、そして根本的な理由によりそれを可能にした様子を、理解してもらうことだ。私は本書を、アメリカ合衆国憲法修正第一条、つまり報道の自由に関する抽象的な専門書にしたいとは思わない（本書の中心にあるのは法律だが）。また、トランプ大統領についてやみくもにわめき散らすものにしたいとも思わない（ハーヴェイ・ワインスタインが登場するまで、大統領はほぼすべての章でいい姿を見せていない）。その理由は簡単だ。憲法修正第一条が抽象的なものだと思われて、市民の実生活から切り離されたり、政治的な課題を推進する手段に成り下がったりしてしまうと、報道の自由というアメリカの伝統は、今後生き残ることができないからだ。ジャーナリズムの現場では、憲法修正第一条にまつわることが日々起きている。そして、ジャーナリストが真実を追究して日々行っている選択に力を与え、照らし出してくれるものなのである。本書で伝えたいのは、そういうことだ。

本書にはすべてのことが語られているわけではない。私は弁護士なので、守秘義務ももちろんある。最前線で取材を行っているジャーナリストたちには守るべき情報源がある。私は、国外で誘拐や拘束をされたジャーナリストの救出にも関わってきたが、詳しい状況の一部は明かせない。ただ、可能な範囲内で、この国で最も重要なニュース編集室で起こった弁護士とジャーナリストとの本物のやりとりを、包み隠さず伝えようと思う。また本書は、弁護士がヒーローになるような類のものではない――そうであればとは思うが。私はトランプ大統領について、かなり長いこと誤解していた。世論という法廷であれ、裁判所であれ、マスコミがもっと強硬に主張の正しさを強調すべきだったときに、私はためらったのだ。報道の自由という問題に関して、アメリカがこれほどまでに二極化することになるとは思わず、判断を誤ったのである。

タイムズ社の弁護士として、私の時間の大半は、憲法修正第一条と付き合うことに費やされた。人々は記事に文句を言い、偏見だと思い込み、私たちが示す事実に（時には正しくも）異議を申し立て、編集の姿勢を激しく非難した。訴えを起こそうとした人たちも、わずかながらいた。だが、最も厳しい批評家たちのあいだですら、報道の自由の重要性を疑問視する者はほとんどいなかった。不都合な真実を報じたり、政府を相手にしたり、巨大企業の度を越した行為や過失について、はっきり意見を述べたりする。そんなことが自由にできるマスコミがなくなってもいいという人は、ほとんどいなかったのだ。それが今や、憲法修正第一条を制限するための法律の改正を求めて、大統領がマスコミのことを国民の敵、社会の汚点、「フェイクニュース」商人などと、公然と非難する時代なのである。問題は、それらをすべて大統領が言っているということではない。問題は、その見事な展開ぶりのほうだ。そうすることによって人々を熱狂させ、人々が取材に来た報道陣をあざけるまでになっていることなのだ。

本書の仕上げをしていた最中、メリーランド州にある新聞社のニュース編集室で銃を持った男が発砲し、五人の命を奪った。ホワイトハウスの報道官は、マスコミは国民の敵ではないと明言しなかった。大統領の顧問弁護士のひとりである、ルディ・ジュリアーニは全国放送のテレビ番組で、「真実は真実でない」と明言した。さらには大統領みずから司法省に対して、「匿名《アノニマス》」の身元を突き止めるべく、犯罪捜査の開始を命じた。大統領の一貫性のない言動、性急な政策選択、そして法の支配の軽視をとらえて、〈タイムズ〉の特別ページに寄稿したという「罪」を犯した、政府高官に対してである。

このあとに記すエピソードの多くは、混迷の時代の暗い色合いに染まってはいない。本書には非礼な部分もあれば、面白いところさえもある（そう、弁護士による本でも）。新聞社の弁護士であることは、結局のところ、喜びなのである。突飛なことが起こり、おかしな人たちがどこからともなく現れ、世の中を揺るがすジャーナリズムが形になっていく瞬間に居合わせることほど、胸躍るものはない。新聞社の弁護士は、好んでする仕事ではないかもしれない。しかし、私はそれに近い感情を持っているし、本書では仕事に活気を与えてくれるその精神を伝えることができたらいいと思う。

しかし、だからといって、現実の問題から目をそらしてはいけない。民主主義にとって、現代は決してよくはない時代で、私たちは何か手を打つ必要があるのだから。

第一章　大統領選挙の日

落ち目の @NYTimes は、そもそもの初めから私のことを見誤っていた。私が予備選に敗れると言い、そのあとは本選でも敗れると言っていた。フェイクニュースだ！

——ドナルド・トランプ（二〇一七年一月二八日）

二〇一六年一一月八日、午後一〇時。私はニュース編集室を最後にもう一度ひと回りした。マーク・トンプソンＣＥＯが政治部の近くにいて、自分の妻や、ニューヨーク・タイムズ社となんらかの関わりがある者たち数名と、一緒になってモニターを見つめている。ペンシルヴェニア、ウィスコンシン、ミシガン各州の行く末はまだ不透明だったが、現実は明らかになりつつあった。ドナルド・トランプがアメリカ大統領の地位を手にしようとしているのだ。選挙日前夜、私はニュース編集室にいた。どのような展開になるのかは心得ている。これまで重要な意味を持っていたのは、接戦であるか（ゴアかブッシュか）、歴史的瞬間であるか（オバマかマケインか）だけだった。どちらの候補が勝っているかに関心があるのではない。結局はその人物に失望させられることになる。心を大きく占めるのは、票読みや予想の熱狂的興奮のさなかにある、多少楽観的な無関心さと、終わりの見えなかった選挙戦がついに終わるという安堵感《あんどかん》だった。確かに、勝利や歴史的瞬間を無視することはできないし、後日談にはそれなりにお祝いムードもある。それでも、勝利への言及は控えめで、スーパーボウルやワールドシリーズの翌日の記事と大きく変わらないのである。

選挙戦の勝利を味わうか、それとも接戦を楽しむか。歓喜の躍りや泣き叫びは、候補者を信じているほかの者たちに任せよう。ただ、その日は、これまでの選挙日の夜とは違っていた。ジャーナリストとしてだけでなく、精神的な思い入れもあったからだ。ドナルド・トランプが選挙戦で相手にしていたのはヒラリー・クリントンだけではない。タイムズ社やアメリカの大手マスコミでもあった。しかも、共和党のトップにまで上りつめた彼の驚異の台頭は、事実が重要であるという考えに対する連日の攻撃が、基礎になっていた。真実を最も大切なものと考え、たったひとつの実話によって、嘘つき政治家の政治生命が絶たれる状況を何度となく見てきた我々にとっては、信念が揺さぶられるくらい信じられない一年だった。彼は、ある一線を越えたばかりか、消し去ったからだ。数字が明らかになるにつれて、その衝撃がはっきりしてきた。ふだんから、伝える価値のある記事だけを読みたいと望む読者たち、現状とは逆の結果を求める人々、薄れゆく希望を抱えた人々を、打ちのめしていった。それでも新聞は出さねばならず、その報いの説明をしなくてはならなかった。

すでに長い夜となっていた。もう十分だと思い、私はそっと抜け出した。エレベーターの前で、スー・クレイグと、明らかにタイムズ社の人間ではない男性二人に出くわした。選挙戦で最大のネタを報じたのが、クレイグだ。彼女は九月のある日、郵便受けに封書があるのを見つけたのだが、その中にドナルド・トランプの納税申告書が入っていた。彼女が、連れを私に紹介した。かつてトランプの下で働いていた人物だという。彼がこの場にいる理由は訊かなかった。私と同じく、クレイグも早くこの場を離れようと決めていたからだ。「ここはちょっと普通じゃない」と彼女が言い、三人そろってエレベーターに乗った。トランプについて衝撃的な記事を書いた、クレイグ。トランプの弁護士に宛てた手紙で、一〇月、一週間にわたってインターネット上を騒がせた私。そして、かつてトランプの部下だった男。私たちは互いに口を開くことなく立っていた。一年で最も奇妙な夜の、奇妙な光景だった。

その一四時間前のこと、タイムズ社の建物に足を踏み入れたところで、私は警備員に声をかけられた。翌朝の予定を確かめたいという。ちょっと変わっているが、タイムズ社ではそういうことになっていて、私は弁護士として、警備員が遭遇するあらゆることを監督する立場にいた。女性の靴をくすねる侵入者から、カミソリの刃を送りつけてくる匿名《とくめい》の手紙まで。タイムズ社は号外を何千部と印刷するので、後世のために〈ニューヨーク・タイムズ〉を買おうとやって来る人たちに向けて、その日も建物の外にテーブルを用意することになっていた（あとで知ったが、その号外の見出しは「女性大統領」となる予定だった）。バラク・オバマが歴史を作った八年前に、私たちは不意をつかれたからだ。二〇〇八年の選挙戦の翌朝に私が出社したときは、すでに歩道に行列ができ始めていた。そしてまもなくすると、〈ニューヨーク・タイムズ〉を買うのなら、タイムズ社に行くのが一番だと考えたオバマの支持者たちが——そう考えないわけがない——何百人と現れたのだった。タイムズ社の社屋では様々なことをやっているが、残念ながら新聞は売っていない。このとき社員は、急きょ、クイーンズにあるタイムズ社の印刷工場から新聞の束を運んでこなければならなくなったのだが、建物の外の長い列は午後になっても伸び続けた。ただ、それから八年が経った、二〇一六年のこの日の朝、私の心に去来したのは、オバマの二〇一二年のほうの勝利だった。私が投票する地区の住人は大部分が黒人で、中流階級だ。このときは、共和党が投票率を抑えようとしたという記事で大騒ぎになっていた。私が地元小学校の投票所に、開場から八分後に足を踏み入れたところ、すでに列が学校の扉のところまで伸びていた。ロビーに入るとき「みんな、ここに泊まったのか？」と口にした人もいた。だから、二〇一六年のこの朝も、私はまた投票所に夜明け前、足を運んだのだ。しかし、選挙区のテーブル前に並んだのは、私だけだった。

真夜中が近づくにつれて、こういったことは、どれも遠い、不思議な記憶のように感じた。私はクレイグとトランプの部下だった男性と一緒に、建物を出た。家に帰ると、私はテレビをつけてひとり座り、重要州が共和党の手に落ちるのを見届けた。私はスイッチを切った。ドナルド・

トランプがアメリカ合衆国大統領になろうとしていた。

どんよりとした一一月、小雨まじりの翌朝、号外を販売するテーブルは、予定通り社の建物の外に設置されていた。足を止める者はひとりもいなかった。新聞の山のあいだに、売り子がぼんやりと座っていた。一面に「女性大統領」の文字はなかった。その代わりにあったのは「トランプ勝利を収める《トライアンフ》」という見出しで、冒頭の最初の二段落では、今回の投票が「国中を動揺させ、脅かした」こと、トランプの台頭を「危機感をもって見てきた」人たちのことについて早くも言及されていた。国のおよそ半分の人が、この人物に賛成票を投じていた。私は一〇月の週末を、故郷のイリノイ州の田舎で過ごしたばかりだったが、そのときに垣間見た、もうひとつの報道の視点だった。少なくともその夜に関して、その地域では、トランプの勝利によってアメリカについに変化が訪れるという、希望のようなものを表していたのだ。

それほど耐え難いことではなかった。私は、社屋の内外で見かける「タイムズマン」や「タイムズウーマン」たち、中学生のころから必ずやこの職場で働くと思っていた人たちとは、違っていたからだ。中西部の田舎町で生まれ、三七歳でようやく法律の学位を取得し、その一〇年後にタイムズ社に入ったという私の経歴は、決して運命づけられたものなどではなかった。

二〇〇二年五月のある木曜日の午前、私はマンハッタンの三三丁目にあるニューヨーク・デイリー・ニューズ社の建物で警備員に別れを告げると、北へ一〇ブロック歩いて、ニューヨーク・

タイムズ社の弁護士として新たなキャリアをスタートさせた。デイリー・ニューズ社では二年を過ごした。ニューヨーク市の気骨あふれるジャーナリズム界で生き延びようともがいている、ブルーカラー向けのタブロイド紙で、警官や殺人犯、市庁舎で繰り広げられる策略、醜態をさらすことになったセックス劇、クイーンズ・ブールバード（別名「死のブールバード」）での歩行者殺し、目まぐるしく変わるニューヨーク・メッツの運命、悪の権化であるヤンキースのオーナーのジョージ・スタインブレナー、地下鉄で日常的にみられる侮蔑《ぶべつ》的言動といった出来事を伝えていた。デイリー・ニューズ社の安っぽいオフィスと、私たちがほぼ同じ割合で嫌ったり、怒ったり、うらやんだりしているタイムズ社のゴシック風の聖堂とは、早足でほんの一五分しか離れていない。タイムズ社で行われる報道業界の会合にたまに顔を出すと、壁に特大の銘板がずらりと並んだ、曲がりくねった通路に通されるのだが、それは数十人に及ぶピュリッツァー賞受賞者の名前であり、そこを歩くたびに、自分が身分不相応であり、根無し草であるという感情が湧きあがってきたものだ。

三〇年前、イリノイ大学のジャーナリズム学科を卒業したばかりの私は、アイオワ州ダヴェンポートで〈クワッド・シティ・タイムズ〉に職を得た。私が在籍していたとき、市議会が、新しい警察署長としてニューヨーク市の警察官を雇うことを決めた。同紙の地方記事担当の編集長は、タイムズ社の「資料室《モルグ》〔元々は「死体安置所」の意〕」にいる係員に電話をかけた。地下にある古臭い部屋で、毎日の新聞を切り抜いては、果てしない数のキャビネットに収め、将来の調べ物のためにずっとしまっておくところだ。ダヴェンポートのその編集長は、この新任の署長の素性について、何かわかればと思ったのだった。

「どうも」と編集長は呼びかけた。「私はマイク・マグリーヴィー、アイオワ州ダヴェンポートの〈クワッド・シティ・タイムズ〉で地方記事を担当している編集長です」

「そいつは大いに結構なことで」相手は言った。

ニューヨークから何百万光年と離れたアイオワ州の小都市でジャーナリストとして働く、イリノイ州の田舎町出身の私にとって、タイムズ社で働くとはどういうことなのか、その言葉がすべて物語っていた。のちに私がこの話をタイムズ社の同僚にすると、今ここはそんなところじゃないと、決まって言われた。確かにそのとおりだし、このときの返答も、実際はそれほど無礼ではなかったのかもしれない。それでも、この話の真偽を疑う者はひとりとしていなかった。

タイムズ社には長年の伝統があるものの、そこでの私の時間について話せば、特に変わりはなかったということになる。二〇〇二年、四三丁目にある建物のドアを通り抜けたとき、タイムズ社はカリフォルニア州サンタローザからアラバマ州ガズデン、ボストン、パリに至るまで、二〇の新聞社を有していた。中西部や南部周辺にはテレビ局も持っていた。タイムズ社のウェブサイトは開設されてから六年が経っていたが、輪転機の轟音《ごうおん》が響き、歩道に投げ出される新聞の束の音は変わらなかった。数十年にわたってアメリカのジャーナリズム界随一の声を持ち続け、何百もの小さな報道機関にとって、指針を定めていた。マスコミの企業内弁護士としての仕事は、それまでの数十年で、ほとんど変化がなかった。私は法的な問題がないか記事を調べ、わずかな数の名誉毀損《めいよきそん》訴訟を監督し、取材について記者からの質問に答えるだけだった。とはいえ、仕事は面白く、タイムズ社はジャーナリズムだけでなく弁護士業の基盤という、ほかにはないものも与えてくれたのだ。

だが、ドナルド・トランプが大統領選に出馬するという信じられない行為に出たころには、これらの多くが変化していた。タイムズ社は放送業から撤退し、他の新聞社はすべて売却していた。容赦《ようしゃ》なき広告費争いと、強い党派心の急増。真実の本質そのものを巡る、目まいのするような文化的な闘争が特徴であるマスコミという業界で、重要性と価値を持つ国際的な立場を維持しつつニュースを提供していた。そんな生き残りをかけた戦いの一方で、デジタルメディアとしての改革も行っていた。政府は長らく秘密主義をとってきたものの、9・11以降、テロ行為に怯《おび》え、国の安全保障政策がさらに拡大した。その結果、アメリカ政府の地球規模の野心を取材しようとするジャーナリストにとっては、果てしない壁が築かれることになった。そして、秘密主義の増大に対して生じたのが、驚くほどの規模と大胆さを伴った漏洩である。ウィキリークスは何十万ページにも及ぶ政府の極秘資料を瞬時に、世界規模で入手可能にした。エドワード・スノーデンは数字で表せる以上のデータを持ち去った。もはやダニエル・エルズバーグやペンタゴン文書の世界とは違っていたのだ。

記者の仕事も変わりつつあった。携帯電話を手にした大統領が証明するように、ツイートがジャーナリズムの一形態になるのと同時に、ジャーナリズムの対象にもなった。世界に散らばる外国特派員のこれまでになく厳しい現実は、シリアでＩＳによって斬首されたジェイムズ・フォーリーの映像に、恐ろしいまでに現れていた。かつて、紛争地帯ではどちらの側からも公正な仲介者と見られていた記者がターゲットになったのだ。

この破壊的な力が、私がタイムズ社で弁護士を務めることの意味も変えてしまった。私は訓練も警告も何も受けないまま、自社のジャーナリストが誘拐されたときや交戦地帯で負傷したとき、あるいは敵対的な政府に拘束されたときに、頼りとされる人物になった。二〇〇八年にアフガニスタンで記者が誘拐されたときは、七カ月にわたって毎日、記者の解放に尽力した。その記者が帰国して三カ月後のことだ。食料品店の駐車場を歩いていた土曜日の午前、電話がかかってきて、また始まったと思った。今度はタリバーンによってジャーナリスト二人が誘拐されたのだった。私のメインの仕事までもが、その方向を変えたのだ。また、政府のあらゆるレベルに秘密主義が広まると、私たちは主張を強め、政府が隠す情報の解除を目指した。私は一〇年のあいだに、隠ぺいされた政府文書を求めて、一〇件以上の訴訟を起こした。タイムズ社の編集者たちが、アメリカ人の監視や政府による違法行為、そして国外での見当違いな政策を明らかにする秘密情報の公表を決めたときは、彼らを支持した。タイムズ社が真に世界的な情報源になるにつれて、名誉毀損で訴えられることも増えた。ギリシャ、中国、イラク、インドネシア、インド、フランス……しかもこういったことはすべて、ジャーナリズムのペースが一〇年前には考えられないほど加速した中で起きていた。休み無しの容赦ない締切、いたるところにいる読者のためにすぐにアップされる記事、その一方で起こっていた、原稿を扱う編集者の減少。二〇一一年には、ツイートを巡っても訴えられた。これまで伝統や形式に深く縛られて、変化が遅かった法律が、デジタルという未知の未来へ放り込まれたのである。

私の世界が変わってしまったことも、二〇一六年大統領選挙の異様な熱狂で、明らかになった。私は一〇月のある朝、ドナルド・トランプの弁護士に手紙を書いた。トランプに体をまさぐられたという二人の女性に関する〈タイムズ〉の記事を、弁護する手紙だ。これはある意味で、タイムズ社に対して不満を持つ人々に書いてきた、これまでの多くの手紙と大差なかった。ただひとつだけ違うのは、選挙戦の興奮に巻き込まれたうえに、少なくとも女性の扱いに関しては、トランプの評判をこれ以上ないほど汚す手紙だったという点だ。「憲法修正第一条は、タイムズ社を守りはしない」とあなたが本気で思っているのなら、どうぞ我々を訴えてほしい、という言葉で、私は手紙を結んだ。彼の手紙はネット上に公開されていたが、私たちも自分たちの手紙をネット上で公開したところ、押し寄せるソーシャルメディアの波に飲み込まれた。ツイッターやフェイスブック、それに何々ドットコムといったものを使う何百万もの読者が手紙を読んで、転送が繰り返された。ネットとタイムズ社の名声のおかげで、この手紙は、報道の自由と権力者に立ち向かう女性の権利を擁護し、二〇一六年の選挙戦を代表する一七文となった。伝統的な弁護士業とソーシャルメディアのタイミングが一致した瞬間だった。

インターネット上に起きたこの一瞬のきらめきは、いつもと変わらぬ職場での出来事のように、私が選挙の翌朝、タイムズ社の法務部に向かったころまでには、かなりかすんでいた。もちろん、以降、その存在が重みを増してくることになる。私はこの過酷な選挙戦のあいだに、マスコミが学んだこと、そして予測不能なトランプ大統領という存在と関わっていく中で、これからマスコミがやらなければならないことについて、考えずにはいられなかった。政治的立場がどうであれ、アメリカが基本的な部分で分裂している、分断国家になったことは受け入れざるを得なかった。真実に忠実であり続け、厳しい現実を報道し、アメリカを最悪の悪夢と向き合わせた。そのことで、報道の自由が人種差別や不平等やベトナム戦争で傷ついた国を癒やす助けになった時代もあったのだが、それは五〇年前、もう過去の話だった。

では今回はどうだろうか？　マスコミはその役目をもう一度果たして、国民の利益を見失わない、公正な仲介者になることができるだろうか？　それとも、アメリカ国民、あるいはマスコミ、もしくは両者の共生関係が基本的なところから変わってしまったのだろうか？

私たちがどこへ向かうにせよ、確かなことは、どのような話が出てこようが、主役はトランプその人になるということだ。彼は、これまでアメリカに登場してきたどの政治家とも異なる。近年の歴史上、記者に対して即興で話をした大統領は、トランプのほかにいなかった。それでいて、マスコミを公然と非難する。みずからが訴訟を起こしやすくなるよう、名誉毀損法の改正を要求し、集会で取材しているジャーナリストをやじるよう、観衆にけしかける。彼の指導力、倫理観、誠実さ、人気を問題視した記事は「フェイクニュース」と非難され、トランプの世界では、真実が不都合になりすぎると、「もうひとつの事実《オルタナティブ・ファクト》」になる。アメリカにおける報道の自由の本分であると私が信じてきた、あらゆるもの——民主主義に対する価値、必要性、中心的役割——が非難されて、もはや確かではないと思われるようになってきた。アメリカの人々の心の中では争いが進行していて、好むと好まざるとにかかわらず、マスコミはその真っ只中で身動きが取れなくなっているのだ。

ニューヨーク・タイムズ社で弁護士を務めるには、大変な時期なのだった。

第二章　認識ある過失

うちの弁護士たちは、その無責任な意図を理由に、落ち目の@nytimesをひどく訴えたがっている。私は（今のところは）ノーと言ったが、彼らは見張っているからな。本当にうんざりする話だ。

——ドナルド・トランプ（二〇一六年九月一七日）

そりゃよかった。つまりあんたは報道の自由には反対なわけだ。怒りっぽいガキだな。彼らのほうこそ名誉毀損であんたのことを訴えるべきかもな。

——ツイッターの利用者からの返答

選挙のほんの数日前という一一月三日、私の受信トレイにメールが届いた。「やあデヴィッド、《ニューヨーク・マガジン》で寄稿を担当しているのだけど、毎年恒例のうちの『ニューヨークが大好きな理由』特集号に、世界中に響き渡ったきみの手紙について、短い記事を書きたいと思っているんだ。来週にインタビューを受けてくれる時間はあるかな？」

世界中に響き渡った手紙だって？　あれは放っておいても出てきたような内容だ。ニューヨーク・タイムズ社の弁護士がトランプの弁護士に手紙をしたためる。その手紙がネットで拡散される。みな正気を取り戻し、トランプは敗れ、そのタイムズ社の弁護士は「ニューヨークが大好きな理由」特集号で偶像視されることになる……。私はその編集者と一一月九日に会う約束を交わした。そのようなことをするには、うってつけの日になるだろうと思った。ヒラリー・ロダム・クリントンが当選する翌日なのだから。

だが当日、約束の時間を迎えても、ある種の気まずさが続いていた。「今回の記事は、トランプが当選した昨日の時点で葬り去られたように思うが」と、私は言ってみた。相手の編集者は、そう簡単には引き下がらなかった。私のオフィスに座って話をしたが、相手が記事のまとめ方を探しているのは明らかだった。論争の場での金にまつわる発言、法という剣を手にひとり、憲法修正第一条を守るための戦いに挑む私。相手の落胆が見て取れた。何かが起こる可能性を口にするのは時期尚早だと思う、と私は言った。トランプが選挙集会でマスコミをだしにして政治のポイントを稼ぐことと、マスコミに対してホワイトハウスが本格的な争いを仕掛けてくることは、別だ。マスコミを守る法律は、強力で立ち直りが早い。記者も引き下がりはしない。自由で独立したマスコミの必要性は、国民も理解している。確かに、記者の情報源を捜し求める漏洩捜査は法的保護が十分でなく気がかりだが、それでも政府とマスコミはこれまで大きく対立してこなかったのだから。「様子を見るしかないだろう」と、私は告げた。

その編集者は私の家族の考えを知りたがった。トランプによる、差し迫った最悪の事態について、気がかりなほど弱々しい私の考えとは意見を異にする人間、私の考え違いを正すことができるかもしれないまともな人間が、家にいないか知ろうとする。私に言わせれば見え見えの試みだ。私は、イリノイ州中部にある故郷の小さな町に行ってきた話をした。トランプ支持者に囲まれた話、私が一緒に育ってきた人々がトランプに感じる魅力を理解した話、分断された国でも、言論の自由はリベラルも保守派も合意できる点なので、何もかも問題ないと思った話などを、とりとめもなく続けた。相手がメモを取るのをやめ、私は彼をエレベーターまで送った。

《ニューヨーク・マガジン》が発行した「ニューヨークが大好きな理由」特集号には、テーマらしきものがあった。その三：私たちの街は独裁者を許さないから……その四：トランプの家はわかっているから……その四七：ブルックリンはアメリカの首都になりうると、ヒラリー・クリントンが考えていたから……などだ。私の理由は、当然のことながらその中に入っていなかったが、それでもこんなものがあった。その二二：トランプの勝利以降、通常の一〇倍にあたる一八万人が〈ニューヨーク・タイムズ〉の定期購読を始めたから。

今回のインタビューは、偶然ではなかった。私の周りの人々は、誰もがトランプの勝利は従来の報道の自由の終わり、もしくは自由の終わり、はたまたニューヨークのアッパー・ウェストサイドの一角ではすべての終わりを意味すると、話し合っていた。その人たちの中に私は入っていない。マスコミ関連の法律、報道の自由、ジャーナリズムという世界で日々過ごしている私たちのような人間は、トラブルの最初の兆候を嗅ぎつけると、すぐさま怒りの「報道の自由」モードになってしまう。私たちは、深呼吸をして、本当のことが起こるのを待ち、慎重で適切な方法を使って対応する必要がある。自分がもっとカネを手にできるように、名誉毀損法を変えるというトランプの馬鹿げた行為がおさまるまで。私が若い同僚のひとりから「極端な穏健派」と呼ばれるのも、理由があってのことなのだ。

選挙を受けて、〈ニューヨーク・タイムズ・マガジン〉で法務関係を担当する有能なライター、エミリー・バゼロンが出版法の厄介な判例に関する記事を書いていた。その記事のタイトルは「トランプ時代における億万長者対マスコミ」。マスコミを叩こうと躍起《やっき》になっている右派の上流階級によって、カネに糸目をつけずに起こされる訴訟を、鋭く見つめた内容だ。アイダホ州の億万長者フランク・バンダースルートに関する部分では、ゲイの権利を巡る論争で自身の関与について書かれたため、彼は左寄りの〈マザー・ジョーンズ〉を容赦《ようしゃ》なく追及していた。また、ピーター・ティールに関する記述もあった。ハルク・ホーガンが親友の妻とセックスをしている動画から抜き出した部分を投稿されたとして、ゴシップサイトのゴーカーを相手にプライバシー侵害訴訟を起こした。ホーガンは勝利を収めたのだが、彼に、秘密裏に資金を提供していたシリコンバレーの億万長者だ。そして、トランプ本人が登場する。直接もしくは自分の会社を通して、名誉毀損または同種の主張がからんだ七件の訴訟で原告となっており、被告が出廷しなかった一件を除いて、すべて（トランプ流の言葉を用いると）負《ルーザー》けていた。（エミリーが、この記事に関してトランプにコメントを求めたところ、側近のホープ・ヒックスから返事があった。「トランプ氏は自身の選挙戦の土台となった論点と、野心あふれるみずからの政策を実現するための閣僚選びに注力していますので、どうぞよろしく。ホープより」)。エミリーの考えは、その記事が載った雑誌の見出しに要約されていた。「少人数のスーパーリッチなアメリカ人集団――次期大統領もそのひとり――が、マスコミに対する前例のない法的な攻撃をしてきた。彼らは成功するだろうか?」

トランプの勝利からまもないころ、私はニューヨークのラガーディア空港でボストン行きのフライトを待つあいだに、エミリーの記事の下書き原稿に目を通した。私は自分の思ったことを伝えた。つまり、彼女が間違っていると。「基本的に、この記事の前提に賛成できない。そのような傾向は見当たらないし、たとえば一九六四年当時と比べるわけじゃないが、それほどの脅威には見えない」

その後の数カ月間、私はそのメールを読み返すたび、身がすくむことになる。人生で、過去にさかのぼっても消えない失敗ほど恥ずかしいものはない。ただ、そのメールは、私が現実に起きていたことを長らく見逃してきたことを、かなり的確に表している。つまり、私がいわゆる「弁護士」の頭で考えていたということだ。しかも、一九六四年というのは、アメリカの連邦最高裁判所が「ニューヨーク・タイムズ社対サリヴァン事件」を裁定した年だ。マスコミを罰したり、批評家の口封じをするために、力のある者が名誉毀損訴訟を使うことに、法的な障壁を新たに設けた年だ。アメリカの有力者や金権政治家の、名誉毀損を利用した企てにストップがかけられたのだった。サリヴァン事件が保証しているのは、こういうことだ。いつまでたっても自身の報道に満足することのないトランプは、人生のかなりの部分を費やして、みずからの帝国で怒り散らしながら名誉毀損訴訟をちらつかせても、それを起こすことはなく、勝つこともできないのである。

サリヴァン事件以降、勝利を収めたのは、世の中にいるドナルド・トランプのような連中ではなく、マスコミだった。それも、繰り返し、決定的に、一貫して。マスコミの弁護士やその依頼人であるジャーナリストたちは、この三〇年間、金持ちや地位の高い連中から報道の自由を守るために引き延ばし作戦を行ったのではなく、勝利を固めてきたのだ。

サリヴァン事件によって、改革的な出来事が始まった。出版社を黙らせるために、名誉毀損訴訟は合法的なゆすり行為だと考えていた原告を、満場一致でこらしめたのだ。原告のL・B・サリヴァンは、アラバマ州バーミングハムで警察を監督する本部長だった。だから、人種間の平等を数十年にわたって遅らせるには理想的な地位にあった。彼は、マーティン・ルーサー・キングの支持者からの広告を掲載したとして、タイムズ社に対して名誉毀損の訴えを起こした。広告の内容は、南部で公民権に抗議する者たちに暴力が振るわれたこと、特にバーミングハムの大学で起きたデモの際に警察が犯した違法行為を指摘したものだった。その広告によって自分の名声に泥を塗られたと主張するサリヴァンは、アラバマ州の陪審を説得して——これはそれほど難しいことではなかった——タイムズ社に五〇万ドルの罰金を課すという、自分に有利な評決を得ることに成功した。サリヴァンという人物に関しては、とりたてて変わったところはない。その当時、北部の出版社や放送局に対して虚勢を張って名誉毀損訴訟を起こしていた、南部の陰の実力者数十人のうちのひとりにすぎなかった。黒人を差別する南部において、そうした企業が差別という悪弊や公務員の犯罪行為について口を閉ざそうとしなかったため、訴訟を起こしていたのだ。

その広告がサリヴァン本人についてまったく触れていない点は、ひとまずおいておこう。サリヴァンの地元で、その広告を実際に目にしたと正直に言える者がほとんどいなかった点も、たいしたことではない。〈タイムズ〉はアラバマ州で誰もが選ぶ新聞というわけではなく、その広告が掲載された同紙がモントゴメリー郡に配達された数は、わずか三五部だった。サリヴァン本部長を尊敬している人々が、公民権運動の一団によって〈タイムズ〉に掲載された広告の主張を受けて、みずからの意見をおそらく変えなかった点も、気にしなくていい。もしかしたら、大衆を扇動する公民権運動の指導者や、北部のインテリ仲間に非難されて、彼のイメージには磨きがかかったかもしれないのだ。

そんなことは問題ではない。サリヴァンの弁護士たちは、事実に反すると見なした一連の表現をつなぎ合わせたのだ。抗議した者たちは「わが祖国、そは汝のもの」（以前の実質的なアメリカ国歌）を歌わなかったこと、警察が大学のキャンパスの周囲に囲いを設けなかったこと（彼らは近くに配置されていた）、マーティン・ルーサー・キングが七度逮捕されていないこと（四度だけ）、学生九名が州議会議事堂でデモを率いたために退学になっていないこと（退学になったのはモントゴメリー郡庁舎の軽食堂で給仕を求めたため）を理由にした。モントゴメリー郡においてサリヴァンに有利な五〇万ドルの評決を下すには、それで十分だったのである。

この訴訟が連邦最高裁判所に至ったときまでに、判事たちは検討し尽くしていた。「報道の自由を侵害して罰するこの手法は――今やそれが可能であると示されたわけだが――暗に人種差別を意図する訴訟だけに限らない。地元民だけでなく州外の新聞社も同様に、名誉毀損の評決を求める連中の格好の餌食とされかねない、ほかの分野でも用いられる可能性がある」と、判事のひとりは記している。この裁判では、これ以降に公人が名誉毀損訴訟で勝利を望む場合、出版社が記事を発表する際に「現実の悪意」――真実という認識がある過失――をもって行動したことを示す必要があるとした。何かを間違っただけでは、報道機関を名誉毀損の厳しい評決にさらすのに十分ではない。サリヴァンのような原告は、相手のジャーナリストがその真実について大いに疑いを抱いていたにもかかわらず記事を発表した、ということを示す必要があるのだ。

その日にワシントンから出されたジャーナリストに対するこのメッセージが、広告絡みの訴訟だったため、直ちには理解されなかったかもしれない。しかし、すぐに紛れのないものとなった。真実では自由の身になれないかもしれないが、現実の悪意という基準では自由の身になれるかもしれない。裁判所はジャーナリストに対して、有力者の怒りを買うようなミスが記事にひとつでもあったら、会社が財政的な破滅に見舞われるのではないかと、怯えながら仕事をしなくてもいいと言っているのだ。そうした時代は、サリヴァン事件で判決が言い渡された一九六四年三月九日に終わりを迎えたのである。

連邦最高裁判所はその後二〇年にわたり、真実にすぎないことを発表したマスコミを叩こうとする連中が発する異議を、繰り返し押さえつけてきた。ある判事が取り調べを受けていることを、記者が「正しく」報じたことで、ヴァージニア州の新聞社に課せられていた刑事罰は、取り除かれた。記者が人々にインタビューして得た少年犯罪者の名前を報じたウェストヴァージニア州の出版社は、憲法修正第一条によって守られた。警察の公式の捜査報告書から事件について知ったのちに、性的暴行の被害者の名前を出した、フロリダ州の小新聞社の権利も守られた。

二〇〇二年に初めてタイムズ社にやって来たとき、私はビジネス部門の編集長グレン・クラモンに招かれて、彼のスタッフと顔を合わせた。ほかの新聞社なら、法務部は記事を骨抜きにするところだが、タイムズ社では状況が異なると言いながら、私を紹介してくれた。タイムズ社では、記事が確実に出るために弁護士が仕事をするのだという。それが事実なのか、それともクラモンが自分の部署に対して、私が法律を振りかざす厄介者ではないと本質的な部分で請け合ってくれたのか、経験の浅い私にはわからなかった。ただ、確かにそれは事実だった。連邦最高裁判所からジャーナリストに対して出された、何よりも大切なメッセージは、勇気を持ち、危険を冒して、難しい機会を追い求めよということだった。国内で最上位の裁判所によってメディアは法的に自由の身になったのだから、メディア側の弁護士の発する恐怖やはぐらかしの声がジャーナリストの耳に入る場合は、何かがうまくいっていないということなのである。

何年も前のことだ。会議でコーヒーやクッキーを口にしながら、ＦＢＩ捜査官から、私が法曹界で一番おいしい仕事についているのではないかと、感じ悪く訊かれたことがあった。「で、どんな流れなんだ？　何々はできるかと記者に訊かれる。すると、『イエス』と答えるだけなのか？」だいたいそんな感じですよ、と私はクッキーをかじりながら答えた。本来の姿は、だいたいそのようなものなのだ。

もちろん、それだけではない。法律はジャーナリストにフリーパスを与えてくれるわけではない。しかし、自由の対価とは、ある程度のミスに対する寛大さであるという、バランスならぬアンバランスに基づいたシステムなのだ。それは、アメリカ人が集団として理解している。連邦最高裁判所は、サリヴァン事件のときにきっぱり告げている。「自由討論では、誤った発言は避けられない……表現の自由が存続するために活動の場が必要になるというのなら、誤った発言も保護されなければならない」。この法律体系は、アメリカ人の根本となる信念を反映している。アメリカのマスコミには、失敗やミス、知覚バイアスや真のバイアスがある。にもかかわらず、ミスをすることが許されている独立したマスコミが存在するほうが、ワシントンに〝真理省〟のたぐいが存在するよりもましなのだ、と。

選挙後の日々に、私が憲法修正第一条に関する論争の場に加わらなかった理由は、そこにある。顔を上げると、報道の自由という空が落ちてくるのを目にした人もいたかもしれないが、私に見えたのは日の光だった。アメリカの法律は変えられる恐れがなかったからだ。選挙戦のときの騒音は無視しようとした。あの男はまだ政権を握ってもいなかったのだから。トランプが大統領に就任しても、この国で出版法の内容を左右する合衆国憲法と州法について、言えることは多くないだろう、と。

私が理解できなかったのは、トランプの選挙運動によって巻き起こった反マスコミという熱狂にもかかわらず、実際のところは名誉毀損法を書き換えるとか、報道機関相手の訴訟で準備書面をたんまり用意した金持ちのほうが勝つということにはならなかった点だ。何かもっと深刻なもの、もっと邪悪なものが、形になろうとしていたのである。

選挙から三日後のこと、ある編集者が〈タイムズ〉ワシントン支局の記者からのメールを転送してきた。「手の打ちようがないが、とりあえず知らせておく」と、編集者は書いていた。その下に、その記者からのメールがあった。「何者かが例の８ｃｈａｎ〔アメリカの掲示板サイト〕のリストから、うちの自宅のアドレスを使って、反ユダヤ主義のメッセージを三ページ、匿名で送ってきた」。たとえ記者でも、個人の安全や健康、それに家族の安全や健康を（少なくともカブールやバグダッドのような土地以外の場所で、ましてアメリカで）差し出してもいいと考える人間はいない。選挙からちょうど一週間というとき、タイムズ社のジャーナリストが安全に関して抱えている心配や、安全について会社ができることを話し合う場を持ってほしいという依頼もあった。「何を言ったらいいのか、よくわからないんだがね」と、私はニュース編集室の管理を担当する編集長のジャネット・エルダーに漏らした。「それは別にいいのよ」と、彼女が言った。「あなたがいてくれるだけで、みんなの気持ちが楽になるんだから」。そうかもしれないが、今回のことは、トランプの弁護士に挑戦的な手紙を書いたり、みんなの記事は法的に問題ないと記者たちに伝えたりすることとは違う。結局、ニュース編集室での会合は、厳しいものとなった。部屋には人が入りきらなかった。私は、脅迫への対応として自分たちにできること、導入が可能な安全対策、そして、悪意に満ちた意見が増幅される反響室と化したソーシャルメディアで標的にならないように各人ができることを、挙げていった。だが、どれもうわべだけで、中身がないように思えた。疑問点が次々に出てきて、そのどれもが理解できるものだったが、一方で満足できる答えにつながるようなものはほとんどない。右派のウェブチャンネルに名前や住所が投稿されたら、タイムズ社には何ができるのか？　政府が私たちのメールにアクセスするのは、どれほど簡単になるのか？　物理的な安全対策の強化として、会社が行ってきたことは？　私たちは、ニューヨークの真ん中で簡単に見つけられる、一番目立つ標的なのではないのか？

質疑応答では、憲法修正第一条が話題に上った。ある編集者は、自分を脅すようなメッセージがネット上に出たとき、頼りになるものには何があるのかと訊いた。私は法律の仕組みから説明を始めた。抽象的な脅迫は、我々のジャーナリズムと同様、憲法修正第一条で守られていること、そして脅迫が「差し迫った」危害を伝えるものでなければ、警察にできることは何もないこと。しかし、私はすぐにやめた。差し迫った危険や抽象概念に関する法律の細かな点は、ロースクールの教室では意味があるが、ニュース編集室では的外れに思えたからだ。

一方で、八番街にあるタイムズ社のオフィスの壁のはるか先では、マスコミをだしにして支持者をけしかけるトランプの熱意に衰えはなかった。彼は選挙後の最初の大集会で、おなじみの反マスコミの言葉を口にして、シンシナティのUSバンク・アリーナに集まった観衆を興奮させていた。「うしろにいるのが極めて不誠実なマスコミだ。実に不誠実な連中で……本当に不誠実なんだよ」。ブーイングとあざけりが浴びせられた。トランプは笑みを浮かべると、「これが好きなんだよ。もっと続けようか?」と問いかけた。観衆は大きく声を上げた。

トランプの選挙運動がアメリカ中を席巻《せっけん》する以前から、脅迫はタイムズ社の記者が仕事をする日常の風景の一部となっていた。あるとき、オフィスの移動で荷造りをしていたところ、記者宛てに送られた脅迫状やら脅迫文が書かれたカードが何百と入った箱が出てきた。そのような脅迫のひとつが実行に移され、警察が証拠を必要としたときのために、取っておいたのだ。憤慨した内容のものから突飛なもの、馬鹿げたものまで、その範囲は多岐にわたっていたが、大半が匿名だった。カンマもピリオドも、大文字の使い方も完璧なきれいな筆跡で、「お前のところに行くぞ、このアマ。震えて待ってろ」というもの。きらびやかに飾られて、前面と中に「シャローム〔「平和」の意〕」の文字があるユダヤ教のハヌカーのカードに、「馬鹿なクソアマへ　新しい年にお前と家族に苦痛と不幸のみが訪れんことを」とあるもの。差出人住所がフロリダ州メルボルンという人物は、〈タイムズ〉の報道を非難したあとで、内国歳入庁《IRS》の監査が入るのかを知りたがっていた。前面に二匹の子猫が描かれたクリスマスの一場面の絵葉書は、こんな言葉で締めくくられていた。「NYTはサイテーだ。クロスワードパズルは別だがな！」

トランプの勝利を受けて、タイムズ社の社屋にいた私たちは、ジャーナリストも弁護士も、そして経営者も、誰もが足元を見定めようとしていた。過酷だった選挙戦ののちに訪れる、新たな政治秩序での仕事の進め方を見極めようとしていたのだ。選挙からまもなくして、タイムズ社は従業員向けに全体集会を開いた。編集主幹のディーン・バケットに、こう尋ねた者がいた。民主党だけでなく、マスコミ、それも特に〈タイムズ〉に反対する選挙運動を行ってきた大統領を、これからどのように取材するつもりなのかと。バケットは明確に述べた。選挙戦でどんなことがあったとしても、我々報道機関は敵対勢力と共同戦線を張るという、受け入れがたい大きなリスクを冒した。現実問題として、野党はいつの日か政権に返り咲くだろうが、その時点でマスコミはただの腰巾着《こしぎんちゃく》になってしまうだろう、と。

そのような考えは、ディーンと〈タイムズ〉の代表者であるアーサー・サルツバーガー・ジュニアが、トランプが勝利した週に読者に宛てた通知の核心にあったものだ。選挙戦の〈タイムズ〉の報道を巡って、大衆から抗議の嵐が吹き荒れていた最中のことだ。左派からも（メール問題と、意気消沈したヒラリーに対する厳しい取材に憤慨して）、右派からも（ほくそ笑むこと以外、トランプに対するあらゆる厳しい取材に憤慨して）叩かれたときである。その通知にはこう書かれていた。

常軌を逸し、予測不可能な選挙が終わったあとで、避けては通れない問いがあります。ドナルド・トランプの型破りな言動によって、我々やその他の報道機関は、アメリカの有権者の彼への支持を甘く見るよう仕向けられたのでしょうか？　一体どのような力や圧力が、アメリカに不和を生じさせた今回の選挙や結果を招いたのでしょうか？　最も重要なのは、相変わらず謎めいた人物である大統領が政権に就いたのち、実際にどのような政治を行うのかということです。

……我々はタイムズ社のジャーナリズムという基本的な使命に、再び専念することを目指します。これはつまり、アメリカおよび全世界について、正直かつ公平に報じ、記事におけるあらゆる政治的展望や人生経験の、理解と反映に常に努めるということです。これは公平でありながらも、ひるまずに権力の責任を問うということでもあります。変わらぬ公正さ、変わらぬ精査レベル、新大統領とそのチームに対する我々の取材の変わらぬ独立性を、ニューヨーク・タイムズはお約束します。

二日後、トランプがこの通知に独自の解釈を加えた。「@nytimesが購読者に対して、私に関する報道のまずさを詫びる手紙を出した。それで変わるのか――どうかな？」この日は彼の読解力が冴《さ》えていなかったらしい。私は、アーサーとバケットによる声明は適切だと感じた。私たちは野党ではない。政治的抵抗や政変というテーマを追い求めるべきではないのだ。私たちの役割とは、自分たちでできるだけ公平かつ確実に、外に出て話を伝えることである。それができないときもあったが、問題はそこではない。問題は、自分たちの役割を認識して、それを正しく行おうと努力し続けることなのだ。

マスコミで弁護士をしている私たちのような者は、彼らの例にならう必要があると思う。誠実に対応して、持ち上がった本物の法律問題に取り組む――トランプとその選挙運動に対しては感情的な反応をせずに。自分たちより前の弁護士たちにつきまとっていた恐怖から、私たちははるかに離れたところにいた。この点を新政権の初期に私たち全員が正しく理解できたのは、ペンタゴン文書の話――少なくともそのひとつの見方――がスティーヴン・スピルバーグによって映画『ペンタゴン・ペーパーズ／最高機密文書』で語られたからだ。だが、そのことをわずかに言われただけで、かつてのタイムズマン、タイムズウーマンたちは軽いめまいを覚えるのである。あの騒ぎを再び取り上げる必要はないが、これだけは言わなければならない。ベトナム戦争の隠された歴史である政府文書。政府がアメリカ国民に対して、嘘をついていたことを示すリークを最初に受け取ったのは〈ニューヨーク・タイムズ〉だった。発表を止めようとした政府の試みをかわして、憲法修正第一条のために断固たる態度を果敢に貫いたのもタイムズ社だった。〈ワシントン・ポスト〉は、すでにタイムズ社があらゆるリスクを冒したあと、訴訟の真っ最中に現れたのであり、すべてのことに対して遅れて登場したのである。

この映画に出てくる弁護士たちは、率直に言って、新聞社のために裁判に勝ったことを考えると、驚くほどひどい。映画では、ポスト社の弁護士、特に（それも不当に）ロジャー・クラークをからかっている。彼は、新聞社と報道の自由の将来のあいだに立ちはだかる気満々で、法律の細かな点を気にしたり、単に汗《スウェット》をかいたりしている。歴史の間違った側についた、過度の高給取りでユーモアに欠ける不平家として描かれているのだ。

これが自分であってもおかしくなかった。映画を見ながら、私はそう思っていた。サリヴァン事件やペンタゴン文書の裁判、その他あらゆる訴訟で連邦最高裁判所が別の方向に進んでいた場合に、新聞社の弁護士がどういったものになっていたかが示されていた。自分たちの身に降りかかろうとしている法律上の危機に関する警告や、金持ちの権力者についた弁護士からの怒りに満ちた脅迫まがいの手紙。そんなものを、汗《スウェット》ばんだ手に握りしめてニュース編集室を訪れる、警戒心が張り詰めたあの憂鬱な天使は、私だったかもしれないのだ。

ただ、アメリカの報道の自由の回復力に対する、みずからの根本となる信念のほかに、私がこの争いに加わる気にならない理由が、もうひとつあった。答えがきちんと出ていない根本的な疑問である。具体的にドナルド・トランプは憲法修正第一条の何を信じているのか？　ということだ。これがちょっと奇妙なのだ。トランプの話をじっくり聞くと、実は彼は現行法に賛成なように思われるのである——たとえ本人がそう意識していなかったとしても、だ。二〇一六年二月、彼は憲法修正第一条に関して見解を表明した。「私は名誉毀損法の範囲を広げるつもりだが、これは否定的な記事やひどい内容、それに誤った記事を意図的に書かれた場合に、相手を訴えて大金を得られるようにするためだ。我々は名誉毀損法を広げる。ニューヨーク・タイムズがまったくの面汚しである中傷記事を書いたり、同じようにワシントン・ポストが中傷記事を書いたりしたときには、我々は彼らを訴えて、大金を得ることができるのだ。彼らは完全に守られているからこちらに勝ち目がない、ということにはならない」

「タイムズ社対サリヴァン事件における主な判断とは？」という問いに対して、私のロースクールの生徒が以上のような答えを書いてきたら、私はまごついたことだろう。その生徒は明らかに法律を知っている――個人に関する虚偽の内容を意図的に書いたジャーナリストは名誉毀損の責任を負う――つまりは真実という認識がある過失での行動ということだ。ただ、作文はどうだろう？　〝成績評価インフレ〟のこの時代なら、Bというところか。いや、Bマイナスぐらいだろう。

二〇一六年一一月の感謝祭の二日前、トランプは「お前たち負け犬《ルーザー》を訴えて石器時代へ送り込めるよう、我々は法律を変える必要がある」という得意の大ぼらをまたもや引っ込めたのだが、それを行った場所は最も意外なところだった。ニューヨーク・タイムズ社の本社だったのだ。ただ、彼をそこまで連れてくるのは簡単ではなかった。

タイムズ社は、彼に編集者や記者たちと会ってほしいが、その顔合わせは記録に残したいと求めていた。大統領側は最終的に同意したものの、事前に代表者のアーサー・サルツバーガー・ジュニアと一五分間の内々の会合を設けるよう言ってきた。予定された顔合わせの日の朝、サルツバーガーが私をカフェテリアで呼び止めた。トランプは来ないのだという。大統領はいつものように、やって来ないことをツイッターで知らせていた。

落ち目の@nytimesとの今日の会合はキャンセルした。会合の条件が土壇場《どたんば》になって変更されたからだ。感心しないね。

数分後に追加の投稿があった。

@nytimesとは新たな会合がセッティングされるかもしれない。それまでのあいだ、連中は私のことを不正確に、それも嫌な調子で報じ続けることだろう！

これは事実ではない。「会合の条件」に変更は一切なかったのだから。サルツバーガーはトランプ側近のホープ・ヒックスにコンタクトを取って、今までにない表現だが、そのツイートは嘘だと指摘して、トランプに答えた。少しすると、会合の件は元に戻っていた。トランプはタイムズ社の一六階にあるチャーチル・ルームでサルツバーガーと内々に会い、続いて彼に案内されて廊下を歩き、〈タイムズ〉のジャーナリストたちが待つ会議室へと通されたのである。その会議室には、社を訪れた有名人の写真が数十年分並んでいた。サルツバーガーがあとで教えてくれたが、二人で廊下を歩いているときに、会議室のコレクションにはセオドア・ルーズベルト以降のすべての大統領の写真が含まれており、トランプの写真もいつかそこに加わるだろうと彼に話したという。アーサーはトランプに対して、リチャード・ニクソンの写真はぜひ見るようにと勧めた。ニクソンは、「ニューヨーク・タイムズへ。好きな人もいれば嫌いな人もいる。だが、誰もが読んでいる」と書き記していた。ニクソンはマスコミに対して宣戦布告した最後の大統領であり、その結果本人にとってどのような事態が展開されたか、サルツバーガーが話した。その発言は理解されなかったようだったという。

七五分間に及んだ質問ののち、とうとうトランプは憲法修正第一条に対する自身の立場について尋ねられた。彼の答えは典型的なトランプ節だった。「実は、そのことについてある人に言われたんだ。『そういった［名誉毀損］法を弱めるのは素晴らしいアイデアだが、自分がたくさん訴えられることになるかもしれない』と。だから私は、『確かにそのとおりだ。それは考えなかった』と答えた。『そのことはよく考えないといけないな』と。だから君たちも問題ないだろう」

彼も感じていたに違いない。最後にはこう言って、会合を締めくくったのだから。「タイムズはアメリカの素晴らしい宝物だ。世界的な宝物だ」。そして、ロビーにいた見物人の集団に囲まれながら、建物から出ていった（入るときは地下を通されていた――正面のドア付近に人が集まっていると知ったので、ミスは繰り返されなかったのである）。

ほら、やっぱりそういうことなのだ。私たちは大丈夫だと、トランプが言ったのだから。

私の知り合いで、その言葉を信じた者はひとりもいなかった。自分たちが大丈夫だとは、誰も思っていなかった。

行動を喚起する呼びかけは、引き続き寄せられていた。

私はニューヨークで開かれるマスコミの弁護士連合の会合に参加するよう招かれた。その招待状では、こう忠告されていた。私たちはみな「最前線に立つ準備をして、新政権を完全に、そして公平に取材する権利と能力を守らなければならない。次期大統領がそのような報道を妨害するためにいかなる手段に出ようとも」と。

一方でボストンにいた友人は、報道の自由に対してまもなく引き起こされる攻撃に備えるための、ある運動を立ち上げたいと考えている、と書いてきた。彼はロシアの反体制派の言葉を引用するようになっていて、メールの大部分は、アレクサンドル・ソルジェニーツィンの長い引用だった。「権力の介入によって文学が妨害される国家に災いあれ。なぜなら、それは『出版の自由』に対する侵害にとどまらず、国家の心臓を停止させることであり、記憶を粉々に切り刻むことなのだから。国家はみずからを大切にすることをやめ、精神的調和は奪われ、共通の言語はあっても、同胞は急速に互いを理解しなくなるのである」

ソルジェニーツィンほどのレベルの痛みはまだ感じていないと、彼には伝えた。自分たちは先走りしているのではないかと考えたのだ。最終的には、ある程度のバランスは取り戻されて、トランプとマスコミの衝突も、浮き沈みはあったとしてもなんとか収まる。オバマよりもニクソンの時代に近いが、受け入れられる範囲に収まるのではないかという可能性も示した。憲法修正第一条の価値観を大事にする人間として、その最も優れた使い方とは、断絶の一部を修正するということ、そして「君の意見には賛成しないが、君がそう言う権利は死んでも守る」という昔ながらの報道の自由を守ること、それを支持する左派と右派による国家的連合の復活を試みることだと、私は考え続けた。「自分たちの側を自由の賛成派、相手側を反自由派と色分けすることで間違いを犯しているのかもしれない」。私はそう書くと、極端な穏健派になった。「実はブライトバート・ニュース〔右派ニュースサイト〕は、ニューヨーク・タイムズと同じぐらい報道の自由に肩入れしている。それを利用する方法を考えるべきなのかもしれない」

　自分が「危険なほど愚直」である可能性もあるが、と私は話を締めくくった。

　彼の運動に加わることは遠慮した。「最前線に立つ」というマスコミの弁護士の会合にも出席しなかった。様子を見たかったのだ。

　一歩下がって深呼吸すべきだと考えていたのは、私だけではなかった。今回の選挙後にペルーへ行ったオバマ大統領は、ラテンアメリカの学生たちにこう話している。「世界中の誰もが即座に判断を下さずに、この次期大統領にチャンスを与えることが重要だと、私は考えている」。アフリカ系アメリカ人のコメディアンであるデイヴ・シャペルも、テレビ番組『サタデー・ナイト・ライブ』のモノローグをほぼ同じ調子で締めくくった。「ドナルド・トランプの幸運を祈っている。それに、彼にはチャンスを与えたいと思っているし、歴史的に公民権を剥奪されてきた我々にも、チャンスを与えてほしいと思う」

この「様子見」がオバマやシャペルにとって問題ないことであるのなら、私にとっても問題ないのである。

しかし、数週間後に、私たちの様子見は終わりを迎えた。一月二〇日に、こんなことを目にしたからだ。テレビにはホワイトハウス報道官のショーン・スパイサーが映っていた。試合後の記者会見で二一連敗の言い逃れをしようとしている、短期大学のバスケットボールコーチのような様子である。その彼が言い放ったのだ。トランプの大統領就任式の観客はオバマのときよりも多かったと。「就任式を見た過去最大の観客でした。話は以上です。生で見た人数も世界中で見た人数も最大でした。就任式の行事の熱気を下げようとする一連の試みは、恥ずべきことであり、間違っている」。画面の隅では、オバマの就任式のときの観客とトランプのときの観客の映像を、CNNが流していた。これを見ている人で、その明白さに気づかない人はいないだろう。トランプの就任式のときの観客のほうが、はるかに少なかったのだ。スパイサーにとっては、それはどうでもいいことである。数百万人が見ている全国放送のテレビ番組で、彼の発言はある方向へ向かい、真実はそれと別の方向へと進んでいたのだ。

これでようやく腑《ふ》に落ちた。真実が向かう先が、ついに私にも見えたのだ。一九六四年の出来事や、タイムズ社対サリヴァン事件のことは忘れていい。報道の自由を巡る争いは、アメリカの法律を変えるなどというレベルについての戦いではない。真実の本質そのもの、アメリカ国民の心をつかめる者、声が届いて信じてもらえる者になるかという戦いになるのだ。国としての私たちが、報道の自由は重要だと変わらず信じているのか、そして最後には必然的に、自分たちには報道の自由を守る意思がまだあるのかということについて、国民投票が毎日行われることになる。私たちのニュース編集室を脅したり、困らせたりする者たちは、中心にはいない。しかし、我々を憲法修正第一条の文言など意味をなさない、光の差さない片隅へと、引き下がらせようと試みているのだ。

こうなることはわかっていたはずなのに。私はタイムズ社での一五年間で、トランプとその弁護士たちを相手にしたことがあった。連中のやり口は知っていたのだ。

第三章　謎の郵便物と裁判所にある箱

ドナルド・トランプ：君を訴えるつもりだった。本気でそう考えていた。例の記事のせいだ。私には優秀な弁護士がいるんだ。
ティモシー・オブライエン：九月の記事のことで？
トランプ：そっちの弁護士と話し合った記事のことだ。ところで、彼はなかなかのやり手だったな。名前は……。
オブライエン：デヴィッド・マクローですか？
トランプ：そう、素晴らしい弁護士だ。なぜかわかるか？　やり方が見事なんだ。彼が医者なら、患者の扱いが実にうまいということになる。
——ドナルド・トランプのインタビュー（二〇〇五年二月一六日）

二〇一六年九月二三日。その日のラホーヤ・コーヴは、あまりいい状態とはいえなかった。波は激しく、私の漕ぐカヤックは何度も沖へ流された。なんとか大波を乗り越えたときには、息子はずっと前に岸へ帰り着いていた。「どこにいたのさ？」と、いつも何かと役に立つ、二七歳の自由至上主義者が言ってきた。私は短い休暇をサンディエゴで過ごしているところだった。仕事の容赦《ようしゃ》ない狂乱や過熱した大統領選挙から、数日離れたのだ。選挙日までは、まだひと月半以上あった。体は濡れたし疲れたし、なんだか情けなかった。車でビーチをあとにすると、途中でスターバックスに寄った。レンタカーの後部座席にある、濡れていない服の山からiＰｈｏｎｅを取り出すためである。

スー・クレイグからメールが届いていたので、クリックした。

デヴィッド

時間があったら連絡をくれる？　トランプの一九九五年の納税申告書の抄本《しょうほん》と思われるものを手に入れたの。マットはそのことで、あなたに話を通しておいてほしいって。

スーより

記者が弁護士に連絡を取るときのあまりの何気なさに、私はずいぶん前から驚かなくなった。この何気なさは、ある意味ではいいことだと思う。アメリカにおける報道の自由の証だからだ。記者には実に多くのことが認められているため、法的な懸念事項のことを、彼らは取材や写真撮影時における、一時的なものに過ぎないと考えている場合が多いのである。こちら側がやきもきする必要はない。９・11の直後にニューヨーク・デイリーニューズ社のニュース編集室の弁護士となった私は、ある記者からカメラマンと一緒に逮捕されたと連絡を受けた。ウェストチェスター郡にあるニューヨーク市の貯水池で、防犯フェンスをよじ登ろうとしたのだという。テロリストが市の水道設備に毒を混入することがいかに容易かを示そうとしたのだ――「不格好なジャーナリスト二人にできるのなら、熱狂的な聖戦主義者《ジハーディスト》に何ができるか想像してみてほしい」という、取材に対する昔ながらの取り組み方である。その記者は、私が地元の警察署長と話をしたほうがいいと考えていた。だが、当の署長は憲法修正第一条に関する記者の拡大解釈も、アメリカにおける報道の自由の重要性もわからないようだった。

当局より先にテロの容疑者の自宅にたどり着くことができた記者からの連絡で、その人物が出したごみを調べることに対する私の意見を聞きたいと言われたこともある――「すぐ目の前にあって、今にも清掃局に持っていかれそうなんだよ」。二〇一六年、ヨーロッパが難民問題の渦中にあったときには、〈タイムズ〉のカメラマンのタイラー・ヒックスともうひとりのジャーナリストが、ギリシャの難民キャンプに許可なく立ち入ったために拘束されたという報告を受けた。ヒックスの携帯に電話すると、本人が出た。今回のことは自分のせいだと、彼は認めた。行ってはいけないところへ行ってしまったとのことだったが、何しろ彼はカメラマンなので、万事順調だという。まもなく解放されて、機材も返却される予定だと、彼らは確信していた。おまけに、私は彼らの邪魔をしているのだという。自分たちを拘束している警官らと一緒に食事をしようというときに、私が電話をかけたらしい。その後ヒックスは編集者のデヴィッド・ファーストにメールを送ってきた。「そうなんだよ。持ち物は全部返してくれるんだ。今はアテネからの何かを待っているだけでね。僕を拘束した人物からは連絡を取り合おうと言われた。コネチカット出身の女性と結婚したことがあって、そこにしばらく住んでいたというんだよ」

どういうわけか、トランプの納税申告書の場合は違うように思えた。短いメールでいきなり言われるような類のものではない。はぐらかし——申告書を公表するのかしないのか——は何カ月にもわたって選挙戦の話題の中心だった。クレイグからのメールが届いた九月下旬の時点で、人々が投票に行く一一月までに納税申告書が公表されないのは明らかになっていた。私はクレイグに電話をかけた。

彼女の話によると、ニューヨーク・タイムズ社にある自分の郵便受けに封書が入っていたのだという（差出人住所はトランプタワー）。その中にあったのが、トランプが当時の妻のマーラ・メイプルズと共同で届け出た、一九九五年のニューヨーク、ニュージャージー、コネチカット各州の州税申告書の一部のページと思われるものだったのだ。メモはなかった。送り主は突き止めようがないし、本物かどうかもわからない。クレイグらは、それらが本物かどうかを慎重に見極めるつもりだという。私たちがそれらを所持することについては、法的に問題ないと伝えた——これは数日後に、そしてその後も何度となく立ち返ることになる点だった。

クレイグの手元にある書類を取り巻く不確かな点にもかかわらず、電話を切ったときの私は三つのことを確信していた。まず、タイムズ社はこの封書を無視しないということだ。その書類が本物であるとジャーナリストに確かめられる方法があるなら、クレイグと同僚はそれを見つけることだろう。とはいえ、盤石《ばんじゃく》とは言えないネタに突き進もうとする者が、ニュース編集室にはいないことも、私にはわかっていた。クレイグも私も、これが罠《わな》だという非常に現実的な可能性は理解していた――タイムズ社をミスに誘い込もうとする、何者かによる手の混んだ策略であると。トランプの選挙運動のどの遊説《ゆうぜい》も、不誠実、偏向、フェイクニュースという反マスコミの言葉で彩られている（少なくともそのように見える）という状況で、ここで私たちがこの対応を誤ったら、自爆することになってしまう。これほど大きなネタだと、ミスもそれだけ大きくなり、トランプがでたらめに糾弾しているものに自分たちがなってしまうのだ。臆病で、不正確で、信用できず、彼をとらえるために躍起になっているものに。

それで、三つ目は？ この件を進めると決めた場合には、トランプの有名弁護士軍団がギアを上げて、私の人生に再び入り込んでくるということである。ニューヨーク・タイムズ社の弁護士として磨くもうひとつの専門分野。それがドナルド・トランプの弁護士相手の交渉術《ディール》だ。

私がこの技術の習得を始めたのは二〇〇四年のことだった。〈タイムズ〉が「新たなヒット・リアリティー番組」の『アプレンティス』について、不動産ライターのチャールズ・バグリによる「ドナルドの適性評価」という見出しの記事を掲載したときだった。その冒頭の段落には、こう書かれていた。

きらきらと輝くマンハッタンのスカイラインが空から映し出されたのち、彼が単調な調子で言う。「私の名前はドナルド・トランプ。ニューヨークで最大の不動産開発業者だ」。次にカメラがコロンバス・サークルにあるトランプ・インターナショナル・ホテル・アンド・タワーを映すと、彼が続けて言う。「私はいたるところにビルを持っており、モデル事務所、ミス・ユニバース・コンテスト、ジェット機、ゴルフコース、カジノ、マールアラーゴなどの個人別荘も所有している」

ここまでは問題ない。問題は次だ。「ニューヨークの不動産市場に関心がある人たちには、この番組はもうひとつの情報も提供している。事実とイメージ、それに大胆さがミックスされた、トランプ氏の愉快な一面だ」。続いてバグリは不動産関係の数字を細かく分析して、どのように計算しても、レナード・リトウィン、スティーヴン・ロス、エルガナヤン兄弟といった開発業者のほうが、住宅不動産業界では大物であることを示していく。商業不動産開発に関しても同じだ。

トランプの弁護士たちは――不動産開発業者でリアリティー番組のスターだという人物がたまたま所有する、ウォール街四〇番地にある建物の小さな事務所から――彼の弁護に急ぎ駆けつけて、この記事を「悪意に満ちた個人攻撃」と非難して訂正を求め、訴訟をほのめかした。ドナルド・トランプはニューヨークで最大の不動産開発業者である。それ以上言うことはないと。

私は、事実について言い争うことに目的を見出すタイプの弁護士ではない。この人物は、ニューヨークで最大の不動産開発業者なのか、そうではないのかというだけである。おそらく先方の弁護士は、地所のリストと数字を見せてくれるだろう。私たちはそれらを調べて、訂正を認めるかどうか判断するのだ。事実は事実でしかないのだから。そのうちに、リストが届いた。地所にざっと目を通した私は、急にトランプの弁護士に指摘しなくてはならない気持ちに駆られた。例をひとつ挙げると、パームビーチはニューヨークにはないということ。こうして、「ニューヨークで最大の不動産開発業者」という発言の意味が、「ニューヨーク在住で最大の不動産開発業者」なのか、それとも「ニューヨークに所有している地所の最大の不動産開発業者」なのかということに関して、「こういったことに関わるのは弁護士でないとだめだ。困ったもんだ」というような議論が続いた。どちらだろうが重要ではない。トランプはいずれのリストでもトップにはなれないのだから。彼らは訂正を求め、訴訟もほのめかした。ただ、私たちは訂正を出している。トランプとその弁護士たちが求めたものではなかったが。

訂正：二〇〇四年二月八日日曜日。一月二五日付のドナルド・トランプ氏が出演するテレビ番組『アプレンティス』の記事にある写真のキャプションにおいて、トランプ氏が父親のフレッド・C・トランプと写っているトランプ・ヴィレッジ団地の場所が間違っていました。所在地はクイーンズではなく、ブルックリンです。

マンハッタン以外の行政区の区別は、〈タイムズ〉にとっても難しいときがあるのだ。

というわけで、私たちがトランプについて何か批判的なことを平気で言うたびに、こういう感じになった（先方の弁護士のひとりからは、トランプの髪のことを批判するのは、まったくもって自由だというお墨付きを得た。彼の依頼人にとっては、そのことは特に触れてはならない点ではないのだという）。ほんの数カ月後には、私はトランプの弁護士たちと再びやり合うことになった。〈ニューヨーク・タイムズ・マガジン〉が「トランポロジー」という記事を掲載し、「好むと好まざるとにかかわらず、今やドナルド・トランプは世界一の都市で一番の人物である」とずばり述べたのだ。このような記事を嫌う理由などあるだろうか？　それにそう、ハーヴェイ・ワインスタインに関する言及もあった。

ある昼下がりに、私たちがコロンバス・サークルにあるトランプ・インターナショナル・ホテル・アンド・タワーの階段に立っていると、彼が話をしてきた。私がよく知らない分野のことだ。「ハーヴェイ・ワインスタインが連絡してきた――私の友人だよ。ほら、ミラマックスのトップだ――それで、こう言うんだ。『ドナルド、君はハリウッドで最大のスターだよな』と。『なんの話だ？』と訊くと、『君は一番のスターなんだよ。テレビで一位の番組〔実際は四位〕のスーパースターだ。君がＮＢＣを救ったんだから』〔『アプレンティス』の放送局はＮＢＣ〕とね。そう考えたことはなかった。あとの時間は業者と交渉しているから。だからこう言ったんだ。『そうだな、それは事実だよ』と」

ただ、ハーヴェイ・ワインスタインの親友であることに関しては、少なくともその後の一三年間は問題ないようだった。そして、私はトランプの弁護士から与えられた特権を最大限に利用して、トランプの髪に関する段落に、お墨付きを与えていた。「もしかすると彼の髪の毛は、どこかのヌーヴェル・キュイジーヌのデザートのように、バカバカしいほど混ぜ合わせて作られているのかもしれないが、だからといって本人は気にしているだろうか？　何しろ、スロヴェニアのスーパーモデルのメラニア・クナウスと婚約しているのだから（言い過ぎた、スーパーのつかない「モデル」だ）」。トランプの弁護士にとっては、この雑誌の記事における問題点は前回と同じである。記事では、トランプの所有物についての本人の主張を詳細に調べて、事実と異なっている部分を見つけていた。ただし、（執筆者も思ったように）「所有」の意味がトランプとそれ以外の人たちと違う場合は、話が別だ。たいていは記事が出る前からその後の数年間にわたって続く意味のない応酬が、トランプの弁護士とは記事が出たあともさらに続いた。私は決まり文句の手紙を書いて送った――「我々が発表した記事はすべて、公正と正確さに関する当社の基準に従っている」。これを書いたときの私が、自分の文章をみずから再利用したことについては、トランプ側の人間は誰も気づかなかったか、気にしなかったようだった。

当時のトランプの有名弁護士軍団とのやり合いのひとつが、実は前触れだったのだ。二〇〇五年に、ティム・オブライエンが『TrumpNation（トランプ国）』（未邦訳）を出版した。当時〈タイムズ〉の編集者だったティムは、トランプの車や飛行機で彼と何時間も一緒に過ごして、インタビューを録音し、本のためのリサーチをした。奇妙ではあるが、会話が私のことと、オブライエンの記事のことになった。かつてオブライエンが、トランプが広大な不動産を所有していると主張したこと（世の中には変わらないものもある）を疑問視した記事を書いた。そのあとに、トランプがタイムズ社とオブライエンを訴えるところだったという話だ。トランプは、私が彼の弁護士を落ち着かせるのに用いた「患者の扱い方」に感心していた。おそらくいつかどこかに〈タイムズ〉が訂正を載せる可能性があることをほのめかして、議論を何週間も際限なく（それも無意味に）引き伸ばしたやり方についてもだ。私が弁護士に対してやった時間稼ぎは、あまりにも長いこと続いたから、トランプも何についての記事だったか忘れるほどだった。つまり、彼はこう言ったのだ。

要はこういうことなんだ。一週間後に、私は考えている……あのクソ野郎を訴えてやると。さらに一週間が過ぎると、誰かにこう言われる。「何を言ってるんです？　何をしたいんですか？」と。私は「わからない」と答える。一体どうしたんだ？　私の記憶は正確なのに。記憶力はいいんだ。それなのに、何を言われたのか覚えていないときてる……つまり、その記事の対象は私だった。それで私はこう思った。この信じられないような記憶力があっても、言われたことを思い出さなきゃならないのなら……こりゃ一体どういうことなんだと。

二〇〇五年後半にオブライエンの本『TrumpNation』が出ると、トランプはそれを忘れることができなかったようだ。〈タイムズ〉も記事に引用した同書は、ドナルド・トランプが「ザ・ドナルド」であり、誇張、空いばり、欺瞞《ぎまん》に満ちたニューヨークで一番の人物という誇大表現をとらえた本で、映画の趣味まで挙げられていた（サミュエル・L・ジャクソンは『パルプ・フィクション』でオスカーを獲るべきだったというコメントも）。オブライエンはトランプについて、ゼネラル・エレクトリック社の元会長で実業界の黒幕ジャック・ウェルチではなく、子供っぽくて傲慢な漫画キャラクターのベイビー・ヒューイに近いと表現している。オブライエンはかつて「彼は、P・T・バーナム〔ほら話で知られるサーカス王〕のキャラが適度に入ったベイビー・ヒューイだよ」と、言っていた。マンハッタンを闊歩《かっぽ》するスーパーヒーローとしての「ザ・ドナルド」の姿を、表紙と二八〇ページ以上の枚数で示しているにもかかわらず、トランプを激怒させたのは『TrumpNation』の中の一ページだけで、それが彼が訴えるに至った唯一の部分となったのである。オブライエンは秘密の情報源からの噂に基づいて、ドナルド・トランプの資産価値は最高でも二億五〇〇〇万ドルしかないと書いたのだ。自分で言っているほどの億万長者ではない、と。トランプ自身によるみずからの資産の概算は日によって上下していて、あるときの話では四〇億ドル、次のときは数十億ドル、きらびやかなマールアラーゴの冊子では目玉が飛び出るほどの九五億ドルになっていることを、オブライエンは調べていった。彼はある日、トランプが本物の億万長者ではないという噂について、本人に尋ねることにする。トランプは自分のことを疑う者たちを、「家に体重四〇〇ポンド〔約一八〇キロ〕のカミさんがいて、私に嫉妬《しっと》している連中」と鼻であしらった。

同書が出版されると、トランプはめったにやらないことをした。名誉毀損訴訟の脅しを実行に移して、オブライエンと出版社を本当に訴えたのである。理由は明らかではないが、彼はタイムズ社のことは訴えなかった。同書の発売に際して私たちが引用した部分のど真ん中に、例の文章があったにもかかわらずである。オブライエンと出版社に対する訴訟は何年もだらだらと続いたのち、ニュージャージー州の裁判所がついにトランプを敗者《ルーザー》と宣言したのだった。

タイムズ社に対しては、トランプは手を変えてきた。一〇年後にはその手法に微調整を加えて、選挙戦で繰り返し用いることになる。嘘をつくだけでいいのに、なぜわざわざ訴える必要がある？ 嘘がうまいのなら、そのほうが安上がりだし、簡単だし、成功する可能性はより高くなる。引用部分が掲載された直後に、トランプは自身のブログを始めたのだった（「ドナルド・J・トランプ トランプ大学学長」として執筆していた）。

要は、〈ニューヨーク・タイムズ〉は地獄に落ちるということだ。連中は私に関する大きな記事を日曜に掲載したが、自分たちでも内容が間違っているとわかっているのだ。日曜の午前、その新聞が出た直後に、私の弁護士がニューヨーク・タイムズの弁護士から電話を受けて、記事の内容を訂正したいか訊かれたという。月曜までも待てないということだったらしいが、おそらくそのころまでには訴訟を起こされていると考えてのことだろう。同紙の編集者は記事の内容が間違っていると知っていた。それでも新聞を売らんがために……ところで、日曜の午前中に私の弁護士に電話してきた弁護士に告げる。心配は無用だ。折り返し連絡はする。

日曜の午前中に相手の弁護士に泣きつくような電話をした意気地なしの弁護士というのは、私だ。トランプの言い分にも一片の真実はある。確かに私は、トランプが抱える大物弁護士のマーク・カソヴィッツに電話した。あれは日曜の午前だった。私は参列した結婚式から帰宅する途中で、ルイジアナ州シュリーヴポートの空港にいた。カソヴィッツは自分のオフィスにいて、世界貿易センタービルを所有していた政府機関のための大型裁判の準備をしているところだった。確かに私は、トランプが大いに嫌うティム・オブライエンの記事のことで電話をかけた。そうするだけの理由があったのだ。トランプがでっち上げた理由だけではない。カソヴィッツが前の晩の一〇時二二分に私に電話をよこしていたのである（どういうわけか、私は土曜の夜はオフィスにいなかった）。だから私は、彼に折り返しの電話をかけていたわけなのだ。私はカソヴィッツの話を最後まで聞いてから、もし記事の訂正を求めるなら、トランプの広報の人間は、うちの編集者に対して、言い分を論理的に述べる必要があると告げた。そして、訴えたいのなら私には止められないとも伝えて、裁判での健闘を祈ったのである（彼が組んでいた弁護士たちは知り合いだったので)。彼は礼を言ってくれた。訂正の話が来ることはなく、タイムズ社は訴えられなかった。それにそう、私に「折り返し」連絡してきた者もいなかった。

トランプが実業家やテレビスターという立場から共和党の大統領候補になると、彼の有名弁護士軍団は活動を停止するか、少なくとも折り返しの電話はしてくるものだと思っていた。しかし、それは私の大きな勘違いだった。選挙戦がやっと始まったかどうかというときに、〈タイムズ〉のコラムニストのジョー・ノセラが思いもよらぬことをした。トランプのことをでたらめばかりと非難したコラムの中で、ティム・オブライエンの言葉を引用したのだ。トランプの企業内弁護士であるアラン・ガルテンからの手紙は、名誉毀損法の文言をランダムにつなぎ合わせたような内容だった。「評判を傷つけた」「誤った」「誤解を招きかねない」「事実に関するあからさまな間違い」「信用できない情報源」「うわべだけ」――しかも、ひとつの段落だけで、これである。締めはいつものトランプ流だった。「トランプ氏は我々弁護団に対して、ニューヨーク・タイムズに対する必要かつ適切なあらゆる措置を取る権限を与えた。これには制限のない、数百万ドル規模の訴訟の開始も含まれる」。日は変われど、やることは同じである。私は通常の返答を送った(「訂正は認められない」)。ノセラのコラムに対しては、それ以上は何も耳にしなかった――確かに制限はなかったのだ。

納税申告書についてのクレイグからのメールに至るまでの数週間に、私はトランプの富と個人的な不品行の噂に関する秘密を、実に昔ながらの方法で解き明かそうとしていた。――訴訟によってである。ニューヨーク州立裁判所の奥深くには、一九九〇年代初頭のトランプ対トランプ事件のファイルが封印されている。イヴァナとの最初の結婚のときの離婚届である。二〇一六年の晩春から初夏にかけて、私は選挙戦を取材する編集主任や記者たちと、この書類を追う価値があるか話し合った。ニューヨークの法律は、婚姻関係の書類は封をしたままにするという高い基準を設けている。そのため、通常は別の訴訟手続き——たとえば離婚する配偶者の一方が絡んだ刑事事件——で書類が必要になったことを意味する「特殊事情」を示さなければならない。公共の利益だとどれだけ飾り立てようとも、ファイルの中身を知りたいというジャーナリストの要望に適用された例は、これまでなかった。しかし、このようなケースはこれまでにあったのだろうか。アメリカ大統領に立候補した人物に関する封印された裁判記録というものは？　それに、ドナルド・トランプのような候補がいたことはあるのか？　〈タイムズ〉の編集主幹のディーン・バケットは、申し立てをした場合には「恥も外聞もなくプライバシーを侵害するニューヨーク・タイムズ」と主張するトランプ側にネタを提供することになるとは理解している。でも、「トランプに関する書類の箱が裁判所にあるのに、我々がそれを手に入れようとしなかったら、おかしく感じられるだろう」と言い続けた。ほかの者たちは、勝訴の可能性があまりに低く、二の足を踏んでいた。すでにトランプの支持者の多くが〈タイムズ〉をヒラリー・クリントンの手先とみなしている選挙戦のさなかに、トランプに対する訴訟など起こせば、直接の敵になるだけだからだ。私たちの申し立てに加わるようにほかの報道機関を巻き込んだら、見た目はどうにかできるかもしれない。つまり単なる〝ニューヨーク・タイムズ社対トランプ事件〟にはならないと、私は提案した。素晴らしい考えだと、誰もが賛成してくれた。フォックスは？　と、誰かが名前を挙げた。結構だが（私が推測しただけだが）見込みは低いだろう。結局は〈USAトゥデー〉を発行するガネット社を説得して、私たちに加わってもらったのだった。

法的に不満だったのは、ニューヨークの法律がめんどう極まりないということだけではなかった。自分たちの主張が浅ましいものになりそうだったのだ。事実はきれいなものではないのだ。公共の利益という高潔な虚飾を書類に施したり、透明性と大衆の知る権利に関する段落をいくつか加えたりしてもいいのは、当然わかっていた。私は弁護士がよくやる方法で申し立てを書いた。相手は火星からやって来たばかりで、周囲の人たちも地球のことはよく知らないという体で書いたのだ。実際に冒頭の段落は、裁判官がこの数年あまり自宅の地下室に閉じ込められていたために、このドナルド・トランプという人物についての噂は聞いたことがないかもしれないと私が思った、とでもいう感じに読めるものである。

本訴訟における被告のドナルド・J・トランプは現在、二〇一六年の合衆国大統領職の共和党指名候補だが、封印されている記録はこの大統領選挙に直接関連する問題を扱っている。一年前の共和党の最初の大統領予備選挙の討論会から、トランプ氏の政敵は、彼の信用性、女性に対する扱い、財政、訴訟好きという周知の性格について、疑問を投げかけてきた。本訴訟における、現在封印されている記録は、話題になっている彼自身の性格の一面や、人生の重大な時期における彼の能力を、より明確にする重要なものになると思われる。これらの封印を解くことは、アメリカ国民が大統領選挙においてきちんとした情報に基づいた判断をする手助けになる。

この申し立てでは、公共の利益という気高い点から私たちの主張が展開されていった――情報を必要とする有権者、訴訟当事者のひとりが国の最高職責に立候補しているという特殊な事情、長い時間の経過、有名人や著名人の限られたプライバシーの利益――しかし、ほかに行き場がなくなると、ついに私も不愉快な点に言及しなくてはならなくなった。「この開示は、トランプ氏がトランプ夫人を性的に暴行したという、離婚訴訟でされたという陳述を巡って現在進行中の、選挙戦の論争の解決に役立つ可能性もある」。二五年前のトランプの伝記作家が、イヴァナが婚姻訴訟の宣誓証言においてこの陳述をしたと伝えているのだ。その本が出版される前に、イヴァナはそのとおりであることを大筋で認めたものの、その後のインタビューでは強姦という陳述は「明らかに誤り」だったと述べたのである。

この出来事の全貌《ぜんぼう》は今回の選挙戦の最中に明らかになり、特にそれが顕著だったのは〈デイリー・ビースト〉の報道だった。トランプの弁護士のマイケル・コーエンは、イヴァナが宣誓証言の際にこの陳述をしたことは認めたものの、そのような強姦があったことは否定した。「実に当然のことながら、配偶者を強姦することはできないのです」。この発言により、弁護士は競うようにして、ニューヨーク州が刑法を変更して配偶者への強姦を犯罪とした事実（一九八四年）を見つけた。トランプ陣営はこの報道に対して、その件は「まったくもって実体がない」というイヴァナの発言を展開した。「実体がない」という弁護士風の気取った言い回し以上に、弁護士が有名人の公式声明の執筆に関与していることを示す、動かぬ証拠もないのだ。

この書類を捜し求めることに関して、気がとがめることなどはなかった。相手は大統領に立候補している人物なのだから、書類は公にされるべきなのだ。それによって潔白が証明されるかもしれないし、されないかもしれない。だが人々には、近所の投票所まで足を運んでみずから選んだ候補者に一票を投じる前に、それらを目にする権利がある。それでも、今こうして書いていて、今回の選挙戦がどれほど大きく異なったものになってしまったか、またしても思い出した。私の若き同僚で新人弁護士のタリ・レインワンドは、トランプの最初の結婚に関してあらゆることを調べることに、みずから志願した。イヴァナ・トランプの著書『人生はダイヤモンドの輝き』〔邦訳著者名はイワナ・トランプ〕は、彼女の机の一角を常に占めることになった。ジェファーソンやマディソン、アメリカ合衆国憲法、それにタイムズ社対サリヴァン事件の出番は終わったのである。

私たちの主張に、裁判官は心を動かされなかった。九月二二日、納税申告書についてスー・クレイグからメールが届く前日に、決定が下った。「裁判所が、機密書類をジャーナリストの、ひいては大衆の調査に利用できるとした場合、当該の候補者あるいは他の候補者について、役職に対する適性を判断するのに有用な情報を価値判断する過程に、裁判所が許容範囲を越えて関わることになってしまう」。まったく意味がわからない。記録を封印し続けることで、自分にはできないと主張している判断を、裁判官は実際にしているのだから。候補者が役職に適しているかを決める際に、大衆はこの情報を知るべきではないという判断を、裁判官はしているのである。ディーン・バケットが心の目で見た、裁判所の地下室のどこかの隅にある書類箱は、今もまだそこにあるのだ。

第四章　税の日

ニューヨーク・タイムズ　法律上の問題を覚悟のうえでドナルド・トランプの納税申告書を公表
――二〇一六年一〇月三日付〈ワシントン・ポスト〉の見出し

ドナルド・トランプ　タイムズの納税記事を巡る訴訟の勝利は困難か
――二〇一六年一〇月四日付〈ニューヨーク・タイムズ〉の見出し

スー・クレイグのメールから四日後、私はニュース編集室がある三階の会議室に、四人の記者と一緒にいた。テーブルには、何カ月もかけて集められたトランプの財政状態に関する公文書のファイルやフォルダーが、山のように積まれている。その場にいたのはスーのほか、デヴィッド・バーストウ、ラス・ブエットナー、メーガン・トゥーヒーで、全員がトランプの事業という迷宮に関するネタに取り組んできた者たちだ。私が見せられた三枚の紙は謎の郵便物にあったものので、トランプと当時の妻のマーラが、ニューヨーク、ニュージャージー、コネチカットの各州で提出した、一九九五年の申告書のそれぞれのページである。

トランプがはたして申告書を公表するのかという疑問、そして何者かがそれをリークするという可能性は、選挙戦の報道において何カ月にもわたり話題になっていた。トランプの納税申告書劇場のファンにとっては、実はこれははるか昔の二〇一一年から始まっていた。バーセリズム〔オバマ大統領の出生に疑義を唱える主張〕の真っ最中に、トランプは自身の申告書の公表とバラク・オバマの出生証明書の公表を結びつけたのである。「オバマが出生証明書を公表したら、たぶん私も納税申告書を公表するだろう」と、彼はABCでジョージ・ステファノプロスとのインタビューの際に言ったのだ。一年後、彼は共和党の大統領候補、ミット・ロムニーに無料のアドバイスを与えたことになる。納税申告書の公表は「前向き」なものであり、その理由は「大金を稼いだこと」を示すものだからだと。そして二〇一四年にはテレビのインタビュアーに対して、立候補した場合には間違いなく申告書を公表すると請け合ったのだ。「立候補することに決めたら、納税申告書はたぶん公表する。間違いない。実は自分でもぜひともそうしたいと思っているんだ」。それが二〇一六年一月には、候補者トランプとして、自身と陣営は公表のための書類集めに取り組んではいるが、難しさがあることを理解してほしい、なぜなら――人々にはそう言われる必要があるとでもいうように――自分の納税申告書は「通常の納税申告書ではない」から、と世間に知らしめたのである。ところが二月になるころには、彼の決まりきった回答は変化していた。今や問題は監査だというのである。彼が言うには、内国歳入庁《IRS》がちょうど監査に入っているところなので、それが終わりしだい、納税申告書はアメリカ国民に向けて公表されるというのだった。まもなくして、さんざんお茶を濁してきた末に、トランプが一九七二年以降で納税申告書の公表を拒んだ初の大政党候補になることが、ほぼ確実になったのである。月日が過ぎていくなか、〈タイムズ〉も含めた論説委員らは、納税申告書を公表していないことをトランプに対して呼びかけた。彼の政敵もこの問題を熱心に取り上げた。インタビュアーもこのことを本人に繰り返し尋ねた。だが、大衆に見せられたものは何もなかった――スー・クレイグが会社にある自分の郵便受けをチェックするまでは。

二週間前のこと、ディーン・バケットはハーバードにいて、トランプの納税申告書に関する記事の見出しをみずから作った。彼は同地で、〈ワシントン・ポスト〉のボブ・ウッドワード、それにエドワード・スノーデンによる暴露を陰で支えたフリージャーナリストのローラ・ポイトラスとともに、公開討論を行っていた。その模様をCNNマネーが翌日に、「NYタイムズ編集長『投獄覚悟でトランプの税金を公表する』」という見出しで報じたのだ。ポイトラスはウッドワードとバケットに対して、もしリークされた納税申告書を公表したら投獄されるおそれがあるだろうと、おそらく身内の弁護士から警告されると、不気味にも話していた。彼女がその点を改めて問うた。「ポストかタイムズがドナルド・トランプの納税申告書を手に入れたとしたら、それを公表しますか?」CNNが報じたように、「二人ともイエスと答え、そのことについて弁護士と話し合うと言った」

その日の朝、CNNの記事を読んだ私は、カッとなった。トランプの納税申告書を公表したら刑務所行きは避けられないかも知れないと私が言うなんて、バケットは本気で思ったのか？　これよりもはるかに大変なネタを一緒に扱ってきたのに――ウィキリークスの機密電報、スノーデンによる暴露、ジェイムズ・ライゼンとエリック・リヒトブラウによるブッシュ時代の政府による監視という難しくも力強い報告――私がノーと言ったことは一度もなかった。タイムズ社の弁護士でそう言った者などいない。トランプが褒めてくれた、得意の「患者の扱い方」はかなぐり捨てて、私は乱暴なメールを送りつけた。「今回のことには困惑している（それにそう、今朝早くから、みんなからも連絡をもらっている）。こういったものの公表を控えるように私が忠告すると、本気で思っているのか？　ライゼン／リヒトブラウ、ウィキリークス、スノーデン、その他もろもろを含めたあらゆるネタで、そういったことが一度としてあったか？」

返信してきたバケットのメールには、映像を見るようにとあった。彼自身はそのような発言はしておらず、少なくともそういった類のことは口にしていないという。申告書の公表は犯罪だというポイトラスの間違った前提に基づいて展開されたまぎらわしいやり取りが、ウッドワード、ポイトラス、バケットのあいだであったのだ。いずれにしろ、すべては仮の話である。納税申告書を手にした者はひとりもいないのだから。

事件を追及するジャーナリストの邪魔をして反対する新聞社の弁護士というイメージが、ニュース編集室の文化や映画の名場面には盛り込まれている。もちろん、例外は存在する。小児性愛の聖職者に関する〈ボストン・グローブ〉による衝撃的な報道を描いてアカデミー賞を受賞した映画『スポットライト』。ここでは、同社の外部弁護士ジョン・アルバノが裁判に訴えて、ロビー・ロビンソン率いる取材チームのために重要文書を入手した。だが、より一般的なテーマを扱っているのが一九九九年の『インサイダー』だ。テレビのニュース番組『60ミニッツ』の記者が、タバコ会社が喫煙の真の危険性を知っていながらも隠していたことを証明したにもかかわらず、CBSが手を引いたという内容の映画である。アル・パチーノ演じるCBSのプロデューサーのローウェル・バーグマンが、情報源としてタバコ科学者のジェフリー・ワイガンドに接触したのち、巨大タバコ会社の二枚舌のネタを追うのだ。映画の山場となるシーンでは、『60ミニッツ』のチームがCBSの弁護士から、彼らが計画している放送は進められないと言われる。タバコ業界から訴えるという脅しがあったため、できなくなったと。CBSの取材は他のジャーナリストの手に渡り、この件は公表されて、バーグマンはCBSを去るのだ。

報道機関の弁護士なら、いつまでも記憶に残る映画のひとつである。二〇〇二年にタイムズ社の私のオフィスにローウェル・バーグマンが足を踏み入れた時に、この映画に描かれているのが、私が彼について知っていることのすべてだった。その彼はデヴィッド・バーストウと組んで、導管製造の巨大工業会社マクウェインが所有する鋳物《いもの》工場の危険な労働環境に関する調査を行うことになっていた。私は二週間ほど彼と組んだ。バーグマンは、アラバマでの撮影、隠しカメラで行ける場所、録音装置を切るべきタイミング（盗聴法のため）、入手した先方の映像についての法的保護に関して、法的な質問を浴びせてきた。そのいずれについても、アラバマの法律ではどうなっているのか、正直なところ私にはよくわからなかった。私にわかっていたのは、できることは何もないとローウェルに告げる嫌な弁護士として、CBS風に映画に描かれるようなことにはなりたくないということだった。彼はアル・パチーノに演じてもらえた。続編があったら、汗びっしょりのニューヨーク・タイムズ社の弁護士は、どんな下っ端俳優が演じることになるだろうか。それでもかまわないと答えても、それほど誇張にはならない。私たちは法務部として、物事を締め出すのではなく、紙面に載せる手伝いをするためにいるのだと、長らく思ってきたのだから。私たちは経営陣に恵まれている。彼らは私たちやジャーナリストを支持し、リスクとは優れたジャーナリズム活動を行う代償だと理解している。自社のジャーナリストが記事によってみずからの限界を押し広げていないのなら、自分たちは新聞社として仕事をしていないことになるとわかっているからだ。私が移籍してきて四カ月というときに、コラムニストのウィリアム・サファイアがコラムの下書きを法務部に送ってきた。その出だしはこのような感じだ。

本日のコラムを訴えられることなく書けるだろうか。今回は古い友人のリー・クアンユーに関する話だが、彼はシンガポールの独裁者ではなく「上級相」と呼ばれるほうを好んでおり、家族は、最近は非常に元気に過ごしているという。

リーの家族にへつらいを見せたことによって、ブルームバーグ・ニュース・サービス――

ケーブルテレビやコンピューター上で国際金融を報じる、攻撃的で挑戦的な新参会社――は、オンラインによる報道の自由の大義を汚すまでに身を落としたのだ。

このコラムは私の同僚のジョージ・フリーマンのところに持ち込まれた。二〇年にわたってタイムズ社の法務部に所属し、ニュース編集室の法的リスクをほぼすべて見てきた人物である。ただ、これまでこのようなものはなかった。シンガポールの名誉毀損法は悪名高く、その指導者は同法を安易に使って、アメリカの出版社（および落ちぶれた地方新聞）を追及するのである。そこでフリーマンは、それまでに決してやらなかったようなことをした。代表者のアーサー・サルツバーガー・ジュニアに連絡したのだ。サファイアが自分たちを、法的に足を踏み入れたことのないところへ連れて行こうとしていると、アーサーに知ってもらおうとしたのである。アーサーが四三丁目にあるタイムズ社の本社の法務部にやって来た。私のオフィスとフリーマンのオフィスのあいだの通路に立って、サファイアのコラムに目を通す。「とにかく出版するしかない《パブリッシュ・アンド・ビー・ダムド》」と、ようやく彼が口を開いた。そして、体の向きを変えて歩き去ろうとして立ち止まると、こう言った。「本来の意味は知らないが、ずっと言ってみたくてね」。そのコラムは掲載された。シンガポールからの反応はなかった。

トランプの納税申告書に関する記事を出すという考えに抵抗がある理由が、私にはどうしても理解できない。確かに、ジャーナリストが越えてはならない一線はある――ＩＲＳの汚職職員からファイルを買い取るとか、そのオフィスに夜中、忍び込んでファイルを持ち出すとか、窃盗の教唆《きょうさ》をするとか。そういったことはタイムズ社では決して起こらない。おそらく神経質になっているのは、〝トランプ・ファクター〟なるものの副産物のせいにすぎないのだ。彼によって繰り返される訴訟の脅し、選挙戦の最中に発動される記者の出入禁止、タイムズ社やその他の報道機関に対する絶え間ない非難――こういったことがひとつに合わさって、トランプの場合は事情が異なるとか、通常の規則は適用されないといった、嫌な感覚が生じているのだろう。それでも私たちの記者は、申告書の情報源を捜し続けた。

二〇一六年の夏のある日、スー・クレイグが私のオフィスに顔を出して、情報源としては大穴の人物がいるという――自分たちに手を貸してくれそうにない候補者だが、そこはなんとも言えないらしい。そして、ジャーナリズムに関するクイズ番組のおかしな司会者とでもいうように、トランプの納税ファイルを見た可能性がある人物を思い浮かぶままに挙げるよう言ってきた。私は挙げていった――会計士、弁護士、トランプ・オーガナイゼーション社の財務チーム、会社の顧問弁護士、秘書、元配偶者、子供たち（おそらく）、子供たちの配偶者（おそらく）、IT関係の人間（その気になればすべてを知ることができる連中）、コピー機担当の人間、郵便室のスタッフ、清掃スタッフ。ここで私はギブアップした。クレイグは立ち上がって出ていこうとした。「もし申告書を手に入れたときに、私の情報源が突き止められそうか、確かめたかっただけだから」。今挙げた中に正解が含まれていたのか、私にはわからなかった。

三階の会議室での話に戻ると、私はその書類を調べてみた。本物のように見えるが、記者たちには「本物のように見える」以上のものが必要だった。その申告書の数字が正しいと裏付けられる書類はどこかに存在するのかと話し合う。ラス・ブエットナーが見せてくれたファイルは、問題の期間に関して、公文書開示申請によってニュージャージー州カジノ管理委員会から、彼が入手したものだった。書類が本物であることを証明する役に立つかもしれない重要な部分は、黒塗りにされていた。納税申告用紙では、ある数字が目を引いた。九億一五七二万九二九三ドル。トランプが申告した損失の合計額である。その見た感じがおかしいことには、記者たちは気づいていた。最初の二桁の数字と残りの七桁の数字が、きちんと並んでいなかったのだ。これは怪しかったが、何者かが私たちを罠にかけようとして、その用紙で一番重要な数字に数億ドルを上乗せしたという感じだった。その一方で、一九九五年の納税申告書から住所や社会保障番号に至るまで、わざわざページを作る手間を本当にかけるものだろうか？　それに、罠にかけるならひとつの州で済むのに、この怪しい詐欺師はなぜわざわざ二つの州で行おうというのか？　デヴィッド・バーストウに訊かれたことは、ありふれたところにありそうだが、実際は公の記録に埋もれている数字がある場所を、私がほかに思いつくかということだった。私が思いついた場所――規制当局への提出書類、訴訟事件――は、どれもすでに記者たちが当たっていて、何も見つかっていなかった。

この記者たちから次に話を聞いたのは四日後の土曜日の午後だった。彼らがまとめた記事の下書きを、バーストウが何も言わずに送ってきた。彼は九億一五七二万九二九三ドルの謎をなんとか解いていた。火曜日の会議のあと、彼はフロリダまで行って、この税金の書類作成を行った元会計士を捜し出していたのだ。ジャック・ミトニックである。記者たちがのちに〈タイムズ〉のインサイダー・コラムで語っているが、バーストウは多少の甘言を弄《ろう》して、最終的にはベーグルの店で会う約束を取り付けたのだった。そのページが本物であることを、ミトニックは認めた。では、不揃いの怪しい数字については？「その当時使っていたソフトウェアのせいだ。それだと、これほどの……その、トランプがよく言っていたが……デカい数字は入力できなかったから、ＩＢＭのエレクトリック・タイプライターを無理やり使ったんだ」。デヴィッドがその会計士を見つけ出していた一方で、ほかの記者たちは税の専門家に話を聞き始めて、一九九五年の税法を深く掘り下げていた。

この記事の原稿が私のところに送られてきたときには、バーストウはトランプ陣営にコンタクトを取っていた。

トランプ殿

公表の準備を早急に進めている記事に対する貴殿のコメントを求めて、ここにご連絡差し上げました。当方は貴殿の納税申告書の一部を入手しており、それには貴殿が九桁の純営業損失を申告していることが示されていますが、当方の税の専門家によりますと、そうすることによって連邦所得税の支払いの回避を最大一八年にわたって法的に認めさせた可能性があるとのことです。
貴殿もしくは貴殿のチームからの早急のご連絡をお待ちします。

敬具

デヴィッド・バーストウ

最初の返答はトランプの広報スタッフのホープ・ヒックスからだった。

デヴィッドへ
我々が適切にお答えできるよう、お問い合わせのものをご提供ください。加えて、提供されたものを我々が検討して返答する機会を得られるまでは、公表しないことを求めます。
よろしく。

ホープ

バーストウの返答。「皆さんと今すぐNYCで会えますか?」ヒックスの答えは、それはできないというもので、バーストウが持っているものをすべてメールしてほしいという。バーストウはそれに応えた。

ホープへ
私たちが入手したのは、トランプ氏の一九九五年の納税申告書の一部です。この書類によると、トランプ氏は同年に九億一五七二万九二九三ドルの損失を申告しています。またこの書類は、トランプ氏がマーラと共同で届け出たこと、被扶養児童がひとりいること、課税対象となる利子所得が七三八万六八二五ドル、事業所得が三四二万七〇九二ドル、賃金・給与・チップが六一〇八ドルと報告したことも示しています。ただ、今回の記事で主な焦点となるのは九億一五〇〇万ドルの純営業損失であり、私たちが意見を求めた税の専門家によると、それによってなぜ最大一八年にわたって連邦所得税の支払いの回避が可能になるのかということです。

ご返答の期限は今日の午後いっぱいといたします。

どうぞご連絡のほどを。

デヴィッド

マーク・カソヴィッツ率いるトランプの弁護団がギアを上げるには、これで十分だった。カソヴィッツの同僚のひとりが、タイムズ社に対して一ページだけの手紙を急ぎよこしてきた。

「確実にご承知のように、個人納税者の所得税申告書は非公開のものであり、州法および連邦法によって保護されています」。続けて、弁護士がよくやるように、明白なことを指摘してきた。「トランプ氏は、連邦および州の所得税申告書のいかなる開示の権限も、ニューヨーク・タイムズに与えていません」。今回の公表は「未許可で、不適切で、違法」であり、「必要な場合には」法的措置が取られるという。

編集主幹のディーン・バケットは（ローラ・ポイトラスが前の月にハーバードで予測した、タイムズ社の法務部が弱腰になる可能性をおそらく懸念して）これに単独で加わると、この情報における公共の利益を主張した。カソヴィッツの返答——「ニューヨーク・タイムズが保持しているトランプ氏の納税申告書やそのコピーのすべてを、至急私に送り返すよう求めるとともに、その申告書やその中の情報のいかなる開示もご遠慮願う」。私たちはこれを無視した。

一方で、ホープ・ヒックスがまたメールを送ってきたが、バーストウによこしてきた内容は、典型的なトランプ風の返答としかいえないものだった。

デヴィッドへ

以下の陣営の声明をご覧ください。これをそのまま利用されることを強く望みます。

ここで話題となるのは、二〇年以上前とされる税務書類が違法に入手されたことだけであり、ニューヨーク・タイムズが一般の既成メディアと同様に、クリントン陣営、民主党、それに彼らの世界的な特別利益団体の一部であることをさらに証明しているということである。

FBIと司法省で現在進められている、ヒラリー・クリントンのメールと違法サーバー問題、それに彼女の数多くの嘘および議会に対する嘘は、リチャード・ニクソン政権下で起きたものよりも悪質で、しかもはるかに違法である。

トランプ氏は凄腕の実業家で、事業や家族、従業員に対する信託責任を負っており、法的義務以上の税金を払っている。それ以外にもトランプ氏は、財産税、売上税、物品税、固定資産税、市税、州税、給与税、連邦税を何億ドルと払っており、さらには寄付金も相当額にのぼる。

トランプ氏は、大統領に立候補したこれまでの誰よりも税法についてはるかに詳しく、その処理を行う知識を持つ唯一の人物である。

トランプ氏が事業を築く際に見せてきた類まれなる技能こそ、この国の再建に必要なものである。ヒラリー・クリントンは連邦法に違反した悪徳公人だが、ドナルド・トランプは法に従い、何万という雇用をアメリカ人に創出してきた、並外れた成功を収めた個人実業家だ。

ホープ
よろしく。

自分たちが法を逸脱していないことは確信していたが、憲法修正第一条に戸惑う裁判官が一部にいるのではと不安を覚えた。頭の弱い裁判官なら、トランプの弁護士によって過去のことを蒸し返されて、差し止め命令を出すかもしれないと心配したのだ。最終的には私たちが勝つだろうが、なぜ法的なドラマに巻き込まれなくてはならないのか？　私はバケットと副編集主幹のマット・パーディーに、早急に公表するよう勧めた。この記事はその夜のうちに、四人の記者の署名入りで電子版に掲載された。

ニューヨーク・タイムズが入手した記録によると、ドナルド・J・トランプは一九九五年の所得税申告書で九億一六〇〇万ドルの損失を申告したことから、税控除があまりに巨額になり、最大で一八年にわたって連邦所得税の支払いの法的な回避を認めさせた疑いがある。

その夜、トランプとその弁護士たちが取っている法的な立場には憤慨したと、バーストウがメールを書いてきた。雑音には耳を貸さないほうがいいと、私は伝えた。「連中は、権利章典は憲法修正第二条から始まると間違って信じているから」〔報道の自由が明記されているのは第一条〕

　トランプのコンサルタントたちは翌日曜の朝のトークショーに押しかけた。納税申告書の開示に関する法的問題については、彼らは驚くほど何も言わなかった。また、「フェイクニュース」という決まり文句の出番もなかった。いい傾向だ。その日の朝に見つかるフェイクニュースといえば、彼らの発言しかないのだから。トランプ陣営で日曜朝の弁解者のトップを務めたルディ・ジュリアーニは、トランプのことを、税金に関して実に頭が切れると称賛するや、みずからはジャーナリズム評論家の立場を買って出た。「ニューヨーク・タイムズはこの長い記事を書いているが、第一八段落あたりで、不正行為はなかったと指摘している」。正確には第一八段落ではない。というか、第一段落である。第一八段落とは、トランプが一九九五年に行ったことは「合法的に」行われていると、初めて触れた段落だ。

この記事がインターネットに出ようという土曜日の夜、私はタイムズ社で総合弁護士を務める上司のケン・リチェリに、トランプの弁護士たちからの連絡内容を伝えていた。「情報を共有してもらうだけです。この記事については心配していませんので。準備はほぼ整っています」

翌日の午後、私はヤンキースの試合を見に行っていたが、ボルティモア・オリオールズ相手の戦いぶりは惨めなものだった。ボルティモアのキャッチャーのマット・ウィーターズは、二回と六回にホームランを放った。すると私の電話が鳴った。スー・クレイグからだった。〈ワシントン・ポスト〉の記事を見たかと言われた。私は彼女に、ヤンキースのぶざまさとウィーターズの二本のホームランのことを話したが、これはつまり、私は〈ポスト〉の記事の内容について何も知らないという意味だった。

「ニューヨーク・タイムズ　法律上の問題を覚悟でドナルド・トランプの納税申告書を公表」というのが見出しだった。「ディーン・バケットは、はったりをかけていない」と記事は始まったが、そこから急に、投獄されてもかまわないから、みんなのために申告書を公表するという勇ましい約束が飛び出した、ハーバードでのポイトラスとウッドワード、バケットによる討論会の話になっていた。（政府機関に勤めている場合は）納税申告書の公表は罪になるという恐ろしげな法律がいくつか挙げられたのち、タイムズ社は憲法修正第一条によって保護が与えられるというのがほとんどの専門家の見方だと、記事は渋々認めていた。ただ、その点は目立たず、見出しだけがツイッターで叩かれたり、シェアされたりしていた。〈タイムズ〉の記者たちまでもが、それを後押ししていた（〈ポスト〉の別の記者はその日のあとになって軌道修正めいたものを試みて、「ドナルド・トランプ　忌み嫌う憲法修正第一条の餌食に」という見出しの記事を投稿した）。

月曜日、オフィスに行くと、自分たちは法を破ったのかと、私は繰り返し訊かれた。政府が真実の発言を犯罪にしようとしている時代、憲法修正第一条の強力な（一部に言わせれば「動揺させるような」）働きに日々携わっていないと、彼らが不安に思うのも理解できる。だが、連邦最高裁判所は、数十年にわたってこの権利を定めてきたのであり、疑いがある部分はほとんどない。

今から四一年前、〈ヴァージニアン・パイロット〉が、ヴァージニア州の裁判官が取り調べを受けているという記事を掲載した。すると大陪審は、同紙の親会社ランドマーク・コミュニケーションズをヴァージニア州法違反で起訴した。つまり、州の倫理委員会によって懲戒手続となっている裁判官の身元を暴くことは犯罪だというのである。同紙のジョセフ・W・ダン・ジュニア編集長は裁判で証言台に立つと、この情報を検討した結果、重要な公共の利益であると判断し、公表の決断に至ったと証言した。ヴァージニア州の法律で、懲戒手続中の人物の名前を公表するのは罪になることを知ってはいたものの、それが今回の記事を取材した新聞記者に適用されるとは思わなかったという。法廷の見方は異なり、新聞社の罪を認めて、五〇〇ドルの罰金および訴訟費用の負担を課したのだった。

この訴訟が一九七八年にとうとう連邦最高裁判所にまで至ったとき、判事は依然として憲法修正第一条にあまり重きを置いていなかった。ヴァージニア州が、告訴に対する公平な判決を確実なものとし、罪を犯していないかもしれない裁判官の名声を守る方法として、懲戒手続きを非公開とするのは当然と認めたのである。だが〈パイロット〉は、真実であり公共の利益にあるものを公表する憲法上の権利を主張した。秘密を守るのは、州職員の役目である。この手続きに直接関わる人たちが秘密を漏らせば罰せられるだろうが、秘密を公表することが仕事であるマスコミにまでは及ばない、と。それに対し、裁判所はお役所的な言葉で、以下のように告げた。「ヴァージニア州が処罰を求める今回の公表については、憲法修正第一条の核心に存在するものである。刑事制裁を課すことによって優先されるべき州の利益は、言論の自由および報道の自由に対する、実際的かつ潜在的な侵害を正当化するには不十分である」

クレイグの謎の差出人が国家公務員で、書類を盗んでコピーを取ったというのなら、この人物はまずい立場になるだろう。憲法修正第一条の権利でも、この情報源は守れない。私たちの場合は、まったくの逆である。曖昧な〈ワシントン・ポスト〉の記事にあった、恐ろしげな法律にどんなことが書かれていようが、私たちは法に触れてはいないのだ。ランドマーク・コミュニケーションズ対ヴァージニア州事件の判決は、タイムズ社を罰しようという検察官やトランプの弁護士によるいかなる見当違いの試みも、やり込めることになるのである。

その後二〇年にわたり、連邦最高裁判所は、ランドマーク事件の基本方針に何度も立ち戻ってきた。政府は、少年犯罪者の名前、強姦被害者の身元、盗聴された通話の内容といった情報を公表するのは犯罪だとする法律を自由に作ることができる。しかし、そういった法律のどれひとつとして憲法修正第一条という高い壁は越えられない。情報が公共の利益であり、ジャーナリストがそれを得るためになんら不正を働いていない場合には、ジャーナリストは罰せられないのである。このことは、記者の情報源がその情報を得るために違法行為を働いたとしても、変わらない。最高裁判所がこの問題について取り上げた最近の例で大きな役割を果たしたのも、クレイグの郵便受けに届いたものとたいして変わらない匿名の郵便物だった。

その例とは、二〇〇〇年のバートニッキ対ヴォッパー事件という裁判だ。公徳心のある善良な市民が、自分の携帯電話がペンシルヴェニア州の教職員組合のトップと組合の交渉者との私用電話の会話を拾っていることに気づいた。両者は教育委員会を説得して、教師の待遇をよくするための戦略を検討していた。しかし、そのやり取りの一部がテープに録音されて、最高裁判所の記録に永遠に残ることになったのである。「連中の自宅に行く必要がある……自宅のフロントポーチを吹き飛ばすのなら、何人かに仕掛けないと。(間)本当に正直言って、これはひどい話なんだから。（聞き取れず）」。子供たちの教育を託されている人たちは、問題を解決するために独創的な技術を発揮するものである。

この善良な市民――通話を違法に録音したことで罪を犯しているが、それが理由で名乗り出なかったと思われる――は、この録音をジャック・ヨーカムという人物の郵便受けに匿名で入れることが最善だと判断した。ヨーカムとは、教職員組合のことをあまりよく思っていない、納税者団体の名ばかりの代表である。彼はこのテープを、あまりに素晴らしいものなので他人に伝えないわけにはいかないと考え、ラジオ局に渡す。ラジオ局はそれを放送して、当然ながら地元住民にポーチ爆弾に対して警戒態勢を取らせたのである。この組合のトップと交渉者はラジオ番組の司会者を訴えたが、ランドマーク事件以降、憲法修正第一条になんら変わりはなかった。ポーチ爆弾の会話を誰が録音しようが、法を破ったのはその人物であり、組合のトップがその人物を捜すのは自由ではあるものの（簡単には見つからないだろうが）、そのことは録音を放送するラジオ局の権利とは、何の関係もないのである。連邦最高裁判所のどの判例にもないような、政府の強い関心がないため、出版社や放送局は盗まれた情報であっても、変わらず自由に発表できるのだ。

この法律の主要部分に人々が戸惑う理由は容易に理解できる。個人的な通話や強姦被害者の名前、少年審判手続きに秘密性を課す法律は、ほとんどの人にとってはまともなものであり、私たちに必要な法律だと感じる。もしマスコミがこれらの法律を自由に無視すれば、その情報源が法を破ったとしても、その情報を秘密にしようとする、そもそもの目的をだめにしてしまうからだ。マスコミはほかの人たちと同じように、法律を守らなくてはいけないのではないか？（たとえマスコミとその他の人々との違いが薄れてしまったとしても）。厄介だが、もうひとつの可能性を理解するほうが難しいかもしれない。つまり、貴重な真実を読者に隠すよう、政府がマスコミに強いる法律を作ることのほうが、かえってひどいということだ。この六〇年にわたって我々が理解してきたように、憲法修正第一条とは、それを防ぐことこそが目的なのだ。記者が、発表前に記事を報じることを禁じられても、あとで罰や訴訟を受けなくてはいけなくても、その影響力は変わっていないのである。政府には、公表されるべきものを決める権力が与えられている。トランプの弁護士がタイムズ社に手紙を何通書いてこようが、それはアメリカ本来の姿ではない。この制度は完璧には程遠いのだ。政府は、秘密をリークする公務員の一掃と処罰を行う強大な権力を持っている。たとえその漏洩された情報が大衆にとって、いつまでも残る価値があってもだ（エドワード・スノーデンは今も国外にいて起訴を逃れているが、一方でこちらにいる私たちは誰もが、諜報機関が私たちの私的な通話やメールに関するデータを吸い上げていて、収拾がつかなくなっていることを知ったところだ）。しかも、憲法修正第一条の保護を受けられるのは、映画『大統領の陰謀』や『スポットライト』、『ペンタゴン・ペーパーズ』に出てくるようなジャーナリストだけなのか、それとも、実家の地下室で自分のツイッターアカウントの前に陣取りながら、お菓子を食べている下着姿の一九歳の怠け者が、同じようにリークされた情報を受け取ったとしても保護されるのか。私たちは長いこと議論する運命にある。それでも、そのような法的な難題をどれだけ話し合おうが、〈タイムズ〉によるトランプの税金の記事が正しいものであることに、私は何の疑いも持っていないのだ。

読者の中には、私の確信と考えに異を唱える人もいた。選挙戦の激しさのさなか、この問題に集中することが難しい人たちも、予想されたことだが、いた。この記事のコメント欄に、こう書きこんできた人もいた。「アメリカのマスコミは完全におかしくなった！　嘘をついているし、記事をでっち上げている。ヒラリーの悪い部分とトランプのいい部分を隠している。これは我々の自由にとって、ものすごい危険だ——全国のマスコミがジャーナリストとしての高潔さ、客観性、それに事実のみを伝えるという義務を完全に排除してしまったんだから。みんな、クーデターの備えはできてる？」ずばりと言う者もいた。「たった今、ニューヨーク・タイムズが法を破ったという事実を取り上げた解説がひとつでもあった？　意図的で、気まぐれで、悪意があって……」。その読者と同じ大義名分に立つ者もいた。「タイムズが［そして、それと同じことを報じているほかのマスコミが］ゴーカーやその同類と違うところを誰か説明してくれないか？　個人情報、それも明らかに違法に入手されたものが公表されて、広められている。公的書類は確かにそういうものだ。公的だが私的な記録は、私的じゃないってわけか？　それが公共の利益だと？家族や住まい、給与といったマスコミの個人情報の一部が公表されたら、確かに公共の利益になるかもな。それぞれの偏見やら、見方がもっと理解できるから。実に馬鹿げているし、法律を主観的に適用している証拠だよ」

　記事が出て四八時間後の月曜の夕方、私はタイムズ社のロビーでバーストウに声をかけられた。彼と彼の編集者に送った私のメールで、自分たちの判断の正しさは確信できたかもしれないが、世の中の多くの人たちはそのメモを手にしていないのである。それに、〈ワシントン・ポスト〉の記事はいまだにネット上を飛び交っており、ほかのマスコミも、情報を公表するのが適法か否かという討論で盛り上がっていた。

　めったに起こらないことだが、どうしたわけかフォックス・ニュースは、この法律を正しく理解していた。番組に出演した法律の専門家は、「［タイムズを］訴えることも告発することもできない。トランプ陣営のいら立ちはわかるが、法律は彼らの味方ではない」と断言したのだ。フォックスにこの考えをトップ記事にしてもらいたいというのは、無理な注文だろう。「タイムズトランプの納税申告書を公表も　法律違反には当たらず」という見出しの記事を流しても、フォックスで金持ちになれるのはひとりもいないのだから。その代わりにフォックスは、『法を破った第三者』トランプの納税申告書をNYタイムズに送る」で進めることにしたようだった。当然ながら、「法を破った」という証拠はまったくない――男性であれ女性であれ、この謎の差出人にはその申告書を秘密にしておく義務はなかったのかもしれない――ものの、フォックスに訂正を求めて呼びかけるつもりはなかった。私にそんな暇はなかったからだ。

　バーストウは、この法律に関する人々の考え違いを正すような記事を書けと、私に言った。でも、私は気乗りしなかった。自分たちの法的な立場には確信があったものの、この件に関して私が大衆の声になるということについては、何か違うと思ったからだ。トランプが訴えるというのは愚かかもしれないが、「愚か」であっても、彼が訴えないという保証はない。私はこの件の一切を担当する弁護士だが、自分が書いたものが訴訟の際に弁護士と依頼者の間の秘匿《ひとく》特権の放棄として持ち出されたり、トランプの弁護士に曲解されて証拠物件Aとして訴状に添付されたりするのはごめんだ。それに、自分の法的な立場を弁護している人間の口から出てくる言葉を、はたして人々は信じるのだろうかとも思った。これは〈タイムズ〉の連邦最高裁判所担当記者アダム・リプタック向きの仕事だと思う、と私はバーストウに告げた。リプタックの立場は申し分ない。〈タイムズ〉のジャーナリストになる前は、タイムズ社の弁護士だったのだから。彼が法務部からニュース編集室に異動したあと、彼の抜けた穴を埋めたのが私だったのである。リプタックはこういった問題を完璧に理解していた。さらに、私が主張してきた法的な立場に、彼がきっと同意するだろうと確信していたことも大きかった。

翌日連絡をくれたリプタックは、今回の件に引っ張り込まれたことについて、特別に何か思っているわけではないようだった。十分定着している法律と、一五年前の連邦最高裁判決についての記事など、記者にとっては面白くもなんともない。彼の手による記事はその日のうちに、「ドナルド・トランプ　タイムズの納税記事を巡る訴訟の勝利は困難か」という見出しとともに、電子版に掲載された。彼は、実に簡単であるとまでは言わなかったが（「憲法修正第一条はこのような訴訟に対して非常に高い障壁を設けている」)、専門家一一人を調べた憲法修正第一条の法律ブログを引用しており、その全員が私の見解とほぼ同じだった。その記事の中ほどで、リプタックはガブリエル・ショーンフェルドに話を聞いている。第二次ブッシュ政権の時に秘密監視計画に関する情報を公表したとして、一度タイムズ社の起訴を求めた人物だ。「納税申告書を公表したことに対して、ドナルド・トランプがニューヨーク・タイムズを訴えることを、私は強く望む」と、ショーンフェルドは述べている。「このような訴訟は——法廷では憲法修正第一条を理由におそらく阻まれるだろうが——報道の自由の敵である人物の立候補資格について、不適格な点を、さらに解き明かすことになるからだ」

フォックス・ニュースとニューヨーク・タイムズ社が意見の一致を見た場合には、誰にでも興味があるようなことはほとんどなくなる。トランプの弁護士たちから再び連絡がくることはなく、この議論はあるべきところへと戻っていった。つまり、タイプされた数字の並びがおかしい、驚異の九億一五七二万九二九三ドルという額と、アメリカの次期大統領になりたがっている人物が、一八年にわたって税金の支払いを法的に回避できたのかどうかという問題である。スー・クレイグは、もしトランプの納税申告書を偶然持っている人がいるなら、送ってくるよう読者に呼びかけていた。一〇月初めに彼女に連絡してきた人物は、申告書を手に入れる方法を知っているので、一緒に組もうと申し出てきた。これは罠のように思えたので、彼女はパスし、相手は姿を消した。そして一一月には、ＩＲＳを退任する長官が、庁内ではトランプの納税申告書を、鍵をかけたフアイルキャビネットから新しい金庫に移す予定だと発言した。

あとでわかったことだが、このとき、論争は完全には終わっていなかった。一二月に、トランプの元選挙対策本部長コーリー・ルワンドウスキが、ハーバードで行われた選挙戦の回顧討論会に登場した。彼は、ディーン・バケットがほんの数カ月前にハーバードの聴衆に向かって、トランプの申告書の公表が犯罪だとしても、自分はそうすることをいとわないと述べたことを思い出したのだ。そこでこの論争をいきなり始めるや、法律専門家としての意見を口にしたのである。バケットは申告書を公表したことで「刑務所に入るべきである」と。どうやら彼はフォックス・ニュースをきちんと見ていなかったようだ。

第五章　非公式会見《ギャグル》の日

私は憲法修正第一条が大好きなんだ。私ほど好きな人間もいない。ひとりもだ。私以上に使っている人間がいるか？　そうだろう？

——ドナルド・トランプ（保守派の活動家に向けた演説、二〇一七年二月二四日）

「いんちきで存在しない『情報源』」「落ち目」「間違いだ！」「落ち目」「ひどい報道」「新たなニセ記事」「しょっちゅう間違っている」「民主党のためのパイプオルガン」「落ち目」「自分たちが導入したソーシャルメディア・ガイドラインにまったく従っていない」「バーチャル・ロビイスト」「偏見を持った記者の多くが手に負えなくなった！」「単純（もしくは頭が悪い）」「私が習近平のような世界のリーダーたちと素晴らしい関係を築いてきた事実を憎んでいる」「弱くて無能！」「落ち目」「落ち目」「落ち目」「落ち目」「フェイクニュース」「共謀だって？」「反トランプ」「落ち目」「財源のない巨額負債」「存在しない情報源」「落ち目」「フェイクニュース」「まったく馬鹿げている！」「私の大勝利を含めて、私についてあらゆる間違った予測をした」「落ち目」「大損害」「落ち目」「前向きなはずのものなのに、記事や意見はどれもひどい！」「落ち目」「落ち目」「腐った方針」「記事の事実を確かめるための連絡さえしない」「フェイクニュースのジョークだ！」「落ち目」「私について次から次へと間違った記事を書く」「落ち目」「フェイクニュース」「フェイクニュース」「大きな嘘に見舞われたところだ」「私のことを二年にわたって間違っていると言い続けてきた」「落ち目」「落ち目」「マスコミの世界を汚した」「落ち目」「丸々二年、私のことを誤解していた」「連中の報道は大間違いだ」「今やもっとひどくなっている！」「落ち目」「正直者だったら、もっとうまくやれるのに！」「落ち目」「落ち目」「落ち目の評判」「ジョークになった」「嘆かわしい！」「落ち目」「アメリカ国民の敵なのだ！」「落ち目」「フェイクニュースだ」「落ち目」「落ち目」「落ち目で、デカいフェイクニュースをやっている」「もっとひどくなった！」「私の勝利のときのように、報道のまずさを購読者に詫びざるを得なかった」「落ち目」「記事と情報源の捏造《ねつぞう》だ！」「私に関してまったくの作り話を書いている」「落ち目」「二年にわたって間違ってきた」「いまだに迷っている！」「フェイクニュース」「私に関するひどくて不正確な報道」「不誠実」「私のことは最初から誤解していて、いまだに方針を変えておらず、今後も変えないのだろう」「購読者と読者の減少」「あまりに間違っていて、怒りに満ちている」「フェイクニュースだ！」「そもそもの初めから私のことを見誤っていた」「落ち目」

——ドナルド・トランプがニューヨーク・タイムズを表すのに用いた表現。〈タイムズ〉の記事による（任期一年目のみ）。

ショーン・スパイサー報道官にとって、大統領就任式当日は最悪だった。早く家に帰り、眠って忘れたいほどのものだった。初日の緊張によって次々に発生した失敗の数々、ありえない上司、就任に伴う感情の枯渇。ホワイトハウスのプレスルーム内でのバトルは、一カ月にわたっており、休戦の兆しはまったくなかった。大統領によるマスコミへの中傷は、ツイッターから野放しで吐き出されていた。トランプも名前に「大統領」という肩書がつけば別人になるだろうとか、彼のスタッフたちも、ホワイトハウスに足を踏み入れて歴史の重みを感じれば、不思議なことに民主主義の伝統の番人になるのではないかという望みはかき消えていた。この政権によるマスコミとの角突き合いは、政治に関するものではなかった。まして、大統領とその支持者がでっち上げようとしている、無礼な記者に関するものでもなかった。スパイサーの気にさわることを言う記者たちに、失礼な質問をする記者たち。ホワイトハウスの記者団には、礼儀をわきまえていない者も確かにいる（その場にいる資格のない、驚くほど徹底して言いなりになる者もわずかだがいる）。しかし、時々、あるいは何らかの形で対立的でないと、権力を監視するのは難しいのだ。そして、監視がまったくなければ、民主主義を維持するのは難しいのである。マスコミと新政権との日々のやり取りは、低い温度で燃える戦い――真実やマスコミの独立性に関する戦い、そしてさらに陰気な瞬間には、民主主義の将来に関する戦い――のように感じられてきていた。そのやり取りで法律や弁護士に関係がありそうなものはほとんどない。そのことが、民主主義が規則や法律にではなく、共有された信念や価値観、実証されてきた自由の慣習の上に築かれていることを示している。

しかし、それも二月二四日までのことだった。その日、あらゆる醜さ、あらゆる針路を外れたことが、世界中に向けて、徹底的にかつはっきりと示された。その日が終わるまでに、ショーン・スパイサーは記者たちを記者会見の場から締め出し、記者たちは自分たちの弁護士に本気で連絡を取り始めることになるのだった。

私のほうは、その日もいつもと変わらず、国外でのトラブルに関する不幸な知らせを受け取っていた。過去一〇年間にあったあまりに多くの日と同じように。午前五時に、トルコ在住の弁護士からメッセージが届いたのだ。

デヴィッドへ

元気にしているかな。トルコでの最近の動きについて最新情報をお伝えする。サファク・ティムールから先週聞いた話だと、彼女は招待を受けていたにもかかわらず、大統領府での会見への立ち入りを許可されなかったという。警備上の理由とのことで、それ以上の説明はなかったらしいが……

ではまた。

ティムールは、タイムズ社の仕事をしているトルコ在住ジャーナリストのひとりだ。彼女やほかの地元の人たちのことが心配になる。彼らは本当に苦労しながら、現地の様子を伝えようとしてくれているのだ。タイムズ社にとってトルコは、程度の差こそあれ、二年近くにわたって常に問題となっていた——エルドアン政権からの脅し、タイムズ社とその記者に対する憎悪に満ちた攻撃、〈タイムズ〉のベテラン記者に対する入国拒否。そして今度は、トルコ人記者が大統領府での記者会見から締め出されたという。腹立たしく、とんでもなく間違っている。だが、これがトルコなのだ。現地では、驚きでも何でもないのである。かつて新興の民主主義国家のモデルだったトルコは、終わりの見えない下方スパイラルに陥り、政府は、脅迫、逮捕、非難、それに独裁者の手中にあるその他あらゆる道具を用いて、マスコミをコントロールしようと躍起《やっき》になっていた。

私は一五年にわたり、世界中の厳しい場所で苦境に立たされながらも、自由に報じようとしてきた記者たちと、仕事をしてきた。真実や透明性に対する関心を、装うことすらしない国々。脅迫、勾留、検閲——それが近ごろの世の中の動きになっている。確かに私は、国外で何かが変化したことを憂慮していた。しかし、政権に就くのが共和党であれ民主党であれ、ジャーナリストを保護する際、アメリカ国務省は自分たちを——時には公然と、時には隠密に——支えてくれると、ずっと思ってきた。それ以上に、過去の外交官らは、自分たちが仕える国々で報道の自由を促進することを、みずからの使命の一部と考えていた。それが今ではどうだろう？　二〇一七年、アメリカ政府に取り入るうまい方法とは、ニューヨーク・タイムズ社を攻撃することだと考えたとして、誰がエルドアン大統領を責められようか？　私にわかる、あらゆることから判断するに、彼の計算はおそらく間違っていないのである。

この日についても、私たちを助けてくれるものは何もなかった。大統領府での会見から記者が締め出されたって？　トルコではいつものことなのだ。

早朝のメールはもう一通あり、今度は国外勤務の〈タイムズ〉のジャーナリストのひとりからで、来たるべき訪問の詳細――フライト、携帯電話の番号、連絡を取る計画――を知らせてきていた。これは予防策だった。彼はインド系の名前を持ち、浅黒い肌のカナダ人だ。かつてはごく普通のことだった旅をしようとしているのに、今や不安で予測がつかなくなっているのだ。彼はニューヨークに来る予定なのである。ＪＦＫ空港で税関を通過したら（できたら？）連絡をくれるという。

一方でホワイトハウスでは、大統領が忙しくツイートしていた。

> ＦＢＩは、この政府に長いこと浸透してきた、国家の機密を「漏洩する者」を止めることがまったくできていない。自分たちの中にいる漏洩者でさえ見つけられないときている。機密情報がマスコミに渡されていて、それがアメリカに壊滅的な影響を与えるかもしれないのだ。さっさと見つけろ。

タイミングは最悪だった。私たちは、これまでに数多くやってきた、国家の安全に関する慎重を要する記事を進めている最中だった。記者たちもホワイトハウスの当局者たちと話をしていたのだ。これは、私たちが公表する予定のものに関して、政府高官にコメントする機会を与えるという、このような記事の場合には通常の手順だ。私たちが機密情報を公表することが嫌われても、高官たちもそれに関わる価値は理解しているのである。ただここにきて、その規則がはっきりしないというか、そもそも規則はなくなったのかもしれなかった。そんなことが背後で進行していたので、トランプのツイートは不快だったのである。

大統領は昼頃には、保守政治活動協議会（ＣＰＡＣ）の年次大会で演説することになっていた。彼が反マスコミの長広舌を控える可能性は、ほぼゼロである。前の週の仕上げとなるツイートは、報道機関を「アメリカ国民の敵」と呼ぶ、悪名高くも恐ろしいものだったのだから。

そのツイートは、タイミングが悪かったせいだとか、彼の神経細胞のシナプスの誤作動によるものだからといった、わずかな希望もなかった。彼は金曜の午後にマールアラーゴにちょうど着いたところだった。午後四時三二分、彼はそのツイートの最初のバージョンを投稿した。

> フェイクニュースのマスコミ（落ち目の@nytimes、@cnn、@nbcnews、その他大勢）は私の敵ではない。アメリカ国民の敵なのだ。吐き気がする！

少しするとそのツイートは姿を消したが、一六分後に、ＡＢＣとＣＢＳが加えられ、最終バージョンと差し替えられた。

　フェイクニュースのマスコミ（落ち目の@nytimes、@NBCNews、@ABC、@CBS、@CNN）は私の敵ではない。アメリカ国民の敵なのだ！

　彼がマスコミのことを話題にしている点は、しばらく脇へ置いておこう。どの大統領にも、国民だろうとそれ以外の者だろうと誰に対してであれ、自分の不満を表す権利がある。問題はそこではない。問題は、どの集団でもいいが、大統領がアメリカ国民のある集団全体を裏切り者と非難することが、一体いつから受け入れられるようになったのかということだ。私のリベラルな友人たちの多くが、興奮しながら、あっさりとナチスドイツとの比較を示したとき、私は極端な穏健派のスタイルで抵抗してきた。だが今はもう自信がない。

　マスコミにいる知り合いのほとんどはこの点を問題視しようとしなかった。そして、自分の基盤からは愛されて、それ以外の全員からははねつけられたり無視されたりする、いつものトランプ流の雑音にすぎないとして取り合おうとしなかった。翌朝、私はある政府弁護人とメールをしていたが、私が土曜の朝五時半にパソコンの前にいることに気づいた相手が、その理由を訊いてきた。「国民の敵は眠らないのさ」と、私は打ち込んだ。返事はすぐに来た。「いやはや。このことのあまりの馬鹿馬鹿しさを、こちらも笑っているところなんだよ」。それでも、ある程度ではあるが、この中傷はこたえた。記者たちを罵《ののし》ることをすでにプログラムされているオルタナ右翼の連中に向けた、憎しみに満ちた正当化が、すぐそこに待っているのだ。悪者扱いして分裂させて、自分たち対やつらという構図を作り出す、典型的ないじめの策略なのである。

大統領がCPACに向かっていたとき、私は規範担当部長のフィル・コーベットと相談していた。もはや新聞が保証できない記事に関して、訂正を出そうとしていたのだ。記事を完全に引っ込めるのは論外である。その記事の内容については、実際のところどうでもよかった。記者がでっち上げ、信用できず、信用すべきではないと、大統領が言ったのだから。その記事はフリーの記者が書いたもので、〈タイムズ〉の政治報道からはかけ離れていたが、だからどうだというのだろう？　辞任しなければならないとしたら、タイミングが違う。

その記事は一二月に書かれたものだった。ロングアイランドで起こった、鎮痛薬フェンタニルの過剰摂取についての記事だった。別の新聞社からは、その内容の正確さについて疑問の声が上がっていた。ほとんどの場合、記事はチェックされるが、〈タイムズ〉の編集者は、記事に名前が出て発言を引用された二名について、その存在を突き止めることも確かめることもできなかった。情報源は本物だと記者は言い張ったものの、長い訂正記事でまもなく説明されたように、「タイムズ社はこの情報源の正確さを保証できないため、該当部分を記事の電子版から取り除くという判断」を、編集者が下したのである。これは正しい行いだった。読者には知る必要がある。だからといって、この一件から苦々しさが消えたわけではなかったが。

私がその訂正記事を見直しているときに、まるで合図でもあったかのように大統領がＣＰＡＣで舞台に上がって、演説を始めるや否やまくし立てたのだった。


みんな、座ってくれ。頼む。(拍手)不誠実なマスコミの連中なら、あいつはスタンディング・オベーションを受けなかったと言うことだろう。なぜかって? さあ、どうしてだと思う? それは全員が立っていて、座っている人が誰もいないから、スタンディング・オベーションを受けなかったと言うつもりなのさ。(拍手)あいつらは最低だよ。

それからみんなには、我々がフェイクニュースを相手に戦っていることを知ってもらいたい。フェイク――偽物のことで、フェイクなんだ。(拍手)数日前に、私はフェイクニュースのことを「国民の敵」と呼んだ――事実、そうなんだから。連中は国民の敵なんだ。あいつらには情報源がいないから、ひとりもいないところから情報源をでっち上げる。最近目にしたある記事は、九人が確認したというものだった。九人なんていないのに。ひとりか二人いたかも怪しい。九人だとさ。だから私は、ちょっと待てよと言った。連中のことはよくわかっている。彼らが誰と話したのかも。九人なんていないんだ。それでも彼らは九人いたと言い、その記事を読んだ人たちは、そうか、九人もいるのかと思う。情報源が九人いるのかと。連中が情報源を作り出しているのに。

　連中は実に不誠実だ。実は私のコメントを取材しているときに、この不誠実なマスコミは、私がフェイクニュースのことを国民の敵と呼んだ理由を説明しなかった――フェイクニュースだからさ。連中は「フェイク」という言葉を外したんだ。それが急に、この記事が出て、マスコミは敵になった。「フェイク」という単語を外したのに、それが今、私がそれを言っているという。いや、これはよくない。でも、それが連中のやり方なんだ。だから私はマスコミには反対しない。報道機関にも反対しない。私がひどい記事に値するなら、それも気にしない。それに、実は私はいい記事は好きなんだ。だが、我々の――（笑い）――私についてのそういった記事は多くはないがね。


　演説はこんな調子で続いた。大統領はとりとめもなく話し、自分は憲法修正第一条が大好きだと宣言し（「私以上に使っている人間がいるか？」）、自分のことをインタビューしたばかりのロイターの記者数人を熱意なく褒めた。情報源が実在せずに作り出されたものなら、大統領は誰が情報源なのか、なぜわかったのかということを、ＣＰＡＣの鋭いメンバーたちが演説後に訊くようなことは、私が知る限りではなかった。トランプは「アメリカ国民の敵」の部分をさらに声高に主張していた。私はこの報道をリアルタイムで追いかける必要はなかった。

　エミリー・バゼロンは、その長い雑誌記事の中で、トランプ政府が政治的目標を実行に移すために、司法省を利用しようとしていることを伝えていた。彼女の上司であるイレナ・シルバーマン編集長が、掲載前のその記事を見てほしいと、私に最終校正刷りを持ってきた。「正当化省」というタイトルで、政治によって司法省が作り変えられる様子が慎重に、詳しく説明されていた。行政権のブレーキ役となるために設けられた組織が攻撃されて、弱体化した場合、民主主義がどのような損害を受けるか、はっきりわかる内容だった。大統領が漏洩者のことで司法省に対してツイッター上で「さっさと見つけろ」と叫び、始まった一日に、忘れてはならない教訓である。

私はもうひとつの教訓についてもわかっていた。「ギャグル」という用語の意味である〔元々は「ガチョウの群れや鳴き声」の意〕。ホワイトハウスの記者会見でひどい事態が発生したと、その日の午後、ワシントンから少しずつ話が伝わってきていた。明らかになったのは、〈タイムズ〉や他社の記者が、ショーン・スパイサーに記者会見への出席を禁じられたことと、とんでもないことだという二点だ。ホワイトハウスの報道関係スタッフが、許可を受けたジャーナリストたちをホワイトハウスの記者会見室から、別の会見のためにスパイサーのオフィスへと誘導した。あとの者たちは、広報補佐によってドアのところで追い返されたので、ちょっとした小競り合いが起きたのだ。すぐさまシークレットサービスが呼ばれ、お呼びでない記者たちはつまみ出されたのである。

私のところに最初に届いた知らせは明確なものではなく、部屋に入れた者に締め出された者、そしてその理由と、それぞれの説明が相反していた。ただ、その疑問に対する答えがどんなものであれ、もっと厄介な疑問――しかも迅速な答えが求められるもの――が私に突きつけられることになるだろうということは、すぐにわかった。タイムズ社は組織として、スパイサーの所業を巡って、アメリカ大統領を訴える用意はあるのか？　ということである。その問いについてじっくり考え始めると、もうひとつの疑問が頭をよぎってしまう。敗訴した場合、自分たちは一体全体どうなってしまうのだろう？

翌日の紙面では、〈タイムズ〉はこの出来事全体をそっけない記事にまとめていた。「『CPAC の』演説の数時間後、自分が嫌う報道をする記者を罰するというトランプ氏の判断を実証するかのように、ホワイトハウスのショーン・スパイサー大統領報道官は、ニューヨーク・タイムズ社やほかの報道機関のジャーナリストに対して、自身が毎日行う記者会見への出席を禁止した。ホワイトハウスと記者団との関係において、これは極めて異例の違反行為である」

驚くことではないが、これはホワイトハウスの見解とは異なった。退屈ではあるが、知っておくべき詳細は以下のようなものだ。つまり、「ギャグル」と「通常の記者会見」の二つがあるということである。通常の会見は、スパイサー報道官がマスコミからの質問をさばいていき、質問が議論を呼びそうなものになるにつれて、彼の顔が爆発寸前の様相を呈していく。このことはアメリカ人なら誰でも知っていた。スパイサーの日々の様子は、何十万人もの国民が見るテレビではメインの話題となっていたし、昼下がり、ほかにやることがある人たちにとっては、この会見は週末の『サタデー・ナイト・ライブ』の人気スキットとなっていたからである。車輪付きの電動の演台をあてがわれたコメディアンのメリッサ・マッカーシーが、ガムを嚙む「スパイシー」

なる人物を演じるというものだ。これが通常の会見である。それとは別にあるのが「ギャグル」というもので、小人数の記者が集まる非公式の会見であり、カメラが入らないことも多い。ホワイトハウス記者協会によって指定された「代表取材記者」がその会見を取材して、出席しなかった記者たちに内容を伝えるのだ。

　ホワイトハウスでの記者たちとの衝突を受けて、スパイサー報道官と彼のチームは「ギャグル・ディフェンス」を採り入れた。ホワイトハウスの発表によれば、記者の締め出しはなく、ギャグルがあっただけだという。代表取材記者は通常通りに全記者団を代表しており、ふだんとなんら変わらなかったという。「報道機関が締め出されたという主張は事実に基づいていません」と、ホワイトハウスの広報補佐のステファニー・グリシャムが記者に告げた。「フェイクニュース」と言いさえすれば事足りるのだから、舌が回らないような「事実に基づいていない《ノット・ファクチュアル》」などとは決して口にしない上司がいるにしては、妙に抑えた、外交辞令的な口ぶりだった。ただ彼女は、ひどく不正直な口ぶりでもあった（大統領本人なら「事実に基づいていない」と言うところだ）。廊下に集められ、続いてシークレットサービスによって移動させられた記者たちというのは、事実の面でも他のあらゆる面でも、締め出されたのである。

　短く説明すると、こうなる。ホワイトハウスは「スーパーギャグル」のようなものを始めることにした。これには、指定された代表取材記者は変わらず含まれるが、スパイサーのチームは、ゴマをするお気に入りの報道機関に加わるよう、何人かを招いていた。ただ、誰がその招待を受けることになるのかは、誰も知らないようだった。タイムズ社はその集まりに入れてもらえるよう求めたが、その要請は無視された。ある段階で、記者会見室で行われる予定だったこの会見は（記者証を持つ者なら誰でも参加できるということだった）、スパイサーのオフィスという、より居心地のいい一角に変更されたのである。

指定されたギャグルの時間が迫るころには、ホワイトハウスの記者たちは自分が招かれたのかわからずに、何かよくないことが起ころうとしていると正しく感じながら、記者会見室に集まっていた。ホワイトハウス報道官室が集団の選別を始めた。招かれた者たち――指定された代表取材記者とホワイトハウスお気に入りのグループ――は、スパイサーのオフィスのほうへと案内された。締め出された者たちは物理的に参加を禁じられた。あとに残された者たちは、お気に入りの者とそうでない者との選別に用いられた基準について問い正し始めた。職員たちは、質問はメールでしてはどうかと言い逃れをした。締め出された記者の一部は、当然のことながらその場にとどまった。そして、一部の記者には会見への参加を認めるのに、ほかの者には参加を禁じて罰することをなぜホワイトハウスが決められるのか、誰かが説明してくれるのを待っていた。報道官室はシークレットサービスに命じて、彼らを排除した。

伝統的な代表取材の取り決めが主な理由で、このギャグルには大統領によく蔑まれて、ツイッターで叩かれている「フェイクニュース」のメディアも一部含まれていた。ＮＢＣが入っていたし、ＣＢＳもＡＢＣもそうだった。だが、特別に招かれた者たちは、大統領が頼りとするニュースソースへの偏りが大いにみられた——ブライトバート、フォックス、〈ワシントン・タイムズ〉、ワン・アメリカ・ニュース・ネットワークである。招待リスト入りしなかったのが、トランプ新政権に対して厳しい報道を常に行ってきた報道機関であるのは明らかだった——バズフィード、〈ガーディアン〉、CNN、BBC、〈ニューヨーク・デイリーニューズ〉、ポリティコ——そして〈ニューヨーク・タイムズ〉である。リスト入りを果たした記者の一部の者でさえ、分断戦略を行ったホワイトハウスの無礼な企てには激怒していた。〈ウォールストリート・ジャーナル〉と報道機関のマクラッチーは、自社の記者はギャグル入りをしていたものの、今後は二度とスパイサーの言うがままにはならないと発表した。リスト入りしていた《タイム》とAP通信の記者は、事情を知るや立ち去った。

事態が好ましくない方向へと変わった現実に直面したスパイサー報道官は、急きょ、「大統領就任式の観客数モード」になった。「近づきやすさと開放性に関しては、期待以上のものを果たしたことと思う」と、彼は述べた。そして、〈タイムズ〉などを締め出す動機は隠さなかった。彼らは単に自分たちが目にするものが好きではないのだ。「我々は、嘘や不正確な事実が出回るのを、黙って見ているつもりはない」と、会見の封鎖を正当化した。新政権になってようやく一カ月というところだったが、「嘘や不正確な事実」という用語が遠まわしな言い方にすぎないことを、人々はすぐに学んでいた。現実の人たちが使う言葉に直すと、「お前たちが報じている事実を、我々は好きではない」ということなのだ。その月の初めには、大統領はこうツイートしていた。「否定的な世論調査はどれもフェイクニュースだ。選挙のときのCNN、ABC、NBCの調査と同じように」。参加を認められて、通常の「ギャグル」を「スーパーギャグル」とした愛すべき保守系の報道機関に関しては、スパイサーは自分の特権にすぎないと述べたのである。

だが、そうなのだろうか？　ホワイトハウスが一部の報道機関をひいきして、ほかの者は締め出して懲らしめることを、法律は本当に認めているのか？

この件がインターネット上に出回る中、ニューヨークでは弁護士が雨後の筍《たけのこ》のように現れた。ニューヨーク・タイムズ社の弁護士という仕事がよそで働くよりも楽になる、もしくは大変になるのがこんな時だ。二月二四日のような日があると、アメリカ中のマスコミの弁護士が、そのときにしている仕事をいったん置き、法律上の助言をタダで送り始めてくれるのだ。これは痛し痒《かゆ》しなのである。多くの人はただ手を貸したいだけであり、一部には外部弁護士としての仕事を手にしたいと思っている人もいる。目立ちたがり屋もわずかにいる。残りは、みずからの発言によって、自分たちの仕事をわかっていないことをさらけ出しているのに気づいていない人々だ。

その日の昼過ぎまでに、私はあちこちの弁護士からメールを受け取っていた。役立ちそうな訴訟や、憲法修正第一条に関する大統領相手の訴訟を後押ししてくれるかもしれない理論など。アメリカのトップ弁護士事務所の中には、自分たちも加わる用意があると言ってくれたところもあった。ほかは私と同じように、何があったのかを見極めようとしているだけだった。「宣戦布告？それとも威嚇《いかく》射撃？」とは、最初に届いたメールの件名である。アイオワ州の友人が教えてくれたのは一九七一年の訴訟についてだった。ダヴェンポート市の警察署長が、主流派の新聞社やテレビ局の記者には記録の利用を認めた一方で、〈チャレンジ〉という反体制的な新聞へは、一切の情報提供を拒んだというものだった。当時の同紙の銀行口座には預金残高が一〇ドルしかなかったが、幹部たちには憲法に関する知識があった。〈チャレンジ〉が連邦裁判所へ訴えた結果、市が同紙の憲法上の権利を侵害しているという裁定を得たのである。「古くはあるが、いいものだ。頑張れ」と、友人は書いてくれていた。私がかつてダヴェンポートでジャーナリストとして働いていて、アイオワ州の常識に満ちた力強い決断には弱いことをわかっているのである。

ほかの人たちは、特に専門的な知識を持っていないことを認めたうえで、それでもホワイトハウス報道官室の今回の行為全般をひどいものだと考えていた。「ドナルド・トランプの就任以降、彼の政府がやってきた多くの厄介事の中でも、今回が一番の問題だ」と、ニューヨークのある弁護士は書いていた。「自分には、ニュースを報じる人物を選別することが、独裁者としての手始めの出来事のように思える。自分は憲法学者でもマスコミの弁護士でもないが、〈タイムズ〉がすぐにでも法に訴えて、このような行為は違憲だと宣言することに一役買うことを期待している」

私の立場の弁護士なら誰であれ、自分なりの「ペンタゴン文書」の瞬間を望むものだ。一九七一年にタイムズ社の総合弁護士だったジェイムズ・グッデールは、憲法修正第一条により、タイムズ社は自社の新聞にリークされた機密文書を公表できると確信していた。同社で長年働いてきた外部弁護士に訴訟を引き受けるのを拒まれて、〈タイムズ〉は罪を犯すことになると言われても、である。グッデールが正しかったことは歴史が証明している。ジャーナリストを締め出すという大統領に、異議を唱えて訴訟を起こすこと——自分が嫌いな声を抑えつけるために大統領がする行為に、制限を設けること——は、弁護士の仕事としては、とてつもないものであり、報道の自由にとっては光り輝く瞬間となることだろう。

もし勝った場合には。

もし負けた場合には……これほどの特別な瞬間に、これよりも大きな過ちを想像するのは難しい。ホワイトハウスに対する法律上の敵としてひとくくりにされ、トランプの話に組み込まれるだけではない。スパイサー報道官の悪行に対して、法的なお墨付きを与えることと、さらなる乱用の機会を与えたことの責任も負うことになるのだ。マスコミ弁護士界にいる、私の知り合いの年長弁護士二人は、今回締め出された報道機関の中で、主流派ではない会社が怒りのあまり性急に提訴したあげく、法律に足元をすくわれて、全てを悪化させてしまうという事態を懸念していた。

私は同僚のイアン・マクドゥーガルとともに、記者会見から記者を締め出すことについて、実際に法律にはなんと書かれているのかを急いで探った。いつものごとく、憲法修正第一条自体には、なんら手がかりはなかった。「連邦議会は、国教を樹立、または信教上の自由な行為を禁止する法律、言論または出版の自由を制限する法律、ならびに国民が平穏に集会する権利および苦痛の救済を求めて政府に請願する権利を制限する法律を制定してはならない」。数十年分の判決によって、これらの言葉に命が吹き込まれてきた。その一方で、この法律を複雑なものをはらむ地雷原へと変えてきた。そういった複雑なもののひとつに、私たちは直面しているのである。選挙で選ばれた役職者は、役職に就いてもみずからの憲法修正第一条の権利は失わない。少なくともすべては失わない。話したり、非難したり、ツイートをしたり、私たちと同じように気分が乗らないときには話さないことを選んだりということを自由にできるアメリカ人のままなのだ。ジャーナリストを自称する全員――フェイスブックのアカウントやツイッターフィードを利用しているほぼ全員になるが――に接近を認める義務はない。そういったジャーナリスト志望の人が、大統領やスパイサーにどんなに質問したくてもだ。どの国民にも、さらにはどのジャーナリストにも、ホワイトハウスの取材許可証を持つ権利があると書いている法律はないのである。

判決は、憲法修正第一条の下での発言や出版の権利を広く守ってきた。だが、法律の世界は劇的に変化しており、マスコミにとって、状況は厳しいものとなっていた。問題は情報を入手する積極的な権利があるのか、それとも特別な方法でニュースを得る権利があるのかというものになっている。テレビは数十年にわたって存在しており、連邦最高裁判所はアメリカ人の生活の形を毎年作り変えているが、議論が放送されたのを見たことはない。CNNやNBC、その他各局がカメラを構えてその場にいたくないということではない。その昼下がりに私たちが直面した、記者会見からの記者の締め出しという、この独特な法的ジレンマに関して、過去の裁判の判決は、決まった模様のない寄せ集めのようなものだったのである。

一〇年前のこと、メリーランド州知事のロバート・アーリックが、目に余るダメ政治家ぶりを発揮した。州の職員全員に対して、ボルティモアの〈サン〉の記者二名とは話さないよう命じたのである。彼の命令に疑問の余地はなかった。

以下、即時発効のこと。管理部および執行機関のいかなる者も、［〈サン〉の記者の］デヴィッド・ニトキンおよび［〈サン〉のコラムニストの］マイケル・オルズカーとは、追って通知があるまで会話をしてはならない。電話の応対や要請に応じることも禁ずる。知事の報道担当官は、現状の両名がアーリック＝スティール行政［スティールは当時の副知事］を扱ったいかなる問題についても客観的な報道をしていないと考えている。この情報はそれぞれの部門長に伝えること。

ニトキンが州の職員から情報を得ようとしたところ、「禁止令はまだ有効です」とか「あなたとは話せない」などと言われたという。彼は記者会見から締め出されると、次の会見には招かれなかった。サン社は告訴した。この訴訟は最終的に第四巡回区控訴裁判所に至り、「記者自身の守られた行為をそぐ、または悪影響を与えるような言動を伴う、憲法で守られた行為」に対応する法を、州政府が破ったと認めたのである。だが、サン社にとっては、その後は下り坂だった。裁判所が判断したのは、現場でなされる取材と、ジャーナリストと公務員との実生活でのやり取りだったからだ。「公務員は、頻繁に、また責任を負うことなく記者を評価して、許可の便宜を図っている。公務員は、記者の表現を認めるかどうかに基づいて、すべての記者を、定期的に一種の差別待遇に従わせている」と、裁判所は記したのだ。

裁判所が言っているのは、これは処罰でも報復でもなく、州政府を取材するときの世の習いにすぎないということである。裁判官は、もしサン社に有利な判決を下すと、ライバルを負かそうとする記者と公務員とのすべてのやり取りが、憲法上の権利の問題になってしまうと悩んだのだ。このサン社の裁判は、どちらの記者も知事の命令が自分たちの言論をくじいたと主張しなかったことと、〈サン〉が州議事堂の取材をほかの記者によって行うことができたことの両方によって悪化した。アーリック知事による書面の命令に関しては、裁判所は憲法修正第一条を採用した。つまり、アーリックの憲法修正第一条の権利を、ということだ。彼による「憤りと非難および禁止令の説明」は、憲法修正第一条によって知事に認められていることを行ったにすぎないというのである。言い換えるなら、記者たちの憲法修正第一条の権利の正当さを立証する目的だった裁判が、マスコミの目の前で突然爆発して吹き飛んでしまった。サン社によって、憲法修正第一条には、自分が気に入らない記者をこらしめる悪徳政治家の権利を支持する判決が加えられてしまった。ニューヨーク・タイムズ社対ドナルド・J・トランプ事件では、これは避けねばならない。

ほかの報道機関の弁護士が、このサン社の判決によってすぐに思いとどまるということはなかった。バズフィードやその他の新興メディア企業が、スパイサー報道官の禁止令を裁判に持ち込む方法を見つけたとして、盛り上がっていたことは知っていた。無理もない。バズフィードがイギリス人スパイのクリストファー・スティールがまとめた、トランプ陣営とロシア政府とのつながりを示した有名な「ファイル」を公表したときには、トランプは同社を名指しして罵《のの》しりの言葉を盛大に浴びせたのだから。バズフィードの記者もギャグルからは外されていた。

ボルティモアの判決を乗り越えられるのなら、多少の希望をもたらす判決は、ほかにもある。そういった訴訟の裁判官は、サン社の上訴を裁決した裁判官とは、憲法修正第一条の読み方が大きく異なるからだ。一九八〇年代のルイジアナ州において、ある連邦判事は、スパイサー報道官なら三〇年後の今、すぐに採用するような論理的根拠を無効とした。それは、公務員はみずからが不正確と判断した記者を自由に締め出すことができるというものだ。このルイジアナの訴訟には、ジェファーソン郡で保安官を長年務めたハリー・リーが絡んでいた。白人居住区に黒人がいたら、手当たりしだいに呼び止めるようにという命令を保安官代理に出して、国中の注目を集めた人物である。この命令はのちに撤回されたが、リーは自分が「正しい警察業務」と思ったことで、なぜマスコミに非難されたのか、どうしてもわからないと口にしていた。

一九八七年までは、彼が注意を向けていたのはニューオーリンズの日刊新聞〈タイムズ＝ピカユーン〉だった。同紙での自身の部門に関する報道に不満を覚えたリーは、同紙の記者を締め出して記者会見への参加を禁じた。そして、情報は文書で依頼するように強いるなど、彼らの仕事を妨げるためにできることはほぼすべて行った。彼は、繊細さからはほど遠い人間だった。同紙の記者が、ある記事でリーのコメントを求めた際に、彼は部下に対して、記者にはこう言うように命じたのだ。「マスコミなんかクソくらえと、保安官が言っている。いかなる状況でもコメントはしない」。この部下は自身の日誌に、「［記者に］折り返し電話をして、メッセージがないことを伝えた」と記している。

同紙が連邦裁判所に提訴したところ、リーは記者の仕事内容に事実誤認があったので、自分には彼らを締め出す権利があると思ったと説明した。裁判所はこれには騙されなかった。記者を出入り禁止にする前に、保安官は禁止令が「政府の切実な問題」にあたることを証明しなければならない、と裁判官は告げた。正確性や客観性の追求は、これには当たらない。特に「差別を行う公務員自身が、間違いを取り除きたいという報道の対象である場合」には。さらに、保安官が要点を完全に把握していない場合に備えて、裁判官はこう付け加えた。「これは憲法修正第一条によって禁じられている検閲の本質であり、建国の父たちが忌み嫌ったものである」

少なくとも、ハワイの連邦裁判所管轄の訴訟が一件、同じ結論に達しているが、法廷でトランプと一戦交えたいと意気込んでいる弁護士たちが指摘し続けている判決が、四〇年近く前のシェリル対ナイト事件のものだ。ワシントンのベテラン記者だったロバート・シェリルは、上下両院を取材する記者証があるにもかかわらず、ホワイトハウスの取材許可証を与えられなかった。実はシェリルをホワイトハウスのプレスルームに立ち入らせるべきではないと、シークレットサービスが助言していたのだ。彼がフロリダ州知事の報道官に暴力をふるったという不運な出来事のせいだ。こういったことはジャーナリズムの世界ではよくあったものだ。ホワイトハウスからの締め出しを巡ってシェリルが訴訟を起こしたところ、ワシントンの上訴裁判所は、シェリルが適正な手続きを踏んでいる限りは許可証が与えられるべきだとした。つまり、ホワイトハウスには許可証を与えられない理由を明記した、明文化された方針が必要だということであり、シェリルと同じ立場になった記者には、許可証を与えられないことに対して異議を唱える機会——おそらくは殴り合いを伴わない機会——が与えられなければならないということなのである。

一見したところ、この裁定は、私たちが捜していた法的な手がかりのように思われた。許可証を携行する者には立ち入りの許可を与えるということなのだから。あの日にプレスルームにいた者は、ギャグル行きになるのであれ、締め出されるのであれ、全員が許可証を持っていた。しかし、スパイサーによる「招待システム」では、一部の許可証が大きな権利を持ち、一部の許可証にはそれが与えられていなかった。シェリル事件の裁決を読み進めていなければ、これはどれもよさそうに思われる。だが裁判が進むにつれて、自分たちの論拠はあっさりと崩されてしまう気がした。「選ばれたジャーナリストにインタビューや会見を認めるという大統領の権限に、異議を唱えることはできない。大統領が一部の誠意あるジャーナリストにインタビューを許可するからといって、その機会を全員に与えるべきだと提案するのは、まったく法外なことだからである」

　もうひとつ複雑な要因も無視できない。スパイサーによる無謀な行為の陰にある事実が、私たちの論拠を弱めることになった。代表取材記者は入室を許可されているということだ。長い慣例により、彼らは参加していないすべての報道機関のための記者として、仕事をすることが求められる。また、記者証を持っている者は、スパイサーが引き続き行う定期的な記者会見には参加できる。トランプ政権に対するいかなる訴訟も、トランプお得意の破壊力ある武器――「オバマはどうだったんだ？」――に見舞われることになるのも、私たちは知っている。実はオバマは、二〇〇九年に行った日曜日のトークショーのインタビューに、フォックス・ニュースのアンカー、クリス・ウォレスが参加するのを認めなかったのだ。「我々は、フォックスが伝統的な報道機関であるという、大手マスコミが支持している作り話を甘受することをやめると決断しただけである」と、ホワイトハウスのダン・ファイファー広報副部長が当時述べている。オバマ政府は、テレビのキー局がケネス・ファインバーグのインタビューに招かれた際に、同じようなことを試みた。二〇〇九年の金融危機の際に、連邦政府によって救済された企業の幹部の給料を監督していた人物である。フォックスが締め出されることになると知ったほかの報道機関がボイコットを匂わせると、オバマのチームは態度を軟化させたのだった。

　それでも、あるひとつの事実が、ギャグルの日以降、議論されていない。ホワイトハウスとスパイサー報道官の言動がとんでもなかったことだ。違法ではないのだろうが、トランプによるツイートとスパイサーによる会見の封鎖のあいだで、彼らは民主主義の構造を引き裂いていたのである。私たちはトルコの真似はすべきではない。憲法に規定されている修正第一条は、権力者を褒めそやし、言いなりになるマスコミの権利を保障するためではなく、現政権に異議を唱えることに専心している人たちの声を守るためのものである。それが、公正であれ不当であれ、正確であれ不正確であれ、丁寧であれ執拗であれ。マスコミと敵対関係にあった大統領たちでも、このことは理解していたようだったが、それもこれまでの話だ。この法律は、民主主義が頼りとする規範や価値観を尊重するよう、大統領に強いる手段としては不完全なのである。憲法修正第一条の拡大解釈が可能なのはそこまでなのだ。民主主義はある段階で、権力の座にある者は法律や訴訟によって強制されなくとも、民主主義的な規範や価値観を尊重するものと想定している。民主主義が想定を間違うことも、時にはあるのだ。

ギャグルの翌日、ほかの報道機関の弁護士から、タイムズ社はなんらかの法的な取り組みに共同で加わるつもりはあるかと訊かれた。私はためらった。「昨日のNYTの［ディーン・バケット編集主幹からの］返答――法務部の助言抜きに行われたもの――は正しいと思った。方針と規範に関する、うちの編集主幹からの強い声明だった」と、私は返信した。「私は間違っているかもしれないが、今回はマスコミの勝利だと思う。トランプ政権は恥をかいたし、このことは一度限りのぶざまな件として（オバマが二〇〇九年にテレビのインタビューからフォックスを締め出そうとした件と同じように）記憶されるだろう。これが続くようなら、その場合は弁護士の出番になる」
バケットが適切に伝えた二月二四日は、報道の自由と独立したマスコミを気にかける人たちにとって、あらゆることが、うまくいかなくなっていたかもしれない一日だった。「我々が長年、様々な政権を取材してきたホワイトハウスにおいて、今回のようなことは一度も起きたことがありませんでした」と、彼は声明で述べた。「我々はニューヨーク・タイムズやその他の報道機関が締め出されたことに強く抗議します。透明性のある政府にマスコミが自由に近づけることこそが、重大な国益だからです」

これまで報道の自由に対して最大級の貢献を果たしてきたフロイド・エイブラムス弁護士〔憲法修正第一条が専門の弁護士〕も、この件をきちんと説明している。「マスコミに対する、大統領の不満や非難は、これまでずっとあった」と、フロイドが〈タイムズ〉に書いている。「だが、マスコミのことをアメリカ国民の敵と日々中傷することや、ジャーナリストによる秘密情報源の利用は『認められるべきではない』といった声明は、これまでなかったものであると同時に、危険なものである」

訴訟を起こしたところはひとつもなかった。ギャグルの封鎖は一度きりで終わった。記者たちはスパイサー報道官との日々のバトルに戻って、その本性が異なる方向へ進んでいる政府から、いくばくかの真実を引き出そうとしている。『サタデー・ナイト・ライブ』にも、素晴らしい素材が引き続き提供されている。

二月二四日のスパイサーとトランプを巡る騒動のさなかに、別のメールが届いていたが、ワシントンでの狂乱の騒ぎの中でほとんど気づかれなかった。アメリカ自由人権協会（ＡＣＬＵ）からの連絡だった。各報道機関の記者が帰国時に税関で止められて、パソコンや携帯電話を政府職員に没収、あるいは検査されそうになった場合について、記者たちにレクチャーを行うという。タイムズ社は興味がありますか？　と。

私たちが興味を持たないわけがないではないか。

第六章　私たち《US》対アメリカ《US》

ワーオ。@nytimes が千人単位で購読者を失っている。「トランプ現象」の報道があまりにお粗末で、極めて不正確だったからだ。

——ドナルド・トランプ（二〇一六年一一月一三日。〈タイムズ〉の発行部数は、実際は通常の割合の四倍増だった）

私ならかなりいい記者になるのに……。

——ドナルド・トランプ（二〇一七年二月一六日）

大統領就任式から一カ月と経っていない二〇一七年二月に、スタンリー・ディアマンが亡くなった。〈ニューヨーク・タイムズ〉は死亡記事を載せたものの、ミシシッピ州やジャーナリズムのことを大いに気にかけているところ以外では、彼の名前が記憶に残ることはないだろう。スタンリー・ディアマンは、ミシシッピ州フィラデルフィアの零細新聞〈ネショバ・デモクラット〉の編集長を三四年にわたって務めた人物である。

一九六四年のこと、アンドリュー・グッドマン、ジェイムズ・チェイニー、マイケル・シュウエルナーという三人（白人二人、黒人一人）の公民権運動の活動家が、フィラデルフィア近郊で殺害されているのが見つかった。彼らは六月二一日に地元警察によって逮捕されたのちに釈放されたが、その後姿を消していた。失踪直後に、燃やされた彼らの車が発見され、そして八月になって死体が見つかったが、三人とも土手に埋められていた。〈ネショバ・デモクラット〉の編集長でディアマンの前任者は、この三人のことを「扇動者」や「いわゆる公民権運動の活動家」と呼んでいた。連邦当局は彼らの死における共謀容疑で七人の男を有罪とした――六年以上服役した者はいなかった――が、年月が過ぎていく中で、殺人罪で起訴された者はひとりもいなかった。

数年が数十年になっていくうちに、〈デモクラット〉の読者の多くも、この暗い事件が忘れ去られていくのをよしとしていた。だが、スタンリー・ディアマンは違った。「私は一切の誇張なく、四〇年のあいだ、この子たちのことを考えずに過ごした日は一日としてなかった」と、二〇〇四年の〈ニューヨーク・タイムズ〉のインタビューで語っている。「どうしても洗い落とせないようなものなんだ。話したくない人もいるかもしれないが、どうしたって消えることはない。忘れさせてはくれないんだ」

ディアマンは新聞の社説面を使って、殺人犯を裁判にかけるために何か手を打つよう、ミシシッピ州の当局者への働きかけを続けた。「責任を取るときだ」という二〇〇〇年の厳しい社説では、次のように書いている。

この地域社会でも、あまりに長すぎると口にする者もいるだろう。問題なのは、その人たちは、五年後、一〇年後、一五年後のときにも、そう言ってきたということだ。自分の家族や友人が巻き込まれていたら、長すぎるなどとは決して口にしないだろう。それに、自分たちにはそう言う権利があると主張するなら、良心にかけて、どうしてその権利を他人には使わせないのか？

ディアマンはさらに続ける。

このことは、でっち上げの交通違反で逮捕されて、檻に入れられた動物のように夜が更けるまで投獄されたのち、大勢になって、夜になればなるほど狂暴になるクー・クラックス・クランに捕らえられ、丸腰のまま殺された三人の若者のことを、現状の救世主だとみずから言い張る一団がわざわざ取り上げなかったら、ひとつも問題とはならないのである。

同紙はこの事件をいつまでも忘れずにいたが、やがて事件から四〇年後、検察官が七九歳の製材機操作係のエドガー・レイ・キレンを殺人容疑でついに起訴したのだった。彼は有罪を宣告された。

ミシシッピ州ジャクソンの〈クラリオン＝レッジャー〉のジェリー・ミッチェルは、アメリカで最高の調査報道ジャーナリストのひとりだ。彼はディアマンが直面してきたものを理解していた。「彼は自分の地域社会に対して、フィラデルフィアのダウンタウンで、自分と同じように通りを歩いている殺人犯を起訴するよう求めたのです。町の人たちからは、もうほうっておくように言われました。もう忘れるように、と。でも実際は、スタンリー・ディアマンは決して忘れなかったのです」。ディアマンが亡くなると、ミッチェルは追悼文を寄せた。

スタンリー・ディアマンのことを二〇一七年二月に考えるのは、意味がある。彼の話は、権力者に立ち向かうことのみならず、読者に対しても立ち向かうということなのだ。権力者を相手にすること、そして脅しや非難、失望にもかかわらず真実を守り続けることは、新聞社にとっては勇気を必要とする。アメリカ国民が知らなければならない情報の周囲に張り巡らされた、政府の秘密主義という巨大な壁を乗り越えようとして日々覚える失望。しかし、読者に対して立ち向かうことは、時にはそれ以上に難しいのだ。（ニュースにでもなりそうな人物が連絡してきて、ミスを指摘してくると、私は編集者に対して同じような考えを述べることが多い。怒りの電話をかけてくる人への対応は簡単だ。深く掘り下げる記者と向かい合うことのほうが難しい）。

新聞業界はこの二〇年間で壊滅的な打撃を受けてきた。企業の広告の出し方や、読者がニュースを知る方法が根本的に変わったせいだ。アメリカン・エンタープライズ公共政策研究所によると、二〇〇〇年（私が初めて新聞社の弁護士になった年）から二〇一五年のあいだに、新聞社の広告収入は六七〇億ドルから二〇〇億ドル以下へと減少し、過去五〇年間の利益がすべてなくなったという。一〇年間で、雑誌と新聞では一〇万人以上の職が失われたと、《アトランティック》も報じている。

タイムズ社は二〇一一年に、コンテンツに対して読者に対価の支払いを求める「ペイウォール」は成り立たないと語る専門家らの意見を無視した。「情報は自由《フリー》・無料《フリー》になりたがっている」とは、当時の予言者たちが書いたものだが、彼らが意味していたことなど、誰にわかるというのか。私たちにわかったのは、「ペイウォール」は財政的に成り立ったということだけである。今世紀の始まりには、タイムズ社の収入の二六パーセントが新聞発行によるものだった。それが一五年後には、発行が収入の六割を占めていて、グーグルやフェイスブックが広告市場を食いつぶす中、その数字は増え続けているのである。しかも、シリコンバレーの起業家から大学教授、果ては街中の人たちに至るまで、誰もが印刷物は死んだと嬉々として言っていたのに、実際は忠実な購読者のおかげで、〈ニューヨーク・タイムズ〉では生き続けているのだ。二〇一六年には、タイムズ社の収入の約七〇パーセントが、依然として印刷版の購読料と広告から得られているのである。

トランプの勝利のときまでには、核となる読者層の政治的立場については、疑いはなかった。左へ傾いていて、トランプに対する反感が少しでもあると、一気に増えるのだ。選挙日の結果を受けて、その数字は考えられないような伸びをした。トランプは「落ち目のニューヨーク・タイムズ」という呼び方を好むが、彼はまるっきり間違っている。選挙日の直後に、彼はツイートを投げ込んできた。〈タイムズ〉は彼の選挙戦の報道のせいで「千人単位で購読者を失っている」と。これは間違いもはなはだしかったので、タイムズ社の上層部は、これまでにやったことがないようなことをした。現職の大統領との真っ向勝負、ツイート勝負に出たのだ。@RealDonaldTrump というツイッターのアカウントには、タイムズ社からの返信が載っている。

事実：印刷版も電子版も新規購読者は急増。流行とともに、止まっては始まるものだ。通常の四割増である。

これがトランプ効果《バンプ》なのは明白である。二〇一七年の第1四半期に、〈タイムズ〉は三〇万人以上という電子版の購読者による純益を得た。二〇一一年のオンラインでのペイウォール開始以降、四半期における最大の伸びを記録した。電子版と印刷版で、購読者数は三〇〇万人を超えるまでになったのである。マーク・トンプソンCEOが指摘しているように、大統領はタイムズ社を非難するたびに、購読者数を押し上げてくれているのだ。トランプが次に何をしようとしているのかと不安になったアメリカ人は、憲法修正第一条が予見したように、タイムズ社にお目付け役になることを期待しており、同紙を支持するために進んでお金を出してくれているのである。トランプが台頭する以前の二〇一四年のピュー・リサーチセンターの調査でも、〈タイムズ〉の読者のおよそ三分の二が中道左派を自認していた（全ネット回答者では三八パーセントだったという数字と比べてみてほしい）。トランプの勝利は、政治とマスコミの選択の両方において国を分断したとともに、その傾向を強めたにすぎないのである。

タイムズ社は、ニュースを伝える側にいる公正な仲介者であることを、長らく誇りとしてきた。社説面は左寄りになることもあるかもしれないが、ニュースコラムは非常に高い壁の反対側にいて、報道によって誰が持ち上げられようが誰が批判されようが、事実に対して公正に対処している。二〇一六年の選挙のときには、パブリックエディターのコラムに、ディーン・バケットの発言が引用されていた。「我々は、人々がニューヨーク・タイムズに自分たちの姿を見ていると感じられるように、気をつける必要がある。我々は、自分たちが世の中の一部であるだけでなく、世の中に対して公平かつ正直であると思われることを望んでいるのだ」。これは難題かもしれない。二〇一七年初頭に、トランプ嫌いの保守派で、〈タイムズ〉の熱心な読者である友人が、私たちの報道に対して不満が増してきていると言ってきた。彼が指摘したのはトランプの新たな政策について報じた記事だった。彼が独裁的なエジプト政府を受け入れて、これまでのアメリカの政策の土台を抑えつけるという内容だった。オバマ大統領は人権に対するエジプトの嘆かわしい過去を批判していた。記事はホワイトハウスによるこの政策の発表を報じたのち、アメリカにいる人権活動家とオバマ政権の元当局者を大きく取り上げていたが、どちらもトランプのやり方を非難していた。その友人は、えらい専門家たちの多くは、実際にはこの新しいやり方がアメリカにとって理にかなっていると考えていると、指摘した。彼は、誰もが賛成すべきと言っているのではなく、そういった意見も記事に入れようと考えた者が、なぜひとりもいなかったのかというのだ。トランプの考えには、(〈タイムズ〉でよく取り上げられている、機能不全と指図の誤りがみられる)トランプの外交政策チーム以上に、ある程度の魅力がある。そのことは、重要なのではないかと。どちらもいい質問だった。

私はタイムズ社の弁護士として、公正と偏見に関する問題について、独断的であってはならない立場にいる。私の仕事は自社のジャーナリストたちに、法律が認める最善の判断を提供することであり、記事をより公平にできるとか、もっと偏見なく伝えられるとか、様々な声を組み込むことができるなどということについて、意見を述べるべきではない。その判断はいたってシンプルである。掲載前の記事を私が詳しく調べているときは、ジャーナリストたちには法律専門家としての私の意見は真剣に受け止めてもらいたいと思っている(まあ本音を言えば、彼らには法律専門家としての私の意見を、賢明で分別があり、法律を完全に体現していると信奉してほしいと思っているが、私も現実主義者なのだ)。ジャーナリズムのあるべき姿について私が意見を言い出したときには、編集者は私のことを無視していいのだ。ジャーナリストは彼らのほうなのだから。重要な決断を下さなければならないのは彼らなのである。無視されるマスコミの弁護士の姿は、あまりにも多く見てきた。彼らは自分をスーパー編集者と見がちなのだ。無視される弁護士は非常に不幸な境遇に立たされることになり、それは記者も同様なのである。

当然のことながら、公正と合法のあいだの境界線は明快な場合が多い。名誉毀損法は、その基本的なレベルでは、評判を傷つける虚偽の陳述を扱う。記事というのは、ひどく不公平ではあっても、本当のことであり、対象となる人の評判は傷つけていないということがありうる。だが、多くの名誉毀損訴訟では、問題は記事が本当か誤りかではなく、事実誤認が真実の認識ある過失によって、あるいはプロの水準に至らない不注意な報道の結果として、なされたかどうかなのだ。公正な記事――非難された人たちに返答する機会を与える記事、疑義を招くような言葉を避けている記事、記者の個人的な判断が添えられていない記事――の弁護は、弁護士にとっては常に気持ちを軽く高めてくれるものなのである。

選挙戦の大部分に関して、〈タイムズ〉を公正だと考えている人をタイムズ社以外で見つけるのは難しいことが多かった。保守的な友人たちは、トランプに関する〈タイムズ〉の報道は、この候補者を日々はずかしめて、負けるのが当然である、確実な敗者やホラ吹き（おそらくは不安定なホラ吹き）とはねつけていると考えていた（〈タイムズ〉が選挙日前日に、FBIによってトランプ陣営とロシアの共謀容疑が晴れたことを示唆した記事を掲載したために、大衆を誤った方向に導いたのかという論争が勃発《ぼっぱつ》したときには、この友人たちは不思議なことに何も言わなかった）。一方、クリントン支持派は「誤った等価関係」を非難した。これは、ジャーナリストは公正に見えるよう躍起になるあまり、トランプについてのネガティブな記事にはクリントンについてのネガティブな記事を合わせるという根強い考えだ。たとえ心の中では、トランプの過失は重罪であるのに対して、クリントンの失敗は駐車違反程度のものだと思っていても、である。

〈タイムズ〉のパブリックエディター、リズ・スペイドは、選挙戦の狂乱の真っ只中の二〇一六年九月に、危険を覚悟でこの論争に深く入り込んでいった。彼女は、トランプにはもっと厳しい報道がされるべきだと考えているような人たちを激しく非難した。というのも、トランプはトランプであり、彼はいつでもなんでもトランプ流にやっていて、一方でクリントン財団に対するタイムズ社の調査は――これ自体はたいしたニュースにはならなかったが――偽りのバランスを得るための下手な試みにすぎなかったからである。彼女にしてみれば、タイムズ社は、バランスを求めて、彼に一本、彼女に一本、彼に一本、彼女に一本と記事の数を数えるべきでも、一方の候補者はもう一方よりも厳しい報道をされるに値すると判断を下すべきでもないのだ。スペイドが支持したのは、どちらの候補者も積極的に攻撃して、どの記事に重きを置くのかは読者に判断させるというものだった。読者は彼女のコラムを大いに嫌った。私は期せずして彼女と同意見だったので、そのことを本人に伝えた。しかし、ネット上に多くいる評論家たちから彼女がトランプ陣営のさくらと思われている状況においては、おそらくたいした意味はなかっただろう。

政治報道に対する双方の側からの批判には、読者の知性、あるいは少なくとも人間としての複雑性に対する、ある種の軽視が混じっている。強力な報道機関は間違いなく世論を形作るが、それでも複雑なものだ。私たちは誰もが、みずから読むものに独自のフィルターをかけて、自分の意見を形作っている。現在の偏見、人生における位置、特定の記事を批判的に読む度合い、周囲の人たちから耳にする意見、代わりとなる情報源でいっぱいのメディア環境以外で読むもの……

どれだけ多く選んでもいいが。おそらく人々が何よりも望んでいるのは、双方の候補が十分に報じられることなのだ。駐車違反と大量殺人の違いくらい、人々は見抜けるのである。

こういったことは何ひとつとして、偏見があったかどうかは証明していないし、誤りを立証してもいない。それに私は、双方から非難されているのなら、自分は何か正しいことをしているはずという安易な答えは信じていないのだ。それとは正反対のことが、ちょうど真実のようなのである。つまり、あらゆる点で本当にひどい仕事をしていて、その事実を誰からも完全に隠しているというものだ。

ただ、私にわかっているのはこういうことである。選挙機関中に報じられた、大いに議論を呼んだ報道について、私は掲載前のチェックを行い、事後の検討に関わることも多かった。トランプの女性問題と体をまさぐられたという主張に関する記事。ヒラリー・クリントンが夫の性的不品行を手助けして、恐れることなく公然と訴えた女性たちのことを攻撃したかどうかという記事。クリントンのメールにまつわる一連の出来事とその後の調査。トランプの納税申告書。民主党のメールがハッキングされたのちに出てきた、選挙戦を一変させた暴露。クリントン財団と怪しげな外国政府とのつながり。トランプによる真実に対する驚くほどの軽視。こういった記事はどれも私には、反トランプ旋風やヒラリーを「捕まえて」仕返しをしたいという願望から生じた卑劣なものとは感じられなかった。個人的な意図や編集者の意図、もしくは新聞社の何らかの意図によって突き動かされた、やっつけ仕事と感じたことは一度としてなかったのだ（私がフォックス・ニュースの弁護士なら、同じことは言えそうにないだろうが）。掲載前に私が法的な面から記事を読む際には、私はまったくの悪者の立場になっている――手術を失敗した医者、顧客を騙した保険会社、学生に言い寄った教授、富を築くために労働者をこき使った強欲な実業家に。そういった者たちの目で記事を見て、まったく同じ事実から築けるかもしれない対抗物語《カウンターナラティブ》を見つけようとするのだ。これは直観に反した読み方である。二〇一六年のクリントンとトランプの選挙戦では、どの日に誰が批判の的になろうが、自分たちの記事ができるだけ正しくなるように、私は、不確かな世の中でできる限り確かめていた。だが、クリントンであれトランプであれ、〈タイムズ〉の記事の厳しいスポットライトに迷い込んだどこかの愚か者であれ、私は決まって担当の編集者や記者のところに戻っては、その記事で取り上げられた人が尋ねるような質問をした。魔法などないのである。少なくともタイムズ社では、最高のジャーナリストというのは、たいてい最初のインタビューから最終の編集のあいだのどこかで、同じ質問をすでに自分にしているのだ。

選挙戦の後半、私はジャック・ゴールドスミスとともに、ニューヨーク大学（ＮＹＵ）ロースクールでパネリストを務めた。ゴールドスミスはハーバードの法学教授で、ブッシュ政権では司法省の元高官だった人物である。《ニューヨーカー》のエイミー・デヴィッドソンと、元アメリカ自由人権協会（ＡＣＬＵ）のジャミール・ジャファーも同席していた。私たち四人の中で、トランプの勝利を確信していたのはデヴィッドソンだけだった。ゴールドスミスは政権内にいた経験に基づいて、政府をある方向へ動かせるほどの権力を持っている大統領はいないと述べた。根強い慣習、相殺される力の源、長期にわたって勤めている公務員からなる恒久的な政府——それらによって、新しい大統領は身動きがとれなくなってしまうと。私は、どちらの候補のほうが開かれた政権になりそうか、はっきりしないという意見を言った。トランプは選挙戦でマスコミを罵倒してきた——実際はそれ以上にひどかった——が、記者が連絡するとみずから電話に出てくれたことも多かったし、選挙スタッフがリークを阻止するのは遺伝子的に不可能なようだった。二〇一六年の選挙戦の際にジェンダー問題を追っていたメーガン・トゥーヒーは、その年の秋、ロースクールの私のクラスで、陣営にコメントを求めるのがどのようなものか語ってくれた。彼女は両方の側に足を運んで、トランプの女性問題と、夫を非難した者たちを追い返したヒラリー・クリントンの役割について記事を書いた。トランプ本人は、すでに自宅にいた彼女に、夜遅く折り返しの電話をかけてきたという（そして当然ながら、予想どおりに友好的な態度を見せたあとは、彼女とタイムズ社の非難を始めたのだった）。クリントンのほうは、コメントを求めた彼女からの電話を避けると、選挙参謀に命じて編集者に記事を撤回させようとしたのである。

クリントンの支持者の多くが、メール問題を、些細なことで大騒ぎしているととらえていた。その理由が私にはどうしても理解できなかった。彼女について言われていることと、選出された際に彼女が築く政権を理解するには、私と同じ位置に立たなくてはならないのかもしれない。選挙で選ばれた役職者が個人のメールアカウントを公務で使う理由は、ただひとつだ。国民の法律上の権利と同様、情報公開法の下で国民がメールを入手しないようにするためだ。古臭い方法である。ニューヨーク市の公務員や、ニュージャージー、ニューヨーク両州の知事室の役人も同じようなことをしていた。大統領に立候補するなら真似したくなるような大物というわけでは必ずしもなかったが、公正を期すために言うと、個人のサーバーを持っているほどずる賢い者はひとりもいなかった(彼らはGメールやヤフーのランダムなアカウントを持つ傾向にあった)。FBIのジェイムズ・コミー長官はこの捜査について公表したことで、結局は選挙戦を混乱させたが、そもそも、そのこととメールがあったという理由とは無関係である。国民の権利を否定し、秘密の度合いを増した状態で自由に支配するためなのだ。私がNYUで自分の言い分を述べたとき、聴衆のあいだに不満げな動揺が起こったのを感じた。クリントンのメール問題はひとつのきっかけ、それもタイムズ社の社員から出てきたものだったからである。

責めを負うべきは私たちだけなのだ。二〇一五年七月二三日、〈タイムズ〉のマイク・シュミットとマット・アプーゾの両記者が衝撃的なトップ記事を放った。政権内で監視役を務める監察官二名が司法省に対して、ヒラリー・クリントンが「国務長官として用いた個人のメールアカウントで政府の機密情報を誤って取り扱った」かどうかに関する犯罪捜査を求めたというのである。

クリントン陣営からの抗議が殺到し、それが終息を見る前に、〈タイムズ〉は二件の訂正と編集者注を載せて、この件は「犯罪調査照会」ではなく下位レベルの「機密違反照会」だったと記した。〈タイムズ〉のパブリックエディターのマーガレット・サリヴァンは、この記事を載せたタイムズ社を非難した。クリントン陣営の広報担当、ジェニファー・パルミエリからは、タイムズ社へ手紙が送られてきた。「この記事の誤りがどれほど目に余ることか、前後関係の筋道を通す必要性を感じています」と、パルミエリは書いている。タイムズ社が「アメリカ合衆国大統領の有力候補が連邦法執行機関の犯罪調査照会の対象になったと非難する、誤った記事を性急に一面に載せた」理由が理解できないというのだ。

シュミットとアプーゾのことは知っている。私が出会った記者の中でも優秀な連中で、機知に富み、人脈が広く、粘り強い《ドッグド》（これは文字通りの場合もあり、アプーゾはある記事であまりに興奮して、「ウー、ワン」という件名で私にメールを送ってきたほどだった）。掲載後に情報源が意見を変えて、最初の発言を撤回したのだと、私にはわかった。このときに私たちの誰もわからなかったのが、その理由である。政治的圧力か？　心変わりか？　単なる凡ミスか？　どうだっていい。公の場でもタイムズ社の建物内でも、批判は容赦なかった。そのような記事に間違いがあってはならないのである。

真実がようやく明るみに出たのは、あとになってからだった。彼らは間違っていなかった。彼らは正しかったのである。

〈ワシントン・ポスト〉のエリック・ウェンプルが二年後に発表した記事により、ついに全貌《ぜんぼう》が明らかになって、「ニューヨーク・タイムズがこの件を控えめに述べていたことが、ようやく判明した」。シュミットとアプーゾが記事を掲載する二週間前に、ＦＢＩは犯罪捜査を始めていたのだ。「ミッドイヤー」というコードネームで、ヒラリー・クリントンによる機密情報の取り扱いが焦点だった。この調査には二〇人以上の捜査官が割り当てられたという。

これらはすべてあとでわかったことだった。NYUでの私は、多くの聴衆に向かって、トランプとクリントンのあいだにある誤った等価関係を持ち出した、単なる語り手にすぎなかったのである。私はクリントンについては間違っていたとは思わない――彼女は、オールバニだろうとワシントンだろうと、役職が上の者の不適切な開放性には反感を持っていた。ただ、トランプの大統領職がどのような感じになるかということについては、確かにジャック・ゴールドスミスも、私も未来の予測がまったくできていなかったのである。

ジャーナリズムに対する多くの非難と同じく、ジャーナリストの客観性という慣習が、思慮に欠けて誤解を招くおそれのある報道に至ったという非難には根拠がない。しかし、これは二〇一六年には、真の批評というよりは安易な決まり文句になった。手垢《てあか》のついた表現になってしまったのだ。このことは、四〇年前のジャーナリスト養成学校でも話し合われていた。地球は平らだと誰かが発表した場合、記者はその言葉をそのまま引用して、今度は専門家に、そうではなく地球は球体のようだと言わせる。真実の見極めは読者に委ねられるのだ。それが間違いなく一九五〇年代のジャーナリズムのスタイルであり、客観性を追求するあまり速記術になってしまいかねなかった。そのことが扇動政治家のジョセフ・マッカーシー上院議員の台頭を許す役目を果たして、アメリカ政府内に雇われている共産主義者の数に関する、彼によるとんでもない発表が、マスコミからの抵抗がほとんどないままに報じられたのである。少なくとも当初はそうだった。あまりにたくさんあって、ひとつだけ選ぶことはできないが、9・11のときにニュージャージーの通りではイスラム教徒が踊っていた、オバマはケニア生まれ、自身の大統領就任式の観客数は過去最大、一般投票での勝利、二〇一六年は資格を持たない者が何百万人も投票した、というようなトランプによる過激な主張は、文章の最後に「トランプいわく」という適切な文言をつけた発言となっていて、無分別には報じられていない。アメリカでニュースを何気なく消費している人たちでさえ、そういった主張が誤りだと皆、気づくのだ(画面の前で正座して見ているフォックスの視聴者はおそらく違うと思うが)。彼の大いに気まぐれな意見をジャーナリストはとにかく無視すべきだという考えは、それはそれで非現実的である。最高の仕事をしているときのジャーナリストは、現実世界で起きていることを反映しているのだから。それに、たとえアメリカ大統領に立候補している人物が、感謝祭で酒を飲みすぎた頭のおかしな親戚のおじさんのようにべらべらとしゃべり始めても、記者がその無駄話を無視すると、読者に害を与えることになる。相手は頭のおかしな親戚のおじさんではなく、アメリカ大統領になりたいと思っている人物なのだから。

もっと難しい問題は、その日の報道における報じ方と掲載場所である。大統領就任式の観客数に関する騒ぎの最中に、〈タイムズ〉のある読者が憤りを表した。その女性が知りたいと思ったのは、もしトランプが自分は月に行ったことがあると発言したら、記者たちはその後の四年間を、彼の発言は間違っていると確実に証明することを望みながら、宇宙船の製造番号を調べて過ごすつもりなのかということだった（一方で地球では、政権は何もかもを密かに変えていくのである）。選挙戦がだらだらと続いて、やがてトランプが政権に就くと、嘘をつくことを巡る論争が活発になった。嘘は嘘と呼ぶようにというのが、読者の求めだった。タイムズ社がそうしたことはこれまでなかった。「誤り」「不正確」「間違った発言」……大統領候補や大統領について報じる際に、たとえ彼らが嘘をついていたときでも、用いられてきた言葉である。〈タイムズ〉の編集者たちは、誤った陳述とわかっていて故意であるのが間違いない場合には、もはやこれまでの規則は適用できないと判断した。「嘘をつくこと」が私たちの報道に登場したのは二〇一六年九月の二本の記事においてで、どちらもオバマがアメリカ生まれではないと示唆することをやめるというトランプの判断に関するものだった。〈タイムズ〉の編集者はこの単語は控えめに用いられるべきだと考えており、ディーン・バケットは、この規則はトランプのみに適用されるのではなく、今後の報道でも必要な場合には適用されると述べている。

トランプが就任してホワイトハウス入りしたのち、〈タイムズ〉は「確定リスト」を発表した。日ごとにいや増す大統領の虚偽の記録帳である。当時〈ウォールストリート・ジャーナル〉の編集者だったジェラルド・ベイカーは、これには感心しなかったようだ。ケイティ・クーリックとのインタビューで、彼はこう述べている。

私が思っていることは、それほど重要ではない。思うに、大統領はたぶん嘘をたくさんついている、そうだろう？　大統領は時に物事をでっちあげると思う。そう考える理由はかなりあると思う。

違いは、私が思うことや、意見として、さらには信じるに足る一定の正当な理由として表すかもしれないことではなく、自分の記者たちが事実として報じることができるものだ。それに、嘘であるものを事実として報じるのなら、それは虚偽や偽りというだけではなく、その人の心に二つのことを負わせなければならない。ひとつは、実際は事実に反するという認識で、もうひとつは、騙そうという故意の意図だ。

〈タイムズ〉のある鋭い読者は、この点にはかなり早くから気づいていた。その女性は、トランプが嘘をついていると言うのをやめるよう、私たちに強く言ってきたのである。妄想と嘘の区別もつかないのかと。

嘘のリストが定期的に更新されて発表されることになるたびに、オピニオン・セクションの編集長からは目を通すようにと最新版が送られてくる。トランプが熱弁をふるいながら、訴えるぞと脅すことで、多くのジャーナリストが用心深くなっている。トランプのことを常習的な嘘つきだと主張する記事を巡って彼が訴訟を起こす可能性は、自分の就任式の観客数が過去最大だったといつの日にか証明できる可能性と同じくらい少ない。ひとつには、新聞が公人を「真実に欠けている」と呼ぶときでさえ――おそらくは特にそういうときにこそ――真実は常に防御になるからだ。それでも私はこのリストを好きになれない。トランプによる馬鹿げた理論、的外れの予測、誤解を招く恐れのある説明は、真っ赤な嘘と同等のものとして扱われている。反トランプのあるニューヨーカーは、私にこう書いてきた。「先日の記事――トランプの誇張／虚言のひとつとして、ダボス会議での演説において、まだ任期の一年目なので、経済に影響を与えられていないという、基本的には正確な経済データが含まれたもの――は、ひどいと思いました。あの人は嘘を（実際の嘘を）日常的についているので、ほかの政治家なら絶対に使わない（それも当然で、自分がやっていないクソでも自分の手柄にするから）ような細部にこだわる区別をＮＹＴがしても、まったく意味がないのです」

トランプのことを「嘘つき」と呼ぶ判断は、彼のような政治家について報じるときに、新聞社が受ける大きな報いになった。選挙後、経営上層部は従業員を相手に対話集会を開いた。そのときに出た質問がすべてを物語っている。中西部育ちというニュース編集室の女性は、この国で起きていることを自分たちは把握《はあく》できなかったと思うと述べた。多くの人は人種差別主義者でも偏屈者でもないが、取り残されていると感じたり、沿岸部のエリートたちから軽蔑されていると思ったりして、政府を改革するというトランプの約束に魅力を感じた。そのことを、私たちは理解し損ねたのだ。トランプのことは鼻であしらってもいいが、その支持者を鼻であしらうことはできない、とライバル社の編集長は、ある夜タイムズ社の報道を批評しながら、私に言った。選挙戦の最後の一カ月のあいだに、私はイリノイ州で親戚の女性と会った。彼女の夫は地元の工場での仕事を失っていた。時給が二度減らされ、そのあとは三度目の削減を受け入れるか、さもなくば工場を閉鎖することになると言われたという。ある時点で、給料がほぼ半分に減らされたら、その仕事にはもうその価値はない。労働者たちが拒んだ結果、工場は閉鎖された。これは民主党の責任ではないし、本当はトランプにも解決策はないのだが、何かがひどく失敗したのであり、体制側に一泡吹かせてやりたいと思う労働者のことは、誰にも責められないだろう。

そのときの集会では、〈タイムズ〉がトランプのことを「標準化」してしまい、人種や移民、女性の立場や社会常識について、彼がアメリカ人の主流からいかに外れているかを読者が理解する役に立てなかったと考えている者もいた。（たとえば四年前に、全国放送のテレビ討論会で大統領候補が対立候補のことを、リドル・マルコや嘘つきテッドと呼ぶ……そして勝利することを想像した者などいただろうか？）標準化については、私も疑いをかけられた。トランプの弁護士に宛てた私の手紙がネット上で話題になったのち、私は〈タイムズ〉のコラムで、その手紙を書くに至った経緯を記した。その手紙を書いた目的は、体をまさぐられたと主張する二人の女性に関する〈タイムズ〉の報道を擁護して、自分たちの記事は法律によって守られていることを示すためだったと述べた。そして私は——少なくとも一部の人にとっては——思いもよらぬことを口にした。読者から受けた反応についてである。

多くの人がそのとき、ドナルド・トランプに対する怒りをあらわにした。そのことに驚きはしなかったが、実はそれは私の目的ではなかった。私が育ったのはイリノイ州の小さな農村で、両親はどちらもヨーロッパで従軍した第二次世界大戦の退役軍人だった。マンハッタンにいる多くの友人とは異なり、私がともに育ってきた善良な人たちの心にトランプ氏の言葉が響く理由が、私には理解できるのだ。

その数カ月後、この件をまだ覚えていた私の古い友人が、ある会合で私につめよってきた。あれは一体どういう意味だ、「善良な人たち」とわざわざ言ったのは、と。私は別に謎めかすつもりはなかった。地元の病院や消防団でボランティア活動をしたり、我が子が軍隊に入っていたり、それほどよく知らない人の葬儀にも、正しいことに思えるからと参列したりする人たちのことである。とりたてて深い意味はなく、勲章を配るような話でもないのだ。憎しみを持つ人や人種差別主義者といった、大ざっぱな色分けをされるべきではない人たちというだけである。そう答えても、相手は満足したようには見えなかった。

トランプを報じると決まって叩かれる。そういった報道は、保守派には敵意のように感じられるからだ。彼らがそう主張するのはたやすい。この問題の一部は、インターネットのニュースサイトの性質そのものにある。新聞の紙版は、話の流れとその先にあるものについて、読者に合図するような構成になっている。社説面とその反対側にある特別ページは、最初のセクションの裏にまとめられている。解説者がニュースのページに登場すると、印刷上はそのように表記されて、区別される。ニュースはこちらで、意見はあちらとなって、意見がニュースの内容を歪めることはない。この構成が〈タイムズ〉の電子版では崩れているのだ。特別ページのコラムと寄稿者は連日、圧倒的に反トランプである。「彼が何かについて実際に正しいことはあるかもしれない——一度くらいは」というような、皮肉を込めた贈り物を時々する以外に、選挙戦の際にトランプのために何かを言う特別ページというのは考えられない。ウェブサイトのトップページでは、反トランプの激しい見出しが躍る否定的な意見が載ったあらゆる記事と、トランプに関するニュースの報道が隣り合っているが、それらは必然的に批判的なものが多くなっている。そのような報道は、集会のときに暴力をけしかけたり、馬鹿げた主張をしたり、対立候補を侮辱したり、女性の体をまさぐったことを自慢しているのを録音されたりする候補者には避けられない。だが、ニュースの報道の隣に特別ページが並んでいる連日の全体的な印象は、トランプの立候補資格を完全に非難するものだった。そして選挙日が近づくにつれて、トランプの勝利がいかにありえないかを示す、例の予測メーターが登場したのである。

タイムズ社の偏見を認識した結果、それなりに法律問題は起きている。私たちは、ウォルター・ブロックという自由至上主義の教授と、長いこと法廷闘争にあった。彼は、ランド・ポールと、自由至上主義の伝統に関する二〇一四年の〈タイムズ〉の記事に、少しだけ登場していた。下院議員を引退した父親のロン・ポールから引き継いだ伝統だ。ブロックの名前はついでに挙げられていて、奴隷制はみずからの意思によるものではないから反対だが、そうでなければ「それほど悪くはない」と述べたと引用されていた。ブロックはこの引用については否定しなかった――実際に自分のブログでもそのことは何度も言っていた。だが彼は、その記事では自分の言い分が文脈通りに伝わっていないと思ったのだ。奴隷制の問題点は、奴隷が生活する状況ではなく、主人と奴隷との強制的な経済関係の不道徳性にあるという。彼は名誉毀損で訴えを起こした。

二〇一七年の最初の週にブロックの弁護士が準備書面を提出したが、彼らはタイムズ社が特定の党派に偏っているという考えに飛びついていた。「社会事業者としてのNYタイムズの方針が、本物のジャーナリズムを常に定義してきた信条に取って代わるという考えである」。彼らは、〈タイムズ〉のメディア・コラムニストのジム・ルーテンバーグが八月に書いた、「トランプはジャーナリズムにおける客観性の規範を試している」というコラムを軸に据えていた。そのコラムは次のように始まっている。

> もしあなたが現役のジャーナリストで、次のように考えているなら――ドナルド・J・トランプは、アメリカで最悪の差別主義者で、国家主義的な傾向の扇動政治家である。反アメリカの独裁者たちに取り入っていて、アメリカのゴールド・コード〔大統領に与えられている核兵器の発射コード〕を管理させるのは危険である――あなたは一体どうやって彼について報じるというのか？
>
> もし、あなたがこういったことをどれも考えているなら、アメリカのジャーナリズムがこ

の半世紀にわたって（それ以上長いということはないにしても）使ってきた教科書は投げ捨てて、これまで試したことのない方法で取り組む必要がある。トランプの大統領職を、危険をはらんだものと見ているなら、あなたが報じる内容もそれを反映したものになるだろう。反対するものに、これまでにないほど近づくことになるのだ。それは、私が知っている、意見を持たないすべての主流ジャーナリストにとっては居心地が悪く、未知の領域なのだ。そして、通常の基準からすると擁護できないものでもある。

だが、誰もが苦労して取り組んでいる疑問がある。通常の基準は当てはまるのか？　もし当てはまらないのなら、一体何がその代わりになるのか？

最終的には、ルーテンバーグはこの疑問に自身のコラム内で答えている。ジャーナリストには義務があるが、それは、

世界で最も強力な公職に就いた場合、候補者がどのような感じになるかを探り出すことだ。トランプ氏や彼の支持者にとっては、このことは必ずしもフェアに思われないかもしれない。だがジャーナリズムは、ある陣営の公正の定義とみずからのものを比べて、優劣をつけるべきではないのだ。ジャーナリズムの本分とは、読者や閲覧者に対して忠実であり、ある意味では歴史の判断に耐えるような事実に対して忠実であることなのである。それ以下のことは、

擁護できないのだ。

この点は刺激的に強調されている——コラムとはそういうものだ——が、結局のところルーテンバーグが言っているのは、ごく普通のことだ。記者は読者に対して、トランプとその陣営について意味のある話を書く必要があるということである。ブロックの弁護士たちはそうは見なかった。「つまりは自分がいるダークサイドに入って、もはや客観的であるとか、事実に即するという必要のない、自分たちの盲目的な党派心を報道に浸透させようと、［ルーテンバーグは］同僚に懇願しているのである」

これは訴訟におけるひとつの準備書面にすぎない。しかし、厄介なものである。それは、ブロックが、結局は上訴に勝利して、この件を地方裁判所へ差し戻したことだけが理由ではない。裁判官がはっきり言ったにしろ言わなかったにしろ、〈タイムズ〉はジャーナリズム界の保証のようなものであると見られてきた。信頼でき、公正で、偏りがないと。そのことは、厳しい裁判でも役に立っている。疑わしきは罰せずとでも言えるだろう。訴訟においてはどの弁護士も求め、もしくは必要とするものだ。状況を一変させるものになりうるのである。原告の弁護士が手に持つ、トランプに関する私たちの報道が大いに異なる話——保守派に対して聖戦を仕掛けている報道機関という話——を提供する可能性が、目に見えるようだ。

二〇一七年の春が過ぎないうちに、私たちは名誉毀損で訴えられた。相手は、熱狂的なトランプ支持者で名誉毀損訴訟を持ち込んでくる石炭王ボブ・マレーが所有する企業集団と、元副大統領候補のサラ・ペイリンである。この二人はどちらも、程度の差こそあれ、誠実に対処することができないリベラルな新聞という筋を強引に進めてきたのだった。

ほとんどの人が考えているようなものとは違うが、多くのジャーナリストは偏っている。単純な批判は、ほとんどの記者はリベラル寄りというものと（事実）、トランプのような保守派の取材方法を押しつけているというものだ（嘘）。ジャーナリストは、悪事を明らかにしたり権力者に責任を課したりすることを、世の中における自分たちの役割と見るようにしつけられている。ほかのすべてのことが平等でも、普通の人は、経済的に、政治的に、それにほかのあらゆる方法で騙されていると、彼らは考えているのだ。ほとんどの規則は正しく、リッチでコネのある者にはこれ以上のカネも権力も必要なく、たいていの社会政策は長い目で見れば、弱者や病人、恵まれない人たち——その個々の話は深刻で伝える価値がある——に害を与えているというのが、記者の基本にある考えである。規制の撤廃、富裕層への減税、移民の検挙を約束して政権に就いた大統領は、その職業が持つ最も基本的な偏見を目いっぱい振りまいている。

ある特定の政治家の報道がひどいという場合に、それが個人的な憎しみによるものであることはめったにない。もちろん時には、そういうこともある。しかし、好意的ではないほとんどの報道の真の理由は、番記者が取材する政治家に対して、相手を深く懐疑的に思うぐらい親しくなるからである。これは右とか左という問題ではない。ニュース編集室での私自身の会話程度に科学的な話になるが、トランプはアンドリュー・クオモやビル・デブラシオという、どちらもリベラルで、どちらもジャーナリストとの関係では好戦的な者たちよりも、実際は好かれていた可能性がある（どちらも現大統領ほど面白くもなければ、妙に好まれることもなかった。そもそも、ふたりがトランプと同じレベルではなかったという事実は、さらにマイナス点だ）。ほとんどの政治家が、自分がそれにふさわしいと思っている、こびへつらうような報道をされるのは、死んでその遺産《レガシー》や貢献が死亡記事でようやくきちんと触れられたときなのだ。

二〇一七年、ジミー・カーターは、トランプほどネガティブな報道をされた大統領を自分は知らないと述べた。「トランプは精神が錯乱しているとかなんとか、人々はあらゆることを、なんのためらいもなく自由に主張できると思う」と、カーターは言う。カーターは自身が大統領だった期間中、自分のことを「安定した天才」だと表明する必要はなかった。ケーブルテレビを自身の指標として国家を誘導しようともしなかった。自分の取り巻きを捜査していたＦＢＩ長官をクビにするとか、敵対的な国外勢力との共謀容疑をかけられた側近や協力者を赦免《しゃめん》する権利を主張する機会もなかった。ニュースとは、基本に立ち返るが、新しいこと《ニュー》についてである。今度のことは新しいことだった。トランプ以前に、混沌《こんとん》によって国を管理しようとした大統領はいなかったのだから。政権がようやく一年と一カ月目を迎えたというタイミングで、ジャーナリストのピーター・ベイカーが〈タイムズ〉で報じたように、「トランプ氏の報道官は二人目、国家安全保障担当補佐官は二人目、国家安全保障担当副補佐官は三人目である。五人の異なる人間が広報担当に任命されたか、代理の立場に就いた。大統領は、首席戦略官、保健福祉長官、首席補佐官代理数名、元々の個人的な弁護団とも決別している。首席補佐官も二人目だ」。お互いを出し抜こうとするホワイトハウスの側近の在庫や、匿名の情報源としての大統領は底なしのようだが、常に出口が見えるオフィスでは驚くことではないし、ライバルへの狙いすました攻撃ほど、キャリアを助けるものはないのである。

マスコミは批判的な報道を行う傾向にあるのか？　マスコミは政権の功績を軽くあしらっているのか？　答えはイエスであり、イエスである。ジャーナリズムとはそういうものなのだ。記者は、君主国の王の書記官だとか、皺《しわ》やイボを消し去る肖像写真家にはならないのである。このことはどの大統領に関しても当てはまるが、トランプはとてつもないネタであるにもかかわらず、彼の政権はみずからのメッセージも管理できないのだ。彼による政府は、いわば食べ放題でネタが提供されていて、しかも巨大な取り皿付きで二四時間営業なのである。だから、そのテーブルにつかず、代わりに農務省が公表している大胆な新灌漑《しんかんがい》イニシアチブについての記事を書くような記者はいないのだ。カーターの言い分にも一理あるとでもいうように、確かにマスコミもネガティブなものを見つけることを期待して、時に誇張しすぎと感じられることもある。トランプ政権になって最初の数分という時点である記者が報じたのは、トランプが大統領執務室からマーティン・ルーサー・キングの胸像を移動させたというものだった。これは誤報だった。その胸像は変わらずそこにある。本人が目にしていないだけなのだ。記者は訂正を投稿した。ニュースには事欠かないようなまさにその日に、トランプがキングの胸像を移させたかどうかに焦点を当てたのはなぜかと記者に尋ねても、不公平ではないだろう。だが、もしアメリカの国民が、マスコミは本当に仕事をしているのかと気にするのなら、大統領が公平な扱いを受けているかではなく、連邦機関が劇的に方針を変え、規則が撤廃され、機関の情報が公共のウェブサイトからそっと外され、規制産業が自由化されている状況で、大きな変化が報じられていないことを疑問に思ったほうがいい。

タイムズ社自体も、国を分断していた不和の影響を例外なく受けていた。二〇一八年初頭には、編集主幹のディーン・バケットとマーク・トンプソンCEOが従業員に対して、礼儀をわきまえるよう、もう少し努力が必要だと文書で伝えた。これは異例の行動だ。これより先にタイムズ社の一部の編集部員が、編集部の決定に怒りをあらわにしていた。保守派の解説者にスペースを与えて、トランプに投票した人々からの投稿によって就任一周年を記念するというものだったのだ。さらに二月には、編集部の新入社員が、まだ仕事を始めてもいないのに辞めさせられた。ソーシャルメディアのユーザーが、その新入社員の女性がネオナチと友人関係にあることに言及したり、ゲイや人種を差別する発言をしているツイートを見つけたからである。バケットとトンプソンが従業員に宛てたメモは細かい表現になっていた。職場における言論の自由について正しいことが記されていた一方で、「お互いに対する尊敬と礼儀という社の期待」に背いた従業員のことはたしなめていた。これは意義のある、適確なメッセージだったが、簡単には解決できない問題を追いかけていたのである。

ツイッターの時代に生きているということで、新聞が偏っていると見られることを懸念する編集者たちの生活は、さらに複雑なものになっている。ツイッターは世間に向けた終わりのないオープンマイク・ナイト〔飛び入りの客に店のマイクを開放する営業〕となっていて、一部の記者はそのオーディションに並んでいるという状況なのだ。世の中で起きていることをうまくとりまとめている者もいれば、意見を述べる即席の演説台ととらえている者もおり、両者の境界線は必ずしも明確ではない。

選挙直後の一一月のこと、〈タイムズ〉のジャーナリストたちが、次期大統領の娘が自分のブランドの宝石類をネット上で宣伝していることと、トランプの閣僚の選考過程が、本人が以前やっていた美人コンテストに似ていることを相次いでツイートしたところ、ちょっとした騒ぎが持ち上がった。続く三つ目のツイートには、選挙人団はトランプを拒むことも可能と示唆した《アトランティック》の記事が投稿されていた。パブリックエディターのリズ・スペイドはフォックス・ニュースの番組に出演して、これらのツイートを「言語道断」と呼び、これらをツイートした者たちにはよくないことが降りかかると発言して、嘲笑《ちょうしょう》の的になった。これは過剰反応だった。彼女は、ソーシャルメディアが、今や記者にとって生活の一部になっていることを理解できずに叩かれたのだ。しかし、公正を期すために言えば、一部の批判は、彼女がカネで動いた最大の罪を犯したこと——フォックスのテレビ番組に出演したこと——が理由だったようなのである。

実は〈タイムズ〉の社内でも分裂はみられた。編集者の多くは、記者がトランプの政府に対しての皮肉をみずから投稿したり、ワシントンで起こったことはどんなものについても低温で燃えるような怒りをあらわにしたりすることを、気に入っていなかった。しかも、これは記者に限った話ではない。ヨーロッパに配属されたタイムズ社の社員が、「先週、トランプが就任してから初めて帰国したけど、自分の知っていたアメリカは死んでしまったと思ったね」とツイートしたところ、編集者が私のところにやって来て、どうしたものだろうかと訊いてきた。状況は複雑である。自由な表現を大切にしている会社は、自社の従業員を静かにさせるというツイッター上の子守役には反対なのだ。ソーシャルメディアは自分たちのブランドにとって非常に重要であり、自分たちの記事をより多くの人たちに広めて、記者たちを読者に紹介する方法なのである。タイムズ社のトップたちが、いかなる方針も文書にすることには乗り気ではないという現実もあった。ソーシャルメディアのルールを設定するのが難しいからというだけでなく、その文書が第三者によって一瞬でネットに上げられてしまうからである。簡単に管理できないし、誤った言葉はジャーナリズムや政界において、その日のネット上で炎上してしまう。世間の関心を誤ったツイートに向けることも、私たちは望んでいなかった。そこで編集者たちはネットは主に見守ることにし、ソーシャルメディア上で一線を越えそうなニュース編集室の従業員に対しては、個別に頼み込んだのである。ホワイトハウス担当の〈タイムズ〉の記者で一番の新入りであるグレン・スラッシュは、特に批評家たちの火種となっていた。常に帽子をかぶっていることと、ショーン・スパイサー報道官との連日のやり取りが『サタデー・ナイト・ライブ』でネタにされたことで、ジャーナリズム界の有名人になっていた人物である。彼がポリティコからタイムズ社に加わったのは選挙後のことで、ホワイトハウスに関しては珍しい昔風の取材を行ってきたものの、自分の考えをツイッターに投稿することにためらいはなかった（「悪意に満ちた人種差別主義者や反ユダヤ主義者、白人至上主義者と距離を置くことを一貫して拒む上司の下で働き続けたいと思うのか？」）。二〇一七年九月、グレンは自身のツイッターアカウントを閉鎖したが、本人いわく、ツイートや反応を読み通すのにどれほどの時間を費やしていたかに気づいたのだという。この決断を上司が不満に思っていないことは、本人も認めている。

一カ月後、タイムズ社は数カ月にわたって進めていたニュース編集室のソーシャルメディアの方針を、文書で明らかにした。編集者は、ツイッター上の不心得者に対する個別のささやき戦法はもはや機能していないと考えていた。この文書の執筆者たちは、スタッフの心をつかむうまい手を考えついていた。〈タイムズ〉の人間が考えられないようなツイートをして、同紙に対する情報源や読者の信用を傷つけて、いかに人々の生活を大変なものにしてしまうか。それについて語る、ニュース編集室の有名なジャーナリストたちの言葉を引用したのである。

この新しい方針の要点は、冒頭に記されていた。「もし自社のジャーナリストが、偏見や私見を持っているとソーシャルメディア上でとらえられると、ニュース編集室全体の信用が傷つきかねない。我々は常に明確にしてきたが、ニュース編集室の従業員は、中立で公正という自分たちの評判を傷つける文章をソーシャルメディアに投稿することは避けるべきである」。この方針の最後には、投稿する前に自問すべき質問が列記されていた。「自分の投稿を読んだ人が、あなたが特定の事柄について偏っていると思う根拠はないか?」「自分の投稿を見た読者が、あなたのことをタイムズ社のジャーナリストだと気づいたとき、公正で偏りがないというタイムズ社の報道に対する読者の考えに、影響を及ぼさないか?」「リンクやリツイートを含めて、あなたのソーシャルメディア・フィードの全体を読んだ人がいたとしたら、その人は公正で偏りなくニュースを取材するというあなたの能力に疑問を持たないか?」

この方針は、ニュース編集室ではスムーズに受け入れられたようだった。右傾化している街の反対側の〈ニューヨーク・ポスト〉は、それほど感心しなかったようだ。公開されたこの方針に関するコラムの見出しは、「タイムズの新方針　記者の偏見を隠す」というものだった。

新政権の一年目には、読者に仕えることと迎合することとの違いについて、スタンリー・ディアマンの教訓に、私は何度も立ち返った。この五年間にわたり、〈タイムズ〉は読者中心のジャーナリズムという姿勢に専念してきた。批評に対してはさらなる話を展開し、〈タイムズ〉のジャーナリストと一般読者の対話を促す読者センターを新設して、読者が抱える現実世界の要求や要望に取り組む新たなコンテンツを探ってきた。〈タイムズ〉は、ジャーナリズムの純粋さを汚すことになるとでもいうように、長年にわたって読者自身や、彼らが求めるものと距離を置いてきた。近年の姿勢の変化は、長い冬のあと、窓を開けることに似ていた。ジャーナリズムにとって重要なのは、人なのである。ただ、分断されたアメリカでは、リスクもある。人々が必要なものをジャーナリズムが提供するのではなく、人々が望むものによって、みずからの基準を定めてしまうというリスクだ。読者の中にある、トランプに対する厳しい記事を求める声は、途切れることがないようだ。それでも、現在の世の中を映し出そうと、その他の記事を伝える必要があるとき、読者からの抵抗は激しいものになるかもしれないのだ。

二〇一六年一一月末、アメリカで最も優秀で、良心的なジャーナリスト、ワシントン支局のスコット・シェーンが、当時のトランプの側近中の側近だったスティーヴ・バノンの記事を書いた。シェーンの記事は正確で、手際よくまとめられ、バノンという話題の人物の人となりをよく伝えていた。シェーンは次のように書いている。

トランプ政権への期待は、次期大統領が上級顧問およびホワイトハウスの首席戦略官に任命した、バノン氏を見ればよくわかる。それには、彼の衝動的で議論好きな性格をある程度理解することが必要だ。トランプ氏のかなり過激な支持者を興奮させる一方で、民族的、宗教的な少数派、それにその他多くのアメリカ人の気力を失わせる、これほど扇情的な人物が次期大統領のそばに陣取ることはめったにない。

ヴァージニア州リッチモンドに生まれ、ハーバード・ビジネス・スクールに通い、ゴールドマン・サックスに勤めて、娯楽と金融の交差点で働いて富を築いた人物が、いかにして政界や財界のエリートを自身の大敵とみなすようになったのか？　みずからを「抜け目ない資本主義者」と呼ぶ人物が、なぜ「ダボス一派」の「世界主義者」を激しく非難し、共和党エスタブリッシュメントを嬉々として攻撃するのか？

右派の過激な末端からワシントンの権力の中心へと進んだバノンのことを見てきた一読者として、私も同じことを考えていた。この記事の前日に〈ボストン・グローブ〉が、ハーバード・ビジネス・スクール時代のバノンに関して洞察力ある紹介記事を掲載していた。

クラスメートは彼のことを、カリスマ性のある海軍の退役軍人で、年上で、同級生の多くとは異なる人生を考えていたと記憶していた。「彼もほかの者たちと同じように、ウォール街のトップの仕事を目指して、急いで大金をこしらえたいと思っていた。それでも、クラスメートの記憶にあるように、何かがきっかけで彼は早い段階から際立っていた。ハーバードの基準からしても衝動的で、知性の面では目立っていながらも、人付き合いはよかった。彼らの記憶には、現在見聞きしている、目障りなほど不和をもたらすバノンの姿はないのである」

スコットによるバノンの記事に、読者は髪を逆立てた。見出しではバノンのことを「好戦的」で「ポピュリスト」と表現していたが、多くの読者は「人種差別主義者」や「白人至上主義者」、もしくは「外国人嫌い」のほうがふさわしいと思っていたことも一因に挙げられる。記者は自分で見出しは書かないし（それは編集者の仕事だ）、それに「ポピュリスト」という単語はひとり歩きを始めていて、曖昧な言葉になってしまっていた。バーニー・サンダースはどうなのか？

ドナルド・トランプは？　どちらも違う？　どちらもそう？　正確な意味は？　ただ、この紹介記事自体が攻撃されたのは、バノンのことを非難せず、バランスよく描いていたからだった。「特にがっかりしたのは、教養ある多くの若者が四五〇〇語の記事を目にして、中身をきちんと読んで自分なりの結論を出さずに、『レッテルが正しくない』と口にしたことです」と、シェーンがその後のパブリックエディターのコラムで述べている。もし人々がバノンのことを――好きなものを選んで構わないが――人種差別主義者、白人至上主義者、外国人嫌いとして見たいのなら、そこに至るまでの事実は記事の中に含まれている。一方でバノンのことを、現在の立場とは違うところにいるはずの経歴を持つ、謎めいた人物として見たいのなら、記事にはその話も載せているのだ。話をありのままに伝えるという、昔からのジャーナリストの行為を問題視して、タイムズ社はどちらか一方を支持したり、読者にものの考え方を教えなければならないと、あまりに多くの人が考えていることにがっかりする。

そのほぼ一年後に、新たに同じような論争が巻き起こった。リチャード・フォーセット記者が、「アメリカの心臓部に響く憎悪の声」という見出しの記事を書いたときである。その声の主はトニー・ホフターという二五歳の新婚男性だった。彼は白人ナショナリストだった。「彼は、一般に認められている政治活動の古い境界線が驚くほど流動的に見えるような時代において、礼儀正しく控えめな、身近にいるナチスのシンパである」と、フォーセットは書いた。「ほとんどのアメリカ人なら、ヒトラーを認める彼の何気ない発言や、民主主義への軽蔑、人種は別々なほうがいいという考えに、嫌悪や当惑を覚えることだろう。ただ、彼が体に入れているタトゥーは害のないポップカルチャーのもので、腕にある一切れのチェリーパイはテレビドラマ『ツイン・ピークス』へのオマージュである。白人ナショナリズムの信条を皮肉を込めて広めたいと口にする一方で、テレビ番組『となりのサインフェルド』の大ファンでもあるのだ」。ホフターはモンスターではなく、レストラン「アップルビーズ」や結婚プレゼントのリスト作りを好む、目的を持たないただの中西部出身の男という印象である。しかし、胸が悪くなるほどの人種差別主義者で、口を閉じてはいられないほどの反ユダヤ主義の考えの持ち主なのだ。私には、それこそが重要な点だと思われた。ハンナ・アーレントは伝説的な著書『エルサレムのアイヒマン』の中で「悪の陳腐さ」について書いており、ナチスの戦犯のアドルフ・アイヒマンについて真に恐ろしいのは、彼がごく普通の人間に見えることと、自分たちとさほど変わらない人間が、問題ある状況下では、簡単に悪の権化になってしまうことと示唆している。フォーセットはこの記事を書きながら、ホフターに対する説明を必死で見つけようとしたものの、見つけることはなかったのだった。「時には、魂やその形が、書き手にとっても読者にとっても、明確にならないことがあります」と、彼はのちに記している。「今回のことではしばらく自分を責めましたが、埋められない穴は特徴と欠点の両方の役目を果たすはずだと判断したのです」

多くの読者は、そのようにはとらえなかった。彼らの怒りは、おさえがきかないほどで、タイムズ社の言い分を決して認めなかった。時間を割いてツイッターに書き込んだり、タイムズ社にメールを送ってきたりする人たちが、刺激を受けた小集団を代表しているのか、それとも読者の大集団を代弁しているのか判断するのは難しい。ただ、意見を寄せてきた人たちはフォーセットの記事を、「称賛に満ちた、ナチスの長い紹介記事」ととらえたのだ。アメリカ社会における最悪の要素を標準化しようとする、タイムズ社による恥ずべき行為であると。タイムズ社では、この反応はこたえた。すべての終息をみないうちに、〈タイムズ〉のナショナルエディターであるマーク・レイシーが、一応の謝罪を行った。「この記事が多くの読者の気分を害したことについて遺憾に思います。不愉快な話を伝える方法について、人々の意見が合わないことは認識しています。ただ、私たちは、アメリカ人の生活の極端な部分や、それらを抱えている人たちのことを隠すのではなく、明らかにする必要性があることは、議論の余地がないと考えます」

こういった丁重な言葉では、私たちが見てきた邪悪な反応が覆い隠されてしまう。この記事が掲載されたのは土曜の夜だったが、月曜には、私は警備の人間から注意を促された。暴力的にもなる過激な左派集団アンティファが、フォーセットのことを「ドキシング」する、つまり、人々が嫌がらせやそれ以上のことを行う対象にできるよう、彼の住所や連絡先をさらすらしいという。悲しいかな、ジャーナリストに対する脅しへの対応が、私の日常の仕事ではあるが、新たな脅迫が出てくるたびに、この国の現状に落胆する。脅しがこの国全体の姿を反映したものではないと理解はしているものの、今やあまりに頻繁で、憎悪や敵意の度合いがあまりにも強い。そのほとんどはネット上の一時的な雑音にすぎないが、たったひとりの人間に行うことができる点を忘れてはいけないのだ。ヴァージニア州の野球場で共和党の下院議員が襲撃された事件や、右派がウェブサイト上に書いたでっち上げの話――民主党とつながりのある児童ポルノのグループがワシントン州のピザ店で活動しているというデマ――を受けて、ノースカロライナ州の男性が同店内で発砲した「ピザゲート」の事件。私はフォーセットに電話をかけて、彼はジャーナリズムがすべきことをやったまでだと伝えた。自分たちが思っている世の中の現状や、あるべき姿とは反対であっても、世間に存在している現実を明らかにしているのだからと。今回の反応は厳しいものだったが、彼は冷静だった。二〇一七年の政界では、人々に衝撃を与えたり、考え方にダメージを与えたり、全国的な会話を次なる怒りにしたりなど、別の何かが起こるのに、ほとんど時間がかからないことが、お互いにわかっていたのである。

一方の側を支持できないと、それ自体を降伏だと考える人々がいる。そんな分断された国で、ジャーナリズムが生きるのは難しい。タイムズ社も常に物事を正しく理解しているわけではなく、言葉は、隠しもすれば敵対もする。さらにはどう呼ぶかという議論がニュース編集室内を巡り続けていることも私は理解している。「オルタナ右翼」か「白人ナショナリスト」か、「嘘」か「誤った陳述」か。それでも私は、ジャーナリズムの特定のビジョンを変わらずに信じ続けている。ジャーナリズムには、公平に話を伝えたり、事実がどこへ向かおうと、たとえ読者が（もしくは自分たちの大統領が）その行き先を望んでいなくても、それを追い求める場所があると信じているのだ。私たちは日々、自分たちが見つけた真実を伝える義務がある。たとえそのやり方が不完全であっても、だ。オルタナ右翼は、自分たちが不快に感じた声はすべて封じ込めて、黙らせることに長けている。これは、私たちが真似るべきモデルではない。私たちが向き合う最大のリスクとは、彼らに声を与えることではなく、彼らの最悪の衝動を受け入れて、それを自分たちもやってしまうことなのだ。

第七章　漏洩《ろうえい》警察

漏洩と、さらには違法な機密の漏洩は、ワシントンでは長年大きな問題だった。落ち目の @nytimes（それに他社）は謝罪するべきだ！

——大統領ドナルド・トランプ（二〇一七年二月一六日）

いやはや、私はこのウィキリークスを読むのが大好きなんだよ！

——候補者ドナルド・トランプ（二〇一六年一一月四日）

二〇一七年六月五日、ニュースサイトのインターセプトが、ロシアによるアメリカの大統領選への妨害工作に関して、大きな記事を掲載した。「NSAの極秘報告書　二〇一六年の選挙戦直前のロシアによるハッキング工作を詳述」という見出しである。その記事は、インターセプトの記者に匿名《とくめい》でもたらされた、国家安全保障局（NSA）の「極秘」報告書から構成されていた。二〇一六年の選挙直前にロシアが行った、選挙ソフトメーカーに対するサイバー攻撃と、地方の選挙管理人、一〇〇人以上のメールアカウントを使えなくするという企てが詳述されていたのである。この記事は重大なものではあったが、背後で進行していたもうひとつの件については触れられていなかった。この記事の情報源である、〝リアリティー・ウィナー（現実の勝者）〟というありそうもない名前のNSAの請負業者が、二日前にジョージア州で逮捕されて、ロシアの攻撃に関する機密文書を漏洩した罪で告発されていたのである。食料品店から帰宅してきたウィナーを武装工作員が逮捕したその土曜の午後に、漏洩に対するトランプ政権の本気度がわかった。

ウィナーが逮捕された責任はインターセプトの記者たちにあるのかと、ジャーナリストたちは激しく議論した。インターセプト側は否定したものの、政府によると、その記者たちは報告書が本物であることを確認しようとしていた際、その書類の原本の写真をNSAの請負業者と共有していたという。その書類の折り目によって、記者たちが紙に印刷されたものを受け取ったことと、それによって捜査官がその紙の書類を手にできる少人数のグループにたどり着いたことを示していた。その中のひとりがウィナーだったのである。だが、責任のなすりつけあいをしていると、本当に重要な点から注意がそれてしまう。記者たちは、自分たちの情報源がジェフ・セッションズ長官率いる司法省に狙われていることを、その時点で通告されたのだ。

リークやハッキングされた書類に関しては、大統領自身にも苦い過去がある。選挙戦の際、トランプ候補はウィキリークスが民主党全国委員会と党の大物のジョン・ポデスタから得たメールを好んで使った。彼は「このウィキリークスってやつは信じられないな」と一〇月のフロリダ州での集会で口にしている。「これは読むべきだと、心の奥深くに対して言ってくるんだよ」。ところが二〇一七年の二月までに、トランプ大統領となっていた彼は、反漏洩を掲げる活動家となって、政府からの漏洩に基づいた記事を発表したタイムズ社を攻撃していたのだ。その政府は、競合する派閥がお互いと話すのと同じぐらいの時間を、記者相手のささやきに費やしていた。公正を期すなら、彼が温かく受け入れたウィキリークスは、外部の者によってサーバーからハッキングされて盗まれた書類であって、国家公務員から記者へとリークされた書類ではなかった。だがいずれにせよ、反漏洩に関する彼のツイートは、漏洩との戦いにおいて放たれた第一波だった。まもなくして司法省にはセッションズが送り込まれ、無許可でのジャーナリストとの会話をやめなければ、法律上、重大な問題を招くことになると連邦政府の職員に警告した。司法省からは、新政権内で実際に起きていることの真相を明らかにしようという政府の人間を、検察官が追跡する取り組みを強化する。その一方で、これは漏洩捜査中にジャーナリストの召喚を容易にすることを目的としたものだと発表されたのである。

そして、選挙戦で最もドロドロした部分が出てきたのだった。

二〇一七年七月、トランプはこうツイートした。「落ち目のニューヨーク・タイムズが、アメリカによる最重要指名手配テロリスト、アル＝バグダディ殺害計画を妨害した。国家安全保障に関する連中の腐った指針のせいだ」。大統領は大好物であるフォックス・ニュースの報告を見たのだ。それはアスペン安全保障フォーラムでのトニー・トーマス大将の発言を報じたものだった。トーマスは、ＩＳのトップであるアブー・バクル・アル＝バグダディの確保を目的としたアメリカ軍の作戦を中断させたとして、二〇一五年のタイムズ社への漏洩を非難した。トーマスの不満の要点は、アメリカ軍はＩＳの上級幹部を急襲して当人を殺害した際にその妻を捕らえていた。そして、アル＝バグダディの居場所に関する「情報の宝庫」が彼女からアメリカ軍に渡っていたが、この手がかりが「約一週間後に有名全国紙に漏れた結果、だめになった」というものだった。トーマス自身がアスペンで聴衆に向かってそう語ったのである。

トーマスの話の問題点は、その内容が間違っていることだ。この幹部の妻が捕らえられたのは二〇一五年五月一六日だった。彼女の確保は同日、国防総省によって公表された。このときの襲撃によりＩＳに関する重要な情報が得られたことを〈タイムズ〉が報じたのは、そのあとである。それも、トーマスがアスペンで言っていた一週間後ではなく、三週間以上もあとだった。アメリカ軍が三週間も何もしなかったのでなければ、またアル＝バグダディが幹部の妻の逮捕と自分の一番の側近の死を（その日の朝〈タイムズ〉の記事を読む前に）見逃したのでなければ、〈タイムズ〉の報道はアメリカ軍によるＩＳ指導者の確保の失敗とはまったく無関係なのである。当然ながらその場合には、フォックス・ニュースや大統領にとっては、たいしたネタにはならなかったことだろう。

漏洩は弁護士にとっては難しいテーマだ。税金専門の弁護士や殺人犯の擁護者になろうが、家主の悪事の仕返しをする借家人の手助けや不幸な人を離婚裁判所へ案内することになろうが、私たちは法の原則の洗礼を受けている。判例を曲解しようとしたり、法律を変わった感じで見るよう法廷に促したり、例外が存在するはずもないようなところに例外を見つけようとするかもしれないが、基本的に規則と良識、それに秩序性を信じているのだ。乱雑な世の中で整然としていることを求めているのである。

漏洩は――そう呼ぼうが、言い方を変えて内部告発と呼ぼうが――それらとはまったく正反対のものである。方針から外れる、規則を破る、そして時には法律を破るものなのだから。

だからこそ、極めて重要なのである。

法の原則が脅かされたり危うくなったりすると、民主主義の危機を救うものは透明性以外にほとんどない。正直に言えば、法の原則はそれを守ったり尊重したりする者しだいなのだ。つまり、透明性によって、権力の座にあって適法性を覆したり、適正な手順を台無しにしたり、正義を蝕んだりしようとする者に対して、真実という強烈な光を浴びせるのだ。捜査を行う者、捜査される者、罪に問われる者、そして最後には放免される者を決めるのは行政機関である。これは強力な権力だ。しかも、誰の口を封じるかや、アメリカ国民には真実をどの程度知らせるかを決める能力を合わせると、とてつもない力になる。その権力を握っている究極のトップが捜査の中心にいなくても、そうなのだ。

漏洩はどれも同じようなものなのか？　法の原則を守るという幸福にあずかった公務員が、ちょうどいいタイミングで記者に重要な電話をかけるというものか？　そうであればいいのだが、ご多分に漏れず、漏洩者も複雑である。些細な動機で行われる漏洩もあれば、上司のひどい態度への仕返しにされるものもある。見当違いではっきりしない世界観の結果というものもあれば、政治という鍋をかき混ぜて論議を巻き起こすためだけになされるものもある。一方で、漏洩の取り締まりはどれも同じようなものだ。抑止力となって、民主主義が頼りとする将来的な漏洩に脅威を与えているのである。

セッションズが言う「漏洩文化」を受け入れようという大統領は、共和党であれ民主党であれ、いないだろう。リベラルの人々はこれを深く考えることを望まないが、実はオバマ政権は漏洩者の追跡において新たな境地を切り開いた。無許可の開示の罪で公務員を起訴することに、それまでのどの政権よりも精力的だったのだ。漏洩は難しいテーマである（あなたが、明確な方針を持つ検事総長や、ツイッターのアカウントを持つ大統領でない限りは）。まずは、お互いにまっすぐ突き進む二つの真実から始めなければならない。始まりはこうだ。政府は秘密を守り続けることが可能でなければならない。本物の国家安全保障にはそれが必要だ。しかし、政府内の無味乾燥な箇所でさえ、あらゆる私的なメモや会話は新聞やネットに出回る運命にある。ガラス張りの状態での管理をはじめ、どんなこともするのは難しい。そこで、事態は別の方向へ転じる。漏洩は真実を求める強い力であり、政府が漏洩者を直接取り締まろうが、記者の情報源を突き止めようとマスコミを脅そうが、結果は変わらない——報いを受けるのはたいてい国民なのだ。政府が人々に知ってもらいたいことだけしか知ることができなくなると、人々は何もわからない状態の「羊」と大差なくなる。漏洩のある世界であなたが弁護士なら、あなたは必然的に、ロースクールでは教わらない、ひとかけらの非合法とでも言うべき考えを支持することになる。ある種の漏洩を禁ずる法は存在するべきだが、頻繁に施行されるべきではない。それに、難題全体がさらに複雑になっているのは、たとえ、より重要な目的のための行動だとしても、法律は漏洩者に公益的開示を認めていないのだ。民主主義にとっては害になる、法律に存在する大きなギャップである。

タイムズ社はオバマ時代、自分たちの発表した記事の情報源を捜し出そうと司法省が始めた一連の漏洩捜査を、怒りと不信の目で見ていた。そのほとんどは目的を達しなかった。だがオバマ政権の最後の数カ月間には、私たちは漏洩捜査のあらゆる複雑性と、情報源と記者との関係の不明確なルールに直面していた。

二〇一六年一〇月、ジェイムズ・E・カートライト退役大将が連邦裁判所に出廷した。国同士で行われた最も高度なサイバー作戦に関して、〈タイムズ〉のデヴィッド・サンガーが取材で用いた機密情報。その情報源を捜していたFBI捜査官に偽証した罪を認めたのだ。その作戦とはイランの核開発計画に対するアメリカとイスラエルの共同攻撃である。かつて「オバマのお気に入りの大将」と呼ばれた統合参謀本部元副議長のカートライトにとっては、驚くべきも悲しい運命の逆転だった。申し立ての当日、スカデン・アープス法律事務所に所属するカートライトの弁護士が、私に事前の警告をしてくれた。カートライトの弁護団とは、三年以上にわたって断続的にやり取りをしていた。私は電話をかけると、まずは出廷の様子を取材する記者を用意した。そのうえで、ワシントン支局に対してできる限りの背景を伝え、サンガーに事情を知らせた。そののち、マスコミからの問い合わせが殺到することになると、会社の広報に知らせたのである。

私たちはニュースを報じる側ではなく、ニュースを作り出す側になりたいとは、思ったことがない。自分たちが報じたものについて話すように求められることも、めったに望まない。とりわけ、重大な機密である国の安全に関わる報道の場合にはそうだ。それでも、カートライトの訴追は常軌を逸していた。捜査が数年間行われても、〈タイムズ〉の報道によって損害がもたらされた証拠は何ひとつ出てこなかったのだ（このサイバー攻撃時に用いられたコンピューターコードは二〇一〇年に漏洩していたが、これはアメリカかイスラエルによるミスであり、イランの原子力施設が機能しない理由を同国に明らかにすることになったのだった）。カートライトがスパイ法に違反したことを、検察官は証明することができなかった。そのため彼が捜査官と話した際につじつまが合わなくなったことから、ＦＢＩへの偽証のみで告発するしかなくなったのである。

私たちはこの機会を利用して政治的な声明を出し、報道の自由に賛成する論を唱えた。


デヴィッド・サンガーは自著『Confront and Conceal（対立と隠蔽）』（未邦訳）およびニューヨーク・タイムズの記事を書くにあたって、ワシントン、ヨーロッパ、中東、その他の複数の情報源を元にした。彼らの大半は匿名を条件に話してくれた。これまで同様、タイムズもサンガーも、記事や同書において明らかにされたもの以外については、どの人物が情報源であり、公表された情報の出どころがどこなのか話すことはない。

今回のような報道は、公共の利益に資するものである。敵対国へ使用するアメリカの強力な新技術や、似たような兵器がアメリカに対して用いられる可能性についての説明となるものだからだ。我々はこのような報道を今後も精力的に続けていく方針である。

カートライト大将による本日の有罪答弁に至った漏洩捜査を、司法省が進めたことに、我々は失望している。これらの捜査はすべての国家公務員に対して、記者と話してはならないという恐ろしいメッセージを送るものだからだ。結果として、アメリカ国民は知るべき情報を奪われているのである。

答弁の直後に、私はカートライトの弁護士からまた連絡を受けた。裁判官は判決の言い渡しを、一月の大統領就任式の直前にしたという。カートライトを支持する声明を掲載する用意がタイムズ社とサンガーにあるのか訊かれた。検察官は最大で六カ月の懲役刑を与えることを目指しているが、それ以上のことを法廷に求める権利は留保したという。私たちにカートライトを救い出すことはできるのだろうか？

支持の声明について訊かれるのは予期していたが、私にはまだ用意ができていなかった。カートライトのような秘密情報源と記者の関係は複雑である。記者が情報源の身元を伏せたままにすることに同意するとなると、これは大きなかけ引きだ。その秘密を守るためなら、彼らは投獄されることも厭わないだろう。だが、それ以上となると、なんの恩義があるのか？　記者が情報源から独立しているというのは、ジャーナリズムの活動理念のひとつである。情報源には金を払わないのだ。記者と情報源はパートナーではない。記者は、たとえ情報源として使った人たちが訴訟の当事者になっても、味方になることは避ける。読者は、そのように職業的に距離を置くことを期待している。読者が私たちに望むのは、私たちに話をしてくれる人たちの代弁者になることではなく、ニュースの公正な仲介者になることなのだ。だが、カートライトの訴訟は、私には違うように映った。彼は、政治的あるいは個人的な利益のため向こう見ずに秘密をばらす、内部の悪者ではない。「オリンピック・ゲームズ」というコードネームのサイバー攻撃に関するサンガーの報道における多くの情報源のひとりではあるが、二人が顔を合わせたのはサンガーがその計画について多くを知ったあとなのだ。アメリカ政府のほうがサンガーに対して、カートライトと会ってサイバー兵器の話題に関する基礎知識をより一層得るよう、促したのだった。

それでもタイムズ社は、情報源を支持すると、公に言うことはしなかった。

選挙日の昼下がりが過ぎて、ディーン・バケットのオフィスの外のニュース編集室が騒がしくなった。そんな中、サンガーと私は編集主任たちと会って、量刑裁判官に手紙を書くことを主張した。リスクはあると、私は告げた。最も大きいものは、その手紙によってサンガーが量刑審問の証人になる可能性が生じるというものだ。そうなると、取材やほかの情報源について尋ねられるかもしれない。私にはそうなるとは思えなかったが、長年にわたって、召喚状を受け取った記者を証言台に立たせないようにするべく、私たちは何十万ドルもの裁判費用をかけてきた。それがここで自発的に刑事事件に飛び込んでいくということは、私たちのDNAにはない。それに対する反応もよくなさそうだ。私たちがどんな手紙を書こうが、間違いなく報じられて、その大半はネガティブなものになるに決まっているのだ。タイムズ社を批評する人たちは、みずからの誓いを破った嘘つき大将の支持に回ったと、私たちのことを見るだろう。フォックスは、カートライトがオバマのお気に入りだった事実は見逃さないはずだ。もっと手痛いのは、ジャーナリストが公判で情報源と手を組むことになれば一線を越えることになると、ジャーナリズムの純粋主義者から言われることである。

こういったことをすべて避けて、それでいてカートライトにとってなんらかの得になるような手紙を書く方法はないものだろうか？　選挙日のその日、編集者たちには、手紙について話し合うこと以上に差し迫ったものがあった。馬鹿らしいほど書くのが大変で、タイムズ社がこれまで足を踏み入れたことのないようなところへ至る手紙ではあるのだが。編集者たちは喜んで、すべての見極めをサンガーと私に任せたのだった。

これはドナルド・トランプの弁護士に手紙を書くこととはまったく異なる。こちらのほうは、勢いに任せて書くわけにはいかない。何か役に立つことを言うことと、できればサンガーが狙われるのを終始避けること、量刑言い渡しで裁判官が言うであろう内容の弁護に回ることに注意する必要がある。私たちが法廷でどのような事実を示そうが、自分たちには供述書を精査する必要があると、やる気に満ちた連邦検察官が裁判官に進言する姿が目に浮かぶ。

私による下書きは必要最低限のもので、小さくまとめた段落が四つ、全部で一一文だった。必要以上のものを検察官に与える必要もない。カートライトには国に危害をもたらす意図はまったくなく、善意で行動したものと私たちは考えていると、その手紙には記した。私はそれを、「好きに編集してくれ」というメッセージを添えて、サンガーに転送した。

彼はそのとおりにした。

彼が手を加えたものは数日後に私の受信トレイに届いたが、それはもはや「控えめなほうが効果的」という手紙ではなくなっていた。国家安全保障に関するジャーナリズムの仕事の様子を、裁判官にわからせようとするものになっていたのだ。エドワード・スノーデンなどのように、秘密情報源が十分考慮したうえで危険を冒して、違法行為を暴いたり警告を促したりすることもあるが、国の安全や法執行機関に関する報道は、ほとんどがサンガーが行ったタイプのものに近いことだ。三重のロックでキャビネットに収められた政府の秘密が情報源によって盗み出され、それを情報源が闇夜に紛れながらこそこそとジャーナリストの手に渡すという、スパイ活動めいたものではないことなのだ。サンガーは、アメリカのサイバー戦争能力に関する徹底した取材を行ったが、まずは専門家と話してリークされたコンピューターコードを分析して、その書き手を突き止めた。次は、アメリカ、ヨーロッパ、イスラエルにいる情報源を使って、「スタックスネット」として知られるそのコードの書き方を学んだ。このような取材ではギブアンドテイクのようなものがある。記者はできるだけ詳しい話を得ようとして、政府は本当に秘密にする必要がある事実について主張しようとする。必然的に記者と情報源が機密事項を話し合うことになっても、それは変わらないのだ。

サンガーによる手紙では、カートライトとのインタビューは驚くべきものではなかったと説明されていた。サンガーが公表予定のものを政権側に示したあとの、ある時点のことだ。政府はCIA副長官に対して、サンガーと会って、彼の取材と一部の発表によるリスクについて話し合う権限を与えた。しかも、サイバー戦争に関して国で最も精通している専門家のひとりのカートライトと会うようにサンガーに促したのは、政府の高官だった。「これは、ほとんど知られていないことかもしれないが、国の安全に関わる機密に関する取材においては普通のことである」と、サンガーは書いている。「彼とのインタビューは、アメリカの国益に害をもたらすどころではない。将来的な作戦への悪影響を避けようとしながらも、アメリカの武力行使における重大な新事実を国民に伝えるという、私の努力に寄与したのだった」

どの秘密も絶対に秘密のままであるべきで、さもないと世の中はあっという間にだめになってしまうというのが政府の姿勢ではあるが、現場の実態はまるっきり違っている。ひとつには、政府は秘密を守るのがさほど得意ではない点が挙げられる。サンガーとカートライトが話していた時点で、検察官によれば、政府内で最高機密情報の利用許可を得ていた人の数は七九万人以上になるという。過剰な機密扱いは、政府内に蔓延《まんえん》している。二〇一六年に下院のある委員会が発表したが、政府は機密扱いの活動に一〇年間で一〇〇〇億ドル以上を使っているという。納税者に渡される請求書の正味残額は一体どう説明するのか？　機密事項のおよそ五割から九割は適切に表示されていないようだ。アメリカ合衆国情報安全保障監督局という、（ありがたいことに）ほとんど耳にしたことのない連邦政府機関が発表した報告書によると、二〇一一年だけで情報を機密扱いするために九二〇〇万件の決定がなされたという。実際のところは、機密区分を乱用することによって、秘密を守る能力を蝕み、国の安全を弱めているのだ。これは特段、思いがけない大きなことでも、目新しい発覚でもない。連邦最高裁判所判事だったポッター・スチュワートが、四〇年前のペンタゴン文書の裁判の際にこう主張している。

倫理的、政治的、および実践的な考察によれば、秘密を避けよと主張することが何よりも賢明であると言わざるをえない。すべてが機密であるということは、いずれも機密ではないということである。その体制が皮肉屋や不注意者から軽視されたり、自己防衛や自己宣伝に躍起な連中によって操られたりすることになるからだ。要は、国内の安全保障体制を保証する効果的な方法とは、信頼性が維持される場合に限って秘密が最もよく保たれると考えて、できるだけ開示することだと思われるのである。

このメッセージが行政機関に伝わることはなかった。
秘密体制は混乱しているようだった。諜報機関や法執行機関は、時には実際に機密情報を記者へリークしている。この慣例には「セーブ・ザ・シークレット」という名前まである。記者がすでに機密情報を保持している場合、その機関は公表するリスクを記者に納得させる、もしくはどんなものが公表されるにしろ、その前後関係を示すために、情報をさらに公開するのだ。「秘密を守るために秘密を開示しなければならない」。これはいささかあべこべだが、政府による秘密主義とは大部分がこのようなものなのである。本物もあれば思い違いもあり、政府の目的にかなう場合には見過ごされ、正直に語られることは、少なくとも公にはほとんどない。二〇一八年のジョンソン対CIA事件という訴訟では、CIAが「情報源とその方法を守る」試みの一環として三人のジャーナリストに、ある機密情報を公式に提供した。しかしその情報は機密状態のままであると、CIAはあからさまに主張した。法廷は、その情報がもはや秘密ではないことは気にかけなかった。情報が正式に機密解除されたことはないのだから、機密のままだというCIAの主張を鵜呑みにしたのである。

弁護士として、私はサンガーの手紙には心躍らなかった。彼の報道の詳細を突き止めることに関心がある検察官にとっては、扉が開かれたように読めるかもしれない。一方で、この手紙が正義に関して指摘している大きな点を批判するのは難しい。カートライトは漏洩者ではなく、ましてや内部告発者でもないということだ。サンガーは、サイバー戦争の近況に関する衝撃的な著書『世界の覇権が一気に変わる　サイバー完全兵器』〔著者名はデービッド・サンガー〕の中で、〝オリンピック・ゲームズ〟について聞くためカートライトに会いに行くまでに、すでにそのことについて本の二章分を書いていたと記している。「カートライトに会う私の目標は二つあった。これまでの歴史と言外の意味を、私が正しくとらえているか確かめること。それと、私が報じることが国家の安全を危険にさらす可能性があるか、独自に考えることだ」とも書いている。サンガーも同書で述べているが、彼がこの退役した大将にたどり着くまでに、ほかの多くの者たちがこの計画についてすでに彼に話していたのに、なぜ捜査官らはカートライトを責めることにしたのかが謎であるという。ほかに起訴された者はひとりもいないのだ。彼の本やいかなる記事によっても、国の安全に危害が及んだことを示すものは何もない。それなのに、オバマ政権の末期、優れた陸軍将校が投獄される危険に直面していたのだ。

私たちはその手紙を提出した。検察側が準備書面を提出すると、政府側は再検討した末に、カートライトは半年ではなく二年の懲役に処すべきと考えたことを明らかにした。量刑の宣告はトランプ政権の最初の数日にまで延期された。一月一七日に、サンガーが私にメールしてきた。オバマの大統領職は残り七二時間だが、恩赦《おんしゃ》の可能性はまだあるのかと。カートライトの弁護士が政府に恩赦を求めていたのは知っていたが、それ以上は何も聞いていなかった。それが数時間後に声明が発表されて、オバマは恩赦を与えることにしたという。〈タイムズ〉の記者たちがホワイトハウスの情報源からのちに聞かされた話では、あの手紙が影響を与えたとのことだった。特に慎重を要する細部の公表は控えるようにとタイムズ社を説得した、カートライトの役割が強調されていたからである。それにより、検察官によって悪意を持って描かれたカートライトの行動の説明を切り抜けることができ、サンガーによるカートライトとのインタビューの前後関係がはっきりしたのだった。

カートライトの恩赦は、オバマ政権下の漏洩捜査に対処した混乱の八年間を締めくくるものとなった。多くの記者や報道機関がオバマのことを報道の自由の敵と非難したが、これは彼の政権が漏洩者の追跡に異常なまでに精力的だったからである（次の政権で待ち受けているものについては、彼らの誰ひとりとして見えていなかったようだ。オバマの元閣僚のひとりが、トランプ政権の二年目のときに私に声をかけてきた。「会いたくなったか？」と）。オバマのときの記録を分類して整理するのは、それほど簡単にはいかない。ひどく厄介なものも一部にはあるからだ。報道の自由保護委員会のゲイブ・ロットマンがまとめたデータによると、機密情報を情報機関に明かした疑いで起訴された政府職員や請負業者は、オバマ政権下で九人にのぼったという。ちなみにその前は、四〇年間で三人だった。

この半世紀に関しては、大部分うまくバランスが取れていた。どちらの側も、〝自由裁量〟という不完全な世界で過ごしていたからだ（「ひとかけらの非合法」をうまい具合に言いつくろった弁護士用語）。報道機関側は、国に対するリスクと国民に対する利益を比較検討しながら、何を発表するかについては情報を得たうえで判断しようとした。政府側はよほど珍しい場合を除いては、漏洩者の追跡や起訴を控えたのである。つまり現場の実態は、政府で精を出して働いている公務員が、所属する機関や上司による特にひどい行いを〈ニューヨーク・タイムズ〉に気づかせる必要性を感じても、夜中、家の前にＦＢＩ捜査官はいなかった。一方で、大統領や上級官僚も、〈タイムズ〉は人命を脅かすものや国の安全を危険にさらすものは公表しないと確信できたのである。それに、漏洩に関して政府の側からたびたびヒステリーが生じても、アメリカにとって本当の問題とは、無許可の暴露ではなく、過剰な秘密主義だと思っている者は、政府の外にはほとんどいなかった。

オバマは、自由裁量を減らして起訴を増やす必要があると判断した。おそらくこの変化は、ニュースを提供する者とは、もはや〈ニューヨーク・タイムズ〉や〈ワシントン・ポスト〉やテレビの大手ネットワークだけではないという認識によるものだろう。伝統的なジャーナリズムの倫理規範を必ずしも持ち合わせていない、ウィキリークスなどのはみ出し組織もあるという懸念だ。ウィキリークスや一部の定評ある報道機関でさえ、主流にいる私たちのような者のことを、大いなる裏切り者や臆病者とみなしている。政府が国の安全についての懸念を表明するや、それがどんなに曖昧ではっきりしないものでも公表を差し控えると考えているのだ。スノーデンは、漏洩データを提供する報道機関を明確に選んでいた。公表前に政府とやり取りをしないようなところ――つまり、〈ニューヨーク・タイムズ〉ではなかったのである。

オバマ政権の考えがどういったものであれ、漏洩者は追跡された。九件という起訴の数は、安全保障の機密事項に関して、〈タイムズ〉や〈ワシントン・ポスト〉、その他の大手報道機関によって毎週のように行われる報道からすると、ごくわずかに思われるかもしれない（その大半が機密情報のリークによって焚きつけられたものだ)。しかし、この数字は実際の姿は伝えていない。実際の姿とは、こういった起訴が、記者に話そうかと考えているかもしれない何千人という政府内の人間に対して、ひと言だけのメッセージを送っているということである。「よせ」と。

この件に限って、トランプ政権はオバマ政権をしきりと見習う姿勢を見せている。二〇一八年八月までに、司法省はリアリティー・ウィナーのものを含めて、マスコミが絡んだ国家の安全に関わる漏洩を四件起訴している(このときまでにウィナーは罪を認めて、五年の刑を受けていた)。残りの三件は、上院の補佐官、元FBI捜査官、元CIA職員が絡んだものだ。

ただ、オバマのやり方には別の一面があり、マスコミにいる私たちの大半は、それについて多くを語ることにためらいを覚えている。司法省は、情報源の特定を強いる目的で記者に召喚状を送るのを、概して控えていた。オバマ政権下で始まった大規模な漏洩に関する起訴のうちの二件には、タイムズ社が関わっていた。カートライトの件と、元CIA職員で、罪も認めているジョン・キリアコウの起訴である。どちらの訴訟でも、政府の捜査官は私にもタイムズ社にいる他の誰にも一切コンタクトを取らなかった。同じことは、起訴に至らなかった他の捜査についても当てはまる。情報源を明かさないという記者の姿勢を巡る、タイムズ社との対決はなかった。二〇〇五年には〈タイムズ〉のジュディス・ミラー記者が情報源を明かさずに、一二週にわたって刑務所に入れられたのにもかかわらずである。政府は漏洩者の追跡がかなり上達したため、証拠を提供するようにジャーナリストに迫る必要がなくなったのだ。ターゲットのメール、携帯電話の記録、クレジットカードの控え——これらが起訴の構成要素となった。ＦＢＩは、カートライトのＧメールの記録を提出するようグーグルに命じたのち、捜査官に対する当初の陳述との矛盾を彼に突きつけて、この件を解決したのだった。

私のような職業にいる者で、ほうっておかれることに文句を言う人はひとりもいない。召喚状が絡む訴訟は報道機関にとっては厳しいものだ。連邦法は、召喚された際に名前を挙げるのを拒むジャーナリストに対しては、ほとんど保護をしてくれない。しかも記者は、情報を漏洩した人物を知っている、最も明白な目撃者だ。その彼らが証言を拒むと、罪には問われないものの侮辱行為とみなされて、心変わりを強いる方法として、投獄されることになる。そのため私たちは、手続きがじりじりと進む中、自分たちにできるときには、どのような形であれ故意に長引かせながら、何かが好転するかもしれないというはかない希望を胸に、訴訟に臨むのである。もしかすると、検察官が起訴を取り下げるかもしれない。もしかすると、情報源が自分の役割を認めるという判断をみずから下すかもしれない。もしかすると、司法取引が成立するかもしれない。それでも、たとえ検察官がジャーナリストのことをほうっておいても、ジャーナリストとその弁護士が訴訟に満足することはないのだ。自分たちの手助けをしてくれる人たちに費用を負わせてしまうし、どのような捜査でも、将来的に公務員が悪事や無資格、見当違いの政策に直面した場合に、ジャーナリスト相手にそのことを話す勇気を持たせたりはしないからである。

連邦政府は記者のことをだいたいはほうっておいてくれるが、不安を覚える大きな例外がひとつあった。〈タイムズ〉の記者で、イランの核開発計画を妨害しようとたくらんでいながら決定的なへまをした、アメリカの諜報員。彼について明らかにした本を書いたジェイムズ・ライゼンに関するものだ。ライゼンは元々ブッシュ政権時に召喚されたが、協力を拒んで、この訴訟が手間取っているうちに、オバマ政権となったのである。司法省は、失敗したイラン作戦についての情報を漏洩したとされるスパイ行為で、元CIA職員のジェフリー・スターリングを非難し、彼を告発することができたのだった。彼らはのことで、政府は司法省にオバマのチームがやって来ても、手を引かなかかった。彼らは本に出てくる情報源本に出てくる情報源のことで、ライゼンを質問攻めにした。彼は拒み続け、長年に及んだこの訴訟は第四巡回区控訴裁判所行きとなった。その法廷の判断は、報道機関にとって、これ以上悪くなりようがないほどのものだった。反対票は一票で、政府が不正な意図を持って行動していない限り、記者には刑事上の召喚状を拒む権利はないという判決を出した。ライゼンはこの基準には適合しないと裁定したのだ。

それでもライゼンは証言を拒否した。検察官はとうとう彼に見切りをつけて、この件をまとめ上げると、ライゼンの証言なしでスターリングに有罪を宣告した。これはなんともひどい見せしめだった。司法省は長年、有罪とするにはライゼンの証言が必要だと言っていたのに、それは真っ赤な嘘だったのである。検察官はライゼンに、情報源を守るために投獄されるおそれを常に感じる暮らしを強いて、彼の生活を惨めなものにした。そのあいだに彼らは上訴裁判所に、国民の知る権利を蝕む結論を出させていた。しかも、損害を与えたあとのその時点になって、ようやく彼らは召喚状を撤回したのである。すべては不要だった。

　ほかの二件の不快な出来事もオバマの遺産《レガシー》に傷をつけた。二〇一三年に、二件の漏洩捜査において記者の記録を押収したと、司法省が発表した。一件目では、FBI捜査官がAP通信の記者の電話会社の記録を密かに入手していた。二件目では、FBI捜査官がフォックス・ニュースの記者のメールと通話記録を入手していた。メールの捜索に対する裁判所命令を得るためにFBIが提出した宣誓供述書では、捜査官がフォックスの記者のことを、政府の情報源から機密情報を求めたことにより、犯罪活動に従事していると断定していた――言い換えるなら、情報源に情報を求めるというジャーナリズムのごく日常的な行為が、犯罪として扱われたのだ。マスコミは騒ぎ立てた――事実、その騒ぎの大きさは、大統領の耳にも届くほどだった。フォックス・ニュースと旧来の報道機関が共に抗議すれば、ワシントンの政治も黙って見過ごすわけにはいかないのである。

　APとフォックスに関する件の発表から数週間後、私はワシントンで行われたエリック・ホルダー司法長官との会合に出席する代表団に加わった。報道機関と協力して、情報源の保護におけるマスコミの利益と法執行のバランスを取る政策を考え出すよう大統領が彼に指示したのだ。数十年前には、司法省が「報道機関ガイドライン」を定めていた。政府が漏洩者を捜しているにしろ、別の刑事訴訟の証人として記者を利用しようとしているだけにしろ、検察官が記者に召喚状を送る前に従うガイドラインだ。これは、記者に対する召喚状を、他の捜査方法が失敗した場合に限って使用できる最後の手段としており、概して機能したものの、APとフォックスの件で明らかになったように、抜け道があった。

実は連邦政府による召喚状は、タイムズ社にとってはめったにないものだった。ミラーの訴訟以降の十数年間に、情報源を求める連邦政府の召喚状を受け取った〈タイムズ〉のジャーナリストはひとりもいないのである（ライゼンの場合の召喚状は、〈タイムズ〉の彼の記事ではなく、彼の著書に起因するものだった）。もっと一般的な召喚状は、私たちがすでに発表した写真やビデオのコピーを求めるものだ。数年前のこと、〈タイムズ〉のウォルト・ボグダニック記者がある調査記事を書いたが、それは公務員が私腹を肥やすために、退職時に身体に障害があると主張しているというものだった。私たちは、何人かの退職者が長いこと無料でゴルフを楽しんでいる映像をウェブサイトに投稿した（ロングアイランドのパブリックコースでは、障害がある退職者は無料という特権がある）。連邦検察官は、その退職者／詐欺師たちを有罪にするのに役立つからという理由で、サイトに載せた映像で画質がいいコピーの提出を私たちに求めた。私たちには、すでに自主的に公開したものを彼らに渡すことに、法的な異議はなかった。ところが、理由は明らかではなかったが、被告側弁護士は未公開のすべての映像を求めてきたのだ。障害を偽った自分たちの依頼人による、のんきなゴルフの外出の映像をさらに集めることが、この件の助けになると考えたようだった。検察官は裁判官を前にして自分を抑えることができなかった。報道の自由を掲げるアメリカ自由人権協会（ＡＣＬＵ）の弁護士のように、未公開映像を提出することに対する私たちの異議に加わったのだ。そして、障害を偽った者たちがゴルフをしている未公開の映像を提出せざるを得なくなったら、憲法修正第一条がどれほど傷つくことになるか法廷に知らしめたのである。これは見事な振る舞いであり、しかもうまくいった。その偽善については、私は不満を言うつもりなどなかった。

ＡＰとフォックスの件ののち、司法省はより強力なガイドラインを考え出し、さらには漏洩と情報源の保護の問題について話し合うために、マスコミの代表団との定期的な会合も始めた。だが、ジェフ・セッションズ長官の着任とともに、マスコミ相手の召喚状を最小限にする方法を話し合うことに対して、司法省が明らかに熱意を失ったのは間違いない。その点を強調するかのように、司法省はトランプ政権になって三週間という時点で、ある記者に最初の召喚状を送った。オレゴン州のラジオ記者に、同州マルヒュア野生生物保護区での武装占拠に関わった牧場経営者へのインタビューについて、証言するよう求めたのだ。これは漏洩捜査でもなんでもなく、記者を検察側の代理人に仕立てようという乱暴な試みだった。インタビューされたニュースの当事者に対して反証する役をさせているのだ。結局、裁判官がこの召喚状を無効としたが、それでもマスコミに対してメッセージは送られた。そして、インタビューへの同意をためらっている人たちに対しても。

それからすぐ、セッションズ長官が司法省の召喚状ガイドラインを変更したいという意向を表明した。内容は大ざっぱなものだったが、方向性はそうではなかった。彼は保護を縮小するつもりなのだ。自分のボスが好きなテーマのひとつを選んで、司法省で進行中の漏洩捜査の数が三倍になったと、嬉々として指摘したのである。セッションズはのちにも、漏洩捜査は二七件が進行中だと議会に伝えたが、その大部分が、マスコミへのリークは絡んでいなかった。彼は、新たに強化した漏洩捜査計画で、記者に出す許可証に制限を設けた。「我々は、マスコミの役割と、諜報機関や軍隊で国の安全に従事する人々、そして法を守るすべてのアメリカ人の命を守るためバランスを保つ必要がある」と、彼は述べた。彼の頭の中は「漏洩文化」でいっぱいだ。法を守るすべてのアメリカ人に、真実はごくわずかしか与えられない。「捜査が行われなければ、刑事上の漏洩がより一層増えて、漏洩文化が確立されかねない。ゆえに本日、私は諜報機関にいる友人たちにこのメッセージを伝えている。司法省は活動を始めており、漏洩者予備軍には、こう警告しておく。よせ、と」

驚くほど欠けていたのが――もしかするとそれほど驚くことではないのかもしれないが――こんな認識だ。トランプ政権の初期にあった注目度の高い漏洩の大部分が、国家の安全に対してはまったく脅威をもたらさなかった一方で、トランプ陣営とロシアとのつながりに関する捜査や、新政権の外交政策の失敗と関わっていたことだ。これを進めていくと、重大な報道は疑いをかけられた状態で行われることになる。司法省が報道機関への召喚状を制限する規則をゆるめなくても、漏洩に対する取り締まりや記者への召喚状の可能性が私たちの頭から離れることはなくなるのだ。

マスコミに情報を漏らす政府内の消息通を、司法省を使って追跡する。そんなトランプ大統領の熱意が劇的に強められたのが二〇一八年九月のことだった。〈タイムズ〉が「匿名《アノニマス》」と署名された政府高官からの寄稿を特別ページに掲載したときだ。その記事では、政権内に「抵抗勢力」が存在していることが説明されていた。大統領がアメリカの国益や法の原則を蝕む行動を取るのを阻止するために、密かに動いている役人の集団だという。

この特別ページが掲載される直前、同セクションのジェイムズ・ダオ編集長から、私のところに急きょ連絡があった。彼はこの寄稿を受け取ったことを内々に明かすと、法的な問題があるか知りたがった。その記事が物議を醸すことになるという確信はあったが、法的に問題となりそうなものはひとつもなかった。内部の混乱や中傷が詳述された、トランプの政府内に関する一連の書籍と同様、〈タイムズ〉のニュースコラムも消息通による話で満ちていた。論説ページから誰かに直接書かせるというのは興味深くはあったものの、とりたてて目新しくはなかった。ダオと私は翌日も話して、この高官の身元が確実に守られるよう必要な措置を講じたことを確信した。ダオが記事に書いたように、この特別ページが誕生したのは、匿名の仲介者が〈タイムズ〉が公表に関心があるか確かめるべく、接触してきたからなのである。

「これが誰なのか、教えるべきかな？」と、最初に連絡してきたときに、ダオが言った。私は知りたくなかった。一読者として、一市民として、それにごく普通の知りたがりとしては、当然ながら、もちろん知りたかった。だが弁護士としては、秘密情報源に関しては、知る必要のある者にしか知らせないという基準で仕事をするほうが、私は好きだ。通常は、その情報源の立場や、これから報じる内容を見聞きできる場所にいた理由について大まかに知っていれば、私の場合は十分なのだ。ただ、今回の人物の正体を知る者の数は、タイムズ社内では最小限に抑えたほうがいいと思った。それにより、不注意による暴露のリスクが減って、身元が守られるという確信を情報源に与えることができるからである。それでも、私が身元を知ることになった例はあった。記者が進んで名前を明かしてくれたこともあれば、名誉毀損の主張や、将来的な訴訟を防ぐ自分たちの能力を判断する役に立つので、私が知る必要があるという場合もあった。それでも、常に思っていたとおりになるわけではない。編集者と私で、ある実業家の違法行為に関する記事に取り組んでいた際、これから紙面に載る詳細を、匿名の情報源は裏付けられるのかと疑った。すると、その情報源のひとりとは、実は実業家本人だと明かされたこともあったのだ。

のちにダオは、この匿名による記事に対する反響の大きさに驚いたと語った。それは私も同じだった。他の仕事が立て込んでいたため、この特別ページの件が進んでいたことをすっかり忘れていたのだが、水曜の昼下がりに友人からのメールが飛び込んできた。件名は「ワーオ。たいした特別ページだな」だった。私はウェブサイトを開いて、その記事を初めて目にした。二四時間で、一千万人の読者が読んでいた。ダオが〈タイムズ〉の特集欄で特別ページに関する質問を受け付けたところ、二万三〇〇〇人以上が彼に質問を寄せたのだった。

トランプは激怒し、タイムズ社と執筆者を非難して、その記事を反逆行為と呼んだ。彼はその週のうちに、匿名の人物の正体を突き止めるよう司法省に指示した。これは馬鹿げているにも程があるように思えた。その特別ページでは、機密情報はほのめかされてもいない。違法なことは少しも書かれていないのだ。高官は大統領に反対なので、〈タイムズ〉を使ってその批判を公にすることにした。これはどの政権でも、毎日のようにあったことだ。今回の状況は劇的なもの——無署名の特別ページ——だったが、民主主義においてはごく普通のことなのである。

それでも、今やワシントンは新たな時代を迎えていた。政府の言いつけどおりになっていないため、大統領はセッションズ司法長官を何カ月もしつこく攻撃していた。〈タイムズ〉の編集長と経営幹部は、身元を明かさないという新聞社の権利を法律は守ってくれるのかと、知りたがった。私は国外の緊急事態の件で身動きが取れなかったため、同僚の若者二人——アル＝アミン・スマール（この仕事に就いて最初の週）とクリスティーナ・コーニンガイザー（勤務最終日）——がすべてをなげうって、様々な法理論を説明したメモを一時間半で作ってくれた。二人の仕事ぶりは見事だった。もちろん、政府が法を気にかけるかとか、法に従うのかなどという質問に答えられる者などいないのだが。

その午前中にダオが法務部に顔を出したので、二人で会議室に入った。彼は、記事が発表されたことから、原稿を私に持っていてほしいと頼みに来たのだ。彼が封をされていない封筒を取り出した。匿名の話題で周囲は騒がしく、誘惑は大きかったが、私はためらった。自分のルールは自分でわかっている。私は彼に封をするよう頼んだ。私が黙って見ている前で、彼が封筒を舐めて封をし、サインをすると、それを私に手渡した。

漏洩捜査は奇妙な展開をたどることがある。私が時々相談を受ける弁護士からは、漏洩捜査に巻き込まれた依頼人の潔白を証明するため、手を貸してくれる〈タイムズ〉の記者を捜しているというものがある。彼らは単純なことのように言ってくる。その依頼人は情報源ではないと検察官に言ってほしい、などと言うのだ。だが、事はそれほど単純ではない。ひとつには、ある人物が情報源ではないと検察官に言うことによって、その件が別の人間に対するものになる可能性が高くなるということを、私たちはわかっているからだ。どのような捜査でも、標的とされる容疑者は限られた数しかいないのだ。それに自分たちの記者が、捜査官からのさらなる質問に対する、自発的な証人のように見えてしまう。

もっと厄介なのが、弁護士が代理となって現れたその依頼人が、自分は漏洩者ではなく、すべては誤解であると弁護士に断言しているときだ。私は一度、弁護士と長く厳しい話し合いをしたことがある。捜査の対象となっている人物に関して、〈タイムズ〉の記者とのインタビュー時に機密情報を渡していないことを、記者に認めてもらいたいというのだ。その記者には、それはできなかった。嘘だったのだろう。弁護士がなぜそもそも依頼してきたのか、私は突き止めようとした。過剰な機密扱いがはびこっていたころのことであり、その情報源は何が秘密で何がそうではないかがわからないまま、記者と話したということだったのかもしれない。あるいは、そのインタビューのことをはっきり思い出せないというだけなのかもしれない。記者はメモを取っていたが、相手は取っていなかった。もしくは、その人物は弁護士には正直に話しておらず、私たちが助けてくれると思ったのかもしれない。

別の例では、取り調べを受けているある情報源が名乗り出てきた。自分が受けたインタビューはセーブ・ザ・シークレットセッションの一環として所属機関に認可されたものであると、示してほしいと私たちに求めてきた。このときの記者には、そのインタビューが漏洩ではなく、政府による監視についての情報を世間に知らせることを目的とした発表だという十分な根拠があった。私はその情報源の弁護士とともに、依頼人の助けにはなるが、検察官が質問をしたくても記者を証人にはしないという言い分をまとめた。お互いのためになる言い分ができたが、その手紙によって何かに違いが生じたのかどうか、私が知ることはなかった。

この「リーク」によって、結局はアメリカという国が強くなることに、私は確信を持っていた。しかし、厄介な展開で、このテーマはさらに複雑になる。その昔、無許可の開示といえば、政府が国民に嘘をついていることを懸念して、コピー機でペンタゴン文書をコピーした政府の請負業者、ダニエル・エルズバーグのような人物のことだった。それが今や、ハッキングである。政府の建物内にいる第三者が行った情報漏洩との共通点がほとんどないのに、これが同じ文脈で語られるようになったのだ。敵対する外国政府がサイバー攻撃を仕掛けてメールアカウントを盗むと、マスコミは必ずそれを発表するとわかっているので、仲介者を通して公表するのである。

二〇一四年、北朝鮮はソニーをハッキングした。ソニーが作っていた面白い話題（北朝鮮）についてのくだらない映画に不満だったからだ。そのパロディー映画は、ＣＩＡに雇われた記者二人が、インタビュー後に金正恩を暗殺するという内容だった。盗まれたメールによると、ハリウッドの消息通によって、狡猾《こうかつ》な悪事が行われていたということだったが、話はそこで終わらなかった。ソニーの外部弁護士が、そのメールを使用した出版社に対して、訴訟も辞さないという手紙を送ったのだ。それが見せかけであることは、本人たちも十分承知していたに違いない。トランプの納税申告書を私たちが自由に発表できたように、アメリカの法律では、報道機関がメールを発表することが認められている。それでも、北朝鮮の保安機関の道具となるのは、間違っている。〈タイムズ〉の編集者たちは、いかなる記事も報じるべきではないと判断した。メールに基づいた話がどこか別のところで公になっても、こちらが手を引いたことで得られるものはない。自分たちの記事で究明すればいいのであって、金正恩のためにパレードを先導したくはなかったのである。

そこに、二〇一六年の選挙の際、民主党のメールシステムをロシアがハッキングした。そして、書類の山を手に入れたウィキリークスは、それを公開した。これは、ソニーの場合と大きく変わらなかった。アメリカと敵対する外国勢力が、民間のシステムを攻撃したのだ。このことで編集者がどれだけ不安を覚えようが、その書類はあまりに重要なため、無視できなかった。その年の最大のネタである、大統領選挙に光を当てていたからだ。加えて、マスコミは一枚岩ではなく、集団としての意思決定は存在しない。もしそうだとしたら、その書類はもっと賢明な使い方がされていただろう。だが、出版社は競争をしなければならなくなり、有権者は重要な情報を間違いなく得たのだ。それでも、これが大きなネタであるということ以上の問題だと考えた人は、ハッカーの手を借りたジャーナリズムがアメリカという国にダメージを与えているのではないかと思わずにはいられなかったのである。

だが、この問題は、さほど注目されなかった。漏洩による被害についての話は、〈タイムズ〉が秘密を公表したことによって、ＩＳの指導者が逃亡できてしまったという、トランプとトーマス大将の信じられない話に乗っ取られてしまったからだ。これはトーマスがアスペンでのフォーラムで語った話である。大将にとっては、すぐに「ガラスの家に住む人」となる瞬間だった。彼はフォーラムに登場した際に、〈ワシントン・ポスト〉の記事についても聞かれている。秘密情報源に基づいた話だが、トランプ大統領がシリア政府と戦う反乱軍へ、ＣＩＡから資金提供するのをやめると決めたのだ。シリアの同盟国であるロシアを、間違いなく喜ばせる動きである。トーマスは消息通の話を添え、急いで答えた。「その計画と、それをやめるという決断について、少なくとも私の知る限りでは、ロシアにとって有利に働くことは絶対にない」。そして「その計画の性質、我々が成し遂げようとしていること、実行可能性の評価に基づいており、実に難しい決断だったと思う」と言ったのだ。

これは単に大統領による難しい決断だっただけではない。極秘の難しい決断だった。政府内で資金提供や、その停止について公に語ることができる者はひとりもいない。おそらくジェフ・セッションズは漏洩捜査をさらにもうひとつ始めて、アスペン研究所を犯罪現場と宣言し、会場に黄色いテープを張り巡らせるべきだったのだ。

第八章　中傷のドン

まったくバカな@CheriJacobusだ。私の仲間に仕事を求めてきた。二度断られるや、腹を立てた。たいした負け犬で、信頼性はゼロだ！

——ドナルド・トランプのツイート（二〇一六年二月五日。このツイートにより、シェリー・ジェコバスは名誉毀損訴訟を起こした）

大統領はこの決定を大いに喜んでいる。正義が果たされたと考えているのだ。

——トランプの弁護士ローレンス・ローゼン（二〇一七年一二月一二日。シェリー・ジェコバスの名誉毀損訴訟の上訴棄却を受けて）

トランプ時代における〈タイムズ〉社初の名誉毀損訴訟は、二〇一七年五月のことだった。金持ちの保守派たちは、軽蔑するリベラルのマスコミに苦痛を与えることを望む。名誉毀損訴訟は、彼らにとって再び最高の武器になると、マスコミや法曹界は不安げに予測していた。なぜそうなってはいけないのか？　トランプが繰り返し使う、中毒性のある「フェイクニュース」という言葉、名誉毀損訴訟をちらつかせてきた長い歴史、旧来のメディアの財政状態が弱体化していること——これらは政治色に染まった名誉毀損訴訟にとって、絶好の状況だったからだ。そして、その「フェイクニュース」という言葉ほど、トランプ色に染まったものはなかった。原告となったのは石炭会社六社で、共通点はどれも所有者がボブ・マレーであるということ。炭鉱業を愛してやまない大統領に対して、あくなき熱意を抱く石炭王だ。

このマレーの訴訟が焦点にしたのは、彼とその他の大口献金者が大統領就任式に対してした献金について、〈タイムズ〉が書いた社説だった。石炭に好意的なウェストヴァージニア州で起こされたこの訴訟は、力のある金持ちが好ましくないマスコミの存在に気づくや、弁護士を呼びつけるという、往年の名誉毀損訴訟に後戻りするものだった。四月に掲載されたその社説では、ある問題が提起されていた。ひとつは、就任式に資金を提供した金持ち連中について。もうひとつは、彼らが削除を望んでいる連邦規定についてだ。中でも炭鉱業にまつわる健康、安全、環境に関する厄介な規定に関して、新政権によるなんらかの支援を期待しているのではないかという点である。記事のある部分ではボブ・マレーのことを取り上げている。マレー・エナジー社は「健康と安全に関する連邦規定の連続違反者」であると書き、マレー自身は「二〇〇七年、クランダル峡谷にある炭鉱が崩壊して、作業員六人が死亡した事故を、地震が原因だと偽って主張した」と指摘したのである。

マレーの会社は、健康と安全に関する連邦規定違反を重ねたことは否定しなかったが、「連続違反者」というレッテルには不満だった。自分たちの記録は、ほかの石炭会社と変わらないのに、まるで自分たちが業界で一番ひどい会社のように見えると主張した。「ここではみながそうだから」といったタイプの弁明である。クランダル峡谷の件はかなり複雑だったが、少なくとも二度行われた大規模な調査では、炭鉱の崩壊は地震によるものではないと結論づけられた。連邦政府はこの事故について、採鉱作業を未許可で行ったためであると判断したのだ。ただ、確かに悲劇の当日、その地域で地震があったのである。マレーの弁護士でさえ、本物の地震があったとは言わず、「一般的に地震と理解されている何か」のために炭鉱の崩壊が生じたと述べた。タイムズ社に所属するウェストヴァージニア出身の攻撃的な弁護士、ホリー・プラニンシックとボブ・フィッツシモンズは、「一般的に地震と理解されている何か」とは明らかに地震ではないと、裁判官に指摘した。マレーの申し立てでは、タイムズ社がヒラリー・クリントンを支持していたことが繰り返されていて、そのことがこの社説にある問題の根源かもしれないとほのめかされていた。マレーの会社の広報担当は、そのつながりはかなり希薄だと懸念したらしく、次の声明を発表した。「ニューヨーク・タイムズは言うまでもなくヒラリー・クリントンを支持しています。広く知られているように、彼女は『炭鉱作業員と石炭会社を廃業させる』と宣言しました。マレー・エナジーがこの訴訟を起こした理由のひとつは、ニューヨーク・タイムズによる誤ちと中傷に満ちた声明のせいで、廃業が進められないようにすることなのです」

この社説が掲載された直後に、テレビ局ＨＢＯの人気コメディアン、ジョン・オリバーがボブ・マレーに捧げる番組をやることにした。オリバーの言う「老いぼれたドクター・イーブル〔映画『オースティン・パワーズ』シリーズに登場するキャラクター〕」である。彼は、マレーの会社の健康と安全に関する嘆かわしい記録を次々と挙げていき、受け取ったボーナスの微々たる額に腹を立てた炭鉱作業員が、「ボブのクソ野郎」とか「クソくらえ、ボブ」と書きなぐった小切手を会社に突き返したというエピソードを紹介した。フィナーレでは、ミスター・ナッターバターという巨大なリスが登場した（マレーが会社を興すと決めたのは、リスにアドバイスされたからという噂がある）。その巨大なリスはこう言った。「やあボブ、ちょっと言っておきたいんだが、訴えるつもりだとしても、私は一〇億ドルは持ってない。ただ、ドングリ三個と一八セントの小切手は持っている。受取人は『ボブのクソ野郎！』で、メモ欄には『クソくらえ、ボブ！』と書いてある」

マレーはそれが気に入らなかったようだ。そのため、私たちはＨＢＯとともにウェストヴァージニア州の司法制度への旅に出て、マレーによる名誉毀損訴訟に付き合うことになったのである。タイムズ社はこの訴訟をさっさと片付けようと動き、それはＨＢＯも同様だった。マレーに関する自分たちの発言・意見は真実であると自信があったからだ。そこに現れたのがジェイミー・リン・クロフツである。ウェストヴァージニアのアメリカ自由人権協会（ＡＣＬＵ）の法務部長だ。彼女は、マレーの名誉毀損訴訟を棄却するために、タイムズ社とＨＢＯの訴訟で、法廷助言者による意見書（準備書面）を提出してもいいかと訊いてきた。準備書面はアメリカの法律の歴史上、優れた役割を果たしている。拘束力のある判例や、巧妙に組み立てられた論理的な主張。これらを慎重に引用して、複雑な法律の原理を客観的に解説するものだ。クロフツとＡＣＬＵが提出しようとしているものは、これまでなかった。その項目のひとつは、次のように宣言している。

「法的には誰でも、ボブのクソ野郎！　と言うことができる」。ほかでは、「原告のひとりが番組に対して申し立てている異議とは、ミスター・ナッターバターという、人間の大きさをしたリスに関するものだが、その理由はこの件がくだらない《ナッツ》からである」と述べられていた。さらには、アメリカの名誉毀損法の基本原理も説明されていた。「ボブ、自分が意地悪をされたからといって、相手を訴えることはできないのだ」

これは見事な準備書面だった。憲法修正第一条について、正しく解釈していた。侮辱的な言動や意見、傷ついた感情に基づいて、名誉毀損訴訟を起こすことはできない。原告は、自分の評判を傷つけた事実誤認があることを証明しなければならないのである。それだけではない。ＡＣＬＵによる準備書面では、訴えを起こす人々に対して、常に言いたいと思っているが、やはり弁護士なので口にはしない、愉快な事柄もすべて書かれていた。もちろん、ニューヨーク・タイムズ社もニューヨーク・タイムズ社でなければならないときがある。だから私はクロフツに電話をして、私たちの訴訟では準備書面を提出しないでもらえるとありがたいと伝えた。愉快だが非礼で、卑猥な言葉が混じっていて、〝〈タイムズ〉とはいえないもの〟だったからだ。その点が、私たちの訴訟で論点から注意をそらしてしまうのではないかと心配だった。そもそも、冷静でつまらない社説の、事実に関するごくわずかな二文についての訴訟なのだから。ジョン・オリバーの番組は素晴らしかったが、私たちの社説は、ボブ・マレーを無制限に、遠慮なく辱める記事とは見てほしくなかった。ＡＣＬＵが準備書面を提出したのはＨＢＯの訴訟のみになり、私たちは単独で進めることになった。

今振り返ると、この判断は賢明ではなかったかもしれない。おそらくクロフツの準備書面は無関係だ。しかし、悲しいかな、現実はＨＢＯのほうでは裁判官がマレーの訴訟を棄却した。私たちのほうでは私たちによる二つの意見が事実かどうか、調査を進めるべきだと判断されたのである。したがって、合衆国憲法修正第一条によって守られたのは、ミスター・ナッターバターが「ボブのクソ野郎」や「クソくらえ、ボブ」と言うこと――これらは明らかに事実を述べたものではない――であり、私たちがマレーの事業を「連続違反者」と呼ぶことについては、確信がもてないということなのだ。実はこのことは、世間ではどんなにおかしく思われようが、私がどれほど不幸せになろうが、名誉毀損法においては筋が通っているのである。

訴訟をしやすくする必要があると、トランプが激しく主張する前から、名誉毀損は、報道、公的な会話、不安、それに混乱にまつわる、避けられないテーマとなってきた。しかし、名誉毀損は長年にわたりほとんど注目されず、注目を集めた訴訟も数えるほどしか起こされていない。そこへ二〇一四年、《ローリング・ストーン》がまずい記事を出して訴えられた。ヴァージニア大学の学部生が友愛会のパーティでレイプされたと語ったものだ。同誌の刊行後、その学生――記事ではジャッキーという名だけが示されている――による話に大きな穴が見つかると、記事に名前が挙がった大学の学部長（陪審は二〇一七年に三〇〇万ドルという賠償金を裁定したが、のちに示談によって減額された）、友愛会（同誌は一六五万ドルで和解）、友愛会のメンバー三名

（内々に和解）は名誉毀損訴訟を起こし、同誌は被告となった。

またＡＢＣのキー局は、学校のカフェテリアや食堂向けに販売されている、「ピンク・スライム」と呼ばれる、おいしくなさそうな肉製品について大々的に報じた。すると、報道によって、その製品が安全ではないという印象を与えられた、と精肉会社に訴えられた。二〇一七年の裁判の途中でＡＢＣは和解し、全額は公表されなかったが、ＡＢＣの公的書類には一億七七〇〇万ドル以上と示されている。おそらく金額はそれよりも大幅に高いと思われ、アメリカの名誉毀損訴訟における最高額かもしれない。ネット上で報道をしているバズフィードは、悪名高い「ファイル」を発表したところ、名誉毀損訴訟を招くことになった。これは、元イギリス人スパイがトランプ陣営とロシアのつながりをまとめたもので、ロシアのホテルでトランプが売春婦たちと楽しんでいる映像があるという、ロシア側の度を越した主張も含まれている。そのファイルが公表された直後の二〇一七年一月の記者会見で、次期大統領はバズフィードのことを「落ち目のゴミの山」と呼んだ。バズフィードは「落ち目のゴミの山」と書かれたＴシャツを販売して、これに応じた。バズフィードが面白くなかったのは、名誉毀損訴訟が起こされたのがトランプからではなく、そのファイルに名前が出ていたアレクセイ・グバレフというロシアの実業家からだったということである。あるロシアの銀行は、ファイルの別の部分を巡り、バズフィードに対して訴訟を起こした。さらに、思わぬところからも名誉毀損訴訟があった。ファイルに名前が出た、トランプの個人弁護士マイケル・コーエンだ。ただ、コーエンが自身の法律問題で深みにはまり、八件の犯罪で有罪を認めるところまで落ちたため、この訴訟はまもなく立ち消えとなった。バズフィードはこれらの訴訟すべてに対して、激しく応戦したのだ。

名誉毀損訴訟の復活という話題になると、プロレスラーのハルク・ホーガン（本名テリー・ボレアア）が、スキャンダルを狙ったウェブサイト、ゴーカーに対して起こした訴訟が思い出される。ただし、これは名誉毀損訴訟ではなく、プライバシー侵害の訴訟だ。ホーガンと親友の妻が、彼女の寝室でセックスをしている映像が撮影された。ゴーカーは、そのハイライトを流したのだ。ホーガンはこの映像が流れたことで、大いに感情を害したと話したが、ラジオ番組では（映像に出ていた女性の夫が司会を務める番組も含めて）自身のセックスの力量をよく自慢していた。その映像は報道する価値があるというのが、ゴーカーの言い分だった。フロリダ州セントピーターズバーグの陪審はゴーカーに対して、ホーガンに一億四〇〇〇万ドル払うよう求めた。この評決により、ゴーカーは廃業に追い込まれて破産した。ホーガンは三一〇〇万ドルで和解したが、一連の話題で最も衝撃的だった事実は、ホーガンがシリコンバレーの億万長者、ピーター・ティールに融資を受けていたと裁判後に発覚したことだった。ティールはゴーカーに対して敵意を持っていた。その原因のひとつは、二〇〇七年、ゴーカーのウェブサイトに載った「皆さん、ピーター・ティールは完全にゲイです」という記事だった。自分の私生活は他人には無関係であると考えたティールは、ゴーカーをネット上の脅威と確信する。そして、ゴーカーに対して訴訟を起こす人たちの訴訟費用を密かに負担していたのだった。

毎日新聞出版　愛読者カード

本書のタイトル「　　　　　　　　」

●この本を何でお知りになりましたか。

1. 書店店頭で　　　　　2. ネット書店で

3. 広告を見て（新聞／雑誌名　　　　　　　　　　）

4. 書評を見て（新聞／雑誌名　　　　　　　　　　）

5. 人にすすめられて　　6. テレビ／ラジオで（　　　　　）

7. その他（　　　　　　　　　　　　　　　　）

●どこでご購入されましたか。

●ご感想・ご意見など。

上記のご感想・ご意見を宣伝に使わせてくださいますか？

1. 可　　　　2. 不可　　　　3. 匿名なら可

職業	性別 男　　女	年齢 歳	ご協力、ありがとうございました

郵便はがき

料金受取人払郵便

麹町局承認

197

差出有効期間
2020年12月
31日まで

切手はいりません

102-8790

209

(受取人)
東京都千代田区
九段南1-6-17

毎日新聞出版

営業本部　営業部行

ふりがな	
お名前	
郵便番号	
ご住所	
電話番号	(　　　　)
メールアドレス	

ご購入いただきありがとうございます。

必要事項をご記入のうえ、ご投函ください。皆様からお預かりした個人情報は、小社の今後の出版活動の参考にさせていただきます。それ以外の目的で利用することはありません。

自分が嫌うメディア企業を攻撃するため、億万長者がみずからの富を使っていたという事実に、我々は不安になる。海辺の豪邸や考えられないほど大きなヨット、そして三番目か四番目の夫人に大量のカネを費やすことに飽きた、アメリカの金権政治家。そんな彼らが懲罰的な訴訟によって、アメリカのメディア企業を弱らせるという暗いイメージを抱くだろう。ただ、問題はそれほど単純でも明確でもない。ひとつには、訴訟費用を提供することは、違法でなく、それどころか公民権運動が高まったころには、ほかならぬ最高裁判所によって、憲法修正第一条で保護される行為とみられていたからだ。一九六〇年代初頭、差別を受けた人々が起こした公民権訴訟に対して、全米黒人地位向上協会（ＮＡＡＣＰ）が資金提供をした。これを阻止することを目的とした法律を、ヴァージニア州が通過させた。訴訟の資金を提供することは言論の保護であると判断した裁判所は、この法律を憲法違反として取り消した。間違いを正すのでなく、被告に損害を与えることを目的とした浅はかな訴訟の資金提供であれば、もちろん話は別だ。しかし、勝つ見込みの低い訴訟と浅はかな訴訟との違いは、多くの裁判官がいても、気づかれない場合が多い。それに、ホーガンとティールの支持者がいみじくも指摘したように、ほとんどのメディア企業は名誉毀損訴訟やプライバシーの訴訟にかかる費用を、保険でカバーしている。彼らは原告への訴訟資金提供を、条件を公平にするものとみているのだ。ほとんどの裁判では、出版社は訴訟をカバーする保険契約があるかどうかすぐさま尋ねられる。このことは、個人の訴訟資金の提供の場合とは大きく異なる。訴訟費用を出している人物について、通常は裁判官も被告も市民も知らず、原告だけが知っているからだ。さして重要ではない訴訟が政治的な理由によって生き長らえたり、妥当な和解案が拒否されたり、真実を突き止める（さらには勝訴する）ことよりも相手側の費用がかさむことを狙う戦略が標準だったりする制度には、向いているのだ。

ただ、ゴーカーの評決そのものの解釈は難しかった。この訴訟は多くの点で異常だったからだ。ゴーカー側の証人の証言はひどいものだった。この訴訟は、ホーガンが英雄視されている彼の地元、フロリダ州セントピーターズバーグで行われた。ゴーカーがきちんと保険に入ったうえで訴訟を進めることができていたら、上訴して勝利できる可能性は高かった。こういう問題について、プライバシー侵害の訴訟が起こされることはめったになく、勝利することもほとんどないからだ。公表されたものが、わいせつで不快で悪趣味なものであっても（ホーガンが誰かとセックスしている映像ならどんなものでもそうなるが）、自分たちが公表したものが「報道価値がある」とか「公益」に属していると証明できれば、公表者は勝つことができる。裁判所は、何をもってニュースとし、何をもって市民が知る必要のある情報とするのかという編集者の判断にけちをつけることはしたがらないものだ。〈タイムズ〉はゴーカーの評決が出た直後に、マスコミ担当の弁護士の言葉を引用した記事を出した。この評決は間違っていて遺憾だが、このような傾向は続かないだろう――つまりたいしたことではないと。ゴーカーの弁護士と私は、ある晩の会合で、果たして本当にそうだろうかと意見を交わした。そのあとで、タブロイド紙の電子版の弁護士数人から、本当の問題はゴーカーが「セックステープの扱い方を知らなかったこと」だと言われた。そのような問題は自分の専門外だったので、関心があると伝えると、彼らは教えてくれた。

ウェブサイトの初日の記事では、男性有名人が他人の妻と不倫関係にあることに触れるが、ビデオテープはまだ公表しない。そして、その有名人が、記事のことを下品な作り話で何もなかったと主張してきたら、二日目にサイトで証拠のビデオを公開するのだという。言うまでもなくそのころには、この件は大いに「報道価値がある」ものになっていて、完全に「公益」に属しているため、その有名人が姦通者か否かという、激しく重大な論争が収まることはないというのだ。

名誉毀損訴訟が保守派の武器になると考える人たちもいる。アメリカの名誉毀損法が出版社を守るために作られた点はひとまず脇におき、原告の勝利を難しくするという論理だ。トランプ大統領は連邦判事を保守派の人間で埋めているだけでなく、自身の「フェイクニュース」というメッセージも市民の一部のあいだでは共感を呼んでいるようだ。陪審員の候補者は、世論調査による住民数に応じて選出される。もし国民の四五パーセントが、マスコミはトランプ政権について故意に嘘をついていると考えているとすると、ジャーナリストによるミスを「誠実なミスであり、誰かをとらえるための策略ではない」とは考えないだろう。アメリカ国民の敵を裁いていると自認する陪審員が、ジャーナリストの側に有利な解釈をすることはなさそうなのだ。こういったことがすべて、マスコミやマスコミの報道に不満だったり、ただ単に不満だったりする人々に対し、訴訟を見込みのないものではなく、実行可能な代替案のようなものだと思わせてしまうのである。

大統領就任式までの四年間に、タイムズ社に対して起こされた名誉毀損訴訟は四件しかなかった（弁護士を立てずに訴訟当事者となったおかしな人々によるものをカウントしない場合）。しかもここ数年、減少傾向にある。これは我々が、国内では金を払って示談にすることはないという方針を貫いた結果であると思いたい（タイムズ社は、他の出版社や国外で起こされた訴訟で、金を払って示談にしたことはあるが、それもかなりまれだ）。金は一切支払わないというこの基準がタイムズ社の方針となったのは、一九二〇年代にまでさかのぼる。一九二二年に、〈タイムズ〉の代表者で、現在の代表者の高祖父であるアドルフ・オックスが、手紙に記しているのだ。

私は少額の金を守るために名誉毀損訴訟を示談にすることは決してしない。我々が誰かを傷つけた場合には、最終の裁判所が裁定したものを全額払う用意があり、自社の事業の要件の一部としてその判断を受け入れる。これにより必要以上の金額を要する訴訟が生じる可能性があるのは承知しているが、結局は賢明な方針であると思うのだ。

実は、訴訟数を押し下げた理由については、誰にもわかっていない。過去一〇年間、法律や法体系に劇的な変化はなかった。おそらく、原告側の弁護士が、名誉毀損訴訟に勝つことの難しさ（タイムズ社は〈ニューヨーク・タイムズ〉の記事を巡るアメリカ国内の名誉毀損訴訟で、この数十年にわたって負けたことがない）や、それに伴う煩雑さにようやく気づいたということなのだろう。弁護士は、自動車事故や、滑って転んだというような案件に貴重な時間を使うほうがいいのだ。国外からの名誉毀損訴訟も、しだいに減っていった。一九九〇年代後半から二〇〇〇年代前半にかけては、インターネットのおかげで外国や外国の裁判所にまで行くようになり、二〇〇九年のある時点では、外国の訴訟が八件も係争中になっていた。その中には、中国やイラク、インドネシアといった、その法体系が不可解なものから、不公平で欠陥のあるものまで、多岐にわたった。ところが、そういった外国の訴訟も姿を消したのだ。二〇〇九年から一七年までの期間に、外国の名誉毀損訴訟は一件しかなかった。プーチンの取り巻きのひとりがロシアで起こしたものである。言うまでもないが、私たちはその訴訟には負けている。

そんなとき、タイムズ社に対するマレーの訴訟が舞い込んできたのである。トランプが政権に就いて数カ月が経った二〇一七年五月。その三日後には、オハイオ州立大学の教授が、自身のガンの調査の正確性を巡って持ちあがった、ある論争の記事のことで、私たちを訴えてきた。これは政治的なものではなかったが、この告訴によって、私たちはトランプ政権とマスコミとの戦いに突入していったのだ。記事は誤りだと主張する数十ページの申し立てののち、その内容は方向を変え、トランプの攻撃に対してタイムズ社が始めた広告キャンペーンについて、それをあざ笑うかのように言及していた。「タイムズは二〇一七年一月に始めた大々的な販売運動の最中で、真実を求めて戦う者とみずからを位置づけて、『真実――それは見つけにくいもの』というようなスローガンを掲げている」。

それから一カ月半もしないうちに、もうひとつ名誉毀損訴訟が起こされた。今度は、保守派の象徴で共和党の元副大統領候補のサラ・ペイリンである。この訴訟は、ヴァージニア州の野球場で起こった共和党議員への発砲事件を受けて、銃規制について書かれた社説が発端だった。この記事は、慌てて書かれたせいか、曖昧なところが残っていた。二〇一一年、アリゾナ州ツーソンのショッピングセンターを訪れたガブリエル・ギフォーズ下院議員を撃てと犯人のジャレッド・ロフナーを駆り立てたのは、ペイリンの政治広告だ。〈タイムズ〉の社説は彼女をそのように非難していると主張したのだ。ペイリンの弁護士が提出した書類では、この訴訟を利用して、社説の質だけでなく、タイムズ社内にペイリンやそのほかの保守派に対して広く偏見が存在していないか調べたいということも書かれていた。

二〇一七年が始まって最初の二カ月ほどで三件の名誉毀損訴訟を抱えるというのは、不穏な出来事のように感じられた。大統領のツイッターによるマスコミへの攻撃、世論調査で出るマスコミの信頼度の気の滅入るような数字、それに「もうひとつの事実《オルタナティブ・ファクト》」が存在すると主張する政権、といった恐ろしい状況の真っ只中に私たちはいた。私は数年前に、モンテネグロの新聞社と無料で共同プロジェクトを行ったが、同社は独立メディアの口封じに躍起になっている政府と戦闘状態にあった。政府側の戦術は、独裁政権が栄えているところではおなじみのものだった。ジャーナリストに対する無差別暴力、ひいきの報道機関への融資、政府高官によるフリージャーナリストの悪者扱い、彼らの忠誠心や愛国心への疑問視などである。名誉毀損訴訟も、圧政には不可欠の道具だった。私はモンテネグロの新聞社の編集者に、同社に対して起こされた名誉毀損訴訟の現状を尋ねた。彼らは大きな紙を取り出したが、およそ二五件の訴訟で埋め尽くされていた。二〇一七年の春、アメリカにいた私は、それこそ自分たちが向かっている「新たな常態《ニュー・ノーマル》」なのだろうかと思っていた。

マスコミが手に負えない名誉毀損訴訟にさらされたと思おうが、「判断するのは時期尚早」と周りは言っていようが、傾向を見抜く難しさに変わりはない。そういう問題は少ない。これまでに起こされた名誉毀損訴訟もそれほど多くないのである。もし新聞社が一年で二件の名誉毀損訴訟を抱えて、翌年に四件になると、名誉毀損訴訟の数がわずか一年で二倍という驚くべき事態になったと言いたくなる。そしてマスコミの弁護士は非常に心配性だ。しかし、おそらく正直に振り返ると、これはいわゆる報道の自由の終わりではなく、奇妙な偶然だったのだろう。

マレーとペイリン以前、タイムズ社が扱う名誉毀損訴訟の数は、過去二〇年のあいだに減少していた。金持ちや権力者に訴えられるということは、本当に珍しいことになっていた。彼らの弁護士は大量に手紙を書いてくる。脅すような内容のものは、たいてい、批評の中に思いやりにかける言葉があっただけで気を失うようなハリウッドの人物、そんな顧客を抱えるビバリーヒルズの法律事務所からだ。ただ、先方の弁護士は、私たちがわかっていることを知っている。つまり、タイムズ社によほどひどい事態が起こらない限り、彼らにほとんど勝ち目がないことを。彼らは、記事が間違っていて中傷的であることだけでなく、タイムズ社が現実に悪意を持って行動したこと――どこから見ても記事が間違っているとわかっていて、それでも発表したということ――も証明しなければならないのだ。逆に、私たちがいつも気にかけていたのは、記事の後半でうろちょろしているような脇役の訴訟のほうだった。彼らは一私人である場合が多く、それゆえ法律では彼らのほうが勝ちやすい。しかも彼らに関する報道は、内容がやや不十分か、前後関係が失われているのだ。彼らが訴える理由は、何かが実際に間違っているというよりも、「グーグル効果」とでも呼ばれるような場合のほうが多い。真の悪者に関する記事で彼らのことが言及されると、インターネット上ではそういう悪者連中と半永久的に結びつけられるということになってしまうのだ。彼らの名前がグーグルで検索されるたびに、その人がどれだけ潔白で、実際の対象者との接点がどれだけ希薄でも、その記事が出てきてしまうのである。

私が二〇〇二年にタイムズ社にやって来たときは、会社が地方に中小の新聞社や放送局を持っていたおかげで、「普通の人たち」の訴訟が仕事の中心だった。そういったところから、現場に近い地方ジャーナリズムに関する種々の訴訟が起きていた。盗まれたキャッシュカードを使う女性が映った、防犯カメラの映像を流すテレビの報道があったが、実はその女性は別人だったというもの（私たちは間違った映像を渡した警察を非難した）。オンライン上の読者コメントで、「間抜け」や「オバマ批判者」と呼ばれた、元弁護士で議員に立候補した泡沫《ほうまつ》候補（当人は、オバマがアメリカ国外で生まれたとは言っておらず、自分は確信がないと発言しただけだと主張した）。ビキニ姿で戦う若い女性たちが出る、安っぽいコマーシャルを作成した一家が、記事で「ポルノ製作者」と呼ばれたこと（映画のジャンルとして必ずしも適当ではないが）。傘下のある新聞社は、信じられないことに、サンタクロースの膝の上に子供が乗っている写真を巡って訴えられた。その写真が撮影されたのは貧困家庭の子供たちのための地域パーティだったが、実は写真の子供は困窮しておらず、母親も同様だったのだ。写真の女の子は、離婚した父親に連れてこられていて、その愚かな父親が週末に無料で楽しめるからと潜り込んだのだった。

それが今では、サラ・ペイリンとボブ・マレーである。ペイリンの訴訟はマレーのものと同様、社説が原因だった。二〇一七年六月一四日水曜日の朝、ヴァージニア州で行われる慈善野球大会の練習をしていた共和党議員らが、男に野球場で銃撃された。同日夕方、〈タイムズ〉は電子版の社説で、政治に影響を与える暴力を非難し、銃規制法の厳格化を求めた。その社説に、ペイリンについての二つの文章が含まれていた。

この襲撃は、アメリカの政治が卑劣なものになったという証拠なのだろうか？　おそらくそうなのだろう。二〇一一年、ジャレッド・リー・ロフナーがスーパーマーケットの駐車場で発砲し、ガブリエル・ギフォーズ下院議員に重傷を負わせ、九歳の女の子を含む六人を殺害したが、これが政治的な動機によるのは明らかだった。この襲撃の前に、サラ・ペイリンの政治活動委員会は、ギフォーズ氏と民主党員一九人を図案化した照準に据えて、標的とした選挙区の地図を配布していたからである。

保守派と右派のマスコミは早くも当日の水曜日に動いて、反トランプのリベラルがヘイトスピーチや憎悪犯罪を強く非難するよう求めた。彼らは正しい。ギフォーズ氏の襲撃における動機と同じぐらいに直接的な兆候はないものの、右派に求めるものと同じ良識の基準を、リベラルが持ち続けるべきなのは言うまでもないことである。

この社説が配信されるや、ソーシャルメディアはものの数分で炎上した。ロフナーが、ギフォーズの下院選挙区を照準に据えたペイリンの選挙広告を目にした証拠は、何ひとつないのである。「ギフォーズ氏の襲撃における動機と同じぐらいに直接的」という文が、一手に非難を浴びた。〈タイムズ〉の編集者は修正する必要があるとすぐに判断した。同紙は翌朝に訂正を発表し、社説の表現を修正した。この社説が掲載されてから一三日後、〈タイムズ〉の社説によって自分の名声が汚され、財政的に被害を受けたと主張する名誉毀損訴訟を、ペイリンが起こしたのである。

この訴訟の実体がなんであれ、トランプ・ムーブメントの秘蔵っ子であるサラ・ペイリンが、あらゆるリベラルなものの砦《とりで》である〈ニューヨーク・タイムズ〉を訴えるという事実は、右派だろうが左派だろうが誰にとっても興味深く、無視できない展開だった。右派は自分たちの闘士が〈タイムズ〉社に対して、延び延びになっていた当然の報いを与えているとみていた。ペイリンはといえば、ホワイトハウスの廊下をミュージシャンのキッド・ロックと歩きながら、ヒラリー・クリントンの肖像画を馬鹿にしているところを撮影されていた。様々な政治信条のもう一方の端で、このことは、アメリカのメディアのフォックス化への道のりと受け止められた。フォックス・ニユースが支配的という世界を思い描いているトランプの取り巻きたちは、彼らが面倒な訴訟によってタイムズ社を非難し、その口封じに専念している証拠だと見ていたのだ。

それでも、ニューヨーク州南地区のジェド・ラコフ裁判官の考えは違った。彼はこの訴えを棄却したのだ。公人としてのペイリンは、タイムズ社が誤りを犯した際に、真実の認識ある過失を持ってそうしていたという基準をしっかり主張できなかったと判断したのだ。ラコフが言ったように、〈タイムズ〉がペイリンに関して意図的に虚偽を発表したという考えはほとんど意味をなさなかった。しかも、訂正がすぐに出されたこと、〈タイムズ〉が銃撃犯のロフナーとペイリンの選挙広告を結びつける証拠は何もないと同日の記事の中で伝えたこと、道理をわきまえた人なら、〈タイムズ〉ほどよく読まれて批評されている新聞で、ペイリンに関する誤った記述が見過ごされることはないだろうということからも、訴えはまったく意味をなさなかったのだ。裁判所は、これはうっかりミスのようにとらえており、ペイリンが勝利を望むのであれば、それ以上のものを示す必要があった。

ペイリンは上訴して、二〇一八年にはこの訴訟は連邦裁判へと進んでいった。一方でマレーの訴訟については、支払いなしで和解をみた。

結局、名誉毀損訴訟に関しては、この最初の三件を終えると、しばらくのあいだは、かつての静けさが戻った。その年の残りの期間に起こされた名誉毀損訴訟は一件のみと、予想の範囲内にだいたい収まった。それは遺伝子組み換え食品を巡る論争に、フロリダの教授の関与を報じた二年前の記事に対するものだった。彼は強硬に異議を申し立ててきたのである。

トランプ自身は、二〇一七年も、変わらず名誉毀損訴訟になるようなことをやっていた。これは普通ではない。不動産王、ギャンブル王、リアリティー番組のスターとしての人生で、彼は名誉毀損で訴えると脅すことがやめられないようだ（病気のようなものだ）。しかし、実際にそれを最後までやり通すのはまれだった。ただ、大統領就任式がほんの数日先に迫っていた一月、ニューヨーク州立裁判所が関わっていたのは、トランプの名誉毀損訴訟では明らかにこれまでとは異なる類のものだった。名誉を毀損されたのではなく、名誉を毀損したとして訴えられて、彼が被告となっていたのである。トランプは勝利したが、彼に有利な判決は単なる勝訴以上の意味を持っていた。彼と弁護士は、ある意味では法的な開拓者となったのだ。つまり、真実を知ろうとしてツイッターを見る馬鹿はいないと主張したのである。そう、ドナルド・トランプは憲法修正第一条のパイオニアとなったのだ。

この訴訟は、当時のトランプ候補と、共和党の戦略家で大統領選挙の際にはCNNでコメンテーターもしていた、シェリー・ジェコバスとの騒動に端を発していた。彼女はCNNの番組に出演する機会を利用して、二〇一五年と一六年、トランプについてかなり手厳しいことを言っていた。その次に起こったのは驚くようなことではなかった。トランプが携帯電話を取り出し、ツイッター上でジェコバスを叩いたのだ。彼女のことを「まったくバカ」で「たいした負け犬」と言い切り、自分の陣営に仕事を「求めて」きて断られたから腹を立てていると匂わせた。彼女は、このツイートは事実に反しており、自分の感情を傷つけ、名声を汚したと断言した。つまり、トランプを名誉毀損で訴えるということである。

すぐさま彼女は、トランプによる「おいおい、これはただのツイッターじゃないか」という反論に切り込んでいった。だが、正当な名誉毀損訴訟の対象となるには、不快感を与える発言が不正確な事実を述べたものでなければならない。誇張、悪口、節度がなく乱暴な言葉、まったくの憶測、侮辱――これらの発言は、心を苦しめ、感情的な苦痛をもたらし、地域社会におけるその人の地位を傷つけるかもしれないが、道理をわきまえた読者がそれらを事実に基づいた発言ととらえなければ、名誉毀損には当たらないのである。発言が名誉毀損となるには、事実に反していなければならないわけで、事実に反した「意見」というものは存在しないのだ（愚かな意見、見当違いの意見、粗野な意見、無知な意見はあるが、〝事実に反した意見〟というものは絶対にない）。

この訴訟を棄却させるため、トランプの弁護士たちは反ジェコバスのツイートを、憲法修正第一条で守られている、意見を述べる例だと反論した。そして裁判官はこれを認めた。「トランプ流」ツイートとして知られる、彼のスタイルをしっかり学んでいたジェコバスは、彼のやり方をよく理解していた。「自分を酷評する人たちに対する当人のツイートに満ちているのは――どうしても一四〇文字までに限られますが――『負け犬』『まったくの負け犬』『完全に偏見を抱いた負け犬』『バカ』『間抜け』『愚か者』『信頼性はゼロ』『頭がおかしい』『いかれている』『ダメ人間』といった、漠然としていたり、過度に単純化されたりした侮辱ばかりです。どれも真剣な考察からそれているのです」。さらに彼女は、ツイッターそのものにも批判的な目を向けた。どこの誰であれ、ツイッターで見たものが、必ずしも事実に基づくとは信じていないと。「ある人にとっては、オンラインとツイッターの不協和音の中で、真実そのものが失われてしまい、真実がまったく無意味に思われるのです」。道理をわきまえた人々が、憎悪、嘘、侮辱にまみれた世界になってしまったツイッターで事実を見つけられないとしたら。そこは、誰もが訴えられることを恐れず、誰についても、どんなことでも言うことができる場所になってしまうだろう、というのだ。裁判官は、トランプの動機がジェコバスを「けなして貶めること」だったとは認めた。褒められたことでなく、実に不適当なことだと認めたわけだが、その一方で、名誉毀損に当たるものではないと結論づけた。事実を伝えていると無理なく読める発言がそこになければ、虚偽というものもなくなり、つまりは名誉毀損訴訟というものが存在しないことになるからだ。

この判決が言い渡されると、ジェコバスの弁護士は「言論の自由にとって悲しい日であり、憲法修正第一条にとって悲しい日であり、民主主義にとって悲しい日だ」と述べた。しかし、この弁護士は完全に逆にとらえていたと言える。実際には、最初の二つにとってはかなりいい日であり、三つ目については、裁判官に責任があるとはどうしても言えないのだ。ツイッター上では、毎日が民主主義にとって悲しい日のようなものだ。その、大部分の責任はツイッターそのものにあるというのが適切だろう。それはあたかも、湖畔に所有する物件の端に立つ人が、両手をしっかりとポケットに入れながら肩をすくめていて、目の前の湖は未処理の汚水で満ち、死んだ魚が湖面に浮いているというようなものなのである。ジェコバスの弁護士の落胆は理解できるし（負けるのが嫌ではない弁護士は雇う価値のない弁護士だ）、彼が問題についてはきちんと把握していたとも言える。ツイッターについては、それができることやあるべき姿——国を分断したり結びつけたりする問題について、一般の人たちが無数の意見を口にできる場——になるように、何かをすべきだ。しかし、裁判官に言論の自由を制限させたり、聞くことが許される意見と、沈黙させられる意見について指図させたりはできないのである。

名誉毀損に関しては、ほかにもニュースがあった。トランプの就任式の数日前に、「マジック・アレックス」ことアレクシス・マルダスが亡くなったという知らせが飛び込んできたのだ。マジック・アレックスのことは、ジョン・レノンの友人であり、一九六〇年代のビートルズ・ファミリーの一員、アップル・レコードのレコーディングスタジオの設計を大々的に失敗した元テレビ修理工などと記憶している人もいるだろう。「ナッシング・ボックス」の発明者でもある。ランダムに点滅するライトがついたプラスチック製の小箱で、ＬＳＤをキメたレノンが何時間も見つめていたというものだ。噂では、マルダスは、リンゴ・スターがスピーカーのバッフルボードの代わりに使える音速の力場とか、音を伝える壁紙とか、スイッチひとつで物を見えなくしたり、別の色にしたりするペンキに取り組んでいるとビートルズの面々に言っていたそうだ。のちに彼は、そういった発言をしたことを否定している。それでもイギリスのデザイン界では、彼の名声は「マルダス・ギャップ」という専門用語に生き続けている。これは「何かのアイデアとその実現のあいだの距離」のことだ。私はマジック・アレックスのことは、二〇〇八年に名誉毀損でニューヨーク・タイムズ社を訴えた人物としてしか知らないのである。

タイムズ社に対するマジック・アレックスの不満にまつわる話は、二〇〇八年のマハリシ・マヘーシュ・ヨーギーの死とともに始まる。この導師は四〇年前にビートルズの精神的な教祖となり、一九六七年には、ジョン、ポール、リンゴ、ジョージが、インドのリシケシにある導師の修行の場のアシュラムまで赴いた。このときにビートルズの仲間も何人か同行していて、その中にマジック・アレックスもいた。事はうまく運ばず、ビートルズのメンバーは巡礼を急に打ち切って、この聖人との関係を絶ってしまう。導師と女性信者のあいだには、性的不品行の噂があった。二〇〇八年に導師が亡くなると、〈タイムズ〉はその死に際して、ビートルズの音楽に対する彼の影響を辿《たど》った評論を掲載した。その中に、以下の部分が含まれていた。

一九八〇年のレノンの死以降、ハリスンとマッカートニーは導師に対する非難について考え直した。マッカートニーは、性的不品行の噂を持ち出したのはアレクシス・マルダスだったと指摘した。発明家と考えられていたペテン師《シャーラタン》で、ビートルズの仲間になった人物である。「マジック・アレックス」として知られた彼は独自の考えの持ち主だったので、この話もでっち上げた（もしくは少なくとも誇張した）のかもしれない（マルダスはその出来事についてのコメントは一切していない）。一九九〇年代には、ハリスンとマッカートニーはどちらも導師の無実を相応に確信し、和解して謝罪している。

この記事が掲載されてからの数日間に、マルダスは「その出来事についてコメント」をしただけでなく、タイムズ社を訴えた。まずはイギリスで、次いで隠遁《いんとん》先の島があるギリシャで。彼は噂を広めたという記述に異議を唱え、とりわけ自分のことを「ペテン師」と――イギリス英語でもギリシャ語でも特に好意的ではない単語で――称されたことに怒りを表した。マルダスは、自分は「発明家と考えられていた」のでなく、実際に多くの特許を所有しているとして抗議した（彼の最も有名な発明品のひとつは防弾車で、いくつかの王室に売れているが、購入した王室の警備による実弾を使用したテストでは、一度爆発したことがあった）。マジック・アレックスは、インドでの自分の計画や発明家としての記録に関する記述は誤りで、中傷だと主張したのである。

この訴訟は、イギリスとギリシャの法的基準の下では、難しいものだった。アメリカでは原告が発言の誤りを証明しなければならないのに対して、アメリカ国外の法律は発行元としてのタイムズ社が、マジック・アレックスに関する自分たちの記述が正しいことを証明するよう求めているのだ。私たちの弁護士は果敢にも、イギリスやアメリカを飛び回り、一九六七年の出来事を目撃した好意的な人がいないかと期待しながら、歳を重ねたロックスターやビートルズの仲間たちにインタビューを行った。高齢、四〇年という歳月の経過、長年の麻薬の摂取によってぼやけた頭というトリプルパンチは、実に手強かった。私がついにマジック・アレックスと顔を合わせたのは、この訴訟が起きてから数年が経ったころで、彼と私、それにギリシャとイギリスの弁護士の小集団が、両方の訴訟の和解を目指して調停の場を持つべく、アテネに集まったときだった。主催者は、昼食にギリシャとイギリス、アメリカの小旗がついた爪楊枝を立てたサンドイッチを用意していた。午前中は実りがなかったものの、十分に礼儀正しくはあった（イギリスの弁護士による口論を耳にする人の感じ方にもよるが）。昼食時に、マジック・アレックスが当方のイギリスの弁護士全員に対して、ギリシャの彼の島を訪れるよう招いていたことがわかった。私は招かれなかった。午後の話し合いが始まると、私は初めて彼に直接話しかけた。どのような訴訟でも、悪い感情はあるもので、それは受け入れなければならないが、今回の訴訟でひとつだけ許しがたいのは、ギリシャの島を訪れる機会を、彼が私にくれなかったことであると告げた。これが突破口となった。緊張が解けて、ようやく進展がみられたのだ。ギリシャの訴訟でもイギリスの訴訟でも、満足のいく解決に達した――そしてマジック・アレックスは、ギリシャを訪れたときはいつでも会いに来てくれて構わないと、私に請け合ってくれたのである。

私が彼に会いに行くことはなかった。ただ、マジック・アレックスに対して、私はいつも好感を抱いていた。二〇一七年早々に彼が亡くなったことで、私は追憶の思いに駆られた。彼の訴訟のおかしさ、不思議でサイケデリックだった六〇年代の生活、ビートルズとのつながり、突飛な発明品、ヨルダンの砂漠での最初の試験走行で爆発した防弾車といったイメージのせいかもしれない。タイムズ社を訴える人に対して、私がこのような感情を覚えることは、通常ない。マジック・アレックスの訴訟は難しいものだったが、政治的な含みはなく、対立した文化におけるちょっとした小競り合いにすぎなかった。彼は、私たちが間違った記事を書いたと考えて、それを正すには訴える必要があると感じた、ひとりの人間にすぎなかったのである。このことは、最近の名誉毀損訴訟とは、大きくかけ離れたものに思えた。

一方で、ボブ・マレーと私の場合は、ギリシャの島を一緒に訪れることがないと、私は大いに確信している。

第九章　フェイクなフェイクニュース

いいか、私は正直なマスコミを見たいんだ。正直なマスコミを得ることが国民にとって大いに重要だと発言して、今日一日を始めた。マスコミ――国民は君たちのことはもう信じていない。それについては私が何か関係していたのかもしれないが、よくわからない。

――ドナルド・トランプ（二〇一七年二月一六日）

ホワイトハウスに近い共和党の工作員数名は、トランプ・ジュニアの弁護に駆けつけると、この件を報じてきた一部のジャーナリストの信用を傷つけるべく、大規模な運動を始めた。

そのチームのひとりが語ってくれたところによると、彼らの計画とは、記者のこれまでの仕事について調べ、場合によっては何年もさかのぼり、ミスや知覚バイアスの存在を探すものだという。彼らは訂正を求め、ソーシャルメディアでミスを吹聴し、フォックス・ニュースなどの保守系の報道機関にそれらを提供するのだ。

――二〇一七年七月一二日付〈ワシントン・ポスト〉

二〇一七年五月二三日、報道の自由を求める記者委員会（RCFP）による毎年恒例の資金集めディナーが行われた。イリノイ州の小さな町で育った私が、子供のころに見かけた、福音主義者によるテントでの伝道集会《リバイバル》とは、かけ離れていた。蒸し暑い八月の夜、大豆畑の真ん中にテントが建てられ、集まって信仰を持つよう信者たちに呼びかけていた集会だ。一方、RCFPのほうはテントとも畑とも無縁で、マンハッタンにあるエレガントなピエール・ホテルをひいきにしていた。集まった人たちは正装で、アルコールがふるまわれ、ウェイターはタキシード姿である。そこで信奉されているのは、キリスト教再生派ではなく、報道の自由だ。だが精神的には、忠実な信者が集まり、疑う世間をよそに、自分たちの共通の目標の高潔さを確信して仲間の信者たちと親しく語るという、あのイリノイ州の夏のテントでのイベントと同じものだった。

二〇一七年の春に私たちが必要としたのは、まさにそれだったのだ。

ピエール・ホテルやニューヨーク市といった世界は、ジャーナリストであることや、マスコミは世のためになる力だと信じること、そして報道の自由は守る価値があると考えることに、適さないように思われた。心の中では、誰も疑念に苦しんではいなかった。誰もが信じ、精神が満たされていた。「自分と同じように考えているこんなにも多くの人たちと一緒にいられて、とても素敵だと思う」と、ある女性に言われた。あらゆる意味で再生《リバイバル》だったのである。

その夜、私は会が深まった段階で、忠実な信者たちに向けて、五分間話をすることになっていた。私はあるデータを見つけていた。ギャラップの調査結果である。「マスコミ（マスメディア）が『ニュースを十分、正確に、公正に報じている』と考えているアメリカ人の数は、ギャラップの調査史上最低になり、マスコミを大いに、あるいはかなり信頼している人たちは三二パーセントだった。これは前年から八ポイント減少した」。くだらないと思ったので、その夜の私は次のように発言して、このデータをけなした。

言うまでもありませんが、私がこのところよく訊かれるのが、何をすべきかという質問です。何をすべきか――マスコミをアメリカ国民の敵と宣言する政権、嫌いな記者は会見から締め出しても問題ないと考える政権、記者が事実は重要だと信じていることをあざ笑う政権、真実を公表したジャーナリストを投獄してもいいという国を望む政権があるときに、私たちは一体何をすべきなのか。

もしあなたがジャーナリストなら、答えは簡単です。今やっていることを続けることです。ホワイトハウスからは有害な騒音が出ていますが、私はみずから口をつぐむジャーナリストの姿は見ていませんし、身を引くジャーナリストの姿も見ていません。私が見ているのは、正しい質問をし、厳しい記事を書き、これまでずっとやってきたことを続けているジャーナリストの姿です。みずからの名の下に行われていることを、アメリカ国民が理解する手助けをしている姿なのです。

マスコミを信頼しているかと訊かれたアメリカ国民のうち、三二パーセントしかイエスと答えなかったという調査結果を私も見ました――はたしてこの「マスコミ」とは、今は一体なんのことを言うのでしょう？　TMZか〈フィナンシャル・タイムズ〉？　フォックス・ニュースかMSNBC？　地元の新聞かブライトバート・ニュース？　一三歳の少年に「今日、学校はどうだった？」と訊いたことがあるでしょうか？　ちゃんとした答えはひとつだけ――「サイアクだった」。ここでも同じことなのです。自尊心が強く、自由を愛し、制度を嫌うアメリカ人に、「マスコミ」についての考えを訊くという、答えようのない馬鹿げた質問をしてみてください。もちろんその人たちはこう言うでしょう――「サイアクだよ」と。

会場の人たちはこの見解を気に入ってくれた――拍手に笑い、それに歓声も上がった。よかった。伝道集会《リバイバル》には必要なものである。人は信じている人たちとはつながりたいものだから。ただ、自分が正しいのかどうかは、大いに疑問だった。世論調査には注意を払う必要があったかもしれない。

ドナルド・トランプが、大手マスコミのことを、フェイクニュースを大量に提供する偏向したジャーナリスト集団としてはねつけるよう、国民にけしかけていた二〇一七年。その年の世論調査の結果を調べてみた。「マスコミ」という用語が人々にとって意味を持っていたころだったが、相変わらずギャラップの質問は馬鹿げていて、私たちのことを多少なりとも寛大な目で見た世論調査はひとつもなかった。私が見つけたポリティコ／モーニング・コンサルトの世論調査は、「フェイクニュース」についての右派の空威張りは単なる遠吠えにすぎないという考えを、ずたずたにしていた。その調査では、回答者の四六パーセントが、報道機関はトランプ政権に関してフェイクニュースをでっち上げていると信じていたのだ。反対意見は三七パーセントだけで、残りの一七パーセントは判断がつきかねていた。共和党の数字も、悪い意味ですごかった。共和党に投票した七五パーセント以上が、マスコミはフェイクニュースを発表していると確信していたのだ。民主党の投票者も、二割までもが同意見だった。

二〇一七年一二月のポインター・メディア・トラスト・サーベイ——これはポインター・メディア・不信《ディストラスト》・サーベイと呼ぶべきかもしれない——による調査結果も、厳しい内容だった。報道機関は記事のでっち上げを「時々より多く」行っていると思うかと問われて、アメリカ人の四四パーセントがイエスと答えていたのだ。ポインターはこの数字を細かく分類していた。二四パーセントは、でっち上げは「半分以上の場合」に起きていて、一四パーセントは「ほとんどの場合」とみなしていた。「常に」でっち上げているに回答したのが六パーセントだけだったことを、私たちはいい知らせと受け止めるべきなのかもしれない。

マスコミにいる私たちは、世論調査の中からいい知らせを掘り起こそうとしたが、これは簡単にはいかなかった。二〇一七年九月のロイター／イプソスの世論調査には、一見したところ、かすかな望みがあった。マスコミを「大いに」または「多少信頼している」と答えた人の数が増えていたのだ。選挙後の一〇カ月間で、三九パーセントから四八パーセントにまで上昇していたのである。一方で、マスコミを「ほとんど信頼していない」と答えた人の割合は下がって、五一パーセントから四五パーセントになっていた。マスコミにいる私たちにとっては、この数字が動く方向を理解するのは簡単だったが——私たちは大衆とともに歩んでいるので——そう見ることができるのは、この結果が本当に示しているものを無視した場合のみである。半分近くの人たちが、依然としてマスコミをまったく信頼していなかったからだ。

これらの調査の問題点である基準については、私たちはみな理解していた。不支持の数字は、反応を覆い隠したり、簡略化しすぎたりするのである。一部の調査では、マスコミはトランプに甘すぎると思う人たちと、マスコミは彼をやっつけようとしていると思う人たちが、同じカテゴリーに入れられていた。多くの人が調査員に対して、自分たちはマスコミを信頼していないものの、見たり聞いたりしたものを、ひるむことなく頼りにして社会に出ていると語っていた。それに質問も、マスコミのことを巨大な一枚岩としてとらえがちだった。フォックス・ニュースからナショナル・パブリック・ラジオ（NPR）まで、〈ニューヨーク・タイムズ〉から（本当に）落ち目の地方新聞まで、一緒くたにしていたのである。

ただ、それは言い逃れにすぎない。傾向は紛れもないものだ。この国の人々の心の中では、マスコミが社会でどのようなものになるのかを判断する戦いが、全国的に行われている。法廷で報道の自由を求めたり、裁判官の意見に擁護の言葉を見つけたりして、マスコミの弁護士をやってきた私たちにとっては、この新たな現実の始まりは落ち着かないものだった。それにも、もっともな理由があった。これらのことは何ひとつとして、必ずしも法律に関するものではなかったからである。ほとんどの点で、報道の自由を守る法律が、今以上に強固になったことはなかったからだ。一九六四年のタイムズ社対サリヴァン事件で勝利し、私たちは以後も勝ち続けてきた。だが、その歴史もほとんど的外れに思える。もっと基本的なところで、アメリカの民主主義における報道の自由の地位と状態を弱体化しようとする、一致団結した取り組みなのだ。この法律にできることは限られている。マスコミがそれを重要視する自由を与えることはできるものの、マスコミを重要視することはできない。マスコミが重要であるのか、マスコミに果たすべき役割があるのかは、結局のところ民意しだいである。マスコミを信じられないのなら、マスコミが社会においてどれだけ自由を持っていようが、実際は関係ない。信用されていないマスコミと、自由を奪われたマスコミは、ほとんど同じなのだ。悪事、汚職、見当違いの政策に対して民意を結集する影響力を持っていないのだから。政府に責任を負わせる声も持たず、無視されてしまう。そしてある時点で、マスコミに対する軽視が、報道の自由を守る法律に対する軽視に姿を変えることになると私は思っている。

自分と協調しない報道機関を懲らしめるために連邦政府の権力を使う(乱用だ)と脅すトランプに対して、国民の怒りがほとんど存在していないのは、悪い前兆だった。彼が示唆したのは、NBCの放送免許の取り消し、ワシントン・ポスト社はアマゾンの創設者ジェフ・ベゾスが所有者だからロビイストとして登録すべきだということ、そして司法省はＣＮＮの親会社であるタイム・ワーナーが求める合併の認可を拒むべきだといったことだ。連邦政府は（たとえば、すべてのアメリカ人を公正に扱うこととは対照的に）、大統領の個人的な不満を処理する、ただの道具と言わんばかりなのである。

私たちが好むと好まざるとにかかわらず、トランプはマスコミへの攻撃で痛いところを突いてきた。混乱のもとになることだが、アメリカには実際にフェイクニュースの問題が存在する。しかも、その問題は二つある。ひとつは、本当のフェイクニュース問題――人々を誤った方向に導いて分断を図るべく、ソーシャルメディアを介して、意図的に間違った記事で政治を汚染するもの。もうひとつは、フェイクなフェイクニュース問題――トランプ政権について問題を提起しようとする報道機関を弱体化させ、権威を失墜させるために「フェイクニュース」という言葉を用いることである。

〈タイムズ〉、ＣＮＮ、その他の主流派メディアや、新たなデジタルのライバルたちが間違いを犯すという大統領の指摘は、もちろん正しい。しかし、それは何も目新しい話ではない。ＣＮＮは、トランプの協力者がロシアの投資ファンドのトップと会ったという記事を撤回した（ＣＮＮはこの誤報の責任者であるジャーナリスト三名の辞職を受け入れた）。ＡＢＣのブライアン・ロスは思い違いをして、トランプがマイケル・フリンに、選挙前にロシア人とコンタクトを取るように命じたと報じた（ロスは四週間の謹慎となった）。〈ワシントン・ポスト〉の記者はツイッターに写真を投稿して、トランプの集会は大群衆を集められなかったとほのめかしたが、実はその写真は集会が始まる前に撮られたものだった（記者は二〇分後にそのツイートを削除して、謝罪した）。〈タイムズ〉は、政権は気候変動に関する報告書をつぶそうとしているという記事を出したが、気づくのが遅く、その報告書はすでにウェブサイト上で公開されていたというミスをした（釈明はあとで行われた）。こういったことや、その他のミスの原因はたくさんある。昔からあるおなじみの記憶違い、間違った情報源、ずさんな編集、いい加減、いい話を追い求めるあまりにくらんだ目。しかし、原因にはならないものがひとつある。それは故意に捏造《ねつぞう》するということだ。ミスが意図的だという考えは、少し考えればまったく意味をなさないことがわかる。記事は広く出回っていて、国民による詮索は避けられず、訂正は早すぎても目立ちすぎてしまい、ライバルの報道機関のミスをすぐに指摘しようとする競争が繰り広げられるのだから。主流派のマスコミにいる者で、故意の嘘をうまくやってのけようとする者はいないのだ。

言い換えるなら、大手マスコミにフェイクニュースが存在するという大統領の主張そのものが、フェイクニュースなのだ。

二〇一七年、タイムズ社は「真実は難しい《ハード》」というテーマの広告をテレビとネットに打って、真実と虚偽を巡る論争に加わった。四月には、ヨーロッパの難民危機、アフリカでのエボラ出血熱の蔓延による恐怖、ベネズエラの非常事態、ISとの戦いなど、〈タイムズ〉が行ってきた興味深い報道写真に、一組の広告を盛り込んだ。それらの広告には、次の結び文句があった。「真実は難しい／真実を知るのは難しい／真実はかつてないほど重要である」。その月の後半に、私は政府の秘密主義とそれを乗り越えようとするタイムズ社の取り組みに焦点を当てた、新たなコマーシャルを手伝うよう頼まれた。トランプ政権の一〇〇日目に、それをぶつけるのが狙いだという。営業部は、情報公開法（Freedom of Information Act＝ＦＯＩＡ）の下で書類を入手する権利を巡って私が連邦政府とやり合った末に、政府の編集済みの黒塗り文書を手に入れたのかと訊いてきた。コマーシャルの作り手には視覚に訴える要素が必要だったからだ。

彼らにとって私はうってつけの人物だった。編集済みの黒塗り文書を、個人的にため込んでいたからだ。私は、自社の記者が求める文書を巡って連邦機関とはほぼ毎日やり合い、黒塗り文書の目利きとして広く知られていた。情報公開法は、それ自体がひとつの世界をなしている。記者が文書を求めて申請書を書き、それを該当の連邦機関に提出すると、機関側は文書を送付して対応してくれるというものだ。理論上は。そのように進む場合も時にはある。だが多くは、お役所仕事によって、その申請が何週間も何カ月も何年もかけて検討されたのち、やがて大部分が黒く塗りつぶされた文書が渡されるのがオチで、政府の言い分としてはその情報は法的に公表できないからということなのだ。私が集めた編集済みの文書は、なかなかのものである。ＦＢＩのあるページは、ページ三分の二のところにある行の最後「プロパガンダ」という単語以外のすべての単語が黒塗りになっていた。司法省に宛てた情報公開申請に対して受け取ったページには、一番上に「一般公開を認可」という言葉のみが記されていた。写真の小冊子を陸軍に求めたときには、写真の多くが削除された状態の小冊子が作られて、キャプションだけが残されていた。とりわけ芸術的な編集が施されていたのが政府による図表で、表のど真ん中の――空欄の――セル以外がすべて黒塗りされていて、世界初のドーナツ型の編集文書が作り出されていたのである。もっとも、このドーナツは長方形だったが。

このコマーシャルには、皮肉が混じっていた。制作を手伝ってくれた企業は、誰でもなんでも訴える、と大統領がわめき散らすのをあまりにも多く聞いていたので、タイムズ社には「このスポット広告や、関連するものの政治的発言の利用に起因する、ありとあらゆる主張」にかかる、どんな訴訟費用もカバーしてほしいと言い張った。私はこの制作会社のトップに対して、彼らが何か見落としているかもしれないこと、この広告キャンペーンは恐れることなく話す自由についてのものであること、そして、話せるということがアメリカの将来に向けての大きな考えであることを、説明した。それが理由で、私たちはこのキャンペーンを行っている。それこそがメッセージなのだと。それでも彼らは、出費を補償してもらいたいと思っていた。

そして、実際の広告作りではワシントン支局のマーク・マゼッティが語りを担当した。文章は、秘密主義を巡る〈タイムズ〉とトランプ政権との戦いを強調するものである。コツをつかむのに一〇〇日ほどしかなかったにもかかわらず、取り上げるものは数多くあった。ホワイトハウスの訪問者記録が、以前は公表されていたのに、現在は厳重にしまい込まれていること。レックス・ティラーソン国務長官が、外遊に際して自分と同じ飛行機に記者の一行を乗せないと言い出したが、これまでの政権では標準的な慣習で、便宜が図られていたことなどである。ショーン・スパイサー報道官は、自分の立場を知らせずにおいて、閉鎖的な「スーパーギャグル」を巡って記者たちと小競り合いを演じた。長らく約束されてきたトランプの納税申告書の公表は、口約束ばかりで実現していない。それでも、ひとつ問題があった。私が持っている黒塗りの文書は、どれもトランプ政権とは無関係だということだ。すべて、オバマ、ブッシュ両政権時の情報公開法との戦いによるものなのである。トランプ政権はあまりに新しすぎて、馬鹿げた編集には関わっていないのだ（そうするのは時間の問題だろうが）。マークと私は、このスポット広告が間違った印象を与えてしまい、批判にさらされることになるのを心配した。この広告自体が、言ってみれば必ずしも真実ではないのに、「真実は難しい」をテーマにした広告を打つのは不謹慎だと思ったのだ。私たちは古いタイプの人間なのかもしれない。異議を唱えたところ、台本が変更された。「政府における秘密主義は、今年になって始まったものではありません」というのが、新しい広告の出だしだった。「秘密主義は長年にわたり増長してきました。二つの政党の、多くの政権によって」

真実が重要であることを国民に対して主張しようとしたのは——それを主張する必要があること自体が信じがたいが——仲間たちの中で私たちだけではなかった。ふさわしい感じとメッセージを見つけようと、どこも苦労していた。〈ワシントン・ポスト〉は勇気を奮って、新たなスローガン——「民主主義は暗闇の中で死ぬ」——をウェブサイトに載せた。CNNは鋭いコンセプトで行くことにした。かなり強めのコンセプトである。選んだのはテレビ広告で、リンゴの写真が写されている。「これはリンゴです」と、姿なき声が告げる。「これはバナナだとあなたに言い張る人もいるかもしれません。そういう人たちは、『バナナだ、バナナだ、バナナだ』と、何度も繰り返し大きな声で言ってくるかもしれません。『バナナ』を大文字で表すかもしれません。するとあなたも、これはバナナなのではと思うようになるかもしれません。でも、そうではないのです。これはリンゴです」。これは、「事実を最初に」がスローガンのキャンペーンの一環だった。NPRはリスナーに対して、「事実に基づいたジャーナリズム」の支持を促した。空想に基づいたジャーナリズムを提供している局がどこかに存在するとでもいうように。

キャッチフレーズでメッセージを理解させることが重要だとは承知していたが、そのことも問題の一部だった。トランプは「フェイクニュース」という用語を究極の政治的キャッチフレーズにしていたからだ。本物の思考と差し替えがきく、魔法の言葉である。その怪しい魅力は、真実を深く追い求めている人が口にするような雰囲気があることだ。そうであればいいのだが、実際はそうではない。CNNや〈タイムズ〉の記事を「フェイクニュース」と非難しても、真実は受け入れない。まったく正反対なのだ。人々に対して、何が事実で何がそうではないか比較検討する、という分析は飛ばすよう頼んで、耳にしたくないことは単にはねつけるようにと駆り立てているのである。トランプはそのことを隠そうともしていない。「否定的な世論調査はどれもフェイクニュースだ。選挙のときのCNN、ABC、NBCの調査と同じように」と、彼は一度ツイートしている。驚くことではないが、カレン・グリーンバーグが《ニュー・リパブリック》で指摘したように、選挙直後の数日間で、六五年前の本がアマゾンで売り切れになったという。思想家ハンナ・アーレントによる『全体主義の起源』だ。アーレントのテーマのひとつは、グリーンバーグが言う「無思考の真空状態」である。「何が事実か否かが、市民にとって、もはや重要ではなくなり、役に立つかどうかだけになったとき」に生じる危険だ。そのことについてはしばらく考えないようにするのである。

一方で、アメリカを害している本物のフェイクニュース問題には、終わりが見えなかった。選挙を受けて、ごく少数のネットユーザーが投稿した、本物の記事に見せかけて意図的に捏造された記事により、政治がいかに攻撃されていたのかを、私たちは知ることになる。その一部は、ロシアの偽情報活動によるものだった。敵に危害を加えることを目的とする、政治的に熱心な支持者もいれば、ひと儲け狙いの者もいた。多くはマケドニアなどに身を隠していたが、もっと身近なところにもいた。

就任式の直前に、〈タイムズ〉のスコット・シェーンが、キャメロン・ハリスという人物のフェイクニュース体験を記事にした。ハリスについては、目立ったところは何もない。メリーランド州に住み、大学を卒業したばかりで、共和党に夢中になっている男性である。彼はオハイオ州で演説しているトランプの映像を見たが、そこで民主党が選挙を不正に操作しようとしている、という話をますます耳にするようになってきていると、トランプが話していた。それを聞いてハリスは、急にフェイクニュース作成モードに突入し、アパートのキッチンテーブルでフェイクニュースを作り出したのだった。見出しは「速報　数万のクリントンの不正票　オハイオの倉庫で見つかる」である。これを、みずから作った嘘のニュースサイトChristianTimesNewspaper.comに掲載したのだ。その記事に添えられた写真――倉庫に置かれた投票箱の山――は、イギリスのニュースサイトにあった選挙に関する記事からくすねたものだった。ハリスがこの記事を投稿するや、数日で六〇〇万ものユーザーにシェアされた。この申し立てに驚いたオハイオ州の職員は、不正投票の調査を始めた。結局ハリスは、記事の捏造と投稿に費やした二〇時間に対して、二万二〇〇〇ドルの広告収入を得たのである。

フェイクニュースの達人たちにとっては、目が回るほどの選挙戦だった。九六万人以上のフェイスブックユーザーが、ローマ教皇がドナルド・トランプを支持したという記事を推薦したと、バズフィードは伝えている。ヒラリー・クリントンのメール問題に携わったＦＢＩ捜査官が死体で見つかり、無理心中の犠牲者である、とうそぶく記事を五〇万人がシェアしていた。でっち上げの記事は、すべてがトランプを中心としたものではなかった。何十万人ものネットユーザーが、トランプ政権から逃れる人たちに対する特別計画として、アイルランドがアメリカから難民を受け入れるという記事も目にしていた。バズフィードが確認した記事では、ウィリー・ネルソンの死、ビル・クリントンによる離婚届の提出、ニューオーリンズにあるジェファーソン・デイヴィス〔南部連合の大統領〕の像とバラク・オバマの像との差し替えなどという、食料品店にあるタブロイド紙でおなじみのテーマや、昔から人気のあるネタを追いかけているものもあった。「話ができすぎているが、そうであればどんなにいいか」という由緒あるカテゴリーに入る記事へのアクセスは、大量にあった。宝くじに当たった女性が上司の机の上で排便して逮捕されたという、スリルに富んだ記事もあった。

フェイクニュースの影響に関する調査に、結論は出ていない。どの程度の量をどんなふうに読むか、何を記憶に残し、投票すべき候補者をどう決めるかということについて、人は単純でない。しかし、何を信じるか決めるのがかつてないほど難しい世の中が民主主義の役に立つとは、誰も思っていない。フェイクニュース・スキャンダルに対して、フェイスブックは当初、自分たちはこの問題と無関係であるとでもいうようにふるまった。それは、急ブレーキを踏んだことによって、自分の後方で一〇〇台が絡む玉突き事故を起こした運転手が、バックミラーを見て、なぜ運転が下手な者が大勢いるのかと思いながら走り去るようなものだった。そのうちにフェイスブックも本腰を入れると、この問題に対処する新しい提案を始め、フェイクニュースのランダムな投稿が人々のニュースフィードに入ることがないようにしたり、フェイクニュースにはフラグを立てるようにしたりし始めたものの、技術的な解決策で本当に効果があるのかどうか、すぐには明らかにならなかった。

では、法的な解決策はどうなのか？　ソーシャルメディア上にあるすべての不誠実な発言を一掃できる法律や訴訟があっても、それらが具体的にどういったものになるのかは、誰もわからなかった。問題の解決には弁護士を頼るのが、アメリカでは普通である。そのように遺伝子に組み込まれているからだ。こぼれたコーヒー、スポーツの観戦チケット、傷ついた感情、これらを巡って、アメリカ人は訴訟を起こすのである。フェイクニュースが民主主義の構造を蝕んでいるのに、裁判官や法律家は何もせずに高みの見物をするだけなのか？　その答えは悲しいかな、十中八九「イエス」である。フェイクニュースにまつわる法的な問題、それは、ただのいんちき《フェイク》でしかない点だ。誰のことも中傷しておらず、誰からも金を騙し取ってはおらず、商品のことを不正確に伝えて販売しているわけではない。ただの嘘なのだ。そこで登場するのがゼイビア・アルバレスであり、弁護士は出ていくだけなのだ。

　嘘をつく権利を守ろうとして、彼以上の行動に出た人は、アメリカにはひとりもいない。アルバレスは嘘つきの常習犯だった。ナショナル・ホッケー・リーグでのプレー経験があると言い、映画スターと結婚したこともあると主張した。戦闘での勇敢さを称えられて、名誉勲章を得たとも語った。そのどれもが事実に反しており、自分のことを美化する、まったくの厚かましい嘘だったのである。ところがその後、軍の勲章を得たという虚偽の主張は単なる嘘で終わらず、連邦犯罪となった。アルバレスは、カリフォルニア州の地方の政府機関であった市民集会で勲章のことを自慢したのち、見事に起訴されて連邦裁判所で有罪を宣告されたのである。彼は二〇一二年に連邦裁判所に上訴して、アメリカ人として誰もが持っている不可侵の権利の中には、大きな嘘をつく権利があると信じている者たちの代表となった。連邦裁判所はこれを認めた。彼の嘘は憲法修正第一条で守られているとしたのである。裁判所によれば、アメリカは自国の政府に、何が嘘で何が真実かを選り分ける「真理省」になってもらう必要はないということだった。彼が告訴された法律は、憲法修正第一条の前では、効力がなかったのだ。

アルバレスの訴訟は、予備選挙がちょうどヒートアップしてきた二〇一六年初め、特別な意味を持った。連邦上訴裁判所がこの判例を使い、選挙戦の際に候補者について嘘を言うことを違法としたオハイオ州の法律を無効としたのである。その法律によって刑務所が人であふれることになるのを裁判所が危惧《きぐ》したからだという噂が流れたが、真の問題はここでもやはり憲法修正第一条だった。裁判所はオハイオ州の法律について、気に入らないところを多々見つけたのだ。何をもって嘘とするのか、嘘をつくことをいかにして取り締まるのかなど、あまりにも多くの点が曖昧だった。憲法修正第一条という難題に耐えられるような「反嘘法」を書くことは、どこの国の立法府にとっても難しそうだ。

このことは、時に腹立たしいまでに、アメリカ的な問題《ディール》だった。民主主義の強化に努めてきた人たちの発言の権利を守るための憲法修正第一条が、それを攻撃している人たちのことも同じように守っているのだから。裁判所のメッセージははっきりしていた。政治の虚偽が問題なら、アメリカにおける解決策とは、法律や訴訟をさらに増やすことではない。アメリカ国民こそが改善策なのであると。真実をはっきりと主張し、虚偽を問題視し、事実であることを他人に納得させるのは、国民しだいなのだ。これは思想の自由市場の典型的な哲学上の前提だった。真実と虚偽が大衆の注目を求めて自由に争うことができれば、政府や法律が介入する必要は一切なく、最終的には真実が勝利を収めるというわけなのである。

少なくとも、そのように機能するはずだった。しかし、二〇一六年と一七年は疑問を抱かずにいるほうが難しかった。フェイスブックは、ロシアのスパイが作り出したコンテンツのユーザー数が、フェイスブック上だけで一億二六〇〇万人に達したと明らかにした。またロシアは、ツイッターには一三万一〇〇〇件以上のメッセージを、ユーチューブには一〇〇〇本以上の動画も投稿していた。モスクワにいる何者かは、思想の自由市場では虚偽が成功する可能性はかなりあると、明白に言っていたのである。

一方で、もうひとつのフェイクニュース問題――独立したマスコミを弱体化するために大統領がその用語を使うこと――は、衰えることなく続いていた。「フェイクニュース」というレッテルはあまりにも頻繁に、またバカバカしく使われたため、そのうちに軽い冗談のようになった。私がある日覗いたギフトショップには、手作りの木製チーズ皿と変に凝ったふきんのあいだに、「フェイクニュース」という言葉で飾られたペナントが山と積まれていた。黒地に白のレタリングで、応援している大学のアメフト・チームのもののようであり、最大のライバルである「リアルニュース」との大一番にこれからまさに臨もうとしているかのようだった。私はフェイクニュース絡みの騒ぎについては、ただの雑音として無視したいと思っていた。しかし、トランプによるマスコミ叩きにはもっと邪悪な一面があるという考えがどうしても捨てきれなかった。選挙中も選挙後も、共通するテーマを持った特異な事件が、国中で立て続けに起きていたからだ。仕事中の記者が被害に遭っていた。

私たちの記者は、選挙集会の終わりにトランプの側近から激しく非難され、モンタナでは議会選挙の候補者から身体的な攻撃を受けた。大統領就任式の日には、ワシントンで抗議活動を取材していたジャーナリスト数人が逮捕された。ウェストヴァージニアを訪問中のトランプの閣僚を取材していた記者は、質問に答えてもらおうとしつこかったという理由で逮捕された（質問することは記者本来の仕事である）。カリフォルニアの小新聞社では、ドアの前に首吊り用の縄が置かれていた。二〇一七年三月にカリフォルニアで行われた「メイク・アメリカ・グレート・アゲイン」の集会では、三人のジャーナリストがデモの参加者から暴行を受けたと報じられた。サウスダコタのパイプラインの設置に抗議する活動家の取材が原因で、一〇人のジャーナリストが刑事告訴された。これらの出来事と、選挙戦やその後にホワイトハウスから撒き散らされている敵意に満ちた言葉に関係はないのかもしれないが、別に被害妄想に陥っていなくても、その風潮は上から作られていると考えるだろう。

これは別に、真実の独占権を持っているのはジャーナリストだと言っているわけではない。ジャーナリストの行為は、世の中を完全に理解することはできないと、暗に認めている。情報源による意見とともに、もう一方の側の意見も提示されねばならないのだ。それでもジャーナリストは、世の中には真実が存在していて、それを追い求める価値があると信じ、変わらず続けている。

全力を尽くして、それを証明しているのである。

　そういうことはトランプのやり方でないと指摘したのが、コラムニストのブレット・スティーヴンスだ。パキスタンでテロリストに殺害された〈ウォールストリート・ジャーナル〉のダニエル・パール記者を追悼するスピーチの中で、そのことを見事にとらえていた。スティーヴンスは、フォックスのビル・オライリーが選挙後のトランプに、三〇〇万人の外国人が違法に投票したという彼の主張について尋ねたときの様子を語った。そのことを裏付けるデータもなしに、そう発言するのは無責任なのではと、オライリーは尋ねた。トランプの答えは、多くの人たちが、自分の言うとおりだとはっきり言ったというものだった。「彼はオライリーに、自分の事実が間違っているとは言っていません」と、スティーヴンスは強調した。「彼が言っているのは、自分に関する限り、ほとんどの人が理解している用語である〝事実〟はどうでもいいということであり、事実とは意見と区別ができず、意見と取り替えがきくものだということなのです」

　この考えをうまく言えなかったのが、トランプの側近のケリーアン・コンウェイで、数週間後「もうひとつの事実《オルタナティブ・ファクト》」を熱心に擁護した。NBCのチャック・トッドが、大統領就任式の観客の規模に関する政権側の誤った主張について尋ねると、コンウェイはそのすべてを否定した。「あなたは虚偽と言いますが、ショーン・スパイサー報道官はもうひとつの事実《オルタナティブ・ファクト》を伝えているのです」

「いいですか、オルタナティブ・ファクトというのは、事実《ファクト》ではありません。それは虚偽です」

と、トッドが言い返す。その後、彼は一連の論争がいかにくだらないものになったかと、コンウェイを刺激して、トランプと側近たちが観客の多さについての作り話をあきらめようとしない理由を知りたがった。そのことが何かに影響するとでも思っているのでしょうか？　それに対して「このように答えましょう」と、コンウェイ。「あなたが視聴者に対して、今言ったことを考えてみてください。だから私たちは外へ出て誤解を取り除き、オルタナティブ・ファクトを広めなければならないという強い義務を感じているのです」

これは、主流派のマスコミのことを、耳を傾けるに値せず、その声は無視したり割り引いて聞いたりしてもいい捏造者とみなしているのと同じである。証拠を出すことも、何が間違いであるか示す必要もないと、アメリカを駆り立てているのだ。記者のことを「不愉快な人間」とか「ひどい連中」などと呼ぶときのトランプは、悪意という愚かさが必然的に表れてしまっている。そこから移動して、「CNNはサイアク」と観客が声を揃えるアリゾナの政治集会を率いるのは簡単なことなのだ。二〇一八年初頭にあったトランプによるフェイクニュース賞の発表は、屈辱を与えることが目的だった。トランプに対して厳しい報道を行っている報道機関を区別して、それらをちょっとあざけるためなのだ。そして、あざけるという行為には、遊び場であれ、ホワイトハウスであれ（かつては両者に違いがあったが）、常に思考は存在していないのである。

これは政治的に優れたものでもあった。政権による「誤ったニュース」という非難は、本当のフェイクニュース問題に乗じていたからだ。おかげで投票者を疎外したり、怒らせたりする目的でロシアのスパイがでっち上げた記事と、正規の報道機関による意図せぬミスとのあいだにある、明らかだったはずの線は、めちゃくちゃになった。政府とその協力者以外は誰も信用できないと思うように、人々を煽《あお》ったのだ。これが無思考の真空状態である。筋金入りの保守的な中西部で、私がともに育ってきたアメリカの民主主義の中心的信条、「権力者を信用するな」とは正反対のものだった。

トランプがタイムズ社のことをフェイクニュースだと敵意を込めて呼んでいるにもかかわらず(これは誇れることだが、私たちのコラムニストは、先のフェイクニュース賞で一位になった)、トランプとタイムズ社の関係は理解しにくいままである。長く苦しい結婚生活のように、込み入っている。トランプは選挙日の直後、報道を前提としたインタビューのために、タイムズ社を訪れている。オバマケアを撤回しようとした試みが失敗に終わったとき、彼はすぐさま、ホワイトハウスについてのスクープ記事を連発していた〈タイムズ〉のマギー・ハーバーマン記者に連絡を取った。〈タイムズ〉のマイク・シュミットは、休暇の時期にマールアラーゴのダイニングルームに入り込んで、大統領の独占インタビューを行うことに成功した。それより前、トランプはシュミットと同僚二人をホワイトハウスに招き、報道を前提としたインタビューを行っている(相手の信用を得るシュミットの能力は伝説的で、以前見たホワイトハウスのある会議の写真では、トランプの隣に立っている彼が、トランプのネクタイとまったく同じように、腿《もも》の部分までの長さがあるネクタイをしていた。このファッションの判断が偶然とは思えない)。かつて、新聞に物件の広告を載せるのを好む不動産屋にすぎなかったトランプは、〈タイムズ〉を支持する広告すら出していたのだ。「ニューヨーク・タイムズとの長きにわたる我々の関係は永遠に続くだろう」と、二〇一〇年の広告で彼が言っているのである。この広告は、選挙期間中に〈タイムズ〉の社史編者のデヴィッド・ダンラップが発見したもので、彼はそのことを記事にした。トランプはこれをフェイクニュースと呼びたいことだろう。それができれば、の話だが。

また〈タイムズ〉のことを、フェイクニュースを言いふらす者だと責める人がいるが、トランプは自分の目的にかなった場合には、私たちの記事に一〇〇パーセントのお墨付きである第一級の真実印を、驚くほど快く与えるのである。二〇一八年二月〈タイムズ〉のマット・ローゼンバーグによる記事は、取り沙汰されているものの確認が取れていない、ロシアの売春婦たちと楽しんでいるトランプの映像の購入を期待して、CIAがロシアの諜報員らと交渉を行っていたことを伝えていた。CIAはこの記事を不正確と一蹴《いっしゅう》した。トランプは違った。彼はこうツイートしたのだ。

> @nytimes によると、ロシアは「トランプ」に関する偽の秘密をアメリカに売った。言い値は一〇〇〇万ドルだったが、そのうちに一〇〇万ドルにまで下がった。この状況を人々が見て、理解してくれたらと思う。何もかもが明らかになりつつあるところなのだ——問題を取り除け！

彼は任期の最初のほうでは、中小企業が選挙以降に自信を増しているという〈タイムズ〉の記事についてツイートしていた。そして〈タイムズ〉がハーヴェイ・ワインスタインに関する大ネタを発表したときには、自分の古い友人がまたもやフェイクニュースの被害に遭ったとは言わなかった。「これを見てもまったく驚きはない」と口にしたのだ。

トランプと〈タイムズ〉との一進一退の攻防に関して、何か崇高な計画があるのか、私にはまったく確信がなかったが、もし説明があるとするなら、大かたこんな感じだろう。彼は〈タイムズ〉から注目されることを欲しており、〈タイムズ〉の話をコントロールできないことに怒っている。

〈タイムズ〉をコントロールしようとする彼の試みは、失敗に終わっている。フェイクニュースと攻撃することによって、私たちが脅されて変わると考えたのなら、思い違いもはなはだしい。トランプ政権が定着するまでに、選挙後の分析の時期を経た〈タイムズ〉のニュース編集室は、いつもどおりの雰囲気になっていたからだ。この政権はどの政権とも違うものになると考えた人たちも、それまでにしてきた仕事を続けているのである。フェイクニュースという激しい非難は背景の雑音にすぎず、気が散るというレベルには至らなかったのだ。〈タイムズ〉のメディア・コラムニストのジム・ルーテンバーグは、前例のない、支配術によるトランプのやり方のせいで、（逆説的に）タイムズ社は教科書を捨てるどころか、正確であるというジャーナリズムの基礎に、立ち戻るよう駆り立てられたと書いている。「マスコミを支配する道具として、政権が誤った指示や誤報、あざけりをあからさまに用いようとしている。このことに対して、伝統的なジャーナリズムは、その真価を示す機会がやってきたのだ。それに対する興奮がはっきりと感じられた。これまでと同じぐらい大いに冷笑的なのにもかかわらず、理想主義が押し寄せてきたのだ」。《ウィルソン・クォータリー》にルーテンバーグはそう書いている。

掲載前のチェック用に編集者から私の元へ送られてくる鋭い記事――フリン中将の失墜、ジャレッド・クシュナーの財政問題、トランプ陣営とロシアのオリガルヒ（新興財閥）との複雑なつながりについて――は、ニュースの報じ方が注目に値しないものであることが、大いに注目すべき点となっている。信頼できる情報源から組み立てられて、冷静な言葉で語られた、単刀直入な記事なのだ。おそらくその点を最もよく表しているのが、政権の一年目が過ぎていったころのことだ。ロバート・モラー、ストーミー・ダニエルズ、そしてロシアとのつながりに関する記事が紙面に大きく登場しても、トランプの記事を扱う編集者や記者が私を素通りする機会がますます多くなっていることである。つまり、法務部に立ち寄ることなく、記事が紙面にそのまま掲載されているのだ。以前は、訴訟を匂わせるトランプの怒りにより、名誉毀損の可能性があるかもしれないという、一種の警戒感がニュース編集室にはあった。だが、二〇一八年になるころには、みなこう思っていたのだ。政権について正確に報じる自分たちを訴える者は誰もいないと。

それでも、「フェイクニュース」という声を耳にして、いつも肩をすくめるだけで済むかというと、そうもいかなかった。二〇一七年の晩夏、銃規制推進団体の広報から、不自然に陽気なメールが届いた。

皆さん　おはようございます

ＮＲＡがまたおかしなビデオを公開したことをお伝えしたく思いまして。今回はＮＹＴが標的になっているんです。どうやら彼らは、「あなた方を狙っている」ようですよ。

では、よい金曜日を！

その映像はＮＲＡ　ＴＶから新たに発表されたもので、常軌を逸した語りで人気のプロパガンダ担当ダナ・ローズチが出ていた。着ている白のニットトップは背景の真っ黒な全米ライフル協会（ＮＲＡ）のスタジオと対照的だ。そして、ニューヨーク・タイムズ社を名指しで、フェイクニュースについて、怒りをこらえきれないとばかりに吐き出していたのである。「これは、いわゆる警告とお考えください……私たちは、あなた方の正直な真実の追求というものに対して、レーザーフォーカスを行います……要するに、あなた方を狙っているんです」

これにはタイムズ社の多くが肝を冷やして、なんらかの形で反応を示すよう言ってきた。確かにそれは理解できる。この挑発を真に受けた不安定な（そしておそらく武器を持った）人間のことや、銃に関するあらゆるイメージが脅威を与えていること、そして彼らは意図的にそうしている点に、私たちは常に気をつけなければならない。私たちは、彼らと同じ世界に暮らしているのだから。しかし私は、こちらが注目しているということを知らせて、NRAとその取り巻きを満足させることが正しいのか、疑問に思った。脅しのメッセージは、ある段階で度を越して違法となる場合があるが、憲法修正第一条は卑劣なことを言う者にさえ多くの保護を与えている。NRAもそのぎりぎりの線を縫うように進みながら、それを越えないやり方を心得ているようなのである。この映像を無視することを、私は勧めた。公開されて何カ月も経っているのに、ほとんど気づかれていないという、NRATVにとってはおそらくおなじみの状態だったからだ。NRATVへのアクセスをもっと促すことになっても、NRAを利するだけで、私たちの安全は増すどころか、逆に危険なことになりかねない。〈タイムズ〉の一部の記者がこの映像のことをツイートして、ローズチやNRAの協力者たちとネット上で小競り合いを展開したが、会社としては身を引いた。攻撃を予告するようなこの映像は、忘れ去ることにしたのである。

そのため、その数カ月後の〈ニューヨーク・サンデー・タイムズ〉の文化面に、ダナ・ローズチを褒めそやすような紹介記事を見つけたときには、私は少なからず驚いた。記事では彼女のことを、「全米ライフル協会のテレビ映りのいい戦士」と持ち上げていた。おまけに「ワンダー・ウーマン」とも呼んで、彼女と〈タイムズ〉の記者とで、近所のクロスファイヤー・ディフェンス・アカデミー・アンド・レンジという射撃練習場に行っていたのである。「あなた方を狙っている」という例の映像については、「ニューヨーク・タイムズに狙いを定めた二〇一七年の広告」

という一文で片付けられていた。ダナは人柄のいい人物という印象だった。

考えてみると、これはタイムズ社をよく表していると思う。ローズチは話題の人物だが、私たちが記事にするのは、自分たちと同意見の人たちだけではなく、話題になった人たちなのだ。ローズチが自分のフェイクニュースに関する記事をどう思ったかは、耳にしていない。ただ、彼女は数週間後に再びNRATVの画面を照らし出した――文字通りそうしたのだ。NRAによる新しい映像では、ライターを手にしたローズチが、〈ニューヨーク・タイムズ〉そのものにライターの火を近づけていた。「私には、こんなことまでする必要はありません。あなた方は自分たちだけの力で、みずからの評判を焼き尽くすという仕事をしているのですから」と、彼女が語りかけるのだ。

たいしたものである。

ただ、ここでも憲法修正第一条が機能する。タイムズ社対サリヴァン事件で、ウィリアム・ブレナン判事が述べたように「公の問題を論じることが、誰にも束縛されずに、活発で、広く開かれたものであるべきだという原理についての、国民の深遠な責任」の一部なのだ。話す側には、挑発的になったり、乱暴になったり、矛盾したり、間違ったりすることが認められているのである。これは素晴らしいことだ。ちょっとおかしいと思うときもあるが、それでも素晴らしい。

アメリカの国民の心を求める戦いのどこかで、また、民主主義における報道の自由の居場所についての話し合いの中のどこかで、議論がそれてきているのではないかと、私は感じていた。リベラル対保守という枠に、議論がはめられようとしていたのだ。左派が言論の自由を信じ、右派はそれに反対するとでもいうように。言論の自由を気にかける私たちのような者がその分析を受け入れては、大きな過ちになる。ほんの七年前のことだが、名誉毀損関連で最も重要な法律が二〇一〇年に議会を通過した。SPEECH法といい、アメリカの出版社を守るためのもので、近年生じてきた問題を扱っている。アメリカの出版社が、ロシアのオリガルヒ（新興財閥）や、テロ行為への資金提供に関与しているサウジアラビア人、汚職の疑いをかけられた国際的な実業家に訴えられていたのだ。ただ、彼らはその訴訟をアメリカの法廷に持ち込もうとはしなかった。その者たちが訴えているのは、マスコミを十分に守らず、原告を勝ちやすくしている法律がある、よその国なのである。連邦議会はSPEECH法を通過させることで、一線を引くことにした。名誉毀損の原告がアメリカに持ち込まれたら負けるような訴訟の場合には、国外でその原告が勝利した判決をアメリカの裁判所が扱うことを阻むというものである。しかも、これはほぼ常に当てはまった。つまり、よその国で勝利した原告がこの国に来て、裁定された損害をアメリカの出版社に対して払うよう、裁判所に強いることはできないのだ。この法律によりアメリカの出版社は、テロ行為や国際犯罪といった地球規模の問題に関する厳しい取材を自由に続けられる。この法案が下院で投票に付されると、全会一致で可決となった。上院の結果も同じだった。誰もが賛成票を投じたのだ。

この分断された時代において、私たちはあの当時の場所へと戻る道を見つけなければならないと、私は考え続けていた。意見の相違がなんであれ、政治的見解がどういったものであれ、報道の自由の重要性については意見の一致を見ることはできるはずだ。報道の自由を信じることはリベラルだけの価値観ではない——アメリカ全体の価値観である。せめてそのひとつのことだけについてでも、見解の一致を見出せないものだろうか？

大統領のツイートがなんらかの暗示であるというのなら、どうやらその答えはノーのようである。

第一〇章　不安定

我々は、マスコミが果たしている重要な役割を尊重しており、敬意は払うが、それも無制限ではない——人命を危険にさらして罰を受けないということは認められないのだ。

——ジェフ・セッションズ司法長官（二〇一七年八月四日）

この件に詳しい現職および元職員によると、アメリカの諜報機関の職員がドナルド・トランプ大統領に機密情報を知らせなかったのは情報漏れを恐れてのことだという。

——二〇一七年二月一六日付〈ウォールストリート・ジャーナル〉

二〇〇一年九月一〇日、私はマンハッタンにある刑事裁判所の汚れた廊下にいた。その当時は、陰気さが消えない、みすぼらしくて壊れている場所という感じがあった。当時の私はニューヨーク・デイリーニューズ社のニュース編集室の弁護士だった。一〇代の若者三人が、チェルシーの公営住宅でホームレスの男性に火をつけて、逮捕されていた。ニューヨーク市のタブロイド紙をつかの間魅了するような、よくある話である。無力な路上生活者に火をつけて、先の見えない自分の人生の単調さに終止符を打った、三人の若きモンスターというわけだ。彼らの逮捕直後に、その弁護士たちは公判前手続きの終了を要請していた。いつまでもタブロイド紙の見出しにデカデカと掲載されているために、この若者たちが公正な裁判を受けられなくなるのではないかと危《き》惧《ぐ》してのことである。これは決して馬鹿げた考えではない。その報道はひどいものだった。ただ、このときの私は、それはまったくの見当違いであり、法廷を非公開にしては、憲法、ニューヨーク市民、それに正義の概念そのものに対する侮辱になると思っていた。そしてそう裁判官に納得させるために、その場にいたのだ。

その日私が乗ったタクシーは、世界貿易センタービルのすぐ北のウェスト・サイド・ハイウェイを出た。西海岸からニューヨークへやって来たばかりだった新任のパラリーガル（弁護士補助員）は、その建物を間近で見たことがなかった。私たちはその全景をなんとかとらえようと首を伸ばした。建物のうしろの空は真っ青に晴れ渡っていた。

裁判所には早く着いたので、法的文書をこの裁判の弁護士に渡すと、傍聴席に腰掛けて被告の入廷を待った。被告の一〇代のガールフレンドたち、それに知り合いの集団が、私たちのうしろの席を占めていた。被告弁護人が私たちの準備書面を、ページを弾くようなスピードで読んでいく。法廷の横の入り口が開くと、若者たちが足をひきずるようにして入ってきたが、こう思わずにはいられないことだろう。「この子たちがモンスターだというのか？　まだ子供もいいところじゃないか」と。一〇代の滑らかな顔、虚ろな笑み、精神的なショックを受けた目は、恐怖と不安を隠せないでいた。彼らは、私たちのうしろにいるガールフレンドたちに軽く手を振った。

被告側は非公開法廷を求める理由を裁判官に説明した。扇情的なニューヨークでは、この手続きが公開の状態で行われた場合、証拠を公正に比較検討できる、偏見を持たない一二人の市民を見つけるのは至難の業だという、お決まりの主張である。検察官のマシュー・ボグダノスは、このような多くの場合における政府の標準的な方針に従った。地方検事は、法廷を非公開にするべきだという被告側の申し立てにおいては、いかなる立場も取らない。この法廷がみずから判断をすべきであると。自分の順番になったときは、当時の私が常に行ってきたやり方で主張した。控えめで回りくどくはせず、判例を次々に整然と引用して、アメリカでは刑事手続きを非公開で行うのは異常であることを、それぞれの場合においてはっきりさせたのだ。これは、〈デイリーニューズ〉や〈ニューヨーク・ポスト〉が特にこの話を報じていたということではなく、単に法の適用の問題である。もちろん、誘惑は目の前にあった。今こそ私が、人間の知る権利についての高尚な言葉に手を伸ばして、報道の自由の素晴らしさを見事な文章で語る絶好の機会なのでは？それが理由で私は、法廷に立ってマスコミや大衆が果たす権利を主張する、憲法修正第一条を専門とする弁護士になったのではないか？　私はその瞬間を見送った。裁判官は喚《わめ》き立てるような〈デイリーニューズ〉の見出しを目にしており、大きな文字で書き立てられた若者に有罪を宣告して、五つの行政区にいるニューヨーク市民の怒りをかき立てることになると確信したからだ。

私は腰を下ろすや、検察官のテーブル上のごそごそした動きに、目の端で気づいた。どういうわけか、ボグダノスがまた立ち上がっている。どうやら私は、彼を失望させたらしい。彼は今以上のものを望んでいたのだ。彼が再び裁判官に向かって話し始めた。確かに、法廷を非公開にすべきかどうかということについて、地方検事は特定の立場は取らない。しかし、報道の自由の重要性についてトーマス・ジェファーソンが言ったことを法廷に思い出させなければ、彼の怠慢ということになる、と。そして、民主主義における報道の自由、建国の始祖、それにジェファーソンについての話（「新聞のない政府か、政府のない新聞のどちらを持つべきかを私が決めることになったら、私は一瞬も迷うことなく後者を選ぶだろう」〔ジェファーソンの言葉〕）を始めた。これは見事だった。〈デイリーニューズ〉や〈ニューヨーク・ポスト〉の一面を見たのだろうかと、私は思った。

裁判官は話をすべて聞くと、判断を下す前に法律を調べる時間が必要だと告げた。そして、翌朝に再び顔を出すよう、私たちに命じた。

私は、その被告たちにもその弁護士たちにも、それに裁判官にも二度と会うことはなく、法廷の裁決についてさえ知ることはなかった。翌朝、三三丁目のオフィスにいた私に、友人が電話をかけてきた。世界貿易センタービルに飛行機が突っ込んだという。ニューヨークのすべての放送局のサイトにアクセスしようとしたが、どこも止まったままだった。私は廊下を歩いてニュース編集室へ行った。数人の編集者が、天井から吊るされたテレビモニターの前に立っている。コラムニストのマイケル・デイリーもそこに加わった。私たちが見ている目の前で、二機目の飛行機がタワーに突っ込んだ。マイケルはダウンタウンへ行く方法が見つかることを願いながら、飛び出していった。編集者たちは電話をかけ始めた。私は自分のオフィスへ戻ると、その日の午前に予定されていた審理用の法的文書を片付けた。

地方検事補のマシュー・ボグダノスのことを私が次に知ったのは、二〇〇四年四月二四日付の〈ニューヨーク・タイムズ〉のトップ記事だった。私はそのときまでにはデイリーニューズ社を去って、タイムズ社の弁護士になっていた。地方検事補だったボグダノスは、今や予備役兵として任務に就いており、海兵隊所属のボグダノス大佐になっていた。彼はイラクにいて、略奪された古代美術品を調査するイラク国立博物館で働いていた。その博物館の残骸の中を記者と歩き回りながら、彼が口にした。「悲しくなりますよ。ひどいことですから。自分たちの歴史の取り返しのつかない部分が失われてしまったのです」

私が二〇〇二年にタイムズ社にやって来たとき、9・11は自分がしていた仕事の唯一の原動力だった。デイリーニューズ社にいたときは、記者やカメラマンが、ロウアー・マンハッタンの荒廃した状況や犠牲者の発見、現場の片付けを取材するためのアクセスのことで、ニューヨーク市警察と繰り返しやり合っていた。私が被告側弁護士として州の刑事裁判所に一度限りの出廷をしたのは、ウェスト・サイド・ハイウェイの立入禁止区域に入り込んで逮捕された、〈デイリーニューズ〉の記者の代理人を務めたときだった。タイムズ社での最初の数週間には、9・11当日の消防局の対応に関して未公開の記録を求めた〈タイムズ〉およびコラムニストのジム・ドワイヤーの代理として、ニューヨーク市消防局を訴えた。これは解決に長い時間がかかり、ニューヨークの最高裁で決着がついたのは三年後のことである。私たちはついに、あの前例のない日を文書化した数百ページの記録を見る権利を得ることができたのだった。

だが、あの攻撃後の年月でタイムズ社の法律業務は劇的に変化して、何もかもが対テロ世界戦争に集中した。連邦政府には秘密主義が広がり、国を守るという責務によって正当化された。電子監視という新たな手段も密かに導入された。記者たちは、イラクやアフガニスタン、のちにはリビアやシリアに赴いて、戦争を取材した。ワシントン支局でペンタゴンと諜報機関を深く取材し、その行為の法的意味について懐疑的な目を向けるジャーナリストは、それまでにないほど必要になっていたが、人材を揃えるのは難しかった。自国を守るための政府の仕事ぶりや、CIA、NSA、ペンタゴンがアメリカ国民の名の下に世界中で行っていることについては、記者が匿名の情報源を得たのち、機密情報を入手できて、初めて完全に語られるのである。国の安全に関する記事について記者と仕事をするのは、法律とジャーナリズム双方の暗い部分に入ることを意味していた。はっきりせず、危険なときもあり、不確かなことだらけなのである。

トランプが大統領に就任した最初の数週間には、新政権下では、国の安全に関する報道がこれまでとは異なるということに、私たちは向き合わざるを得なくなった。就任式のほんの数日前に、〈タイムズ〉で国家安全保障を担当するデヴィッド・サンガー記者がメールをくれた。

デヴィッドへ

自分たちがまたこういった調査を受ける前に、これに目を通してもらえないだろうか？

極秘なのは言うまでもない。

よろしく。

デヴィッドより

イランの核施設を攻撃する、アメリカの極秘サイバー戦争計画に関する取材。私たちは、デヴィッドの情報源のひとりだったジェイムズ・カートライト大将に対する司法省の調査の件で、ともに何年も苦しんできたところだった。長期にわたるその一連の調査は、国家公務員のあいだに恐怖を植え付け、国の安全についての報道に関わる者全員に、リスクの大きさをまざまざと見せつけるものだった。だが、漏洩捜査と、匿名の情報源の身元を明かすことを拒んだ記者が投獄される可能性のほかに、歴史上、解決を見たことがない複雑な法律問題が存在していた。機密情報を公表したジャーナリストは、スパイ法の下で刑事責任を問われることになるのかという問題である。ドナルド・トランプは、これに対する答えを出したいと思っていたようだった。

スパイ法は形を変えながら、一〇〇年以上存在し続けている。入り組んでいてわかりにくく、意味するところが曖昧な部分も往々にしてある。だが、これだけは確かだ。機密情報の所持もしくは公表によって起訴されたジャーナリストは、これまでいないということである。よかれ悪しかれ、法的責任は情報源である政府の消息通に常に降りかかったのであり、ジャーナリストにではなかったのだ。連邦最高裁判所がペンタゴン文書の裁決をした際、政府には機密情報の公表を止めることはできないことだけが裁定された。これは報道の自由にとっては非常に大きな意味を持つ瞬間だった。しかし、裁判官の意見がないわけではなかった。反対意見と賛成意見を書いた数人の判事が、機密情報の公表後に別の規則が適用される可能性に言及して、スパイ法の下でジャーナリストが起訴される可能性を抜かりなく残したのである。

それでも、以来、ジャーナリストが告発されることは一度もなく、ペンタゴン文書以降、数十年のあいだ、不安定な釣り合いは定着した。ジャーナリストは漏洩した機密情報を定期的に受け取っていた。報道機関は、そういった情報の価値と危険性を比較検討して、読者のために正しいと思われたときは公表した。政府はほとんどの場合、不満に思っていたものの、ジャーナリストを告発することはなかった。民主主義における多くの物事と同じように、完璧ではないものの、制度は十分に機能していて、報道の自由を守り、一部の重要な情報は国民に届くようにしつつも、政府の真の必要性のために秘密主義は十二分に維持していた。どちらの側にも適度な量の自由裁量があったのだ。報道機関側は、公表すべきものについては詳細な情報を得たうえで判断しようとし、政府側は、裁判所が記者の起訴を認めるかどうかを知ることから身を引いたのである。実際問題として、全国的な報道機関を相手に注目度の高い口論を始めることを好む検察官はほとんどいなかった。とりわけ、そのネタが政府の不正行為を明らかにしている場合、さらにはその訴訟によって、秘密を守る能力がいかに政府に欠けているかを公然と明かしてしまうような場合には。

メディアの側にいる私たちは、曖昧な法的状況に安心感を抱くようになっていったため、法律の意味を明らかにするような「テストケース」を求める意欲はほとんどなかった。とりわけそのテストケースが、自分の勤める会社に関する場合には、だ。ただ、それでは究極の「もしそうなったらどうなるのか」という問いには答えが出ないままということになる。もし、司法省がジャーナリストを告発することにしたら？　はたしてそれはどのように展開されるのか？　成文法は、スパイや漏洩者には明らかに及ぶが、記者のように情報を受け取って、それを他人に知らせるという外部の人間についてはどうなのか？　政府は一〇年ほど前に政府の情報源から入手した機密情報を記者に渡した、親イスラエルのロビイスト二人を追跡した。このときは最終的に起訴に問題が生じたものの、もしこのロビイストたちが法律に狙われる事態になっていたら、政府が記者を追うことを阻むものはあったのだろうか？

この疑問に対する答えが憲法修正第一条であると、マスコミのほとんどの弁護士は思っていた。しかし、完全に確信している者はほとんどいなかった。憲法修正第一条の主張は、ほかの状況では機能していた。最高裁判所は、未成年の被告の名前を新聞社が掲載することを禁じる州法と、取り調べを受けている裁判官の身元をマスコミが明かすことを禁じる別の州法の執行を、拒んだことがある。裁判所は一連の訴訟において、ジャーナリストが情報源から情報を受け取り、みずからはその入手に際して不正行為に関わっていない場合、真実を公表したジャーナリストを罰することができるのは、最高位にある政府の利益が要因であるときのみとした。これらの判決は、私たちがトランプの納税申告書を公表した際に、私の法的分析の根幹となったものである。

だがスパイ法は、未成年の被告や疑わしい裁判官、大統領候補の納税申告書などを守るといった、度が過ぎた州法とは違う。国家安全保障の訴訟において、国の安全が危機にさらされたと検察官が法廷に告げても、憲法修正第一条が勝利を収めるかは、誰にもわからないのである。

サンガーの先ほどのメールには、彼がベテラン科学記者のビル・ブロードと組んで書いている記事の原稿が添付されていた。二人はサイバー戦争の技術と核弾頭の技術的に複雑な部分について、ほかに例を見ないほどの理解で取材をし、添付された記事ではその両方について取り組んでいた。北朝鮮の核ミサイル計画を妨害するために、アメリカがサイバー攻撃と電子戦を用いようと試みた顚末《てんまつ》である。この記事によると、その妨害作戦は、しばらくは効果があったという。北朝鮮が打ち上げに失敗したのは、いずれも発射台から打ち上げる際にミサイルが横倒しになっていたからだ。これが偶然だとは信じられない。そうだとすれば、金正恩とその取り巻きには災難が続いたとしか考えられないだろう。そして、これには名前までつけられていたことを二人は知る。「発射寸前」だ。狙いはミサイルの迎撃ではなく、打ち上げの妨害だったのである。

大統領就任式が迫るなか、サンガーとブロードは、自分たちが公表する予定の記事について説明するために、諜報機関の職員と会いに出かけていた。「このような会話は常に気がかりである」と、サンガーは記事の後半に書いている。「気持ちはわかるのだが、国家公務員は何も認めないし、否定もしない。要は、彼らにはそうすることができないのだ。それでも、編集者と比較検討できるように、自分たちが公表しようとしている詳細について、彼らが抱えているかもしれない懸念に耳を傾けることは重要である」

ニュース編集室からは、この記事について、これ以上何も耳にしなかった。就任式の日がやって来て、そして去っていった。トランプ政権がワシントンで引き継ぎを行った。そして就任式からさほど時間が経たない夜に、サンガーが電話してきた。例の取材が仕上がり、編集者たちも記事を進めていきたいと考えているという。この記事は、激しいニュースサイクルにおいてニュース編集室で物事が停滞するという、よくある理由で遅れていたのだ。そのあいだに、ホワイトハウスには新しい国家安全保障担当補佐官によるチームができていた。サンガーは、すでに去ってしまったオバマのチームを相手に彼とブロードが行ったやり取りの内容は、もはやあてにできないと考えていた。二人には、トランプの補佐官に接触し、自分たちが報じる予定の内容を知らせて、彼らが北朝鮮に対する選択肢をどうとらえているか、突き止める必要があった。政府はその過程で、記事が言おうとしている内容を知ることになる。これが新政権という未知の領域に踏み込む第一歩となるわけだ。

サンガーとブロードは、インタビューをセッティングした。サンガーがのちに『サイバー完全兵器』で書いたように、彼は大統領の国家安全保障担当副補佐官であるK・T・マクファーランドと初めて顔を合わせた。そのとき、彼女とそのチームはまだ事態をよく把握していないと感じた。記事のことを説明しても、北朝鮮に対して行われた、近年最も慎重を期する作戦のひとつについて、完全には知らされていないようだったのだ。それでも彼女はサンガーに対して、国の安全に懸念はみられないと請け合い、すべてはうまくいくと楽観視していた。ほぼ規則通りに進むものという感じだった——少なくとも、次の日までは。サンガーとブロードは、危機管理室での会議に呼ばれた。記事の機密度の高さを強調するような、異例のことだった。

そこにツイートが流れた。その日はバレンタインデーで、トランプ大統領は朝早く起きると、携帯を手に取って早速ツイートしたのである。そのメッセージは、サンガーとブロードの取材に関わる私たちにとって、到底無視できないものだった。

本当のところ、なぜこれほど多くの違法なリークがワシントンから出ているんだ？　私が北朝鮮などとディールしているときにも、こういったリークは起こるのか？

今回の記事のことを知っているタイムズ社内の少数の者も、北朝鮮へのこのランダムな言及については、どう解釈したらいいかわからなかった。奇妙な偶然か？　大統領の好きな話題のひとつについて、またいつものように騒ぎ立てているだけか？　それとも、もっと憂慮すべき状況なのか？（一〇日後の二月二四日、トランプは漏洩者に関するツイートを、「やつらをさっさと見つけろ」という不穏な言葉で終えることになる）。わかりようがなかった。

サンガーとブロード、そして私は、二月のあいだ定期的に話し合った。彼らはトランプのチームから聞いた情報を私に教えてくれた。不祥事を起こしたマイケル・フリンの離脱を受けて就任した、H・R・マクマスター中将と会っていたのだ。諜報機関の高官たちは、できる限り協力してくれた。しかし、北朝鮮に関する機密情報に基づいた〈タイムズ〉の記事に対して、トランプ大統領の反応がどのようなものになるかについては、誰ひとりとして確かなことは言えなかった。弁護士業とは常にリスクを予測することではあるものの、どのようなヒントであろうと、私たちはそれを読み取るしかないのである。あるとき、マクマスターと電話でやり取りする機会があった。彼はその仕事に就いて、まだ一週間も経っていなかった。記者と編集者、そして社主のアーサー・サルツバーガー・ジュニアと私が短い挨拶程度の会話をしたのだが、内容は率直で礼儀正しいものだった。だが、ホワイトハウス内で起こりそうな反応について判断の手がかりになるようなことは、何も得られなかった。

このほかの兆候は憂慮すべきものだった。サンガーがマクファーランド副補佐官と会ったあとの二月中旬、ホワイトハウスの法律顧問であるドナルド・マクガーンが私たちに手紙をよこしてきたのだ。提出された北朝鮮の記事は「アメリカの安全保障を危険にさらすことになるか、マイナスの影響を与える。またはその両方だ」と単刀直入に述べて、社の代表との会合を求めてきたのだ。前例のないような要求ではなかった。とはいえ珍しく、加えて国の安全保障に関わる職員などからではなく、ホワイトハウスの顧問――しかも、「そうなるだろう」とか「そういうことがありうる」ではなく、「そうなる」と言いきるような人物からのものだった。新政権が始まって一カ月と経っていないのに、彼らは歴史に背を向けたり、ブッシュ時代や、さらにはオバマ時代の政府とは違うということを証明しようとしているのか？　トランプとそのチームは、一世紀にわたって存在してきた一線を越えて、スパイ法の下でジャーナリストを刑事訴追するぞと脅そうと、本気で考えているのか？

これまでのほとんどの政権は、退屈になるほど複雑なスパイ法と、絶対確実な憲法との長年の対決に直面すると、歴史と完全に決別して、記者の刑事訴追を推し進めたりはしなかった。トランプ政権はこれまでの政権とは違うのである。

ジェフ・セッションズが自身の指名承認公聴会で、トランプの新しい司法省によるジャーナリストや秘密情報源との対処法について証言してから、ほんの数週間が過ぎたころだった。その際、親が新聞記者である、ミネソタ州選出の民主党上院議員エイミー・クロブシャーは、ジャーナリストが「自分の仕事を行う」ことによって投獄されることはないという言質を、セッションズに求めた。これに対してセッションズは、マスコミや漏洩に関する司法省の方針を自分は完全には把握していないと述べて、これを断った。彼は、司法省が「この問題に対して敏感に」なっていることは理解していたが、報道機関は「違法な情報が入手される手段」になりうるとも考えていたのである。

これが難解なお役所言葉であるのは確かだが、威嚇するようなものだ。手段としてのマスコミ？「違法な情報」？（たとえば、「合法な情報」と比べてみてほしい）。これらは一体何を意味しているというのか？　それに、彼はこの問題を知らない状態で、自身の指名承認公聴会にやって来たというのか？　フォックスとAPの記者の記録をFBIが押収したことについて、二〇一三年、焼き尽くすような報道が行われたのを見ていない議員は、ひとりもいないはずなのに。ホワイトハウスの指示を公然と受けている司法省は、省内のガイドラインを作り直して、連邦検察官がジャーナリストの情報源を追跡するのを難しくした。そのことがセッションズにとって大昔のことだとしても、彼が少しでも時間をかけて上司のツイッターフィードを読んでいたなら、漏洩問題は見逃すことはできなかっただろう。（それに、大統領がこの人物について言っていたことを考え合わせれば、どうして見逃すことができるというのか？）トランプは漏洩者と漏洩についてはは何度も腹を立ててきた。少なくとも、自身の陣営とロシアとのつながりを捜査する新たな展開を明らかにする漏洩については、だ。

政府がタイムズ社とは反対の方向に動くか否かという不確かな状態は、これまでもあった。政府がこれまでの一線を越えて、スパイ法の限界を試そうとしているのではないかと、私も真剣に考えたことが一度あったのだ。それは二〇一〇年、タイムズ社がウィキリークスから、ペンタゴンと国務省の機密書類を何十万ページも受け取ったときである。暴露されたものは、それまでとはまったく違っていた。膨大な量の書類、外国の違法サイトを介した送付方法、内部の漏洩者の動機が不明であること。このときには、秘密を発表することについて自分たちの理解の見直しと、インターネット以前に考えられた古い規則が、デジタルの時代にもまだ当てはまるのか？　という問いに答えることを迫られた。アメリカ政府は機密書類の発表について、マスコミにまだ許可を与える気があるのか？　オバマは漏洩者を本気で追跡しようとしてきた。新しく、恐ろしい方法で、あらゆる秘密を危険にさらす未来のデジタル社会おいて、漏洩に対する戦いを次の段階に進めるべきか、もう一度（か二度）彼が考え直す姿は容易に想像できた。

二〇一〇年六月二三日、私は歯医者にいたが、うまくいっていなかった。意識がもうろうとしていたし、出血が止まらないので、ガーゼの大きな塊《かたまり》を口に突っ込んだまま、次回の予約を入れられる程度には頭をしゃんとさせようとして、待合室で立っていたのだ。そのとき、携帯電話が鳴った。ビル・ケラー編集主幹の秘書からだった。すぐに会議に来てほしいとケラーが言っているのだという。私は歯医者で治療を受けたばかりであること、出血していてガーゼを口に入れていること、あまりいい具合には進んでいないことを説明した（起こそうかと考えている医療過誤訴訟の部分は飛ばした）。そして、編集主幹と顔を合わせるのは、別の機会にしてもらえないか、口の中にテニスボール大のガーゼの塊が入っていないときはどうだろうかと尋ねた。だが秘書は、それは無理だと言う。編集主幹は、私がこの会議には出ておいたほうがいいと思うだろうと言っているそうだ。歯の治療後に出血死するのに、〈ニューヨーク・タイムズ〉のニュース編集室以上にふさわしい場所があるだろうか？　私は地下鉄のN線に乗ると、ミッドタウンへ戻った。

ニュース編集室で血まみれのガーゼの塊を捨てた私が、ケラーのオフィスにたどり着いたとき、会議は大いに盛り上がっていた。六人ほどの記者がテーブルを囲んで座っており、電話をしている者はもっといた。議題に上がっていたのは、ウィキリークスへと流出した数十万ページにのぼるアメリカの機密書類の第一弾を、タイムズ社が入手する予定だということだった。そしてその中身は驚くべきものであることがわかった。アフガニスタンとイラクにおけるアメリカ軍の特別任務に関する報告書が約五〇万件、国務省の外交電信が二五万件である。

ロンドンの〈ガーディアン〉の編集長がウィキリークスの創設者ジュリアン・アサンジを誘い込んで、〈ガーディアン〉のほかにドイツの《シュピーゲル》と〈タイムズ〉にこの資料を共有させることにしていた。主流の報道機関三社にこの書類をそれぞれ持たせることで、この暴露の影響力を強めるという考えだ。ペンタゴン文書の保護という裁定が下ったアメリカの会社を巻き込むことにより、公表を事実上差し止める裁判所命令を出しにくくさせるという狙いもあった。

ケラーのオフィスでは、話し合いが白熱していた――書類の調査の手伝いを頼める記者、データの保管およびリスト化の方法、ロンドンへ飛んでアサンジとガーディアン社の人間に会うことができる人物、この記録が示すと思われる内容、どの秘密がもはや秘密とはならなくなるのか、どのネタが追い求める価値があるのか、などについてだ。そのとき不意に、その場に私がいることをたった今、思い出したとでもいうように、ケラーが体の向きを変えて、これは自分たちにできるのかと訊いてきた――「これ」とは、アメリカ史上、最大規模の漏洩で手に入った機密書類を公表するということである。会話が止まった。それでも、私の口からの出血は一向に止まらなかった。さっきのガーゼはもう一度使えるだろうか、そんなことを考えながら、「そう思う」と、私は答えた。ピュリッツァー賞が誰しもの頭の中でちらついているときに、実は法律ではまったく明確になっていないこと、スパイ法は不可解な謎であること、憲法修正第一条がこのような例で試されたことがないこと、そしてそれ以外のあらゆることについて、説明するタイミングでも場所でもないように思えた。だから私は「そう思う」と口にしたのだが、これは「私にはまったくわからない——この件についてはまたあとで連絡する」という、かなり標準的な弁護士用語のつもりだったのである。

その後数日にわたって、私は同僚のジェイク・ゴールドスタインとともに、スパイ法についてのあらゆるものに目を通し、何をすれば法律違反になってしまうのか、探ろうとした。これらの書類を入手するためにアサンジが何をしたのかは知らないが、彼のことを出版パートナーではなく情報源として扱うというケラーの判断を、私たちは支持した(最終的にこのことが、アサンジがタイムズ社との関係を絶って、翌年バークレーでの奇妙な一幕を含む、大爆発に至る原因となった。ケラーと私は、バークレーのジャーナリスト養成学校にパネリストとして行っていたが、アサンジはオーウェルの『一九八四年』ばりに、私たちの頭上にある巨大な画面から、イギリスからの生中継でタイムズ社のことを非難したのだった)。

ほかの疑問点も軽視できなかった。アメリカ国民ではないジャーナリストは、特別なリスクを負うのか、株主に対して法的義務がある経営陣には役割を果たす必要があるのか調べた。そして、記事の第一弾が発表される直前の、まさに最後の数日間に、ゴールドスタインと私は黒塗り文書の王となって君臨した。自社のジャーナリストが塗りつぶすように印をつけたところや、自分たちが外すべきだとみなしたその他あらゆる部分を調べて、〈タイムズ〉が電子版に掲載する予定の書類をダブルチェックしたのである。

〈ガーディアン〉、〈タイムズ〉、ウィキリークス、それにドイツの《シュピーゲル》のあいだの取り決めは、どこも同じ時間——ニューヨーク時間で七月二五日日曜日の午後五時——に配信するというものだった。私はその週末はニューヨーク州の北部にいたので、タイムズ社には当日の午前に戻ってきた。タイムズ社での私の初めての（そして最後の）経験となるが、私は公表の最終判断を行う権限を編集長から与えられていた。ほぼ二カ月にわたってこのプロジェクトに取り組んできた記者や編集者らとともに、外信部にいたのだ。判断は楽なはずだった。ウィキリークスが投稿するや、三社がすぐに続いて発表するのだから。五時になった。ウィキリークスのサイトには変化がなかった。デスクにいる編集者が更新ボタンを何度も押す。私はつかの間、アサンジとウィキリークスにはめられたのではと思った。連中は主流派のマスコミに先に公表させて、自分たちはすでに公表されたものを公表しているにすぎないと、あとから法的主張をするのではないか。私は記者のひとりに、ウィキリークスに連絡を取るように頼んだ。この障害は、ある外国組織による怪しい政治的策略などではなく、もっと決定的にありふれたもの、つまりコンピューターのトラブルであることが分かった。数分後には、ニューヨーク、イギリス、ドイツ、それに――どこに存在しているのであれ――ウィキリークスから、記事が流れ出したのだった。

私たちの記事が配信されてから数日のうちに、ジョー・リーバーマン上院議員らが司法省に対して、タイムズ社を起訴できるか調べるよう、強く求めた。だが私には、公表を進める正しい判断をしたという自信があった。どの書類を使うかについては入念に検討し、アメリカの政策やアメリカ軍の軍事行動、外交術を明らかにするような書類のみを選んだ。タリバーンに狙われかねない一般のアフガン市民の名は編集した。政府には、自分たちが発表する予定のものについて、事前にコメントをする機会は与えていた。この秘密書類がハッキングや不注意による暴露の恐れがないように、念を入れて自分たちでしっかり管理もしていた（中でも、導入されたセキュリティーシステムは、パスワードが絶えず変わるものだったため、重要な場面で、私がいつもアクセスから締め出されてしまっていた。不満げな弁護士モードに陥りつつ、私は鍵の管理者を追いかけなければならなかった）。アサンジと他社のおかげで、同じ資料がネット上のほかのところで手に入ることから、タイムズ社の訴追はなさそうだと、社としての法的な判断も簡単に下された。〈タイムズ〉は続けて、この書類に基づいた記事を二つ発表した。ひとつはイラク、もうひとつは国務省の電信に基づいたものである。

このときの法的な予測は、三年後にエドワード・スノーデンによってリークされた国家安全保障局（ＮＳＡ）のファイルのときと、ほとんど同じだった。スノーデンによる暴露は、その範囲においても政治的影響においても、息を呑むものだった。アメリカ国民は、通信に関するＮＳＡ

の驚くべき監視の範囲を、初めて知らされたのである。〈ワシントン・ポスト〉と〈ガーディアン〉で衝撃の暴露がなされたとき、〈タイムズ〉はあいにく傍観者の立場だった。

その後タイムズ社はスノーデンの資料を利用できるよう、ガーディアン社と窮屈な提携を結んだ。イギリス政府から圧力を受けていたガーディアン社は、電子ファイルをアメリカのどこかに――報道機関に対して政府が行動を起こす可能性がほとんどないところに――置くことを求めた。〈ガーディアン〉の編集者たちの判断は正しかった。イギリスの諜報機関の職員がガーディアン社にやって来て、スノーデンから得た情報を含んだハードディスクの破壊を指示、統轄したのだ。双方の新聞社は、〈タイムズ〉の記者がハードディスクをスーツケースに詰め込んでアメリカへ持ち込んだ電子文書から作業を行って、記事の共同制作を続けた。そして、検察官はスノーデンを起訴したものの、ウィキリークスや国の安全に関わる他のあらゆる記事のときと同様、政府は身を引いて、ジャーナリストに対する法的措置は行わなかったのである。

ところがそれが二〇一七年二月には、訴追制限の教訓がトランプの政府でも変わらずに保たれているのか、わからなかったのである。その後二月の終わりにかけて、サンガーとケラーが北朝鮮関係の追加取材をした。編集者と私は、その記事の原稿に何度も目を通すうちに（回数は忘れたが）、サンガーが最初から言っていたことがはっきりとわかるようになった。私たちが公表する予定である情報の一部は、間違いなく機密ではあるものの、大部分のものは真に機密というわけではなかったということだ。政府高官は様々な討論の場で、アメリカは北朝鮮のミサイルが発射される前から、ミサイル計画を攻撃しているとほのめかしてきた——ほのめかす以上のことをしているときもあった。これは核抑止戦略における重大な変更であり、自国と北朝鮮間の緊張の高まりを見守って、怯《おび》えているアメリカ国民は知る必要がある。それに北朝鮮のミサイル科学者が、たとえその能力が低いとしても、水をかけられた花火のように勢いなく落下する自分たちのミサイルがあまりにも多いことに気づいていないとは信じられないのだ。二月初めに北朝鮮がミサイルを発射し、一発は北米を射程にとらえていたということで、北朝鮮との対決の可能性ははっきりと感じられるようになった。〈タイムズ〉の記事の見出しは、こうなった——「北朝鮮弾道ミサイルを発射　トランプを挑発」

こういったことはどれも、事前の暴露、公益、熱心な報道など、あらゆる訴追を考えている政府にとっては重要だったはずだが、三月になるころには、そうではないと私は確信した。私たちはある記事で、トランプが最も重視する三つの話題を取り上げる予定だった。歯止めの利かない漏洩、敵対的なマスコミ、制御不能な北朝鮮である。漏洩を非難して、あまりにも偶然といえる北朝鮮への言及があった二月一四日のツイートが、私の心に残っていた。その話の筋は見て取れる。国民の敵であるニューヨーク・タイムズ社は、機密情報を漏洩しようとする不実な公務員に扇動された。そして、我々を破壊する気が満々な北朝鮮政府に秘密を暴露することで、国を危険にさらした——〈タイムズ〉の代表者がその影響について直接警告を受けたあとにおいても。この話はトランプの支持層には受け入れられ、セッションズ率いる司法省にも受け入れられるのだろう。
ホワイトハウスが〈タイムズ〉の代表者アーサー・サルツバーガー・ジュニアとの会談を求めたことについて、続報はなかった（私はこれをいい兆《きざ》しととらえたが、それ以外については悪い兆しと思い始めた）。三月初めまでには、その記事は掲載の用意ができていた。編集主幹のディーン・バケットは、トランプ政権がマスコミについて何を言おうが、どのような脅しかはっきりしなくても、手を抜かないよう求めていた。自分の役割をよく理解している彼は、こう言った。「このような場合にはいつも言っていることだが――強引な振る舞いは私にはわけないことなんだ！」

記事は三月四日に配信された――「トランプ　北朝鮮のミサイルに対する極秘のサイバー戦争を引き継ぐ」。この記事は英語、中国語、韓国語で読むことができた。徹底して取材した記事であり、トランプ政権が北朝鮮をにらみつけようとする際に、結局は「不完全な選択肢」に直面してしまうことについて、冷静な評価を下していた。

オバマ、トランプ両政権の高官へのインタビュー、そして広範ながら不明瞭な公文書の再調査に基づき、ペンタゴンによる北朝鮮混乱の試みを検証した結果、アメリカには依然として、北朝鮮の核およびミサイル計画に効果的に対抗する能力がないことがわかった。ニューヨーク・タイムズの取材で明らかになったように、これらの脅威は多くの専門家の見方よりもはるかに立ち直りが早い。オバマ氏は、退任時トランプ大統領に対して、それによって引き起こされる危険は、彼が直面する最も緊急の課題になるだろうと警告したほどである。

この記事が土曜日の午前に全世界に発表されると、私たちはトランプの反応を待ち受けた。この新しい政府では、顧問たちの考えは必ずしも大きな意味を持たない。当然ながら問題は、大統領の反応なのである。

すると、記事が公開されてからまもなくして、大統領がツイートを連続して投稿した——しかも、この記事に関してだけではなかった。

> ひどい話だ！　今わかったことだが、オバマが私の勝利の直前に、トランプタワーの私の電話を「盗聴」させたという。何も見つからなかったが。これこそマッカーシズムだ！
>
> 現職の大統領が、投票前に大統領候補を「盗聴する」のは合法なのか？　先に裁判所に却下されているのに。最低記録の更新だ！
>
> 腕のいい弁護士なら、オバマ大統領が投票直前の一〇月に私の電話を盗聴していたことから、見事な主張を並べ立てることだろう！

実に神聖な選挙プロセスのあいだに、オバマ大統領は、私の電話を盗聴するまで落ちぶれたとは。これはニクソン／ウォーターゲート級だ。悪い（もしくはひどい）ヤツだ！

この日の大統領の注意力がどうだったにせよ、北朝鮮に関するこの記事は、私にとって、アメリカのジャーナリズムにおける重要な伝統の一部だった。二〇一四年一月、スノーデンの暴露を受けて、オバマは演説の中で、アメリカの体制は、微妙かつ特別な方法で機能していることを説明した。そしてスノーデンの資料により、アメリカの諜報機関に認められるべきこととその方法に関して、国民のあいだで議論に火がついたことを認めた。「私が確信しているのは、この議論によって、我々はより強くなるということです」と、オバマ。「中国で自国の監視計画に関して公に議論が交わされたり、ロシアがプライバシーに対する国民の懸念を考慮したりすると思う人はいないのです」

続いて彼は、漏洩が危機を作り出したという、不愉快な真実の方に話題を移した。「我が国の防衛の一部は、この国の機密を任された者たちの忠誠心にかかっていると言えます。政府の方針に反対する個人が、みずからの手でなんとかしようとして機密情報を公開した場合、我々は国民の安全を守ることも、外交政策を行うこともできなくなるでしょう」

スノーデンの暴露によって実害は出たのかと人々は議論したが、オバマの発言に暗に含まれていたのは、憲法修正第一条の正当性の立証だった。スノーデンの暴露が公開されなければ決して起こることのなかった重大な議論が、国民のあいだに巻き起こったのである。

機密情報を公表しても、出版元に法の手は届かないようにするべきだという考えに、一部の人が納得できないのはわかる。時代が違えば、その立場の論理を受け入れるのは簡単だ。それほど昔のことではないが、定評ある報道機関はかつて真の門番だった——その仕事に伴う責任を正しく認識して、物事を判断していた。それが今では、ツイッターやフェイスブック、インスタグラムのアカウントを持つ誰もが、ある意味では出版元になっている。出版元が起訴を免除されるべきだと思うなら、まだ実家暮らしの大学生が、法的責任について心配することなくフェイスブックのページで機密を公開して、国の安全を危険にさらすべきかどうか決める権利があることを、少なくとも理論上は受け入れるしかないのだ。

憲法修正第一条をどれほど守りたいと思っても、その可能性を受け入れるのは簡単ではない。たまたまリークされた情報を受け取ってインターネットにアクセスした人物の手に、国の安全を委《ゆだ》ねるというシステムなのだ。ただ、検討すべき大きな前後関係は存在する。二〇一二年に、カメルーンのジャーナリスト養成学校で講演に呼ばれたことを思い出した。キャンパスは首都ヤウンデのダウンタウンから数マイルのところにある、ボロボロの木造の建物だった。クラスの生徒たちは非常に熱心で、ウィキリークスについての質問をフランス語や英語で浴びせてきた。彼らはジュリアン・アサンジをもてはやしていた。ウィキリークスのことを熱心に学んでいたのだが、それには正当な理由があった。アサンジが暴露した国務省の電信により、自分たちの腐敗した政府が国の富を毎日ノーチェックで盗んでいたことを、カメルーンの国民は初めて知ることができたのである。これはアメリカ人が当然だと思っていることの教訓となる実例だった。情報が持つ、解放する力である。

私たちは国として妥協したのだ。マスコミ（とその他全員）に驚くほどの自由を与える法を持つ、開かれた制度を受け入れることで、ある程度のリスクは仕方がないという現実に応じたのである。その代償を私たちは払ったのだ。おそらく政府には、本当に秘密にする必要があるものを見極めて、それらを本当に秘密にすることが上手くなる必要があるのだろう。そしておそらく私たちには、すべての国民――出版元になりうるすべての人たち――に社会的責任感を植え付けることが上手くなる必要があるだろう。私たちは、〈ニューヨーク・タイムズ〉による報道と、バスローブ姿の二〇歳の口から吐き出されるものとのあいだに、分別ある法的な一線を引くことはできるかもしれない。もっとも、憲法修正第一条の下でそうする方法については明白ではなく、しかも最高裁判所は、マスコミの報道の自由の権利が個人の権利と同一であると裁定している。それでも私は、自由に伴うリスクはその代償に見合うと信じているのだ。

私は、北朝鮮に関する報道やその他国家安全保障に関する機密の記事において、発表前に反応する機会を政府に与えた〈タイムズ〉は正しかったと思っている。多くの読者は、その過程を降伏と見た。スノーデンは、盗んだＮＳＡのデータを公開するのに、グレン・グリーンウォルドとローラ・ポイトラスに頼った。彼らなら、ためらうことなく真っ先に公表して、世界中の何百万という読者と同じタイミングで政府に状況を知らせることになるとわかっていたからである。私たちも、異なるルールで進めることにした者たちによって、手痛い目に遭うときがあった。二〇一三年八月、国務省が理由も明かさずに、一九の在外公館を一時的に閉鎖するという緊急命令を出した。政府は〈タイムズ〉に対して、私たちの記者がつかんだ情報を公表しないよう頼んできた。それはこの閉鎖が、アメリカの諜報員がアルカイダの最高幹部二人の通信を傍受したことを受けて決定したものであるから、ということだった。〈タイムズ〉の編集者は記事からこの詳細を外したものの、あっけにとられることになる――実際は激怒した。翌日にマクラッチー社系の新聞が、その傍受に関することも含めて、一切合切を暴露していたからだ。マクラッチー社は政府には問い合わせないと決めていたからである。二社の関係は、二カ月経っても改善されなかった。マクラッチー社のその記事によって、テロリストが通信手段を変更することになったという記事を〈タイムズ〉が出したからである。マクラッチー社はこの記事を馬鹿げていると切り捨てた。

ニュース編集室でも、この問題は一部ではまだ重要なテーマだった。タイムズ社は、アメリカの諜報員が国民の通話を違法に監視していたという、エリック・リヒトブラウとジェイムズ・ライゼンによる大ネタを一年以上にわたって出さなかったことで、広く非難された。記事を差し止めるというこの判断は、ホワイトハウスから圧力をかけられたことによるもので、これが公表されてしまうと、テロ対策の重要な取り組みに影響が出ると言われたのである。この記事が差し止められたのは二〇〇四年の選挙直前だった。そして、追加取材とともに二〇〇五年末にようやく掲載されると、タイムズ社が手を引くと決断したので、ジョージ・ブッシュが再選されることになったと、多くの人が思い込んだのである。悪事に関わった当事者たちには、この記事を拒むことが認められていたというのが、彼らの考えだった。

　タイムズ社が、その当時あるいはほかのときに臆病だったのではないかと議論するのは重要だ。しかし、前後関係もまた重要である。ニュース編集室は、政府による反対意見が抽象的すぎるとか、信用できない、説得力が不十分、かなり下位のレベルの職員が知っているということなどを常に判断して、編集者が公表を決断している。だが、科学とは違って予測通りには進まず、編集者も間違うことがある。国の安全に関することは、彼らが下さなければならない判断の中でも最も難しいものだ。どのような暴露も、国にとって致命的になるおそれがあるので、十分な情報がなければ確信を持って行動しないのである。だから、政府の言い分を聞くというのは、拒否権を与えることではなく、きちんとした判断を編集者にさせるチャンスを増やすことなのだ。刑事告発を弁護せざるを得なくなったとき、自分たちの法的な説明《リーガル・ナラティブ》には、責任、熟慮、国民の一番の利益への明らかな関心のどれかひとつでも記されていてほしいと、私は思うのである。

　政権が北朝鮮の記事の発表後に法的な懸念を持っていたとしても、私たちがそれを耳にすることはなかった。ところが一〇月に、ジェフ・セッションズ司法長官が上院の委員会の前で、報道の自由について再び口を開いた。これは私たちが元気づけられるようなものではなかった。クロブシャー上院議員は、セッションズと司法省がマスコミの権利をいかにして守るのかという問いに対する答えをいまだに求めていた。

クロブシャー：自分の仕事を行うことによって、記者が投獄されることはないと約束しますか？

セッションズ：包括的な約束が私にできるかはわからないが、これだけは言える。我々は現時点で、マスコミに対していかなる攻撃も行っていない。だが、国の安全に関わる重要な問題が絡んだ案件や、国を危機にさらす案件というものがある。そのため、そうせざるを得ない場合には、自分たちにある権限を、合法的かつ合憲的に利用する。クロブシャー上院議員はご承知だと思うが、我々は常にマスコミの人たちと直接向き合う方法を見つけようとしている。ただこれは完全で、包括的な保護ではないのだ。

セッションズの用語《スピーク》を翻訳する必要がある者は、タイムズ社にはいなかった。そう、ジャーナリストは自分の仕事を行うことによって、投獄される恐れがあるということだ。

そのときまでに〈タイムズ〉の記者たちは、漏洩と北朝鮮についての熱弁ツイートで一日を始めた大統領が、バレンタインデーに何をしていたのか知っていた。その日のあとの時点で、彼はFBIのジェイムズ・コミー長官と会っていたのだ。コミーが解雇されたのち、〈タイムズ〉のマイク・シュミットはコミーが書いたメモのおかげで、バレンタインデーの会議で起きたことを知る情報源を見つけ出した。「大統領執務室で二人だけになると」と、シュミットは報じた。「トランプ氏はマスコミへの漏洩の非難から議論を始めて、機密情報を公表したことで記者を投獄することを検討すべきだとコミー氏に告げたと、コミー氏の仲間のひとりが伝えている」

私たちはそのことをリアルタイムで知らなくて、ラッキーだった。

第一一章　ワインスタインとその仲間《カンパニー》

私は子供たちが何か刺激を受けることをしたいと思っていた。

――ハーヴェイ・ワインスタイン（二〇一四年六月一七日。映画『ネバーランド』のDVD発売記念パーティで）

私は、振る舞いや仕事環境に関するあらゆる規則が異なっていた六〇、七〇年代に大人になりました。

――ハーヴェイ・ワインスタイン（二〇一七年一〇月五日。性的不品行に関して、世間に向けた謝罪文の冒頭の言葉）

心地よい六月の夕方、ニューヨークのジョン・F・ケネディ空港でパリ行きのフライトを待っていた私は、ジョディ・カンターが自分を捜していたことを思い出した。彼女の携帯に連絡すると、ハーヴェイ・ワインスタインと、彼がハリウッドの女性たちにしてきたことについての衝撃的なネタに取り組み始めたところだという。自分が聞いている話は驚くべき内容で、しかもおぞましく、ハーヴェイと、ワインスタイン・カンパニーを滅ぼしかねないものなので、自分たちは訴えられるだろうということを知っておいてもらいたいとのことだった。私はこの一年、ちょうど、エミリー・スティールとマイク・シュミットと組んだところだった。彼らは、ビル・オライリーを追っていた。オライリーは、出演しているフォックスのトークショーで女性虐待の件で繰り返し訴えられ、秘密裏に示談を結んでいたのだ。この手の話については、流れがわかっている。ワインスタインは徐々に圧力を強めていき、弁護士軍団を引き連れて告発者を脅す。そして、新聞から自社の広告を引っ込めると、うちの経営陣に告げるのだ。こちらが信憑性《しんぴょうせい》のある主張を掲載しても、向こうはそれを否定し、弁護士の手紙が交わされて、何もなかったように人生は続いていくのである。これはそれほど大きな話にはならないだろうと、私は空港の待合室を歩きながら思った。カンターには、引き続き連絡をくれるよう頼んだ。

ビル・オライリーの件は、これより九カ月前の二〇一六年九月に始まった。オライリーの弁護士のフレッド・ニューマンが私に連絡してきて、話があるのでちょっと来てくれないかというのだ。ニューマンはオライリーが好きではなかった。彼はオライリーとは正反対で、控えめで大騒ぎすることもなく、常に礼儀正しい人物である。依頼人と弁護士の関係は結婚のようなものであり、外の世界の人たちにとっては謎で、この二人が一体どうやって一緒になって事を進めていけるのかと、誰もが疑問に思うものだ。オライリーとニューマンの場合は、うまくいっていたのだろう。その後の一年半にわたって、スティールとシュミットは一連の記事を続けたのち、ついに番組の出演者のひとりから、訴訟をちらつかされたオライリーが――彼女の最後の出演から二週間と経っていなかった――示談金として三二〇〇万ドルを支払ったという信じられない記事を放ったのだった。この間、ニューマンはオライリーが頼りにする存在であり続け、私とは連絡を取り、直接会い、メールを交わしていた。彼は、それぞれの女性たちの話の言い逃れをしたり、疑わしい主張の解決にはオライリーにとって得策だとして示談を正当化したりと、できることをこなしつつ、スティールとシュミットの取材の様子については鋭い質問をしてきた。ただ、依頼人のオライリーのほうは、この件にニューマンをあまり関わらせなかった。個別の申し立て六件に対して、彼は四五〇〇万ドルほど支払った。三二〇〇万ドルの支払いについて詳細に伝えた〈タイムズ〉の最後の記事は、ワインスタインに関する一連の記事を始めた二週間後に掲載されており、人々の心にオライリーとワインスタインのスキャンダルを永遠に結びつけることになったのである。

二〇一六年九月にニューマンが初めて連絡してきたとき、私はオライリーのことが記事になっているとはまったく知らなかった。私はスティールへのメールに、こう書いたほどだった。「今日、オライリーの弁護士が連絡してきた。君がやっていると思い込んでいる記事のことを心配していたよ。実に丁重な顔合わせで、こちらは相手の言い分を聞くだけでよかった。もちろん、機会があれば話はしよう」

これが、のちに#ＭｅＴｏｏ運動を引き起こすことになる報道へと踏み出した瞬間だった――私は、ほとんどわけがわかっていなかったが。その後一年にわたり、スティールとシュミット（オライリーの件を担当）、そしてカンターとメーガン・トゥーヒー（ワインスタインの件を担当）が、マスコミ界の二大セレブの性的不品行に関する記事を連発していく。そしてこれらの記事が、今度は〈タイムズ〉や、よその報道に火をつけ、アメリカで最も象徴的な業界——芸術、演劇、教育機関、音楽、ファッション、それにマスコミ（タイムズ社自身も含む）——にパッチワークのように広がり、権力を持つ男性が同僚や学生、従業員に対するセクハラ、乱暴、暴行といった性的不品行をしていることを暴いていったのだ。これらの記事はまたたく間に世界中に広がった——フランス、インド、イタリア、日本、イギリスに（同地では、実に適切で、様々な目的に使える「痴漢《セックス・ペスト》」という用語が、一番のレッテルとなった）。私はジャーナリスト関係の厄介な質問や法律問題について、記者たちと何時間も話した。情報源を守る方法。和解契約の秘密保持条項を破って私たちに話した場合、女性たちに起こりうること。取材を先に進めて、自分たちの記事を文句のつけようがないものにするために記者ができること。そして言うまでもなく、自分たちが何か間違った場合（もしくは間違っていなくても）、告発された男が、私たちのことを名誉毀損で訴える可能性の程度についても。

この件がすべて終わらないうちに、私はワインスタイン・スキャンダルの闇へと引きずり込まれることになった。これまでに私たちも仕事をしたことがある法律事務所、ボーイズ・シラー・アンド・フレクスナーが、ワインスタインのために怪しい私立探偵を雇った。そして、うちの記者を尾行させ、〈タイムズ〉がワインスタインに関する記事を書くことを止めさせようとしていると、《ニューヨーカー》が報じたのである。

性的不品行に関する自社の報道について、私の仕事の多くは、細々とした法律とは驚くほど無縁だった。記事の検討はふだんと変わらない――金融詐欺や粗悪品、介護施設での虐待についての記事に対して、新聞社の弁護士が行うようなことである。そういった話がたまたま性的虐待に関するものになっただけだ。ほぼ例外なく、被告人の弁護士が私に連絡してきて、訴訟事例の引用や訴訟をほのめかしたりはしない。そして事実や情報源、話の動機に対する疑いをかき立てられればと思いながら、記事を公表させないよう、できることはなんでもするだけである。「一年前なら、〈ニューヨーク・タイムズ〉はこの記事を掲載しなかっただろう。私の依頼人は仕事を失うことになってしまう」と、ある弁護士が午後遅くにオフィスに電話してきて、そう言った。彼の依頼人は会社の幹部で、女性の容姿について不適切な発言をしたり、オフィスやパーティで好ましくない感じで女性に触れる傾向があるという。その人物については初耳だったが、業界では大物らしい。少なくとも私はそう聞かされた。これでも弁護士なのだから仕方がない。彼の言うことは正しい。一年前なら記事にはなっていなかっただろう。当人の行為は不作法で間違っているが、悲しいことに日常的なものであり、さらに当人は世間にはほとんど知られていないのだ。無名で普通の人物なら、従来なら報じられることはなかった。それが今では、そういったことは関係なくなっている。世の中が変わったのだ。それに私は、報道価値を判断する人民委員でも、公正さを判断する皇太子でもない。私は彼に、その依頼人を電話に出させて、この件についてこちの記者や編集者に自分の言い分を伝える必要があると告げた。それはできそうにないと、その弁護士が答えた。依頼人が仕事を失うことになってしまうからと、繰り返し言う。これも彼が正しかった。この件は翌朝の〈タイムズ〉のウェブサイトに掲載された。数時間後には、その人物は業界から姿を消していた。

ほかの弁護士たちは、異なる方法や目新しい作戦を試みてきた。「自分の依頼人はハーヴェイ・ワインスタインとは違うんだ！」と、何人の弁護士に言われたかわからない。私のオフィスにやって来たある弁護士は、依頼人のことを性的不品行で訴えている女性の裸の写真を持っていた。彼はそれを私に見せようとした。依頼人とその女性のあいだに何があったにせよ、それが自発的で合意に基づくものであることを、写真によって証明できると考えたのだ。だが、それが証明しているのは、先はかなり長いということだと私は思った。私にはその写真を見る必要はなかった。

その後、トゥーヒーとカンターが、ハーヴェイ・ワインスタインと彼の不品行の隠蔽《いんぺい》に加担した者たちについて、徹底した追跡を行っているときに、ワインスタインが会社の女性従業員に勃起不全薬を入手させたという噂を、彼女たちが聞きつけた。その噂が医学的見地から見て意味をなすものであれ、この話が報じられた場合にハーヴェイの名声にどれほどのダメージがもたらされるのであれ、ペニスの薬の注射のことでほかの弁護士たちと真剣な会話をしなければならなくなる日が来るとは、私は夢にも思っていなかった。ワインスタインにとっては、ここで評価の一線が引かれたように思う。仕事の会議にバスローブで現れたのでも、若い女優に自分がシャワーを浴びるところを見させたのでも、体をまさぐったのでも、性器を露出したのでも、女性に性的な暴行を働いたのでもない。しかし、勃起不全で薬の助けを借りたって？　ダメだ、それは度を越している。

ハーヴェイ・ワインスタインは、私が完全に「脅迫する弁護士」モードになった、数少ない人物のひとりだ。しかも、彼を仕留めることになる記事を〈タイムズ〉が報じてから、かなり時間が経ったのちにそうなった。二〇一七年九月、ワインスタインのセックス・スキャンダルが公表される前に、メーガン・トゥーヒーがある奇妙な話に気づいた。ワインスタインが、ボストンの非営利の劇団に金を集める目的で、みずから支援するエイズのＮＰＯ〔エイズ研究財団ａｍｆＡＲのこと〕を利用したというのである。この劇団はたまたまワインスタイン製作の映画『ネバーランド』を共同製作していた。ワインスタインが、エイズＮＰＯの慈善オークション用の品々を手配して、集まった金の一部がその劇団に行くようにするというのが狙いだった。すると今度はその劇団が、舞台を続けられるよう代表になったワインスタインやほかの投資家に対して、金を返すというのである。資金の調達を開示しなかったワインスタイン側のミスにより、エイズの慈善事業の委員会は解体されて、一部の委員は州による捜査を求めているという。トゥーヒーと編集長のレベッカ・コーベットは、この件が記事になるのか、法的な面から私の意見を訊いてきた。私は長年ニュース編集室にいたことで、勘が働くようになっていた。つまり、編集長と記者があるネタについて意見が合わないときに、自分がどちらかの肩を持つよう求められているのがわかるのだ。これは自滅への招待状である。私はうわべだけとりつくろった。このネタは気に入っています。資金の調達に関しては、私には怪しく思えます。私はＮＰＯの委員を務めたことがありますが、このような事態は見たことがありません。その一方で……ＮＰＯ法の専門的事項に注意を払うのは、弁護士でなければ無理かもしれませんね。これは法律の中でも難しい部類に入るでしょう。あるタイミングでコーベットが中座したので、私はトゥーヒーに対して、この劇団への財政支援はなんらかの問題になるに違いなく、記事にする必要があるものだと、密かに請け合った。このワインスタインの報道を陰で導いてくれたコーベットは、あとで私に連絡してくると、法律の複雑な部分を記事の中でどう説明したものかと気にかけていた。それは、私も同意見だった。

数日後、この慈善事業に関する記事が掲載された。そして、ニューヨーク州検事総長による捜査が進められることになった。ただ、トゥーヒーとカンターは、この記事はもっと重要な意味を果たしたと考えていた。ワインスタインの性的不品行について、話すことに気が進まない女性たちに対して、〈ニューヨーク・タイムズ〉は彼との対決を恐れていないことを示したのだ。

一〇月の初めまでに、ワインスタインは自分の周りを弁護士軍団で固めていた。いずれわかることだが、チームというよりも、これはまさに軍団だった。カークランド・アンド・エリス法律事務所の大物弁護士は、慈善の件に関する私たちの報道に異議を唱える担当となった。おそらくアメリカで最も有名な弁護士であるデヴィッド・ボーイズもいたが、彼は法律顧問というよりもハーヴェイの友人役のようだった。それから、セクハラをした連中を訴えて名を上げたものの、どういうわけかダークサイドへと突き進んだリサ・ブルーム、クリントン政権の元弁護士で、報道関係を担当するラニー・デイヴィス、ゴーカーの裁判でハルク・ホーガンの代理人を務めたチャールズ・ハーダーも控えていた。ワインスタインの行為についての記事は何日もかけて下書きが練られ、私には、連日いくつものバージョンが届けられた。その内容は根拠のあるものだったが、取材はまだ続いていた。告発したワインスタインの従業員やその他の人たちの中には、和解した者、口をつぐんだ者、協力的な発言をした者がいたことをつかんでいたのだ。一〇月上旬、最新の原稿に目を通していた私は、曖昧な部分がある一方、一部の出来事については誇張しすぎているのではないかと、疑問を呈した。言葉遣いの端々に、記録からわかる以上のことをほのめかしているのが気になったのだ。ある記事では、七つの段落に本質的な疑問が五つあった。それに対する答えを持って、トゥーヒーは連絡してきた。そして、何もかも問題ないから、最終稿を見るまで待っていてほしいと言われた。アシュレイ・ジャッドが公表を前提とした発言をすることになったからと。その瞬間、私は思った。これでハーヴェイ・ワインスタインは終わった、と。

ハーヴェイ自身もそう思ったようだった。彼は一〇月三日に記者と話した際、自分に投げかけられた質問に答えるには、最低でも四八時間が必要だと告げた。その翌日、彼は〈タイムズ〉に対して、ハーダーに間抜けな手紙を書かせた。名誉毀損訴訟をちらつかせ、自分の依頼人が質問に答えるには二週間必要であると要求し、訴訟が近々あるから文書はすべて保存するようにと求めて、締めくくったのだ(一年後、ハーダーはドナルド・トランプの代理人を務めた。ホワイトハウスを焼き尽くすような著書『炎と怒り――トランプ政権の内幕』について、マイケル・ウォルフに名誉毀損訴訟をちらつかせたとき、「文書を保存するように」という同じ要求が、ウォルフの出版社に宛てた手紙にコピー・アンド・ペーストされているのを、私は知ることになる)。ハーヴェイが女性たちを性的虐待したかどうかを思い出すのに二週間を要するというのは、馬鹿げていた。私は八階の会議室で、記者、編集主幹のディーン・バケット、それにほかの編集長たちと幹部会を開いた。ハーヴェイは四八時間が必要と言っているが、自分たちはそれ以上の時間を与えるつもりはなかった。会議の中ほどで、トゥーヒーの電話が鳴った。ラニー・デイヴィスからで、ワインスタインのためにもう一度、被害対策を行おうとしているところだった。電話を代わったバケットは多くの言葉数を費やして、ワインスタインへのおべっか使いからあることを言われたと思ったら、次は別のおべっか使いに別のことを言われるなんてことは、もうおしまいにしようと告げた。彼は「おべっか使い」よりも生々しい言い回しを使っていたかもしれない。

ハーダーへの返事を書こうと上の階へ戻ったときに、代表のアーサー・サルツバーガー・ジュニアに呼び止められた。彼と、息子で当時副代表だったA・G・サルツバーガーの二人に対して、ハーダーの手紙の件を簡単に説明してほしいという。私たちはチャーチル・ルームに場所を移した。一六階にある会議室で、ウィンストン・チャーチルがタイムズ社に贈った絵画を含めて、彼に関する品々が置かれている部屋である。記事は最高のものであること、ワインスタインの弁護団を蹴散らすべく、自分も最善を尽くすことを、私は請け合った。

私はハーダーへの手紙を素早く打ち込み、ワインスタインには、お望みの四八時間は与えるものの、それ以上はだめだと伝えた。相手と同じ手段で対抗するよう教わった私は、ワインスタインとその様々なお仲間が、文書、とりわけ原稿とメールを確実に保存するようにという要求も添えた。こういったやり取りによって明らかになるものを、私はわかっていた。ワインスタイン陣営にいる者たちは、記者と話す際、会社の方針に従っていないということである。文書に関する私の要求は、長さにして二段落程度（ハーダーが送りつけてきたもののごく一部）だが、考えを伝えるには十分だった。不思議なことに、そののち私の手紙が〈ロサンゼルス・タイムズ〉で記事になっていた。ハーダーは私の手紙を、ハーヴェイとワインスタイン・カンパニーの同僚に（メールの扱いには注意するようにという内容のメモを添えて）転送したものの、間違って〈ロサンゼルス・タイムズ〉の記者も転送先に加えていたのである。

〈タイムズ〉の編集者は、一〇月五日木曜日に記事を掲載しようと目指していた。水曜日にハーダーから返信があり、また脅してきた。そのうえ、何カ月とかけてきた記事に対してハーヴェイが返答するのに、二日間の猶予しかないのは不公平だと非難した。私には、二つのことがはっきりしないままだった。もっと時間が必要なら、なぜワインスタインは四八時間とみずから言ってきたのか、それに期間が二週間と延長された場合には、そのあいだに一体何をするつもりなのか？　どの女性をいつ暴行したのかという記憶が呼び起こされるのを期待して、スケジュール帳を確認したり、メールを調べたりするのか？　私たちは締め切りの変更を拒んだ。《ニューヨーカー》のライターのローナン・ファローが、同じネタを追っていることにも気づいていたので、負けたくなかったのである。

水曜日の夕方、ワインスタインたちは、マスコミ関係の本に昔から載っているような古いやり方で進めることにしたようだった。先手となるネタで、他の報道機関を手助けするというものだ。これは、いずれにしろ、そのネタの対象者が不正行為を認めることになるが、時としてうまくいく。ほかの出版社にネタを浅く伝えさせておき、あとから出てくる、よりデカくて鋭いネタをそのスクープのようにさせるのだ。「ハーヴェイ・ワインスタインの弁護士、ニューヨーク・タイムズとニューヨーカーに対し爆弾発言の準備中」と、《ヴァラエティ》の見出しは書き立てた。しかし、ワインスタインはネタの先手を取る方法について、メモを受け取っていないようだった――とりわけ、対象者がある事実を認めた場合にのみ、この作戦がうまくいくというメモを。それがなければ、この戦略的なリークはまったく別なものになってしまう。よその出版社が公表しようとしている大ネタへのアクセスを増やす宣伝になってしまうのだ。ワインスタインは《ヴァラエティ》の主張に対して、はっきりとは言わなかった。「そういうことは知らなかった」と、彼は述べている。「正直なところ、なんの話なのかわからないんだ」。彼は映画作りに専念していたあまり、思い悩まなかったことを知らしめたのである。

出版社からコメントを求められたかと問われたワインスタインは、近く公開予定の歴史ドラマ『エジソンズ・ゲーム』の編集にかかりきりだったため、その質問に対する答えはわからないと口にしており、「大変な一日だった」と付け加えた。

その後、彼はようやくコメントを出した。「あまりにも素晴らしいネタだから、映画化権を買いたくなったよ」。そして弁護士のリサ・ブルームは、恐い顔をして言った。「ハーヴェイ・ワインスタインが弁護団を組むのに長けているのは明らかです」。一週間後には、このコメントを読むたびに、彼らは一体何を考えていたのかと思わずにはいられなくなるのである。

木曜日になり、ハーヴェイの四八時間という猶予と記事の発表が迫る中、タイムズ社のチームはどのような返事がもたらされるのかと待機していた。ワインスタインの声明がとうとう発表されたが、まるで〝クレイジータウン〟〔大統領首席補佐官のジョン・ケリーもトランプ政権について、こう語った〕から速達で届けられたもののように読めた。

> 私は、振る舞いや仕事環境に関するあらゆる規則が異なっていた、六〇、七〇年代に大人になりました。当時はそういう文化だったのです。
>
> それが言い訳にはならないことは、そのあとに学びました。オフィスにおいても――オフィス外においても、誰に対しても。
>
> 私が少し前に、いい人間にならなくてはと気づいたことで、仕事関係の人たちとのやり取

りも変化しました。

これまでの仲間たちに対する私の振る舞いによって多くの苦痛をもたらしたことを正しく認識するとともに、心よりお詫び申し上げます。

いい人間になろうと努力はしていますが、先が長いことは承知しています。以上が私の約束です。自分について知り、みずからの悪魔を克服することが、これからの私の旅路となるでしょう。


ジェイ・Zの歌詞の間抜けな引用、全米ライフル協会のトップのために退職記念パーティを開くというおかしな言及（「自分がバル・ミツバーをやったのと同じところで開くつもりです」）、休暇を取る予定だという発表――中身はこれ以外にもあったが、私が興味を持ったのは発表の最初の部分だった。彼は謝っているのである。訴えるとはひと言も言っていないのだ。私たちの記事に事実誤認があるというほのめかしもなかった。彼は、ニューヨーク・タイムズ社を訴えようとは考えていない。

少なくとも、私はそう読み取った。しかし、ワインスタインの名誉毀損担当であるチャールズ・ハーダーは、そうではなかった。彼は依然としてワインスタインの陣地に座りこんだまま、詫びをぶちまけ、苦痛を引き起こし、休暇を取り、いい人間になると約束した自分の依頼人が、名誉毀損でニューヨーク・タイムズ社を訴える予定だと宣言したのだ。報道では、ハーダーは同社が証拠を無視して、「伝聞の話」に頼ったことについて文句を言ったという。「自分たちは現在、訴訟の準備をしているところである」と彼は厳かに言った。そして、ワインスタインのことを、社会的良心に欠けた、強欲でがめついハリウッドの権力者と思っている人間がいるかもしれないので、その訴訟で得る金は、全額を女性団体に寄付すると断言したのだった。

タイムズ社は、この記事に関する記事に巻き込まれた。広報部には、各報道機関からコメントを求める声が殺到していた。ワインスタインの発言に対する意見、ハーダーによる訴訟の脅しへの対処、返答する公平な機会が与えられなかったというワインスタインの不満に対する本音についてである。

訴訟をちらつかされた場合の通常の対応は、発言は最低限にするというものだ。細々と発言しても、その発言の細部が間違っていたり、文脈とずれていたり、重要な事実が欠けていたりした場合、のちに裁判で自分の首を絞めることになるからだ。ただ、今回は別である。自分たちの名声が懸かった、全財産を賭けるような記事ではあった。しかし、カンターとトゥーヒーとともに仕事をした結果、これはワインスタインによる、女性に対する恐怖の支配の上っ面をなでただけであることが、私にはわかっていた。世論という法廷において、この件で負けるわけにはいかない。私は社としての返答を練った。

ワインスタイン氏と彼の弁護士は、今回の記事の要点を認めています。ワインスタイン氏は、我々の記事におけるいかなる誤りも指摘していませんし、いかなる事実にも異議を唱えていません。また、ワインスタイン氏は、女性たちがみずからの話を語れるように、彼女たちの契約におけるNDA（秘密保持契約）は公然と放棄すべきです。女性たちを支持するというのなら、ジェンダーと権力の問題について女性たちが公然と語る権利を支持しなくてはなりません。

私たちは、コメントを求めるすべての記者にこれを送りつけた。カンターは「涙が出たわよ」という件名のメールを送ってくれた。彼女はこの声明をメールの本文に貼り付けて、ワインスタインは秘密保持契約を放棄して、女性の支持者であることを証明すべきという部分を太字にしていた。彼女はメールの一番下に「これをツイートするのが待ちきれない」とも書いていた。

この返答が配信されてからの最初の二四時間で、ワインスタインに関するあらゆるものが私に押し寄せた。タイムズ社のコラムニスト全員で、ワインスタインがメインの記事を書いているようだった。ソーシャルメディアのチームは、ネットの至るところでこの返答を宣伝していた。ニュース編集室では追跡記事が書かれていた。そのすべてに、法律の目は必要だった。ワインスタインの発言には、ふざけたようなところもあったが、ハーダーの手紙と、文書を保存するという自分たちの義務は無視できなかった。私は同僚のクリスティーナ・コーニンガイザーと一緒に、ワインスタイン関連のメールや原稿、そして記事の下書きを持っていそうなタイムズ社の人間全員にメールを送った。これはニュース編集室が最も外に開いたときになった。

私がこの一連の渦中にあったときに、ある記者に尋ねられた。「リサ・ブルームのインタビューは聞きましたか？」私には、なんのことかわからなかった。嫌がらせを受けた女性の擁護に、身を捧げてきたブルームは、どういうわけかワインスタインの弁護団に入っていて、しかも彼の振る舞いを向上させる手助けをすることになっていた。彼女はこの記事が出た日に、まるで、どちらが不適切な公式声明を出せるかという競争をやっていたかのようだった。当初はワインスタインのことを、「新しい方法を学んでいる時代遅れの人」にすぎないとみなしていた。ブルームの言動を疑問視する人たちの中にいたのが、彼女の母親のグロリア・オールレッドである。先駆的な原告側弁護士で、ワインスタインを告発する人たちの手助けをする用意があると、《ヴァラエティ》に語っていた。「私がワインスタイン氏の代理人を務めることはありませんが、ワインスタイン氏をセクシャルハラスメントで訴えた人は誰であろうと代理人を務めることを検討しています。たとえ自分の娘が反対側の弁護団に入っていてもです」。ブルームのほうはより優位な立場を求めて、弁護士の母や娘が反対側にいるような訴訟は絶対に引き受けない、なぜなら「私は仕事よりも家族を信じている」からとやり返した。オールレッド家とブルーム家のその年の感謝祭は、興味深いものになりそうだった。記事が出た翌朝、ブルームはそっと出口へと向かっていた。そして、ジョージ・ステファノプロスを相手に全国放送のテレビに出ると、ワインスタインが「違法」行為に従事していたと認めたのである。

これについては何ひとつ、私たちには理解できなかった。彼女の弁護団仲間のハーダーは、ワインスタイン対ニューヨーク・タイムズ社事件という大きな訴訟の準備をしているところだったのでは？　その彼は、〈タイムズ〉の記事は「虚偽および名誉毀損の意見だらけ」と言っていたのでは？（私たちが間違っているというだけでなく、読者にも危険であるかのような言いぶりで）。法律が予測できないものであることは重々承知しているが、タイムズ社相手の訴訟に勝利して、得たカネを寄付するというハーヴェイの計画は、成功する見込みがなさそうになってきたのである。

土曜日までに、リサ・ブルームはワインスタインに仕えることをやめていた。ラニー・デイヴィスもやめていた。ハーダーはもう数日うろうろしたのちに、出ていった。O・J・シンプソン事件後の弁護士業界で、依頼人があまりに不愉快な人物と判明したために、自分の弁護士までもが関係を持ちたくなくなるというのは、極めてまれなことだった。ハーダーの離脱が公表されるまでには、《ニューヨーカー》と〈タイムズ〉がワインスタインの虐待行為に関するさらに衝撃的な事実を発表していた。会社はワインスタインを解雇して、噂によると当人はリハビリ施設に向かったとのことだった。

堰《せき》を切ったように、ワインスタインと、その他の者たちによる性的不品行の記事が、一〇月の私たちの報道の中心となった。記者たちは私のところに来ると、被害者から聞いた内容を話してくれた。私は彼らの原稿も読んだ。取材されたそのほとんどの事件には、目撃者がいなかった。

そこで私たちは非公式の手順を考え出した。被害者の女性がその出来事の直後に、そのことについて友人や家族、同僚に話したかを突き止め、それからそういった人たちにインタビューするというものである。これによって話の信憑性《しんぴょうせい》が高まった。また、ほとんどの話で、脅迫が加害者からではなく、記事に登場する脇役からもたらされていたらしいことにも気づいた――何も手を打たない人事部長、事情を知っていたエージェント、他人を食い物にする人間を守っていた管理職などだ。こういった細部も確実につめていった。

最初のうちは、あまりにも多くの企業で、しかもこのような様々なやり方で、男たちがひどい過ちを犯しているのを耳にして当惑した。少し経つと、奇怪な事実や異様な状況があまりにも多かったせいで、よくも悪くも、不品行の細部にかなり慣れた。道理に反したもの、敵意に満ちたもの、または単に不快な行為の話が延々と繰り返された。私がラガーディア空港で飛行機の座席にいたときなどには、編集者から電話がかかってきて、第三者に対する合法的な自慰行為は、第三者を目の前にしての自慰行為と同じなのかどうか見解を聞かせてほしいと言われた。「こんなことを人に訊かなきゃならない日が来るとは思わなかったが」と、彼は前置きしていた。私もそんなことについて意見を言わなければならない日が来るとは思いもしなかった。

一方でその一〇月には、〈タイムズ〉と私にとってうれしい知らせもあった。当初はワインスタインとは無関係の知らせだったが、それがのちに関係が出てきた。それまでの一年間、私たちは非常に難しい名誉毀損訴訟を扱っていた。ニュージャージー州のある母親が起こしたもので、すでに成人になっている彼女の娘が育てられた際に虐待されたとして、〈タイムズ〉の記事でその母親のことを非難したのだ。娘が取り上げられた記事は、薬物乱用、売春行為、犯罪行為から立ち直ろうとする彼女の取り組みに関するものだった。記事の掲載前にインタビューを受けていなかった母親は、私たちのことを訴え、虐待は一切なく、大きな問題を抱えていて手がかかった一〇代の娘を気にかけ、愛していただけだと述べた。一〇年前の個人の家で起きたことを解決するのは、名誉毀損訴訟では難しく、波乱に富んだ娘の過去も、信憑性を低くしていた。それでも、非常に有能な外部弁護士のピーター・スキナーが何とかして説得力ある証拠を集め、母親の弁護士は訴訟を取り下げざるを得なくなった。スキナーは、デヴィッド・ボーイズが設立した法律事務所ボーイズ・シラー・アンド・フレクスナーのジュニアパートナーだったのだ。

デヴィッド・ボーイズがワインスタインの代理人を務めていることが明らかになると、私は厄介な立場に置かれた。ボーイズ社はタイムズ社の案件を、私が法務部に加わる前から二〇年にわたって手掛けていた。彼らは、世界でも最悪な連中の代理人も務めている。マレーシアの汚職指導者、倫理的に疑わしい中国の実業家、ロシアのオリガルヒ（新興財閥）などだ。名誉毀損で他社を訴えたことはあったが、タイムズ社を訴えたことはなかった。私たちの記者が、彼らの顧客の無法者に関する記事を書くと、脅すような手紙を書いてくることもあった。弁護士としてのボーイズの手法は、対応に困るものが多かった。彼の会社は、性的人身売買の被害者のために立派な仕事をしたし、数十年前、ベトナム戦争は順調に進んでいると嘘をついたとしてウィリアム・

ウェストモーランド大将を非難した報道を巡って、大将が名誉毀損訴訟を起こした際に、CBSと『60ミニッツ』の代理人を務めて有名になった。ボーイズのことは、二〇一三年のニューヨーク大学（NYU）ロースクールの卒業式で演説する姿を見たこともある。弁護士の力の源とは、結局のところその評判であり、自身の評価を守ることが弁護士にとっていかに重要であるかを、感動的に語っていた。彼の会社から脅迫の手紙を受け取るというのは、同社の依頼人が怪しい場合が多いことを考えると、腹立たしくもあった。他のマスコミの弁護士らは、なぜ私たちが同社との関係を続けているのか理解できないようだったが、ボーイズ・シラーとのつながりは、たいてい私たちに有利に働いていたのだ。だから、同社の依頼人が私たちの報道に不満があるときのために、連絡手段をオープンにし続けていたのである。

私たちが、その母親の名誉毀損訴訟を終わらせようと書類を仕上げていた一一月六日の遅い時間、ハリウッドの記者から連絡があった。《ニューヨーカー》の速報記事「ハーヴェイ・ワインスタインのスパイ軍団」についてコメントはあるかと訊かれたのだ。その記者によれば、デヴィッド・ボーイズが私立探偵を雇って、ワインスタインに関する私たちの報道を阻む手伝いをさせていたことが、その記事の一部で取り上げられているという。私は読んでいなかったが、聞かされた内容は、特段心配することはないように思えた。私も私立探偵を雇ったことが何度かあったからだ。自分たちを訴えている人々の背景をつかむうえで、役に立つことがあるのだ。デヴィッドの場合もおそらくそれと同じで、私立探偵を雇ってワインスタインを告発している人たちを調べたのだろうが、別にあざ笑うわけではないものの、その作戦は大失敗に終わったのではないだろうか。ハーヴェイ・ワインスタインが金を無駄にしたと知って、私は喜んだ。編集者たちも、その記事に関しては、感情的になっていなかった。むしろ、ワインスタイン・スキャンダルに関する新たな衝撃の事実を暴いた、《ニューヨーカー》のローナン・ファローに出し抜かれたことのほうに、感情的になっていた。

その後、友人で元同僚のディアドラ・サリヴァンからメールが届いた。彼女はタイムズ社に在籍していたころに、ボーイズ・シラーの弁護士たちと仕事をしたことがあったのだ。《ニューヨーカー》の記事を見たかと訊かれた。彼女は同社の裏切り行為に落胆していた。私たちが彼らの会社に多額の弁護士費用を払っていたときに、ボーイズは人を使って私たちの記者を見張っていたのである。探偵たちがしたことについて、私にはわからないと答えた。しかし彼女からの返信に手が止まった。「今さらこんなこと言って悪いけど、記事が丸々出なかったり、一部しか出なかったりしたときには、成功報酬が支払われるっていう文言を見た気がするのよ」

インターネットで調べると、ボーイズが探偵たちと交わした契約書のコピーがリークされたものを見つけることができた。探偵たちとはブラック・キューブという怪しい集団で、そのリーダーは自称イスラエルの諜報機関のベテランだった。その契約書は見たことがないようなものだった。ワインスタインを告発している人たちに関する情報を突き止めるだけでなく、彼に関する私たちの記事が日の目を見る前に、どんな手を使ってもいいからつぶすよう、誘いかけていたのである。ニューヨーク州の就労免許さえ持たないブラック・キューブには、手始めに二〇万ドルが支払われることになっていた。そして、追加された第一六条はこんな文言だった。「ブラック・キューブが提供する情報が、記事の掲載を完全にストップさせることに直接的に寄与した場合、三〇万ドルの成功報酬が支払われる」。のちにデヴィッド・ボーイズは私に対して、ワインスタインとその取り巻きが、私たちの報道の誤りを示すことができるように、ブラック・キューブが真相をつかもうとしていただけだと語るのだ。彼はそう信じたのかもしれないが、その高尚な考えはなぜか契約書には盛り込まれなかった。ネタをつぶすことができれば――それがいかなる方法でなされようとも――ブラック・キューブは三〇万ドルのボーナスを手にするのである。その契約書では、情報を得るために身元を偽るものとして、ジャーナリストを装う人物を雇うようにと明記されていた。私たちはのちに知ったが、女性の権利の擁護者を装った人物が、カンターとの面会を求めて接触していたという。これもブラック・キューブの汚い手口のひとつだった（彼女は引っかからなかった）。

その契約書は、真実が日の目を見ないようにするため、ハーヴェイ・ワインスタインが腕ずくで試みたものだった。契約書の下部には、デヴィッド・ボーイズの署名と二〇一七年七月一一日という日付があった。私たちの仕事を妨害する目的でボーイズが署名をした、まさにその日、同社がタイムズ社とやっている仕事に関して、私たちのCEOとのミーティングの時間のことで、私に連絡をしてきていた。その同じ日に、ピーター・スキナーと私は、先の名誉毀損訴訟で行われた宣誓証言のことでやり取りをしていたのだった。私たちが彼の会社に依頼することで、彼の弁護士が私たちに敵対するかもしれない案件を引き受けることや、生じるかもしれないいかなる対立も見送ったことを、デヴィッド・ボーイズはのちに公然と指摘した。これはそのとおりだ。多くの顧客を抱える大企業相手に、私たちも時々そうしている。その権利放棄の規定では、私たちがその会社の当事者になったり、その会社が私たちの利益に反していたり、私たちとのあいだに問題を抱えている顧客の代理として私たちに接触したりする、という訴訟を起こすことが考慮されている。この時点で私たちは、ボーイズの会社との関係を続けるか、別れるかを自由に決められるのである。それはブラック・キューブの契約にはない点だ。その契約は秘密であり、不誠実と不正直が特徴という調査会社を介して、私たちの仕事の妨害を認めているのである。法的代理人に適用される衝突規則についてではなく、何が正しく、何が間違っているかということについて話そうではないか。

《ニューヨーカー》の記事が出た一一月六日の夕方、私たちは控えめなコメントを出した。デヴィッド・ボーイズは自分たちの代理人ではないが、彼の会社の他の弁護士たちとはやり取りがあるという内容である。私は自分のオフィスでブラック・キューブの契約書に目を通しながら、何か手を打たなければ自分たちはこの業界でやっていけなくなると感じた。ボーイズのやったことに対して、自分たちとしては特に問題ないとか、ニューヨークの法曹界ではごく普通にあることのようにとらえていると、そういう会社として見られることになる。私は急いで声明を書き終えると、広報部にその配布を頼んだ。

私たちは本日、ボーイズ・シラー・アンド・フレクスナー法律事務所の弁護士が、当社の代理人を務めていた一方で、ハーヴェイ・ワインスタインに関する当社の取材を阻む計画をひそかに画策していたことを知りました。これは許しがたい行為で、裏切りであり、すべての弁護士が遵守すべき基本的な職業上の基準に違反しています。これは弁解の余地なく、適切な賠償を求めるつもりです。

その夜の一〇時三〇分まで、私はメディア・コラムニストのジム・ルーテンバーグと電話で話していた。ボーイズとタイムズ社の間の争いが高まっていることが、ソーシャルメディア上で広まっているのを〈タイムズ〉は看過できないと、ニュース編集室は判断していた。ルーテンバーグの記事はその夜遅くにアップされた。

翌朝早く、私はアーサー・サルツバーガー・ジュニアのオフィスに呼ばれ、これまでの経緯を話すように言われた。私は口ごもりながら、自分たちがこのように厄介な問題に陥った理由を説明しようとした。これは私のせいなのだ。ボーイズの会社に依頼したときに、自分たちが危ない橋を渡っているとは意識していた。自分ではなんとかやれると思ったのだが、そうすべきではなかった。アーサーは、誰の責任かということには関心がなかった。私がボーイズ・シラーとの関係は終わらせるべきだと考えていることを、確かめたかったのである。私は椅子の上で身をよじった。もちろんですと答えたが、ひとつだけ問題があった。ニュージャージー州の母親による、例の名誉毀損訴訟だ。彼女の弁護士が訴訟の取り下げの書類を送ってくるのを待っているところなのだ。その書類はこの午前中に届くはずだった。もし現時点でこちら側の弁護士〔ボーイズ・シラー所属のピーター・スキナーのこと〕を解雇してしまうと、状況がこじれてしまう。そして、取り下げは行わないという動機を先方に与えかねないのである。もう数時間待って、その書類が手元に届いたら、ボーイズ・シラーとの関係を終わらせるというのはどうでしょうか？　と私は言った。

こうして私たちは、面倒な手続きや訴訟に関する判断をし、ボーイズの会社を切るつもりなのかという問い合わせを不器用に交わしながら、待機した。人々が、すぐさま「お前はクビだ！」と宣言する、トランプ的な瞬間を求めているのは、目に見えて明らかだった。私たちにそのようなことはできなかった。ピーター・スキナーには同情した。私たちの担当弁護士で、例の名誉毀損訴訟では素晴らしい働きをしてくれており、タイムズ社と彼の上司とのいざこざの巻き添えになっただけなのだから。例の母親の弁護士からの取り下げ書類が午後一番に届くと、私はボーイズ・シラーとの契約をやめ、新たな登録弁護士としてこの件に加わって書類を提出すると、この訴訟は数分後には終わったのである。

私はこのとき、ボーイズとの、この残念な出来事から得た教訓について、じっくり考えるべきだった——弁護士を雇うこと、弁護士であること、弁護士をするという道徳的曖昧さについて、私が学んだことを。そんなとき、学芸部の編集者のひとりから、急ぎで話があると言われた。コメディアンのルイス・C・Kが、仕事仲間の女性たちの目の前で自慰行為を行うのが好きだということが判明したのだ。これでまた、新たな記事と、答えを必要とする法律問題が出てくることになったのである。

第一二章　ＦＯＩＡの国のアリス

陰謀の道具である秘密主義は、決して一般政府の体制となるべきではない。
――ジェレミー・ベンサム（一九世紀の哲学者）

連邦政府は昨年、過去一〇年間で最も多かったにもかかわらず、市民、ジャーナリスト、その他によって請求された記録について、検閲を行い、非公表にし、見つからなかったと述べた。
――情報公開法の状態に関するＡＰ通信のニュース記事（二〇一八年三月一二日）

それは避けられないことだと感じた。トランプが大統領になってようやく半年というところだったが、私はツイートを巡って政権を訴えていた。

始まりは二〇一七年七月二四日の夜だった。大統領がこうツイートをした。「アマゾン・ワシントン・ポストは、私が、アサドと戦うシリア反乱軍への巨額で、危険で、無駄な支出を終わらせることに関して事実をでっち上げ……」。このツイートは色々な意味で非常に興味深い。まずはタイミングだ。これは午後七時二三分のものである。大統領がよくやる、嵐のような早朝のツイートの一部ではなかった。次は「アマゾン・ワシントン・ポスト」という呼び方だ。〈ワシントン・ポスト〉は名前を変えていないし、アマゾンの所有でもない。ジェフ・ベゾス個人の所有であり、彼がたまたまアマゾンの創業者で、世界一の大富豪だっただけである。だが、それ以上のものがあった。大統領が言及したシリア反乱軍への支出とは？ そのCIAの計画は、国の安全に関わる極秘機密である。支出をやめるという大統領の判断も同様だ。秘密情報の利用許可を持たない者は、何も知らないことになっている。携帯電話を手にした大統領は、何千万人というツイッターのフォロワー、それに世界中の人々に向けて、国家安全保障上の機密をたった今、リークしたのだ。

このツイートは五日前の〈ワシントン・ポスト〉の記事に対するもので、マイク・ポンペオCIA長官とH・R・マクマスター国家安全保障担当補佐官が、この秘密計画は終了すべきだと進言して大統領も同意したと、同紙が――秘密情報源に基づいて――報じたのだった。〈ポスト〉は、この判断は「モスクワに歓迎されることになる」として、率直に言って「プーチンがシリアで勝利した」と語った、匿名の政府高官の発言を引用している。報道によると、CIAはシリア反乱軍の訓練および武装に一〇億ドル以上をかけてきたという。

このツイートが投稿されたばかりというタイミングで、〈ニューヨーク・タイムズ〉のマット・ローゼンバーグ記者が、さっそくCIAに対して情報公開請求を行い、反乱軍への資金提供と、その支出を打ち切る大統領の判断に関するすべての書類を求めた。この計画の存在と資金提供の中止の判断を大統領が認めた以上は、守るべき秘密は何も残っていないことになる。そのため、私たちの見方としては、CIAは情報公開法（Freedom of Information Act＝FOIA）に基づいて、この計画に関する書類は提供しなければならない。結論を先に言えば、CIAの見方は必ずしもそのようなものではなかったのだ。

FOIAの背景にある考え方は、最初から単純だった。一般市民が連邦政府機関に一筆書いて、書類を請求する。するとその機関はその市民に書類を送る。こうして民主主義は繁栄するというわけだ。リンドン・ジョンソンが一九六六年にFOIAに署名して、法律として成立させたとき、彼はそのようなことを本気で思っていたのかもしれない。その日は七月四日、独立記念日であり、名称に「自由」が入っている法案〔Freedom of Information Act〕に署名するにはうってつけの日だったのだ。ジョンソンはこの法律をとりたてて支持していたわけではなかったが、議会議員の面々はこの考えを大いに気に入ったので――自分自身のことを一度免責にすれば、新法の下では書類を探し出す必要がなくなるので――秘密のままにする必要があるわずかなものを守るために、免責されるものをいくつか法案に盛り込んだのち、ジョンソンは屈したのである。これは大きな出来事だった。学者のマイケル・シュドソンが記録していたように、このときまでは、議員も含めてアメリカ国民が政府機関から情報を得たくても、その機関があきらめるという判断をしない限り――各機関は必ずしもそうする傾向にはなかったため――彼らには運がなかったということで政府は動いていたからである。人々に知る権利はなく、何も知らないという権利だけがあった。FOIAはそれを一変させるためのものだったのである。

　だが、ほどなくして、消費者の擁護者であり、悪い知らせを伝えることが多い弁護士ラルフ・ネーダーが登場して、この新法の実態を人々に知らせたのだった。彼はみずから書いた記事のタイトルで、そのクライマックスを明かしていた。「情報非公開法」である。彼は若い仲間を大勢使って、この新法を試したのだ。連邦政府の役人は、創造性に欠けるといういわれのない非難を浴びることが多いかもしれないが、この最新の情報公開法をだめにする方法を見つけるとなると、そうはいかなかった。ネーダーの仲間たちが突き止めたのは、各機関が「原始的な対応」をしていたことだった。つまり、書類をなくす、記録の存在について嘘をつく、企業からの請求にはえこひいきをするというものである。そして各機関はわずか数カ月のうちに、市民は本当に興味深い書類にはめったに目を留めないことがわかって、ＦＯＩＡの免除の行使に精通したのだった。官僚は、わざと長引かせるという持ち前の特技も披露した。ネーダーは、見るに堪えない実態を示したのである。

　そして五〇年後、ＦＯＩＡのシステムは変わったかもしれないが、実際にはほとんどが悪い方向に変わっていた。馬鹿らしいほどの遅れは？――ある。書類を秘密にしておくために、各機関が乱発する免責は？――ある。黒塗りされたページがあまりにも多くて、ソ連後期の抽象芸術のようになっているものは？――ある。確かに、ジョンソンが七月四日の署名式で思い描いていたように、請求すれば、書類を入手できる場合もある。だが、ＦＯＩＡに関しては、次のように展開する場合が多い。

二〇〇二年、タイムズ社は労働省に対して、アメリカで最も危険な労働環境の特定を求めて、情報公開請求を行った。同省は、職場での負傷率および死亡率が過度に高い企業一万三〇〇〇社のリストを公表していた。正真正銘、アメリカで最悪の労働環境リストである。ところが同省は、どの企業がトップ（ワースト）で、どの企業が一万二九九九位か明言を拒んだ。工場の仕事を探す場合に、手足の切断や死亡に見舞われるのが国内でトップの会社で働くのか、それとも指を失うことなく一週間を終えられる可能性がまだそこそこある、あるいは死を招く可能性がほどほどの工場に出勤するかどうかという違いは、おそらく重要なことである。労働省はこちらの情報公開請求を完全に拒んだわけではなかった。同省の職員が完全な回答とともに折り返し連絡してきて、情報のどの部分を公表してもいいか（もしあれば）知らせるまでには、一五労働年、つまりひとりの人間が三万二九〇時間働く時間が必要だ、と答えたのである。このことを説明する同省の手紙を読みながら、私はこちらが請求した仕事だけを、一五年にわたって毎日行う寂しい公務員の姿を思い浮かべようとした。毎週毎週、そして毎年毎年、退屈な八時間を次々と三万二九〇時間につぎ込んでいき、重い足取りで帰宅すると、自分にはニューヨーク・タイムズ社の情報公開請求という大きな仕事があると言って、食事の際に配偶者を楽しませるのである。

おそらく〈タイムズ〉の記者たちは、刑期をつとめる囚人のようにカレンダーの日にちを一五年にわたって消していきながらも、そこまでは待てないだろうと、私も感じた。私にはもうひとつ別のこともわかっていた。情報公開法には回答に二〇日を要する、と書かれているのである。私たちは訴訟を起こした。

私と同じく、裁判官のシーラ・シェインドリンも、議会が定め、大統領の署名によって法制化された二〇日という回答期限が、機関によって一五年という亀の歩みへと作り変えられる理由を知りたがった。労働省は態度を変えなかった。彼らの弁護士が裁判官に伝えようとしたのは、この訴訟は却下されるべきである、なぜなら――ここが巧みなところだが――タイムズ社の請求を拒んでいるわけではないのだからということだった。つまり、労働省はまさにその回答に取り組んでいる最中なのであり、私たちが回答を――一五年後に――受け取って、それでもまだ満足できなかったら（そして生きていたら）、裁判所へ行って訴えればいいというのだ。シェインドリン裁判官は、私たちに情報を提供するよう、労働省に命じた。次に起きたことは、ＦＯＩＡの混沌とした世界では驚くことではない。同省は私たちの請求の処理に、実際は一五年も必要としなかったのだ。連邦裁判官が同省に作業を進めるように命じてから、一五日ほどだったのである。

これがタイムズ社でのＦＯＩＡ訴訟者としての私の仕事の始まりである。ほとんどの報道機関は、二〇〇〇年代初めにはＦＯＩＡ訴訟を起こすのをやめていた。その分の予算はなく、業界は広告収入の減少に苦しんでいたし、ＦＯＩＡイコール、遅れと失望を意味していたからである。多くの報道機関は、手間をかける価値がないと感じたのだ。だがタイムズ社はその逆を行くことにした。名誉毀損訴訟が減少し、9・11後に秘密主義が流行したことから、私たちが焦点を変えて訴訟を起こし、過度の秘密主義と戦うのは、理にかなっていたのである。失望することも多く、負けることも多いだろうが、私はＦＯＩＡ訴訟については、公選弁護人による刑事事件の弁護の仕組みの考え方のようにとらえている。刑事司法制度では、政府の強大な権力が、個人の起訴と投獄に用いられている。誰かが法廷で立ち上がって、法律が遵守されていることや個人の権利が守られていることを、確かめるべきなのではないか？　私たちは被告人の弁護ほど重要なことは何もしていなかったが、類似している点はある。もし政府機関が書類の請求を拒むたびに、請求した市民が肩をすくめて立ち去るだけなのだとしたら、秘密にするもの（大量）と公開するもの（不十分）を最終的に決定する政府の権力を調べる人間が、誰もいないことになるのだ。

オバマ政権の八年間で、私は〈タイムズ〉のジャーナリストの代わりに、三〇件以上の情報公開訴訟を起こした。その同じ期間に、その数に最も迫ったライバルの報道機関は、フォックス・ニュースの五件とＡＰ通信の三件である。新政権になっても私たちは変わらずに請求を続けたが、こちらの請求は拒まれるか、無視された。トランプの政権引き継ぎ時の準備事務所の来訪者リストを得るために訴え、環境保護庁長官の日々の予定表を得るために訴え、大統領との打ち合わせについてＦＢＩ長官のジェイムズ・コミーが書いたメモを入手するために訴え、大統領による安全に関する日々の説明の準備に変更があったのかを示す書類を求めて訴え、ユタ州のベアーズ・イヤーズ国定記念物を縮小する判断に関する情報を求めて訴え、縁故主義の規則がジャレッド・クシュナーとイヴァンカ・トランプに適用されたことを説明する、司法省によって準備された法的メモを求めて訴え、トランプが所有する地所の近くを高速列車が走るという判断にホワイトハウスが影響を与えようとしたのかを突き止めるために訴え——そして、シリア反乱軍の例のツイートを巡って訴えたのである。

シリア計画に関するマット・ローゼンバーグの情報公開請求にＣＩＡが答えなかったので、私たちは訴状を作成してニューヨークで訴訟を起こした。この訴訟が進行しているあいだに、ＣＩＡがとうとう回答を送ってきた。ＣＩＡは手紙の中で、書類があることを肯定も否定もしなかった。これがＦＯＩＡの国において「グローマー回答」として知られるものである。連邦機関が取る法的な立場で、書類の存在もしくは非存在を認めることでさえ、国の安全に関わる秘密を明かすことになってしまうというのだ。ＦＯＩＡというねじれた論理では、書類が存在していて、計画が存在しないという事実も秘密だというパラレルワールドの存在を信じつつ、書類が存在しなくても機関は「グローマー回答」をするのである。

数年前のこと、マイケル・テイラーという、病気を患った人物が、国家安全保障局（ＮＳＡ）が自分の脳に電極モニターを埋め込んだことを示すすべての書類を求めて、ジョージア州でＮＳＡを訴えたことがあった。ＮＳＡのような融通のきかない機関であっても、心優しい人物がテイラー氏に対し、多くの言葉を費やして回答を作成したと思うかもしれない。「テイラー様　あなたの脳にある電極に関する書類は当方には一切ありません。なぜなら、率直に言いますが、あなたの脳に電極はないからです。優秀なメンタルヘルスケアを受けることを検討されたことはありますか？」といったものを、あなたも考えたかもしれないが、それは間違いである。ＮＳＡはテイラー氏に対して、彼の頭にある電極についての書類の存在に関して、肯定も否定もできないと回答したのだ。これこそ連邦政府の非情さの極みである。

私たちの訴訟でＣＩＡの弁護に任命された弁護士が、私と同僚のクリスティーナ・コーニンガイザーに連絡してきた。感じの良い人物だったが、率直だった。こちらの書類を検討したが、ひとつ問題があるという。トランプ大統領の文章を、私たちが理解していないというのだ。

相手側弁護士の言い分については、私はたいてい懐疑的なのだが、今回は反論するのが難しかった。大統領の文章を理解していないだって？　これによってコーニンガイザーと私は、世界中で英語を話す何億もの人たちと同じだということになった。ただ、その文章が今回の訴訟とどういった関係があるというのか。その弁護士の説明によれば、私たちはツイートを読み違えていて、そのツイートは実際にはシリアの武器計画というものを否定しているというのだ。これは、ツイートの本文から明らかだという。大統領は、その計画を終わらせる自身の判断について、〈ポスト〉が「事実をでっち上げた」と発言した。この意味は――と、その弁護士が請け合ったが――大統領はその計画の存在や、それを終わらせたこと、でっち上げられていない本当の世界におけるその他のあらゆる事実について、否定も肯定もしていないということだという。大統領は、ジャーナリズムを――私はよくわからないが――多少自由なやり方で批判しただけなのだと。

クリスティーナと私は困惑した。私たちの読解力は平均点はクリアしていると思う。では真面目な話、大統領が反乱軍への支出について「巨額で、危険で、無駄」と述べたとき、彼は実際には存在しない計画のことを話していたというのだろうか？　巨額で、危険で、無駄、そして実在しない計画のことを？　私は実在しないものと関わったことは多くないが、もしあれば、それは巨額でも、危険でも、無駄でも、それ以外のものでもない。単に現実に存在しないというだけである。

私たちは、自分たちの考えを説明するのに、別な方向で考えることにした。〈ポスト〉がでっち上げに関わったという大統領の文句は、資金提供計画とそれをやめる判断を明かした記事の一部に向けられたものではない。トランプの判断は、反乱軍相手に戦うシリア政府を支援するロシアに取り入るためになされたという〈ポスト〉の扇情的なテーマに向けられたものなのではないだろうか。私たちの考えでは、大統領は――本人は意識しているかどうかわからないが――送信ボタンを押した瞬間に、この計画の機密扱いを解除したのだ。おそらくＣＩＡには、書類を差し控える別の法的根拠があるのだろう。しかし、大統領が巨額で、危険で、無駄だと文句を言っているのに、この計画が国の安全に関わる秘密だと真剣に主張できずに、私たちに「グローマー回答」をすることができなかったのである。それとも、それは可能だったのだろうか？

可能だったのだ。実際にそうしたのだから。つまり、文章として問題のある一四〇字に基づいた訴訟は、連邦裁判所の判事によって判断されなければならなくなった。

ＦＯＩＡとは、国の安全という名目で毎日のように行使されている不要な秘密主義をすべて省くための、切れ味の悪いナイフだ。厳密には、政府には立証責任があり、その秘密主義が必要であることを法廷に示さなければならない。現実の世界では、秘密にする必要のあるものと必要のないものについて、ＣＩＡやＮＳＡ、その他の諜報機関に対して、あとからとやかく言いたがる裁判官はほとんどいない。行政機関に対して司法が権力を明け渡すのを目にすると、がっかりしてしまう。諜報機関が法律を利己的に悪用して、アメリカ国民に事実を隠し続けている場合、行政機関を調べられる立場にいるのは裁判官だけなのだから。ただ、常に利己的というわけではないことを、私は知っている。各機関は、国民に無関心に見えるときもあれば、無能のように見えるときもあるのだ。その根本的な原因がなんであるかは、どうでもいい。国民が知るべき情報が日の目を見ることは、決してないのである。

ＦＯＩＡの担当を長くやると、ある程度のリスクを負うことになる――政府の秘密主義の思うがままになるあまり、それがどれほどねじれているのかを見失うというリスクだ。事実に基づく政府の主張を目にすることは決してないので、それ自体が国の安全に関わる秘密として扱われる訴訟を受け入れるようになるのである。それらは機密ファイルとして法廷に提出される。つまり、まったく理由を知らずに、訴訟に敗れるということなのだ。以前、第二巡回区控訴裁判所であったＦＯＩＡ訴訟では、裁判官が私たちの言い分を聞く一時間前に、政府側の弁護士が裁判官と内密に会って、言い分を述べることが認められていた。政府側の弁護士が、その秘密の会合に、裁判所に対して身分を明かすことを完全に拒んだ謎の人物を連れてきていたことを私たちはあとで知ったのである。遅れて出された裁判官の意見では、そのことに不満であり、政府には繰り返さないよう警告しているものの、秘密の会合自体は進められていたのだった。民主主義では、裁判官を監視する秘密の番人など存在しないことは、政府は理解していないようである。

ＦＯＩＡの審理が行われる法廷では、真実があてもなく流れていくことも多い。政府弁護人は、〈タイムズ〉などで広く報じられた事実の存在を否定するものだ。その事実が政府によって正式に認められるまで、政府としては、それは存在しないのだ。私たちの訴訟のひとつでは、コリーン・マクマホン判事が、政府の立場を『不思議の国のアリス』から出てきたようなものだと言った。政府弁護人が、このような訴訟で概して行っていることとは、秘密ではないものや、秘密にすべきではないものを秘密だと言い続けたり、秘密であるふりをして、私たちと法廷にも同じようにすることを求めたりするということだ。嘆かわしいのは、この法律が政府にまったくそのとおりにさせる場合が多いことである。

秘密主義は不合理を生む。秘密主義の達人で、見境をなくしたＣＩＡ相手に訴訟を起こすことほど、これに当てはまるものはない。奇妙なダンスのようなものだ。私たちは数年前、イラクでサダム・フセインの政府によって取り残された軍需品集積場を片付ける際に、アメリカ軍が負った傷害に関する書類のことでＣＩＡを訴えた。〈タイムズ〉の記者のクリス・チヴァーズらは、アメリカ軍がイラク侵攻後に古い化学兵器を見つけて爆発させたとき、準備も保護もしていなかったという一連の記事を書いていた。するとペンタゴンは、政治的理由からこの事件を隠すことにしたのである。チヴァーズらの取り組みを手助けするため、私たちは三件の書類に対して情報公開請求を行った。思ったとおりに、ＣＩＡはその書類が存在することさえ、確認も否定もできないと回答した。これはちょっとお粗末だった。私たちは実際の表題がついている三点の書類を求めたのだから。しかも日付順に（よい情報源がいる記者は重要だ）。こうして私たちは訴訟を起こしたが、その書類が実在していることは疑いの余地がないことを前提とした準備書面を私が書くと、ＣＩＡはその書面に対して、私が言っているものについてはまったくわからないというふりをした。判事はＣＩＡのごまかしに感心せず、結局私たちはその計画に関する書類を入手できたのである。またＣＩＡは、過度の秘密主義のために私たちが費やした時間の補償として、五万一〇〇〇ドルの支払いを命じられたのだった。

また私は、政府に協力して、死んだ男性二人の名前がわからないふりをすることも拒んだ。彼らには名前があったのだから。その二人、グル・ラフマンとマナデル・アル＝ジャマディは、アメリカ政府の捜査官により、一方はイラクで、もう一方はアフガニスタンで、勾留中に死んだのだ。だが、私たちが勾留者への拷問に関する書類を求めて、司法省に対して訴訟を起こしても、政府弁護人は彼らの名前を口にすることを拒んだのである。その二人のプライバシーを守るためというのがその主張だった。しかし、私たちの考えでは、これは犠牲者二人の人間性を奪うものであり、それに無意味でもあった。この裁判がじりじりと進んでいたときに、ＣＩＡの監察総監がラフマンに関する報告書を発表した。それには、テログループとのつながりを疑われたアフガニスタン人のラフマンが反抗的状態と疲労を繰り返し示して、見張りに対して殺害予告の言葉を浴びせたり、食べ物や排便用のバケツを投げつけたりしたとあった。彼は「ショート・チェーン」という方法で体を拘束され、腰から下には何もつけない状態で、冷たいコンクリートの床の上にずっと座らされた。翌日ラフマンは低体温症により死んでいるのが発見された。それがCIAの報告書に書かれていたすべてだった。だが私たちの訴訟では、司法省は法廷と私たちに対して、ラフマンのことは、その名前さえも開示できるものは何もないと言っていたのである。

もしかしたら彼らの名前は、これほどまで重大な意味を持つことはなかったのかもしれない。しかし、それを声に出して言おうとしない政府の姿勢が、秘密主義の誤りを物語っていた。とりわけこのFOIA訴訟は重要だった。私たちの記者のチャーリー・サヴェージは、9・11を受けて、CIA工作員は、勾留者を虐待しても罪に問わないようにと勧めた、司法省の極秘メモの開示を求めていた。司法省はベテラン検察官のジョン・ダーラムを任命して、拘束中に死亡した男性二人の件を含む、拷問の疑いがある報告書一〇一件の調査に当たらせた。ダーラムは法的に正しい判断をしたのかもしれないし、誰も法的に責任を負わされるべきではないのかもしれない。しかし、ではなぜアメリカ国民にはそのメモを見て、自分で判断する機会が与えられないのか？それこそが民主主義の基本だと思うのだが、政府の見方は違うのである。防御を固めた司法省は、そのメモの内容はひと言も発表することはできないと言う一方で、司法省の幹部はエリック・ホールダー司法長官も含めて、ダーラムが行った徹底的な法律業務を称賛したのだった。

ホールダー司法長官は、辞任した数日後に――つまり秘密主義に関することをいっさい行う権限がなくなった状態で――マスコミの弁護士や、ジャーナリストが集まった場で、ダーラムによるメモがいつか開示されることを望んでいる、なぜなら彼の丁寧な仕事ぶりを見れば、国民も得るものがあるからだと述べた。これが「ＦＯＩＡの国」なのである。重要なときは誰もが敵で、重要でないときにはいつでも味方なのだ。まあ、これは必ずしも正しいとは言えない。ニューヨーク南部地区のポール・オエトケン裁判官は、二年に及んだ状況説明ののち、最終的にはメモ五点を、編集された黒塗り状態でタイムズ社に開示するよう命じたのだから。政府は上訴した。ＦＯＩＡの車輪もゆっくりとではあるが、多少は動いたのである。

驚くようなことではないが、秘密主義を巡る政府との対立は、時としてシュールレアリスムの様相だ。二〇一五年の夏、政府はアメリカ人の通話に関するデータを収集するというＮＳＡの大規模作戦について、一部の書類を提出することに応じた。情報公開訴訟の一環だ。書類の束が、ある午後遅くにメールで届いた。私はそれをすぐさま、この情報公開請求の推進者であるチャーリー・サヴェージ記者に転送した――政府機関が同じ書類をほかのところにも送っている場合、先を越されるのを避けるために、私たちが通常行っている作業である。その日の夜、サヴェージが私の自宅に電話してきて、もしかして気づいたかと訊いてきた。今回の書類の中に、政府が私たちに渡す予定ではなかったページがあったのだ。それには機密の印がついたままだった。ＮＳＡの計画に関して、非開示で重要な細部が示されているので、チャーリーはそれについて報じたいという。彼が翌朝にＮＳＡにコメントを求めた時点で、一日が悪いほうへ向かうことになるのは、自分でもわかっていた。

その朝の九時半までには、政府弁護人が私に電話をしてきて、問題の機密のページを返却するよう求めてきた。連邦判事がタイムズ社にそう命じない限り、それはできかねると、私は答えた。書類がリークされた場合に憲法修正第一条が報道機関を守るのなら――ペンタゴン文書、ウィキリークス、スノーデンなど――政府自身によって正式かつ自主的に渡された書類を返却する義務や、それらについて報じないという義務がどうしてあるというのか？　私は記者たちに対して、その秘密のページにある文言は見ていないふりをするように言わなければならないのか？　政府の弁護人には同情する。優秀な弁護士たちであり、政府側のどこかでひどく困った立場に立たされている者がいるのはわかっているが、私には真実を隠すことに手を貸すわけにはいかない。少なくとも連邦判事に対して、自分の主張を述べてからではないと。すると、政府弁護人のひとりが奥の手を出してきた。「アメリカ自由人権協会（ＡＣＬＵ）に同じことがあったとき、彼らは書類を返却した」というのである。

本当に？　ＡＣＬＵが？　究極のアウトサイダーであり、真実のために立ち上がり、政府とは常に戦争状態にある、あのＡＣＬＵが？　ＡＣＬＵの弁護士が手を引いて、ＦＯＩＡの下で誤って提出された政府の機密文書を、ご丁寧にも自発的に返却したと、この弁護士は本当にそう言っているのだろうか？

私はすぐさま、ダウンタウンのＡＣＬＵ本部にいる友人に電話をかけた。ある意味で、それは事実なのだという。数年前のこと、ＦＯＩＡ訴訟の一環で、政府は不注意にも機密情報を提出してきた。その書類はそれほど興味深い内容のものではなかったため、ＡＣＬＵはそれを巡る大きな法廷闘争に巻き込まれるのは、戦略的にたいした意味がないと判断した。その訴訟の裁判官が、ＡＣＬＵにはそれを所持する権利があると裁定するまで、彼らはその書類については他言無用とすることに同意した。そして裁判官が政府に有利な判決を下すと、その書類は再び正式に機密となったのである。

この事情を知っても、私の気持ちはまったく晴れなかった。ＡＣＬＵは自発的に身を引いた。連邦判事は憲法修正第一条が適用されないと裁定した。だが、タイムズ社で私の一五階下にいる編集者たちは、サヴェージの記事を進めているところなのである。私は憲法修正第一条を専門とする弁護士数人に相談して、その書類は絶対に自分たちのものだという私の見解への励ましを求めた。だが彼らは励ましという感じは示さなかった。おそらく憲法修正第一条は漏洩の訴訟には適用されるが、今回の書類は情報公開訴訟の一環として提出されているものである。おそらく弁護士として（そしてそれゆえに法の番人として）、私は裁判所に状況を知らせて、裁判官が今後のことを決めるまでは、現状を維持する義務があるというのだ。ニュース編集室まで足を運び、編集者たちに対して、考え直した結果、この件は記事にはできない、憲法修正第一条はおそらくそこまでは適用されないと伝えるという展開は望んでいなかった。憲法修正第一条はそこまでなら大丈夫で、むしろもっと先まで適用されるものだと、彼らが考えているのは知っていた。実はほとんどのジャーナリストの考えでは、その適用範囲は無限に近いものだったのである。

政府の弁護人たちがまた電話をかけてきた。裁判に訴える許可が上司から出るのを待っているところだといい、私には待機しておいてほしいという。私はそうすると答えた。

ところがそのタイミングで、事態はさらにおかしな展開を迎えたのである。サヴェージと編集者たちは、コメントを求めて、すでにNSAの職員に連絡していた。NSAはこちらが機密文書を持っていると知って喜ぶわけはなく、当然ながらそれを公表しないよう求めてくるだろうと、私は確信していた。NSAはコメントは控えることにしたようだった。国の安全に関わる記事ではよくあることだが、編集者たちは公表をやめるか、情報の一部を差し控えるかを検討した。

最終的には、NSAと電話会社のつながりに関する、新たな細部を明かした記事で進めることになった。私は政府の弁護人からの連絡を待ち続けていたが、五時までには、この記事はウェブサイトに掲載されていた。弁護士が電話してきたのはその数分後だったものの、最新情報を伝えてきただけだった。裁判に訴える許可をまだ待っているところだという。彼らには、私たちのウェブサイトに目を通すことを勧めた。裁判官と話し合うにはちょっと（おそらくはだいぶ）遅いように思われた。彼らは折り返し連絡すると言ってきた。

私たちは裁判官とは会わなかった。その週の後半には、政府弁護人から手紙が届いた。書類の返却を求めていて、政府の立場を支持する判例が挙げられていた。私は、憲法修正第一条、ペンタゴン文書、それにその他の判例を引き合いに出して、返信をした。例の機密文書はまだサヴェージの手の中にあった。

FOIA訴訟を行う私たちの誰もが、希望に取りつかれていて、次の訴訟か、あるいはその次の訴訟によって、この国がリンドン・ジョンソンが望んだ状態になると信じている。私たちが続ける理由は、自分たちも驚くことに、勝利を収めるときがあるからだ。二〇一一年、CIAによるドローン攻撃で、イエメンにいた聖戦主義者《ジハーディスト》の聖職者アンワル・アル＝アウラキが殺害された。二度目の攻撃では、その息子が殺された。どちらもアメリカ国民だった。〈タイムズ〉記者のチャーリー・サヴェージとスコット・シェーンは、司法省がこの攻撃の法的な許可を与えていたと知っていた――本当のところは、従来の適正な手続きなしに、戦場から離れたところにいるアメリカ国民を殺すのは合法であることを突き止めたのだ。チャーリーとスコットはFOIA請求を行ったものの、これは成功しなかった。法的な分析までもが機密だと言われたのである。そのメモになんと書かれていようが、これは馬鹿げていると思われた。なぜ政府は、アメリカ軍が自国民に異常な武力行使をしたことについて、安全保障のためという理由で、その法的根拠を国民に秘密にしたのか？

私は国家安全保障を専門とする弁護士に連絡を取り、自分たちが訴えた場合、勝利する可能性について意見を尋ねた。「望みがまったくないわけではない」というのが、彼の答えだった。私たちの多くの訴訟では、その言葉は最高の励ましともいえるものだ。私たちが訴えると、まもなくしてACLUも同じような訴えを起こした。一年後、マクマホン判事が例の『不思議の国のアリス』の判決を出したときのことだ。そのような、適正な手続きがなくても、国外で自国民を殺すことが法的に自由に行えるという政府の姿勢を、何ページもかけて激しく攻撃したのだ。だが最後に彼女は、私たちのFOIA請求に関して自分にできることは何もないと言った。政府は秘密主義を課して、みずからの責務を果たしたのである。

それでも私たちは続けた。二〇一三年一〇月一日、第二巡回区控訴裁判所が二件の訴訟を取り上げた。政府の残りの部門は、正午で閉鎖されていたが、これは議会が予算を通過させることができなかったためである。数時間前に、職員たちは失業状態となって、その日の午後はニューヨーク・タイムズ社とACLUが政府と裁判官にひどい目に遭わされるのを見物する以外にすることがない。そんな裁判所職員で、法廷はいっぱいになった。私は同僚のヴィクトリア・バラネツキー、そしてACLUのチームの面々と一緒に弁護団席に座って、法廷が開かれるのを待った。ACLUの弁護団長のジャミール・ジャファーが身を乗り出して、「今日はACLUについて例の主張はしないでもらえるかな?」と頼んできた。彼の言いたいことはわかった。ACLUは賢くて寛大な味方ではあるが、今回の訴訟で私たちが提出したどの準備書面にも含めたのが、ACLUが要求しているのはすべての書類に対する包括的なものであるのに対して、適正と慎みというイメージのタイムズ社が求めているのは法的メモだけと指摘した文章だった。私たちは、繊細さというのは得意ではない。法廷に対する明確なメッセージは、ACLUは少しおかしいので、私たちの完全に理性的で礼儀正しい請求を、彼らのものと混同すべきではないという内容だった。法的戦術としては最低の種類である。不誠実なうえに、うまく機能しないのだから。私は自分の論拠をまとめた概略の最初の二ページを、線を引いて消すふりをした。

その日の訴訟事件一覧表には、他の訴訟の記載がなかったため、私たちが二時間の大部分を使った。私たちは主張の大半を、オバマ政権が公開討論会で繰り返し請け合った点――この攻撃は司法省によって吟味されたもので、合法だと判明したという点――に集中させた。国民に優れた法的分析を自慢して、法的正当化についてほのめかす一方で、実際に法的メモに書かれたことは、国民に明かすのを拒む。政府がその両方を行うことはできないと私たちは考えていた。この訴訟が係争中になっているあいだ、司法省もドローン攻撃を許可する訴訟事例を明示した「白書」を発表していた。

法廷が半年後にタイムズ社とACLUに有利な判決を下した際、裁判官は主な法的メモは（黒塗りされたCIAの作戦に関する詳細とともに）公開されるべきだと主張しただけでなく、判決の一環として、そのメモを公開するという異例の措置を取った。国家安全保障の訴訟において、ここまでのことをした連邦控訴裁判所はない。法廷は、オバマ政権による標的殺害の訴訟事例に関する多くの公式声明はある一線を越えたものであり、メモの公表に関して政府にどのような異議があろうとも、それは無視するとしたのである。

あとでわかったことだが、ドローンの訴訟におけるこの法廷の判決は、四年後のトランプのツイート訴訟において、私たちの論拠の重要な要素となるものだった。アンドリュー・カーター判事はそれぞれの法的立場を話し合えるように、弁護士たちを法廷に呼んだ。私は弁護士的なきまじめさから（簡単ではなかったが）、「政府は、私たちが大統領の文章を理解していないと考えている」と発言することができた。ＣＩＡの弁護士は一歩も引かず、文章の問題を説明していき、今回のツイートによって機密が解かれたものはないと言った。これによって、カーター判事が明白な疑問について尋ねるという、よくある迷宮に陥ることになった。この計画が中止となったのなら、なぜまだ秘密なのか、と。ＣＩＡの弁護士は、国家安全保障により、この計画が終わったかどうか自分が言うことはできないが、それは、そもそも計画が始められたのかどうかも自分は言うことができないからである。それゆえ計画が終わったのか、終わっていないのか、存在したのか、まったく存在しなかったのか言うことはできない、そんな説明をしなくてはならず、判事の質問にはまったく答えられなかった。判事は私たちの準備書面の日程を定めた。

ＣＩＡの準備書面は数週間後に法廷に提出されたが、その内容は私たちがまさに予期したものだった。「グローマー回答」である。シリア反乱軍への資金提供計画が存在することもしくは存在しないということは機密であり、大統領によるツイートはそれを改めるものではないというのだ。ＣＩＡの弁護士は厄介な立場に立たされていた。政府は、大統領にはどんなときも、いかなる理由であれ、情報の機密を解除する権限があること——国家の非常事態における大統領の権限の必要な要素——は認めざるを得ない一方で、ツイートによる機密解除という考えには必ずしも賛成しているわけではない。大統領の文章についてさらに議論が続いた。私たちは、情報の機密を解除する大統領の権限について、関連する法律に深く入り込んだ準備書面で応じた（私たちも認めざるを得なかったが、ツイートによる機密解除についての判例法はほとんどなかった）。そして、ドローンの訴訟の場合と同じように、政府は秘密主義を行使する権利を放棄したという、説得力ある議論を示した。私たちはめまいを覚えながらも、アスペン安全保障フォーラムへと立ち戻った――トーマス大将が反乱軍の武器計画をその軽い口で認めた場である。それは私たちにとって、CIAによる大きな秘密は秘密でもなんでもないことを示すさらなる証拠だった。また私たちは、大統領の文章を自分なりに徹底して分析したものも提出した。

数カ月後、判事が自身の意見を発表した。彼は私たちの訴えを却下するという。この情報がまだ機密であることを、政府が示したからだというこtだった。これにはがっかりしたが、驚きもしなかった。FOIA訴訟が簡単なことはめったにない。第二巡回区控訴裁判所でのチャンスを目指して、私たちは上訴した。

FOIAのあらゆる問題点を――いいところも――考えるとき、私が思い出すのが、セルヒオ・フローレスの件である。フローレスは〈タイムズ〉の編集者で、亡き父のアルマンド・フローレス博士に関するCIAのファイルを捜していた。フローレス博士は一九六〇年代に名を馳せたキューバの外交官で、その後アメリカに亡命した。フローレスがその注目すべき生涯の全貌――カストロ政権での役割から、ワシントンのキューバ大使館での代理大使時代、スペイン訪問中の六〇年代後半に亡命した勇気ある決断など――を知ったのは、父が病気で亡くなった後だった。憲法修正第一条が担当の同僚ヴィクトリア・バラネツキーがフローレスの話を耳にして、彼のためにFOIA訴訟を無料で始めるべきだと、私に言ったのだ。私たちはその書類を求めて、CIAを訴えた。五〇年が経過したこと、スパイ技術は様変わりしたこと、キューバとアメリカの関係は一度発展したのち、再度発展したことは忘れてもいいからと。CIAは一切の公表を拒んだ。フローレス博士に関する書類があるかないかについてさえも、明らかにできないということだった。

これは必ずしも正確ではないと判明した。イェール大学ロースクールの学生インターンのひとりが、CIAの電子読書室――オンライン上にある機密解除された文書の保管場所――を利用したところ、フローレス博士の名前があるCIAの報告書二件がすぐさま見つかったのである。これは私たちチームにとって、勇気が湧く瞬間だった。しかし、それも長くは続かなかった。地方裁判所は、CIAは他の書類が存在するかどうかについて言わなかったことが正当であると証明したとして、私たちの訴えを却下したのである。国家安全保障により、そうすることを余儀なくされたというのだ。

フローレスは私のオフィスにやって来ると、上訴するのか知りたがった。私は同僚のジェレミー・カトナーが見つめるなか、口ごもった。自分がどれだけデカいカモになるのかと思いながら。これはかなりの仕事量になることと、第二巡回区控訴裁判所が地方裁判所の判決を覆す可能性が低いことを、私は話した。これはＦＯＩＡであり、国の安全に関わるものなのだからと。上訴裁判所は事実を掘り下げない。私たちが負けるのはほぼ確実だった。

それでもやろうと、私は彼に告げた。そういうものなのだ。弁護士がみずからをさらなる苦難へ追いやろうとも、決めるのは依頼人なのである。

この訴訟が第二巡回で審理されるという直前に、小さな奇跡が起きた。ＦＢＩが別のＦＯＩＡ請求に応えて、フローレスの父親に関する元機密文書を数十ページにわたって公開したのである。それによって、キューバ人のための博士の仕事ぶりや亡命、それにこの亡命は二重スパイの策略なのではという政府の当初の疑念を垣間見ることができたのだった。私たちが口頭弁論のために出廷すると、上訴裁判所は政府弁護人に対して、ＣＩＡの反抗的態度が、ＦＢＩによってちょうどなされた開示とどうしたら両立することになるのかと質問をした。裁判所は私たちに有利な判決を下して、結局ＣＩＡはフローレスと和解し、書類をいくつか渡して（本来は何年も前に渡されるべきだったもの）、裁判費用を支払ったのである。第二巡回で私が弁護を行った日に、フローレスは家族を傍聴に連れて来ていた。これはキューバ移民の子である彼にとっては、重大なことだった。アメリカでセルヒオ・フローレス対ＣＩＡ事件という訴訟になり、国で上から二番目の裁判所がそれを審理するというのだから。ＦＯＩＡに刻まれたあらゆる皮肉——遅れ、不要な秘密主義、各機関が信じてもらいたいと思っている下手な言い訳、最終的に裁判を起こしても少しずつしか受けられない正義。それにもかかわらず、この制度には裁判所において、自国の政府に対して立ち向かう機会があるという正しい部分がまだ残っており、それはニューヨーク・タイムズ社の一員であっても、自分の父親について知りたいという子供であっても、変わらないのである。フローレスの妻が教えてくれたが、傍聴に来ていたその日、彼は父親のネクタイをつけていたという。

第一三章　トラブルだらけの世の中

［ジャーナリスト保護委員会の］年次報告書には、二〇一七年に世界中で投獄されたジャーナリストの数が示されており、それには「フェイクニュース」容疑の二一人も含まれている。@POTUS（アメリカ大統領）は、自身の有害な発言によって、抑圧的な政権がジャーナリストを投獄し、真実を封じ込めてしまっていることを理解すべきである。

——ジョン・マケイン上院議員（二〇一七年一二月一三日）

多くの話がそうであるように、始まりは静かなものだった。秘密情報源から記者に情報が伝わったのである。ただ、これは最初から面倒なことになる運命にあったといえる。エジプトに関する話で、その情報には密かに録音された音声が含まれていた。内容は、エジプト政府が二枚舌外交を行っていて、大使館をエルサレムに移すというアメリカの判断を公然と非難する一方で、トランプ政権のこの計画を支持していたことの証拠だ。エジプトの諜報部員が人気テレビ司会者たちに呼びかけて、メッセージを伝える声が録音されていた。大使館の移転を受け入れるように、エジプト国民にけしかけろというのだ。〈タイムズ〉のデヴィッド・カークパトリックが二〇一七年の暮れにこの録音を入手すると、年明け最初の週に記事の掲載を始めたのだった。

反応はすぐに現れた。カークパトリックはエジプトで長年過ごしたのち、ロンドンで仕事をしていたため、安全なところにいた。しかし、カイロ支局で勤務を続けているタイムズ社のスタッフは、そうではなかった。彼らが勤めるのは、エジプトの最高指導者を相手にしようとしている外国の報道機関だ。ソフトターゲットである。エジプトの弁護士は、当局に対し、タイムズ社に対する捜査を求めた。この記事は耐えがたく、エジプトに「不安定と懸念」を生み出したというのが理由だ。タイムズ社がムスリム同胞団の手先で、それ以上でも以下でもないことは、彼やその仲間にとっては明らかだというのだ。翌日までには、議会からも、タイムズ社に辛辣《しんらつ》な言葉が向けられた。議長はタイムズ社が、エジプトの長年の宿敵であるカタールから資金提供を受けていると主張した（陰謀論の信奉者なら、調べるべきはこちらだ。この記事が出る直前に、タイムズ社の広告部はカタール政府に広告スペースを売っていたのである）。ほかの者たちもこの脅迫運動に加わった。記者たちの写真は地元紙に掲載され、別の議員はこの記事を外国メディアがエジプトに宣戦布告したと非難した。私の立場からすると、状況は正反対だと思うのだが。

当然だが、すぐさま私たちは「フェイクニュース」を扱っていると非難された。二〇一七年一月二〇日以降、世界中の独裁主義者が、真実を暴かれて不満になるたびに口をついて出てくるようになった悪態だ。二〇一八年になるまでに、エジプトはその言葉の名人になっていて、相手の口を封じる武器としても、マスコミを嫌うアメリカの新政権と連帯して機嫌を取るための方法としても、巧みに使っていた。トランプ政権になって十カ月というところだったが、アメリカ大使館が緊張の緩和に、建設的な役割を果たすと考えるほど、私たちも馬鹿ではなかった。そこでは、アメリカの報道機関の安全が脅かされ、世界で最も不安定な国を取材する記者の活動が危険にさらされているのだ。

この記事が掲載されて数日のうちに、私たちのエジプト人の弁護士が連絡してきた。国の検察がタイムズ社の犯罪捜査を進めているという。

アメリカの報道機関やジャーナリストが、海外の多くの国でどれほど孤立するようになったか。〈タイムズ〉の読者が知っているかどうか、私にはまったくわからなかった。新聞業界は不況で、国際的な取材力は弱まっていた。アメリカの大都市にあるほとんどの新聞は外国支局を閉鎖して、海外からは撤退してしまっていた。アメリカの視点から世界を取材するという、ますます危険度が高まっている仕事は、恐ろしいまでに勇気がある少数のフリーの記者に助けられながら、AP通信、〈ウォールストリート・ジャーナル〉、〈ワシントン・ポスト〉、そして〈タイムズ〉など、ひと握りの大手に委ねられていた。世界の過酷な地域にとどまっている報道機関に関しては、ジャーナリストは敵対的な政権にとって、いいカモになっていた。これはあくまで数の問題だが、自国民が抵抗しようとするたび制圧することに慣れた政府にとって——特に目撃者がいないような場合には——ひとつの声を封じても、たいして気持ちは高ぶらないのである。

このときニューヨークでは、〈タイムズ〉の国際担当部長マイケル・スラックマンと私で、カイロでの動きを把握しようとしていた。ある意味でこれは、目新しいことではなかった。スラックマンと私は長年多くの場所で、ジャーナリストに対する脅しを次々と処理してきたのだ。パキスタン、ベネズエラ、アフガニスタン、トルコ、エチオピア、キューバ、ヨルダン、メキシコ、イラン。これでもごく一部である。だが、何度対処しても、どこかで新たなトラブルが発生したという電話やメールが入るたびに、また最初からスタートすることになる。トラブルのパターンはあまりにも多岐にわたり、その多くはこちらではコントロールできないか、先を見通すことができない。変わりやすい政治情勢、特定の話に関する現場での敏感さ、ある国における記者のコネの力、損害を与える報道にもっと国民の注目を集めたいという政権の欲求などのせいだ。知る価値のあるものはすべて、知ることができないのである。それに多くの場所では、いずれにしろ私たちに選択肢は少なく、仕方なく最初の問いに戻ることになる。つまり、自分たちの仲間を国から引き上げさせる頃合いだろうか？　ということだ。

私はこれまで、あまりに多く警備会社の宣伝文句を見てきた。外国で働くアメリカ人労働者の保護を専門としていて、世情不安やテロ攻撃、戦争が始まったことなどによって、破綻《はたん》をきたした国から、いかに迅速に依頼人を脱出させられるか、印象づけようというものだ。そういったことに、私はほとんど関心がなかった。私が知りたいのは、そのまま現地に残って危険に立ち向かおうとしている人たちの安全の確保に、彼らがどれだけ長けているかということだった。私たちは報道機関であり、石油会社ではないのだ。トラブルを目撃するために世界中にいるのである。

そして、そのことによって、彼らを引き上げさせるタイミングの決断は、より一層複雑になっていた。記者には現地に残るよう促したあげく、当局やそれ以下の者に拘束されてしまうのに、自分は安全なニューヨークから、ぬくぬくと高みの見物をしているだけという人間にはなりたくないものだ。これは抽象や仮定の話ではない。少なくとも最近のエジプトでは、アメリカ人の救助隊員やアルジャジーラの記者たちが逮捕されていたのである。一方で、人を引き上げると、相手政権の指導者に誤ったメッセージを送ることにもなりかねない。法廷や街中で脅すことによって、自分たちには西洋の記者たちを排除する力があるのだと思わせてしまうからだ。さらに考えるべきことが、もうひとつある。記者にも発言権があるということだ。彼らは何がなんでも残り、取材を続け、抑圧的な政府に立ち向かい、脅しには屈しないと証明することを、往々にして望むのである。

私は、安全確保に関してタイムズ社で第一人者になろうとしたことは、一度もなかった。すべては二〇〇八年一一月、編集長ビル・シュミットからの電話を受けたときに始まった。タイムズ社のデヴィッド・ロード記者がアフガニスタンで誘拐されたというのだ。彼はカブール支局で通信の計画を立てると、アフガニスタン人の同僚二人と一緒に、以前西洋人記者と会見したことがあるタリバーンの指導者のインタビューに向かった。ロードから確認の電話連絡がなかったため、同支局の者が彼の携帯電話にかけたところ、会う予定だった人物が仕掛けた罠にはまってしまい、捕らえられたとわかったのである。私はその三年前に、タイムズ社の誘拐対応計画を作っていた。

委員のメンバーやコンサルタントと協力して、何度か会合も開いてその計画を発表したのだが、すぐさま引き出しへとしまい込まれて、忘れられたも同然となったのである。それでも、三年後のデヴィッドの誘拐への対応の管理を私に任せるには、その経験で十分だと判断されたのだった。私は何をすべきか、漠然とした考えでさえ持っていなかった。編集者たちとともにその日の午後、会議室に集まると、自分たちにできることをカブール支局長のカーロッタ・ゴールから聞き出すことにした。連絡の取れる危機管理コンサルタントがいることはわかっていたが、私は今まで一度も連絡を取ったことはなかったし、対応計画が引き出しにしまわれてから、タイムズ社で連絡をしたことのある者はひとりもいなかった。ロードはアフガニスタンに関する本を執筆しているところだと、誰かが言った。その出版社が何か協力してくれないか聞いてみてはどうかと、別の誰かが提案した。

私は会議室を出ると、その出版社の総合弁護士の電話番号を探し出した。連絡が取れたので、ロードがタリバーンに誘拐された経緯を話した。ひどい状況だと、先方もわかってくれた。「そちらが関わってくれてよかったと思っています」と、先方が言った。「私たちでは、どうすべきか、わかりませんでしたから」

それからの七カ月間、私の人生はロードの誘拐に関するやりとりに費やされることになる。ニューヨークにあるＦＢＩ指令センターを編集長のビル・ケラーとともに訪れては、ロードを連れ去った連中が公開した人質映像を見た。ロードの妻のクリステン、それに彼の兄のリーとは、ロードとアフガニスタン人の同僚二人を帰国させる手立てを探るあいだも、毎日電話で話したり、会議で顔を合わせたりした。諜報機関との深いコネを持つ〈タイムズ〉の記者たちも情報を提供してくれたが、どれも興味深いものではあったものの、確認が取れたものはなかった。外部の警備コンサルティング会社二社とも手を組んだ。一社は危機管理についてタイムズ社とは常に付き合いのある会社である。もう一社はロードの親戚の友人に紹介されたもので、元グリーンベレーの人物が運営しており、トップで指示を出すのは元CIA職員だった。その元CIAはかつて重罪で有罪となっており、その上司は数年後に国防契約で政府から詐取したとして、有罪判決を受けることになる。彼らは、カウボーイ的で無謀な任務の契約と闇の国家《ディープステート》に関する情報を携えてやって来た。そして、おかしな計画を次から次へと打ち出した。ロードが捕らえられているパキスタンにいるという者たちにコードネームをつけ、ロードを捕らえている連中に関する一次情報を提供するのだという。タリバーンの見張りを買収し、彼らに他の連中を制圧させ、ロードたちを夜中に連れ出すという信じられないような計画も考え出した——だが、どこへどう連れ出すかということになると……誰にもわからなかった。詳しいことはそこにないのだ。

ある日曜の午後、私とクリステン、リーは、ニューヨークのホテルのロビーに呼び出され、CIAで秘密活動をしたことがあり、パキスタンに潜入してロードを連れ出してくれるという人物と会った。私たちは人のいない隅に座ったが、その人物は自分の計画を小声で話しながら、ほとんど誰もいないその場所に視線を走らせ続けていた。何が本物で何が偽物なのか、何がうまくいき、何がうまくいかないのか、私たちにはまったくわからなかった。その昔、きちんと管理された会社の雇用主のために危機管理計画を書き上げたことがある。それに対する見返りとして、なぜか私はＣＩＡからはじき出された者や、本物のスパイに偽物のスパイ、そして詐欺師と思われる者たちと連日過ごすことになってしまったのだった。

アメリカ政府が私たちにとってほとんど謎の存在であることは、まったく役に立たなかった。アメリカ人が誘拐されたときは、ＦＢＩが主導機関となる。アフガニスタンのような遠方の交戦地帯で、ＣＩＡやアメリカ軍、国務省のほうがはるかに多くを知っていて、ＦＢＩの捜査官が他人との情報共有にはまったく興味がなさそう（特にＦＢＩのような理解できないタイプとは）だとしてもだ。ＦＢＩ捜査官は身代金を払うことの違法性を説明してくれて、あとからも連絡してきては、馬鹿な真似はしないようにと言ってくるのだった。こういったことが金で解決される場合が多いからである。私はしょっちゅう、マンハッタンのチェルシー地区にあるＦＢＩ指令センターに呼ばれた。それでも、私が情報を共有していないと文句を言われるので、彼らのほうこそ、私やロードの家族に何も教えてくれないと文句を言い、それからお互いにスポーツの話をするのだった。ＦＢＩは、私たちがこの誘拐に関して独自の警備チームを組んだことを不満に思っていた。彼らがどんなへまをしでかすかわからないのに、警備コンサルタントが行うことについて私たちが何も知らないのに、彼らがどんなに大ざっぱな連中であるかわからないのに、チームを組んだからである。ＦＢＩ捜査官と政府の役人が、わざわざクリステンや、ロードの身内に直接連絡を取ってくれたり、ワシントンで会ったりしてくれることも時にはあった。ほかの者たちは仕事モードで何も明かさないので、しばらくすると実は彼らは何も知らないのではないかと思うようになった。

誘拐犯からの連絡は非常にまれだったが、常に金の催促か勾留者の釈放を求めていた。あるときロードがクリステンに連絡することができた。その録音は、胸が締めつけられるようだったが、二人の絆の強さを証明していた。とりわけクリステンは、普通なら耐えられないような状況でも、実に冷静で落ち着いていた。ロードがクリステンに宛てた手紙を携えて、赤十字が来てくれたこともあった。私たちは七カ月間とにかく動き回り、希望が持てる情報を探した。しかし、実際の状況はまったく見当がつかず、自分たちを助けてくれるのが誰かということすらわかっていなかった。

タイムズ社はまた、この誘拐のことをなんとか他のマスコミに漏らさないようにしていた。これは論議を呼ぶ判断であり、報道機関としての私たちのＤＮＡに強くこたえた。誘拐対応の専門家はほぼ全員、企業や家族に対して、誘拐についてマスコミに知られないほうがいいと話す。広く知られても得るものがほとんどないからだ。何を言われるのだろうかとか、誘拐犯を刺激して人質を傷つけたり、さらにひどい要求をされたりすることになるのではないかと心配して、じりじりと燃えるような緊張が連日続く状況に、さらにストレスを増やすことになるのである。自分がコントロールできるものがほとんどない状況に、コントロールできない要因をさらにもうひとつ持ち込んでも意味がないのだ。ロードの家族の要請で、ケラーとタイムズ社の広報部は、他の報道機関に対して、手を引き、この誘拐については報じないよう頼んだ。これは歯がゆかったが――自分たちは情報を隠すのではなく、開示する仕事をしているのだから――人の命が懸かっているため、誘拐された人に対して自分たちが求められたときと同じ配慮を、私たちも要請したのである。二〇〇九年四月、アフガニスタンとパキスタンに関する報道で〈タイムズ〉の記者たちがピュリッツァー賞を受賞したが、実はその中には、まだ囚われの身のロードも含まれていた。私たちはこのタイミングで誘拐の件が漏れると思い、メディアスクラムを予期して備えた。他の人々にすれば、あまりにもいい話なので見逃せない――ピュリッツァー賞を受賞した人物がまさにその瞬間、賞の委員会が認めた取材の最中に捕らえられているのだから。その日がやって来たが、幸い何事もなく過ぎ去っていった。記事には何も書かれなかった。

あるときは、ロードとアフガニスタン人の同僚二人が、犯人と山中を歩いているという、タリバーンによるやらせのビデオをアルジャジーラが入手して、放送した。ケラーはアルジャジーラの編集長と電話で話し、その放送をやめさせた。そのビデオが流れることは二度となかった。

二〇〇九年六月の金曜日の夕方。この状況になって七カ月目に入っていたが、私は外信部長のスーザン・チラと車に乗り、彼女がホストを務めるディナーパーティに向かっていた。そこでクリステンから私の携帯に電話がかかってきた。「デヴィッドがたった今、うちの母に電話してきたの。脱出したから助けてほしいって」。私は最初、彼女が言っていることの意味がわからなかった（七カ月にわたってテロリストに捕らえられていた人物が、逃げ出して最初にしたのが、義理の母親に電話をするということだった）。このとき、クリステンは大学時代の友人と食事に出かけていて、彼女のアパートにいた母親が電話に出たのだという。ロードとアフガニスタン人の同僚のタヒールは、車の牽引ロープを使って屋根から地上へ降りて脱出すると、ミランシャーの町を抜けて、近くのパキスタン軍の駐屯地にたどり着いたのだった。二人はパキスタン人の見張りと担当士官を説得して、（シャツをまくって自殺ベストを身に着けていないことを示してから）中に入れてもらったものの、それで安全というわけではなかった。パキスタン北西部の無法の部族地帯はタリバーンが支配していて、パキスタン政府の存在は名ばかりであり、自分たちを捕らえていた連中の元に返されない保証はなかったからである。

私はチラのアパート前の歩道から、警備コンサルタントに電話をかけた。この脱出について知っている者は誰もおらず、何カ月にもわたって虚勢やら突飛な計画を見せてきたわりに、私の前で展開されているリアルすぎる状況で、彼らはすべきことがまったくわかっていなかった。チラと私はアパートの前で立ち止まり、歩道のところから二人で、パキスタンとアフガニスタンにいるタイムズ社の人間や手を貸してくれそうな人たちに電話をかけ続けた。私は彼女に、パーティのお客のことはほうっておいて、私と一緒にダウンタウンのクリステンのアパートまで行こうと告げた。それ以外に選択肢はない、という口調で。ちょうど到着したお客の横を二人で駆け抜けると、タクシーを呼び停めた。私は車の中からカブールのアメリカ大使館に電話し、わずかに正気を失った感じを出して交換手を切り抜けると、ようやく現地の役人につながった。向こうはまだ夜も明けていなかった。私はこれまでにわかっていることをすべて説明したが、たいした数ではなかった。相手がメモを取っているのがわかった。先方は基本的な情報を尋ねてから、こう言った。「マクローさん、どうかご安心を。そちらの作戦のじゃまになるようなことは、こちらは何もしませんので」。私は今、ニューヨークのウェストサイドでタクシーの中にいるのだ。パキスタン北西部の部族地帯から、誘拐された被害者二人を救出しようとしている。マスコミの弁護士で、企業の誘拐対応計画をかつて書いたことがある。しかし、電話の向こうの人物はアメリカ政府だ。「私に作戦などないですよ」と声を上げた。「そちらに作戦を立てていただく必要があるんですよ」。相手はどこかへ作戦を捜しに行ったようだが、その人物と話すことは二度となかった。

その日は徹夜で、クリステン、リー、それに私が知るオバマ政権内の全員に電話をかけて、助けを求めた。この電話攻勢は狂乱の様相を呈したあまり、ついにはペンタゴンのある人物から、電話をかけるのは控えるように言われた。私たちがかけた人物から何件も電話がかかってきていて、ロードを救出するために時間を使えなくなっているからと。早朝にかけて形が見えてきた計画によれば、パキスタン軍のヘリコプターをミランシャーまで飛ばし、そこでロードとタヒールを拾う。そののち、パキスタンの首都イスラマバードまで運ぶというものだった。クリステンのアパートにはＦＢＩ捜査官がやって来たが、その同僚とは、夜から朝にかけて、私が電話で話していた連中だった。これまでの数カ月の働きにはむらがあったものの、少なくともその夜に限っては真のヒーローだった。午前三時ごろ、パキスタンの諜報機関が誰かをヘリコプターに乗せるよう言っていることがわかった。これはよくない。パキスタン軍統合情報局（ＩＳＩ）は、ロードらを捕らえたタリバーンの一派ハッカニ派の秘密の協力者で、後援者なのだ。この翌年には、アフガニスタンのＣＩＡ事務所でアメリカ人七人を殺害する攻撃を行うために、ＩＳＩはハッカニ派に二〇万ドルを支払ったとして非難される。ニューヨークにいるＦＢＩの連絡係からは、ＩＳＩの関与について動くのは自分の給与等級以上のことだと言われ、駐パキスタンのアメリカ大使アン・パターソンに連絡してみてはどうかと言われる。彼女には夜が明ける直前に連絡がついた。二三時間連続で起きていたアドレナリンの影響で、私はＩＳＩとの問題点についてなんとか説得力のある説明をすることができた。今回の件でＩＳＩが貢献できることとは？　ＩＳＩの捜査官の狙いは？　ロードを救出する必要があるが、それをＩＳＩにしてもらう必要はない、ということだ。大使は我慢強く話を聞いたのち、実際に今起きていることを私がすっかり見落としていると言ってきた。ロードの家族と私はアメリカ政府全体を混乱させたが、今度はそれによってパキスタン政府全体を混乱させていた。この任務がなんの問題もなく遂行されるのを、誰もが確かめながら見守っているところだと。そして彼女は、本当に心配すべきなのは、ＩＳＩのことではなく、天候のことや（北部はひどい天気なので）、パキスタンのヘリコプタークルーが両国政府の大勢から一挙手一投足を見られていて、どれだけナーバスになっているか、ということだろうと言った。

数時間後、ロードとタヒールがイスラマバードに無事到着し、続いてアフガニスタンのバグラム空軍基地まで運ばれた。ロードはそこからアメリカに帰国することになるという連絡が入った。ロードは国外勤務が主だったので、私は会ったこともなければ電話で話したこともなく、彼がタイムズ社で働いているときにメールを送ったことさえなかった。彼が帰国して数週間後のある日の午前に、私たちはタイムズ社の一階にあるディーン・アンド・デルーカのレストランで、初めて顔を合わせた。一度も会ったことがない人にこれほどの絆を感じるというのは妙なものだったが、私の人生の日々において、一時期かなり大きな部分を占めていた人物である。話したいことは山ほどあり、アメリカで聞いていた話と、捕らえられていたときの実際の様子を比べるためのメモもたくさん用意していたが、初めて会ったときは、それにふさわしい場面でもなければ、場所でもなかった。私たちは丁寧な会話で満足した。その後の数週間にわたり、私は彼の家族に招かれ、温かく迎えてもらい、秋には皆でフェンウェイパークへ行って、ボストン・レッドソックスの試合を見た。四回ぐらいまで進んだところで、ロードとクリステンがエコー写真を取り出して、私に見せた。初めての子が生まれるという。エコー写真を見せるというのは（泣くことと同様）野球の試合では認められていない。しかし、私にはどうしようもなかった。私は伝統主義者なのだ。私にとっての一年が、その瞬間、その場で新たに作り直された感じがした。

ロードの誘拐事件のとき、このような事態は一度きりのことに思えた。実際には、何度か起こるその始まりにすぎなかった。記者の安全確保が私の日々の生活の一部となったのだ（危険なところに足を踏み入れて、助けを必要としている人がいないかという、異常なまでの携帯電話のチェック付きで）。ロードの帰国から三カ月後、土曜日の午前に郊外の食料品店の外にいた私に、また電話がかかってきた。記者のスティーヴ・ファレルと、〈タイムズ〉の仕事をしているアフガニスタン人のジャーナリストのサルタン・ムナディが、アフガニスタンでタリバーンに捕らえられたという。また最初からだ。家族につらい通知をして、政府内の適切な人間に連絡を取った。彼らが行っていた取材旅行について、集められるだけの情報を集め、コンサルタントにアドバイスを求めた（もっとも、先のカウボーイ連中とは手を切った）。四日後、イギリスの落下傘部隊が、二人が捕らえられている家に夜襲を仕掛けた。ファレルは救出されたが、ムナディは戦いの際に殺され、イギリス兵も一人が命を落とした。ロードのときは、アメリカ政府が彼の家族に対して、軍による襲撃が検討されている場合は知らせることになっていた。ファレルの誘拐に関しては、彼がイギリス人だったため、イギリス政府がコントロールしていた。この軍事作戦のことを私が初めて知ったのは、イギリスの外務省にいる連絡係から、ファレルをカブールまでヘリコプターで連れ帰るという連絡を受けたときだった。

ロードの誘拐に関しては、すべてが終わったわけではなかった。タイムズ社か家族が、身代金を払ったという噂が広まったのだ。私たちは払っていない。ほかの誰か――サウジアラビア、ISI、アメリカ政府、知られていない第三者――が払ったとしても、私たちはそれについては一切知らない。証明できる事実と知られている事実に基づけば、この考えは馬鹿げているように思える。ロードとタヒールは予告なしに軍の駐屯地に現れたため、中に入れてくれるよう頼み込む必要があった。彼らをパキスタンの部族地帯から安全なところへ連れ出す計画は用意されておらず、クリステンが車にいた私に電話をかけてきたのち、ロードの家族と私でアメリカ政府に行動を起こすよう働きかけたのである。もし解放を手配するために誰かが何百万ドルも払ったのなら、これらのことはどれも意味をなさなくなる。こういった重要な未解決事項をクリアしないというのは、筋が通らないし非論理的だ。身代金を払う者は二度払うことは望まないものである。それに、ロードとタヒールの脱出時の話を聞いても、疑問点はなかった。誰からも逃げるようには言われていないし、手を貸してくれた人物もいなかったという。ロードの救出に功績を得ようと、当時の私たちとは支払いのことでもめていた、例のカウボーイのコンサルタントが、この噂の出どころについて何か知っているようだったのだが、当人たちは決まって否定したのだった。

二〇一四年、ISによってジャーナリストのジェイムズ・フォーリーとスティーヴン・ソトロフ（および救援隊員二名）が残忍な形で処刑され、世界中を震撼《しんかん》させた。そのころまでに、私たちはジャーナリストの安全確保を向上させようと決心していた。大酒を食らってタバコを吸い、爆弾や銃弾が飛び交うなか、危険を顧みない奔放さでネタを追って世界各地を駆け巡る、向こう見ずな外国特派員の時代は（仮にこれまで存在していたとしても）終わったのだ。新たな手順が導入され、危険な場所へ向かうジャーナリストには、パスポートのコピー、家族に関する基本情報、警備顧問のタグ・ウィルソンが署名した警備メモの提出が求められた。定期的な確認の電話は日常となり、記者の移動に警備顧問が同行する場合もあった。個人的なリスクが容認できないほど高まった国から記者を引き上げたことも、たまにあった。報道業界で私は、他社のジャーナリストが国外でトラブルに見舞われた場合に連絡が入る者のひとりにもなった。リビアで失踪したカメラマン、ISに捕らえられたフォーリーら、シリア国内で失踪したフリーのジャーナリストで法学生のオースティン・タイス、トルコでトラブルに見舞われた記者たちなどのときがそうだった。

二〇一四年一月のある日曜日の午前、トルコで私たちの仕事をしてくれているシリア人の若者のカラム・ショウマリの元に、フリーの記者で、シリアでアルカイダによって捕らえられたピーター・テオ・カーティスの写真が届いた。それからの一二時間、ショウマリと私は外国特派員を長年務めているクリス・チヴァーズとともにカーティスの家族と協力して、その写真の送信を行ったり援助の申し出をしてくれたりしたクウェートの族長と接触した。結局は、ショウマリがセッティングした顔合わせのために、カーティスの母親のナンシーがボストンからイスタンブールまで移動する手筈《てはず》を、私たちが整えた。これは徒労に終わったものの（どの誘拐事件でもごく普通に起こることだ）、カーティスの家族からは、彼を助けるために直接何かできたことで、ようやく勇気が出てきたと言われた。誘拐事件では、ほぼ毎日が無力感を覚え、何もわからず心配し、待機するだけで過ぎていく。私たちはナンシーに対する手助けにより、タイムズ社が支払いを受けてすべきことをはるかに上回る結果を残していた。自分たちが記事を伝えるのではなく、記事の一部になったせいで、厄介な立場に立ってはいたが、それでも仲間のジャーナリストたちとの経験を経たあとでは、カーティスの家族に写真を渡して、自分たちにできることがあるのに立ち去るということは、私にはできなかったのだ。

それに、少なくとも私に関しては、それ以上のことも関係していたかもしれない。カーティスは、マット・シュライアーというアメリカ人のフリーのカメラマンと、一時期一緒に捕らえられていた。彼らはシリアの地下室に監禁されたが、そこに数週間いるあいだ、高いところにある小窓を開けることができた。カーティスがシュライアーを押し上げると、彼は体をくねらせながら外に出ることができた。シュライアーはカーティスを引きずり出そうとしたものの、カーティスがどうしても抜けられなかったので、彼はそのまま走って逃げた。帰国したシュライアーは、脱出のことでCNNと〈タイムズ〉からインタビューを受けると、もうひとりいたアメリカ人の囚人に助けられたことに触れた。私は掲載前にその記事を調べていたが、なぜかその言及を見落とした。自分の仕事でこれほど後悔したことはない。のちにカーティスが解放されたときに、彼は私が恐れていたことを認めた。シュライアーの逃亡における彼の関与を、おそらくマスコミの報道によって知った犯人から、ひどい扱いを受けたという。かなりあとになってから、私はカーティスの家族に招かれて、捕らえられていたときの彼に関するドキュメンタリーの上映に赴いた。あの暗い劇場に座って、CNNと〈タイムズ〉の部分を目にして、その後、彼に起きたことを思い出すのは、つらかった。

ファレルとムナディの一件のあとに誘拐事件はなかったものの、別の危機は続いた。アンソニー・シャディドはシリア国内で取材旅行中に死亡。アリッサ・ルービンはヘリコプターがイラクのシンジャル山に墜落して重傷。フリーの記者がエチオピアで拘束され、別のフリーの記者二人はシナイ半島で取材中に投獄された。フリーの通信員がコンゴ民主共和国からケニアへの移住を余儀なくされた。そして私たちはトルコ当局と事実上の対立状態が続いていた。エルドアン政権が独裁主義へと急に舵を切ったためである。トルコ政府の不気味な転換は、私には特に悲しく思われた。二〇一一年に私たちのジャーナリスト四人がリビアでの戦闘の際に行方不明になったとき、私たちが助けを求めたのがトルコ大使館だったからである。アメリカの外交団はリビアを出国したあとだったが、トルコ人は残っていて、ジャーナリストたちを帰国させるのに力を貸してくれたのだ。守ってくれたジャーナリストと人権に対する姿勢を考えると、現在のトルコの様子は不可解に思えるのである。

その四人――タイラー・ヒックス、アンソニー・シャディド、リンジー・アダリオ、スティーヴ・ファレル――は反体制派の側から戦闘を取材していた際に、運転手のモハメド・シャグロフとともに、ある昼下がりに姿を消したのである。最初の数時間で得られたごくわずかな有力情報は、彼らが衛星電話を持っているということだった。しかも電源が入っている限り、その電話は地理的な位置――彼らの居場所の緯度と経度――を発信するのである。彼らを見つけるには、これは重要な手がかりだった。ただ、問題がひとつあった。衛星電話会社がその電話からのデータを私たちに渡そうとしなかったのである。私たちの技術部門の人間が連絡し続けても、電話会社は拒み続けた。外国の危機に対処して私が学んだ最も重要な教訓は、どんなに絶望的な状況でも、粘りに粘って、何から何まであらゆることを試し続けるということだった。その電話会社は中東に本部があり、私はようやく上級幹部を電話口に出させることができた。ニューヨークは早朝で、私は自分のオフィスがある建物の階でひとり、頼み込んでいた。地理座標が必要なことと、人の生死が懸かっている重要な問題であることを説明した。相手は温和かつ丁重で、へつらうといってもいいほどだったが、私が何を言おうが、彼の考えを変えることはできなかった。その情報を渡すのは違法なのだという。しかし、これは自分たちのデータではないかと、私は主張した。違います、そうではありませんと言われた。そのデータはタイムズ社のものでもなければ、自分たちの会社のものでもありません。この地球上のリビアという国のものなのです、と。無意味で、実に馬鹿げた話が延々と続いた。私のいら立ちは募った。

不意に、その幹部の声の調子が変わった。「そうだ、デヴィッドさん」と、相手が言う。「あなたの言っていることはわかります。人は頭で話すときもあれば、心で話すときもあるものです。そして私の頭ですが、あなたには合法的にデータをお渡しすることはできないと言っています。本当に残念です。ですがデヴィッドさん、それが、私の心は別なことを言っていまして、グーグルに以下のものを打ち込んではどうかと……」

これは心からの言葉だった。この人物は私に座標を渡そうとしてくれている。私はその数字を急いで書き留めると、電話を切ってパソコンに向き直り、その座標を打ち込んだ。

ポーランド中心部のよくわからない場所が示された。

タイラーらがポーランドにいないことには、かなり確信があった。私たちが見ていないときに、カダフィ政権が彼らをヨーロッパへこっそり移送などしていないことにも、かなり確信があった。自分が数字を間違って書き留めたことにも、かなり確信があった。そこで私は深呼吸をすると、電話をかけ直した。「さっきのところまで戻ってもらえるだろうか？　あなたの心が話しているというところまで？」

翌日にかけてわかったのは、ジャーナリストたちは、検問所で起こった反体制派とカダフィ軍との戦闘の際に検挙されたということだった。私はニューヨークで彼らの解放を目指して一日に一六時間働いていたが、アメリカとその同盟国がカダフィの拠点の空爆を始めようとしていること、もしそうなったら何もかもがさらに複雑になってしまうことは理解していた。クリス・チヴァーズがロードアイランドの自宅から、私を手助けに来てくれた。さらに外部の警備コンサルタントの人間もひとり加わった。この三人で、カダフィ政権に連絡を取る方法について、私のオフィスで何時間も意見を出し合った。午前と午後には、四人の家族に定期的に最新情報を伝えた。戦況の行方を見極めようと、ツイッターにも目を走らせた。そして、この危機が始まって四日目、カダフィのことを個人的に知る人間がニューヨークに二人いることがわかった。トリポリの空爆が始まってはいたが、私はその二人を電話口で説得して、彼らにこのリビアの指導者へと電話をかけさせた（ニューヨーク・タイムズなどクソくらえと、カダフィは言ったという）。私は国務省の連絡係に言葉巧みに掛け合い、リビア政府の適任者とコンタクトを取れるよう、手を貸してくれとせがんだ。ジャーナリストたちが虐待されているとわかったので、政府にはさらに多くのことを早急にしてもらう必要があったのだ。

こういった状況が展開し、私はある昼下がり、ついにリビア政府の高官と電話で話をすることになったが、その人物がいる部屋には今回捕らえられた四人のジャーナリストだけでなく、デヴィッド・カークパトリックもいるのだという。この戦闘をトリポリから取材していたカークパトリックは、自分の仕事をしながらも、捕らえられた仲間の救出にも休むことなく尽力していて、彼らとの面会を許可されていたのだった。高官は、私が「ホセ」という名のアメリカ人と連絡が取れれば、すべては解決すると言ってきた。ホセは、アメリカ政府が絡んだ問題が起こった際は、常に対処方法がわかっているのだという。彼が交渉相手なのだ。高官がホセの携帯電話の番号を教えてくれた。実はホセというのは、リビアにいるＣＩＡの秘密の連絡窓口だった。私が彼の番号を知ったことを、国務省は喜ばなかった。

膠着《こうちゃく》状態になって五日目、リビア側がとうとうトルコの外交官に四人を引き渡すと約束した。時間が決められて、手筈が整えられると、トルコ人外交団はトリポリ市内を通ってピックアップポイントへと向かい始めた。だがそこで空爆が再開された。リビア側からは、移送を続けることはできないと言われた。ニューヨークは深夜になっていた。チヴァーズと私はオフィスを閉めたのち、午前四時に重い足取りで戻ったが、ちょうどトルコ人外交団が再度引き渡しを試みようとしているところだった。夜が明けてすぐに、苦難は終わったとの知らせが入った。ジャーナリストたちの引き渡しが終了したのだ。トルコ人外交団がやってのけたのである。彼らはチュニジアの国境まで四人に付き添い、その先の自由へ向かう彼らを見送ってくれたのだった。

それでもまだ終わっていない仕事がひとつあった。運転手のモハメド・シャグロフが、検問所で車を停められたあとに行方不明になっていたのだ。彼がタイムズ社の仕事をしたのは一日だけだった。ジャーナリストたちが前線近くの村にある病院を取材するというので、彼らを連れて行くため、まさにその日の午前に雇われたのである。私は元海兵隊員のチヴァーズに急かされながら、シャグロフに何があったのかを知らない家族を手助けしなければと感じていた。そのときまでに、カダフィは失脚し、リビアは反体制派が勝利したあとの事態の収拾を図ろうとしているところだった。シャグロフの家族は、彼の居場所に関する噂や不正確な話を選り分けようとしていた。カダフィの勾留施設で彼の名前が呼ばれるのを耳にしたことを思い出した人がいたが、それは事実ではないことがわかった。実際には、彼は検問所のところで撃たれて死んでいたのである(チヴァーズとタイラー・ヒックスはその後リビアに戻って遺族に会い、弔意を表した)。彼が亡くなった場所からそう離れていないところに、戦闘で遺体が取り残された人たちのための無名墓地をリビア人男性が設けて、丁寧に手入れをしていた。愛する人の身元を家族があとで判別できることを願って、その男性は埋葬された人たちの写真を撮っていた。同国で警備顧問をしてくれたシェーン・ベルは、自発的にリビア中心部まで入り込むと、シャグロフの遺族と彼の遺体と思われるものからDNAサンプルを手に入れた。DNA検査をすぐに行えるラボが中東のどこかにないかと私が調べたが、これは不発に終わった。休暇で一時帰国することになっていたベルは、そのサンプルをスーツケースに詰めると、地球を半周してオーストラリアへ行き、そこでDNA検査をしてくれるラボを見つけた。サンプルは状態が悪く、適切な分析をするのは難しいと言われたが、それでもその技術者はなんとかやってくれた。結果が送られてきた。無名墓地にある遺体がシャグロフである可能性はゼロだった。

私はシャグロフの遺族へのメールを慎重に打った。息子であり、血を分けた兄弟が見つからなかったことを知るという、大きな衝撃を和らげることができればいいと望みながら。遺体の写真を調べていた彼らは、DNAによって身元を確認できると確信していたのだ。私は遺憾の意をできる限り表してから、送信ボタンを押した。遺族とは数カ月にわたって定期的に連絡を取り合ってきたので、彼らの悲しみはわかっていたが、自分にできることがこれ以上ないこともわかっていた。返信は来なかった。私のメールによって彼らの気分を害してしまったのではないかと恐れた。電話で連絡しなかった自分を、意気地がないように思った。それと同時に、彼らが連絡してきて、この絶望的となった状況で、私に何かもっと手を打つように頼んでくるのではないかと気になった。

数カ月が過ぎて、リビアに関する一連の苦難も私の中でようやく薄れてきたある朝、起床した私がメールをチェックすると、受信トレイの一番上にシャグロフの兄弟の名前があった。現在の遺族の望みは想像しかできないが、頼み事をされるのを、私は恐れた。メールを開いたところ、こうあった。「デヴィッドさん、ニューヨーク市が台風に見舞われたと聞きました。あなたとご家族の無事を願っています」

私たちの記者が遭遇した、誘拐、勾留、様々な混乱のあいだ、政府による自分たちの扱い方に、私はいつも満足していたわけではなかった。しかし、それはたいてい細かいこと――道理上行えることと、行えないことに関する意見の相違だった。私が経験したのは、アメリカ人記者がトラブルに見舞われると、アメリカ政府内の人間が電話に出る。私たちの報道に対する政権の不満がどのようなものであったとしても、そのことはひとまず脇に置かれるということだった。また、アメリカの核となる外交使節団の一員として、ブッシュ政権とオバマ政権の下では、民主主義を得ようと苦労している国々で、外交局がより自由な報道を提唱してきたことも、私は知っている。ブッシュ時代の国務省は〈タイムズ〉のファンではなかったものの、ヨルダン、イエメン、クウェート、バーレーン、それに旧ソビエトブロックの国々で、報道の自由がアメリカで機能している様子を語るようにと、私を派遣したのだった。それは、自由というアメリカの現世の福音を広める一環だったのである。

トランプ政権下で、初めて私たちが中東の問題に遭遇したのは、国務省の誰かが私たちの編集者に電話をかけてきたときだった。その人物には話す権限は与えられていなかったものの、ある土地の政府の感情を害した記者の身に脅威が迫っているということだった。彼はそのことを私たちに話す必要を感じたのだ。その役人は独断で連絡してきたのだが、それは新しい国務省の下では、現地のアメリカ大使館の人間が手を貸してくれるかどうか、確信を持てなかったからである。別の報道機関から聞いた話では、記者がトラブルに見舞われた場合、トランプ政権の国務省は引き続き、助けになってくれたそうだ。しかし、危機のさなか、アメリカ政府の援助が本当に必要になるという事態を、私は望んでもいなかった。

そして、アメリカの主流派のマスコミを「フェイクニュース」と呼ぶ、大統領の異常なまでの非難があった。これが自国内を蝕んでいて、その先は危険だった。世界で最悪の独裁者たちの計画は単純だった。アメリカ大統領が、自国の独立した報道機関を国民の敵と非難して、報道の自由を蝕むことができるのなら、自国のジャーナリストをまったく同じ方法で扱ってもいいということなのである。トランプ政権の二年目までには、マレーシアなどの独裁国家はフェイクニュースを禁ずる法律を制定して、現状をかろうじて隠していた。その現状とは、独裁主義者がマスコミをコントロールして、不愉快な事実を人々に知らせないために利用できるほかの手段があるということだった。この状況は、圧政的な国家で仕事をしているアメリカの報道機関にとっても気の滅入るものだった。政権を不快にする記事を巡って独裁主義者がアメリカの報道機関を攻撃したり起訴したりして、彼らがワシントンの政権に取り入ろうとしているのは間違いなかったからである。

〈タイムズ〉のスティーヴン・アーランガーは、大統領による「フェイクニュース」攻撃が世界で最悪の指導者たちのあいだにいかに広まっているかを報じている。シリアのバッシャール・アル＝アサド大統領は人権侵害という報道に対して、「我々はフェイクニュースの時代に生きている」と答えた。ベネズエラのニコラス・マドゥロ大統領も同じ意見を口にしている。軍によるイスラム教徒ロヒンギャの虐殺に対して政府が見て見ぬふりをしているミャンマーでは、ある役人は何もかもがフェイクニュースだと言い放った。これらに加わる者が、ポーランド、ハンガリー、リビア、ロシア、ソマリアにいる。アーランガーは中国政府の機関紙である〈人民日報〉から、気の滅入るような例を紹介している。

アメリカの大統領が自国の主要報道機関を国の汚点と主張するのなら、中国や他国に関するネガティブなニュースは割り引いて聞くべきだろう。偏見や政治課題が実際の姿を歪めている可能性が高いからだ。

アメリカはこれまでみずからを、世界に対して民主主義を推進してきたモデルと見なしてきた。世界の独裁主義者たちは、その当時アメリカのあとに従うことに、さほど関心がなかったようだ。それが今ではどうだろう。彼らは急に、この新しいアメリカのようになる気満々となり、列を作っているのである。

二〇一八年夏、新しく社の代表者となったA・G・サルツバーガーがホワイトハウスを訪れ、トランプ大統領に対して、マスコミに対する彼の攻撃がいかに危険か、その攻撃によってジャーナリストに対する暴力がいかに簡単に引き起こされるか、直接提起した。この会談についてのツイートでは、大統領はそのことについて一切触れず、数日で選挙戦のときの集会スタイルに戻って、いつものようにジャーナリストを非難したのである。

デヴィッド・カークパトリックの記事が掲載されたあとのエジプトの状況は、私たちを悩ませ続けた。現地の弁護士たちによれば、タイムズ社の捜査は進められているものの、捜査官が行っていることやその真剣度については秘密のままにされているという。彼らには、カイロにいる私たちの記者たちは、これまでしてきたことを続けるべきだと助言された——その危険な国で起きていることと、中東を結びつけている複雑な関係が不安定な状態のままであることについて、記事を書くことである。この犯罪捜査は私たちにとって、背後にある影のような存在としてとらえざるをえなかった。はっきりとは見えないが、消えてなくなりはしないのである。

テレビの司会者たちに関するカークパトリックの記事が掲載された数週間後、マイケル・スラックマンが私に連絡してきた。記者たちはエジプト国外で新たなネタに取り組んでいるところだという。そして今回のものは、エジプト当局が国内でテロリストの野営地の破壊を目論んで、密かにイスラエルに空爆を行わせているという内容だった。私たちにとっては、このタイミングは何から何までよくなかった。政府に関する批判的な報道をして犯罪捜査を受けているところなのに、ここでまたエジプトの指導者たちの誠実さや信頼性に疑いを投げかけるネタなのだから。悪者扱いされているイスラエルとエジプト政府との密約を、またもや示すことになるのである。エジプト政府がみせるであろう反応を予測するのは簡単だった。

スラックマンと私は選択肢について話し合ったが、何が真実なのかは、お互いにわかっていた。〈ニューヨーク・タイムズ〉がこれほど重要なネタを発表しない手はないのである。

第一四章　ある朝の手紙

手紙は、受取人がその内容を理解し、それを受け入れられる場合にのみ、価値あるコミュニケーションツールとなります。このことを理解している良心的な弁護士は、受取人の特徴に合うように手紙を作り上げているのです。

――グレッチェン・ヴァイニー「基礎：プロの手紙の書き方」（《ウィスコンシン・ロイヤー》二〇一三年六月号）

読者に過去の過ちを後悔させることを目的とした価値判断を用いないこと。そうではなく、読者に今後のふるまいを向上させようという気にさせるのです。

――ゲイリー・ブレイク「敵対する弁護士に対する文書の書き方についてのアドバイス」（国際リスクマネジメント研究所、二〇〇四年一月）

この文章は明確で、それと同時に法的に的確である……また、これはおそらく法曹界史上初めて、「名誉毀損そのもの」と「女《メス》」が同一の文書で用いられたものだろう。

――ブライアン・キャロル『Writing and Editing for Digital Media（デジタルメディア向けの書き方と編集法）』（未邦訳）

ショーン・スパイサー報道官ともうひとつの事実《オルタナティブ・ファクト》、「アメリカ国民の敵」という絶え間ない侮辱的発言とフェイクニュース、ジェイムズ・コミーと匿名《アノニマス》とストーミー・ダニエルズとボブ・ムラー、ホワイトハウスからの大量のリーク、ハーヴェイ・ワインスタインと#ＭｅＴｏｏといった一連の出来事があった二年後、私は二〇一六年一〇月のことをノスタルジーに似た気持ちで思い出すときがある。二〇一六年の大統領選挙の激しさ、馬鹿らしさ、悪質さにもかかわらず、当時はある程度の単純さが存在していた。振り返ってみると、そのように感じられる。確かに狂乱のときだったが、その異常さは何層にも重なったケーキというよりは、一枚のホットケーキのような感じがしたのだ。

返事をする必要はあるのか？　ということを、上司は知りたがった。一〇月のある午前に、ドナルド・トランプ候補の弁護士からの手紙に、二人で目を通したときである。その手紙は掲載されたばかりの記事に関するもので、トランプが何年も前に二人の女性の体をまさぐったという内容だった。その弁護士による手紙は、虚勢に満ちていて、お前のことなんか蹴散らしてやるといった感じのものだった。重要なことは何も言っておらず、証拠もまったく示していなかった。この記事を掲載しても、トランプがニューヨーク・タイムズ社を訴えることはないだろう。彼はテレビやインターネットで、女性のアソコをつかんだと自慢したところではなかっただろうか？　無視されるか、腹立たしいほど無意味なチーム・トランプとの応酬を焚きつけるだけの手紙を、時間をかけて書く意味はあるのだろうか？

わかりませんと、私は答えた。この手紙には、すでに多くの注目が集まっていた。広報部は、私たちの言い分や返事をする意図について、外部からしつこく尋ねられていた。こういったことがどのように展開されるのか、読者はわからない。激しい手紙は始終届いているのに、弁護士の意見は二度と聞いてもらえないことも知らないのだ。無回答の場合、私たちが悩んでいる、あるいは怯えている、それとも自分たちの記事に疑問を持っているのうちのどれか、もしくはその三つすべての表れととられないだろうか？　ただ、女性の扱いがひどいというみずからの最悪な評判のことで、トランプが私たちを非難するというのは、ちょっと恥知らずなのでは？　あとで何かちょっと書いてみて、それから判断してもいいかもしれませんと、私は答えた。今は二人とも、ミーティングに遅れているところなので。

その前夜、ツイッターは燃え上がっていた（本当のことが実際には何も起きていないときに、よくそうなるように）。トランプの弁護士たちは、私たちが記事を掲載する前から手紙をよこしていて、掲載を強行するなら訴えると言っていた。それでも私たちは掲載した。二人の女性によるそれぞれの出来事の内容が詳述された記事である。トランプの選挙参謀らは、すぐさま耳を傾けてくれる人なら誰彼かまわず、訴訟を起こすと言いふらしていた。「今晩、何かが届いたら、教えてくれるということでいいわね?」と、企業広報部門のトップ、アイリーン・マーフィーから、その夜の一〇時三〇分にメールが来た。「これは話題のネタだし、トランプ側の人たちは今夜、訴訟の準備を行っていると言っているから」。私は、それは起こらないと思った。訴訟を始める際に必要な召喚状と訴状は、私たちに送達する前に裁判所に提出しなければならないが、企業関係で遅くまで開いている裁判所は、ブロンクス刑事裁判所の夜間の罪状認否部門だけなのである。そこの裁判官は毎晩のようにおかしな書類を目にしているが、私が知る限り、大統領候補から時間外の名誉毀損訴訟を数多くは扱っていなかったからだ。

一時間後、深夜〇時が近づいていたが、国内最大の法律事務所に所属する弁護士がメールを送ってきた。「トランプが本当に訴えてきたら、こっちにもチャンスをくれ。絶対に連絡を頼む」。「わかったよ」と、私は返事を書いた。「ただ、体のまさぐりの件を専門にしている、もっと大きな弁護士事務所の人間と一緒にやる必要があるかもしれないかも」。そして私は眠りについた。

起きると、ディーン・バケットからメールが届いていた。本文はなく、「真夜中過ぎに《アフター・ミッドナイト》」という件名だけである(あとで私は本気の怒りのメールを、〈タイムズ〉の読者/音楽愛好家からから受け取ることになる。私が書いた記事で、「アフター・ミッドナイト」のことをエリック・クラプトンの曲と呼んだためだ。これがJ・J・ケイルの曲であるのは周知のことである。クラプトンが盗んで、台無しにしたのだ。これをクラプトンの曲だと思うのは、会社勤めのダメな人間だけである)。そのメールに添付されていたのは、記事の撤回を求めるトランプの弁護士から夜遅くに送られてきた手紙だった。

我々はドナルド・J・トランプの代理人であり、二〇一五年一〇月一二日付のニューヨーク・タイムズの誹謗《ひぼう》記事「ドナルド・トランプに不適切に触られた　二人の女性が語る」を受けて、この手紙を書いている。

貴社の記事は見境なく中傷的で、名誉毀損そのものである。中でも、この記事のタイミングから、これがトランプ氏の立候補資格を無効にしようとする、政治的動機による試みでしかないのは明らかだ。だからこそ貴社は、これらの虚偽で悪意ある申し立ての正確性について、またこの二人の個人が、一方は一一年、もう一方は三〇年以上も経ってから、この虚偽で中傷的な陳述を行って名乗り出る判断をした理由について、まったく不十分な調査しかできなかったのだろう。ニューヨーク・タイムズは、明らかにトランプ氏の名前と評判を選挙前に汚したいと思う者たちに、進んでその機会を提供している。申し立てられた陳述に現実的な根拠があるなしにかかわらずだ。

よって我々はここに、この記事のいかなる発表も即刻停止すること、ウェブサイトから取り下げること、完全かつ即時の撤回および謝罪を要求する。これが行われない場合、我々の依頼人はあらゆる行動と賠償の要求を進めるだろう。

この手紙に目を通したとき、まだ朝の六時にもなっていなかったが、私は訴訟の可能性を依頼人に通告した際に弁護士がすることを、すぐに実行した。この記事に関わった全員にメールを打ったのだ。訴訟を実際に起こされた場合に、会社の法的立場をあとから複雑にしかねない、社の方針から外れた発言を、社内の誰もがしていないことを確かめるためだった。社を代表して話す者は、ひとりにする必要があると提案した。企業広報部門のアイリーン・マーフィーなら筋が通るが、皆はそれでOKだろうか？　私は送信ボタンを押した。

記者のマイケル・バルバロからすぐに返信があった。「今朝は『CBSディス・モーニング』で流す予定なんだ」と、彼は書いてきていた。続いて、彼の取材パートナーであるメーガン・トゥーヒーが加わった。「NPRはちょうど終わったわ。七時半のCBSの朝の番組で流す予定だけど」。訴訟の戦略本が窓から投げ捨てられる音がしたような気がした。

トランプが訴える可能性があることは、私も確かに考えた。もちろん、すぐにではないだろう。しかし、来たる選挙での敗北ののちにはありうる。では、彼を訴えない気にさせるものとは？　彼にはタイムズ社を追及するだけの金はあるし、敗北を私たちのせいにするのは間違いない。彼は著者のティム・オブライエンのことを、勝てる見込みのない名誉毀損訴訟で何年も追いかけ回した。自分の価値を見出すためだけに。彼が今回もそれと同じことをしない理由があるだろうか？　彼が訴訟に勝利する現実的な可能性がないことは、私もわかっており、私たちのジャーナリストの取材も信用しているが、お金をもらって最悪に備えるのが弁護士なのである。この二人の女性について、急に名誉毀損訴訟に引きずり込まれた場合、目撃者として通用するのかどうかはわからない。彼女たちはなぜこれほどまでに長いこと黙っていたのか？　どうして今になって名乗り出てきたのか？　彼女たちが選挙で誰に投票したのか、想像してみてもいいだろう。

会社につくと、マーフィーが、これ以上のインタビューは避けるべきかと訊いてきた。テレビのニュース広告を引き上げると、間違ったメッセージを送ってしまうことになるのではないかとも心配していた。確かにそのとおりである。もう後戻りはできない。これは公開の喧嘩になるだろう。警備のトップ、アル・デヴィーヴォから、新聞を配送するトラックの列がすでに建物前にできていることを知らせるメールが全員に送られてきた。おまけに、奇妙な一日となるにはまだ足りないとでもいうように、パソコンの画面上で、緊急ニュースのアラートが点滅していた。ボブ・ディランがノーベル文学賞を受賞したのだ。

話し合いがまとまると、私はトランプの弁護士への返事を書くために廊下を進んでいった。時間は四五分しかない。あとで私は面白く思うことになる。「あれは手紙がみずから書いたに違いない」と言った人と、「誰かに書かせたに違いない」と言った人の数が、ほぼ同じだったそうだ。私のことをよく知る人たちのあいだでも、あの手紙はバカバカしいほど簡単だった、あるいは私の能力をはるかに超える内容だったと、考えが割れていたというのは面白い。

私はメールを打ち、電話会議に出ると、正午直前、同僚を集めて下書きを読んでもらった。総合弁護士のケン・リチェリ、彼の代理のダイアン・ブレイトン、新たに憲法修正第一条担当となったイアン・マクドゥーガルだ。そのときまでには、強い返事で行くことで全員の意見は一致していたが、それをきちんととらえているか、私には自信がなかった。私たちは三〇分ほどかけて、全体の論点や調子がずれていないか、単語は変えるべきか、結びの部分はやりすぎていないか話し合った。ネットで事実のダブルチェックを行い、予想される人々の反応を推測した。編集もわずかに行った。第二段落に関しては、同僚のあいだにも不安が見て取れた。

名誉毀損の主張の本質は、言うまでもなく、地域社会において他者の評判を下げる発言のことである。トランプ氏は、女性に対する非合意の性的接触を自慢した。同様に、美人コンテストの楽屋に裸でいた参加者のところに立ち入ったことを自慢した。自分の娘のことを女《メス》として話そうというラジオ司会者の求めにも応じた。我々の記事では言及されていない複数の女性が公に名乗り出て、トランプ氏による迷惑な誘いについて語っている。トランプ氏がみずからの言動によってすでに作り上げた評判に、我々の記事はいささかも影響を与えていないのだ。

これは法的に筋が通っている――評判がすでにゼロの人物は、記事によって評判がさらに傷つけられたとは主張できない――が、弁護士通知書としても、この段落は外科用のメスではなく大ハンマー並みだった。また、いささか弁護士的ではなく、明らかに〈タイムズ〉的でもない、女《メス》という言い回しも含まれていた。さらに、結びはこんな感じである。

彼女たちの声を封じてしまっては、読者にとってだけでなく、民主主義そのものにとっても、害になったことだろう。我々は法律が認めていることをしたまでである。世間の関心が高い対象に関する、重要な情報を公表したのだ。もしトランプ氏が同意せず、アメリカ国民には彼女たちの言い分を聞く権利はないと考えたり、この国の法律は我々や恐れることなく非難する者たちに、黙って不当な扱いを受けさせることを強いるものだと考えたりしているのなら、我々はその人物の考え違いを法廷に正してもらう機会を歓迎する。

機会を歓迎するだって？　本気か？　完全な弁護士モードに戻った私は、「いかなる主張も精力的に弁護する用意がある」といったものを提案した。言い回しを全員で検討できるように、可能性のある結びを新たにいくつか書いた。「このような訴訟は不首尾に終わるものである」といったテーマのものも、さらに皆で検討した。私はもう少し考えてみた。やはり最初のものが、メッセージをきちんと伝えていた。私たちはそれで行くことにした。

多くの弁護士と同じく、私も弁護士通知書は年に何十通も書いている。それは受取人がひとりの場合が多い。私たちが公表したものに不満で、ある弁護士が新聞社宛てに書いてくる。私たちは返信する。多くの場合、これ以上のことは起こらない。私たちが腹を立てることはない。私たちは弁護士であって、小説家ではないのだ。

ただ、私がタイムズ社に加わって最初のころに気づいたのが、私が受け取る手紙に含まれている、まことしやかな文句と大胆な独りよがりの度合いに、直接的な相関関係といえるものが存在していることだった。〈タイムズ〉の報道について文句を書いてくる弁護士は、自分ではどうしようもないようなのである。「悪意ある」「意図的な虚偽」「非難する」「まったく欠けている」「認識ある過失」といった単語が、パソコンのキーに割り当てられているに違いないのだ。依頼人が最近起訴されたことにはおかまいなしで、ビデオテープ、録音、証拠書類、二七人の情報源、連邦捜査、不利な告白についてもおかまいなし、憲法修正第一条のこともおかまいなしなのだ。

ある弁護士から受け取った熱のこもった手紙は、その弁護士の依頼人の逮捕を伝えた、私たちの地元紙の記事に対する抗議だった。怒りがほとばしり、依頼人は無実という主張が散りばめられていた。奇妙だったのが――というか、物語っていたと言おうか――その弁護士は自分の依頼人が逮捕された理由に、具体的に一度も触れなかったことだ。私はその記事を見つけ出した。警察記録に基づいた、よくある警察ネタである。この依頼人は赤信号で車を停めた際に、隣の車の運転手が女性だったため、その場で自慰行為をして訴えられたのだった。逃げた末に警察に追いつかれると、彼は何もかも思い違いだと言い張ったという。そういったことは一切起きていない。ダニに噛まれたところを確かめていただけだと、警官に訴えたのだ。

手紙でのやり取りが公開されて争われる状況についても、私は多少知っていた。二〇一六年初頭、タイムズ社はアメリカンフットボールのナショナル・フットボール・リーグ（ＮＦＬ）と、公開された状況で対立していた。脳震盪《のうしんとう》に関する調査に対するＮＦＬの回答が、喫煙とガンを結びつける調査についてのタバコ産業の回答に似ていることを調べた記事を掲載し、タバコ産業とＮＦＬとの関係を報じたのだ。リーグ側が送ってきた長い弁護士通知書には、こちら側が記事を撤回してインターネットから取り下げなければ、訴えることになると書かれていた。これには私がみずから書いた手紙で返答し、批判を封じようとしたり、ファンには知らせないようにしていると――私にはそう見えたので――リーグに言い返した。スポーツ界がスポーツ界のまま、弁護士が弁護士のまま、それぞれが態度を変えずにやり合ったため、ネットではこのやり取りが取り沙汰された。自分の仕事が法律関係のブログとスポーツ評論家の両方によって、不利な立場に立たされていると気づいたのは、このときが初めてだった。私はＮＦＬの弁護士からの手紙には感銘を受けていた。特に、タバコ産業がいかに「唾棄すべき」ものであるかに言及した部分はそうだった。タイムズ社がそのようなつまはじき企業とＮＦＬを結びつけて考えるのは言語道断だと、弁護士たちは書いていたのだ。まともな企業なら、大手タバコ企業のようなところとは結びつけられたくないと。そのときになって私が思い出したのが、数年前に司法省が起こした有名な訴訟だ。喫煙による健康上のリスクについて、タバコ産業が虚偽の説明をしていたことを巡るもので、今回と同じ法律事務所が、大手タバコ企業一社の代理人を務めていた。そうなのだ、タバコとアメフトのあいだに存在するつながりに関する、私たちの報道に異議を唱えている法律事務所は、タバコとアメフトの代理人を務めていたのである。これは看過できなかった。数ページに及んだ法律的主張ののち、私は結論に移った。「タイムズ社に対する御社からの先の手紙では、タバコ産業のことを『アメリカの歴史上でおそらく最も唾棄すべき産業』と呼んでいましたが、例のRICO訴訟でフィリップ・モリス社の代理人を務めていたのが御社だったことは、どういうわけかどの手紙でも触れられていませんでした」

トランプに宛てたこの手紙も公開されることはわかっていた。トランプ陣営はインターネット上でひと晩のうちに、先の脅迫文をばらまいていたのだ。朝の情報番組はこれをトップで扱っていた。それでも、政治的な騒ぎがどれも収まれば、私の手紙はただの弁護士通知書でしかなくなる。「ツイッターのアカウント前で待機のこと。これから始まるぞ」と、私は法務部の同僚にメールした。これは冗談のつもりだった。最初の九〇分間で、読者からのメールは九〇通だった。やがて、ペースが上がってきた。

メールは何百通と来た。アメリカ中から、そしてタンザニア、北マリアナ諸島、イギリス、スリランカ、オーストラリアなどからもだ。この手紙をスペイン語に訳してくれるよう頼む人もいた。メールはほとんどが見知らぬ人からで、多くが弁護士からだったが、看護師や医者、退職者、非営利団体の創設者、法学部生、子供が大学のパソコンでこの手紙を見たという親、他の報道機関のジャーナリストからも来ていた。私が大学教授だった三〇年前の教え子、元同僚、二〇年以上会っていないロースクールの同級生、兄弟の高校時代のガールフレンド、一〇年前の私と元妻との結婚式で会ったという人からも。

私のコンマの使い方に強く反対する人もいた。私の弁護士資格は剝奪すべきだとほのめかす人もいた。この手紙がきっかけで、ピリオドのあとのスペースはひとつか二つかということを巡って、ネット上で激しいバトルが勃発したことも知った（これは若い女性のひと言で終わりを迎えた――「この手紙のダブルスペースに難癖をつけるのはやめてください、だって昔の人はそうやって書くものなのだから」）。

金曜の夜までには、一〇〇万人以上が〈タイムズ〉のサイトを訪れて、この手紙を読んでいた。その他の数十万人は別のサイトで読んでいた。手紙が公開されて二日後の土曜になっても、サイト上では依然として「メール投稿数」と「閲覧数」のリストでトップのままだった。その週末にダウンタウンのバーにいた記者は、テーブル席の二〇代の若者がビールを飲みながら、この手紙の文面をそらで引用しているのを耳にしたという。メールで私にプロポーズしてきた女性も二人いた。

「インターネットをざわつかせた」人物になった感想はどうかと訊いてくる人がいた。自分が有名モデルなどとは違うのはよくわかっていた。それに、私がツイッターで何をやっていようが、本業の方は関係なく続いていたのだ。写真編集者からは、大学のキャンパスの利用のことで問題に遭遇したフリーの記者に手を貸してほしいと頼まれた。香港支局はタイの王室に関する微妙なネタを使っており、君主のいかなる批判も禁ずる同国の過酷な不敬罪法に、私たちはまたもや対処していた。私に連絡してきたある弁護士からは、ボストン市内の配達ルートを巡る契約に関する、終わりなき論争の解決を目指していると（またもや）言われた。さらに私は、一日の時間の大部分を費やして、カリフォルニア州でのマーケティング資料を巡る集団訴訟の書類やデータ作りに、悪戦苦闘した。一方で、手紙に関するメールは押し寄せ続けていた。私は夜遅くまで起きては、毎晩何十件と返信した。人々が時間をかけて書いてきてくれたのだから、彼らは返事をもらって当然だと思ったのだ。実に中西部的な考え方である。このときに私にメールをくれたラスティという九〇歳の女性とは、今も連絡を取り合っている。彼女は数週間おきに、コロラド州の視点から世の中の様子や昔の話を教えてくれるのだ。

＃ＭｅＴｏｏ運動が生じる一年前だったが、人生でハラスメントを経験してきた女性たちからのメールには、心を動かされた。「あなたは人々の代弁をしてくれているように思えたので……セクハラや性的暴行、性的虐待を訴えたあとに脅された、すべての女性たちの代弁を。そのことに心から感謝します」と、ある人は書いてきた。別の人は次のように綴った。「人生で、立場を利用したこのような攻撃的行為を、女性なら何かの形で必ず経験しています。それでも私たちの多くはそのことは葬り去って、前へ進もうとしています。でも、心の中では自分たちはまったく悪くないのではないかと葛藤しているのです。今回の新たな議論によって、意味のある変化がもたらされることになるかもしれません。このことをはっきり浮き彫りにする手助けをしてくれてありがとうございます」。女性たちが仕事上で経験する、気が滅入るような現実をうまく表現しようとしてくれた人もいた。「私と似たような経験をした女性については、両手足の指で数えられる以上知っています。そのような人たちの中で、こういったより力のある男性に立ち向かう勇気を持っていた女性の数は、残念ながら片手で済んでしまうことでしょう……ニューヨーク・タイムズには断固たる態度を貫いてもらい、ありがたく思っています」

感謝の気持ちを表したいだけという人は多かった。ある男性は、私と同じ高校に通っていたことを誇らしく思えたと書いてきた――もっとも、それは別のデヴィッド・マクローだったが。「ＭＨＳの卒業生ではなくても、なさったことには感服いたします」。「最大級のハイファイブを送ります」と書いてきた別の読者は、スパムフィルターによって、このメールははじかれるだろうと予想していた。カリフォルニアのカップルは、ワインを開けてこの手紙に乾杯を捧げたという。ニューヨーク在住の人は「あなたに礼を言う二八万九〇〇〇人目の人間」になりたいと言ってきた。一番のメールは、こう結ばれていたものだった。「妹が言っていました。『弁護士が書いた文章を冷蔵庫に飾りたいと思ったことなんて、今までなかったわ』」

カリフォルニアの弁護士からのメールもあった。その男性は映画スタジオの仕事に全キャリアを注いできたが、これまでの自分の仕事は、業界にいる間抜けどもに、丁寧な返事を書いてきただけだったと言っていた。自分が本当に思っていることや信じていることを言わせてくれる会社で働けて、あなたは幸せに違いありませんと、彼は記していた。

彼のメールは、多くの人が知りたいと思っていることを表していた。つまり、タイムズ社の最高幹部は、本当にこのような手紙を書くのを私に許したのかということだ。「私たちをどうぞ訴えてください」と書いてあるだけでなく、「女《メス》」というどぎつい言い回しまで含まれている手紙を？　当時私のオフィスはガラス張りだったが、手紙がアップされて一〇分ほどしたところで、よくないことが起こった。ＣＥＯが、顔にある表情を浮かべて、手紙を手にして、こちらに向かって歩いてくるのが見えたのだ。そのような場合、最初に最高幹部に確認もせずに、次期アメリカ大統領に「かかってこい」という内容の手紙を送ることが、本当によいアイデアだったのかと自問し始めるのだ。ＣＥＯのマーク・トンプソンはイギリス人である。彼はオフィスにまっすぐ入ってくるや、単刀直入に切り出した。私の目の前に例の手紙を掲げながら。「素晴らしい手紙だ」と、彼が口を開いた。「だが、どうしても理解できないことがひとつある。なぜアメリカ人はコロンのあとを大文字にすることにこだわるのかい？」

もっとひどい結果になっていた可能性もあったのである。

この手紙が拡散されてからの数カ月間で、私は言論の自由運動の顔となり、トランプの大統領職についてや、独立したマスコミ相手に大統領が仕掛けている戦いについて、大学で講演もした。当然ながら人々が知りたがったのは、タイムズ社は返事をもらえたのかということだった。手紙については数千人から返事をもらった。返事がなかったのが、その手紙の実際の受取人であるトランプの弁護士だった。そのうちに私も返事を期待するのをやめた。選挙が終わって、トランプが勝ったのだ。訴訟による脅しも考え直すことになったのである。

それが二〇一七年二月のある夜、私が法律事務所の会議室で、またも終わりのないミーティングをやりながら夕食を食べていたときだ。受信トレイにメールが届いた。テーブルの下で携帯電話を確認すると、送り主はすぐにわかった。例のトランプの弁護士である。件名には何もなく、彼の名前と空欄があるだけだった。私はしばし迷ってから、メールを開いた。

そのメールの一番下にあったのが短いニュース記事で、私が招かれてロースクールで行った学位授与式のスピーチについてのものだった。その上に簡単なメッセージがあった。「謝礼金の分け前をくれてもいいころ合いかと思ってね。そうだろう？　とにかくおめでとう。元気であることを願っている」

私も我慢できずに調子を合わせた。「まったく同感だよ」と返事を書く。「だが、国民の敵であるから、支払いは昔のようにはいかない。自分ではトータルで九〇〇ドルまでというところだと思う」。二人の弁護士がお互いをプロの仲間として扱っているって？　人間として？　別に普通のことである。それでもアメリカに希望はあったのかもしれない。

ただ、私にとって最も意味があった反応は、ジャーナリストたちから寄せられたものだった。〈タイムズ〉のニュース編集室内での反応には元気づけられた。手紙を送った翌日に私が部屋に入るや、スタンディング・オベーションを浴びたという噂を記者たちが流して、そのエピソードがすぐさまマスコミに取り上げられたのである。ジャーナリズムでは時々あることだが、真実はもう少し複雑だ。確かに私は拍手《オベーション》を受けた。それと、私が部屋に足を踏み入れたときに、立っているジャーナリストはすでに何人かいた。それをスタンディング・オベーションと呼べるかどうかの判断は、ほかの人たちに任せたい。

だが他の場所では、私がしたこと、特に女性に対する不適切な行動というトランプの評判を記した文章について、疑念を持つジャーナリストもいた。二〇一七年の秋、ミネソタ州セントポールのナショナル・パブリック・ラジオのインタビューで、司会者がこの文章のことを深く掘り下げて、なぜ私がこれを取り上げたのかを知りたがった。その質問は痛烈で厳しいものだった。自分の手紙は弁護士通知書であること、法廷で行うような法律的主張をはっきり述べていることを、私は説明した。手紙はそういうものなのだ。もし先方が裁判に持ち込むつもりなのだとしたら、その訴訟がどのようなものになるのかを、相手側に知らせるのである。ごく普通の弁護士業にすぎないと、私は言おうとした。法律をきちんと説明して、それを事実に適用するのである。それほど説得力ある言い方にはならなかった——正直言って、あの段落は当たって砕けろという攻撃だったのだ。ラジオ局の司会者から続けて質問されなければいいと思っていた。そのとき急に、私の後方の調整室にいる誰かが、トランプ大統領が国民に向けて生放送で演説すると伝えた。ラジオ局はそれを流すため、私のインタビューはカットすることにした。振り返ると、天井から吊るされたテレビモニターに、ホワイトハウスの演台に向かうトランプが映っていた。この男の姿を目にして、これほど嬉しかったことはない。私のインタビューは終わったのだ。

手紙を公表した時点でも、反対意見はあった。当時ブルームバーグで高く評価されていた政治部記者のマーク・ハルペリンは、この手紙は党派心へとそれていると指摘した。「こういった非難をしている手紙を公表するというのは……もし自分が所属する報道機関が同じことをしたら、不愉快な気分になるだろう」。彼はその手紙を「人身攻撃」と見ており、タイムズ社は「自分の新聞で語るべき」で、「必要なら法廷で主張すべき」だと言ったのである。

ハルペリンの主張の一部は意味をなしていなかった。トランプ陣営が公表していた弁護士による撤回要求に対して、タイムズ社は反応すべきではなかったというのか？　もし私たちが反応したら、自分たちがそうしたという事実は隠さなければならなかったのか？　〈ワシントン・ポスト〉のエリック・ウェンプルはタイムズ社の擁護に回ってくれた。「ハルペリンにひと言。トランプが法的手段に関する意図をほのめかせば、ニューヨーク・タイムズは弁護士を配置につかせて反応するだろう。それを公表することは、ジャーナリストを支えるオープンな行為にすぎない。愚かでえせ倫理的な非難ではないのだ」

それでも、一部のジャーナリストが不快に思ったことは、私には理解できる。私の役割は、タイムズ社の仕事を守ること、そして、唯一の立場を主張することだ。つまり、自分たちは記事を正しく伝えていること、法律上の権利内でそれを行っていること、私たちを脅したり訴えたりする者は間違っているということである。その立場では、たとえ自分たちの記者にはそうできず、そうすべきではなくても、敵対的にならないということは、不可能なのだ。ただ、新聞自身のために、越えてはならない一線がどこかにあるのはわかっている。自分たちが報じた事実に基づいて訴訟を起こして、自分の判断は政治的意見ではなく法律専門家の意見となるように気をつけてはいる。この手紙のあとの〈タイムズ〉の記事では、この手紙をトランプ攻撃の一環として受け止めたいという人たちに対する、自分自身の当惑を表明した。あの手紙は反トランプというわけではないのである。私の役目は、真実を封じ込めようとする者や、政府を秘密主義で覆い隠そうとする者と戦うことなのだ。人々が私たちを脅そうとしたり、国民に知る権利があることを役人が隠そうとしたりしたときは、それぞれの政治観は私にはどうでもいいのである。私はニューヨークの横柄な民主党の指導者たちを相手に、情報を差し控えたことでオバマ政権を三〇回以上訴え、共和党がアメリカを透明性のない国にしようとするたびに相手にしてきた。私の仕事は政権によって変わるわけではない。私の仕事は、自分たちの記者が真実を追い求める機会を得て、彼らにできる一番の形で伝えられるようにするため、自分にできることは何でもするということなのである。

クラレンス・ジョーンズが二〇一六年一〇月にそのことを思い出させてくれたのを、私は嬉しく思ったのだった。

八〇代半ばのクラレンスは、一九六〇年代初頭にマーティン・ルーサー・キングの個人弁護士を務めていた。タイムズ社対サリヴァン事件の発端はキング牧師の支持者が〈タイムズ〉に出した広告だった。アラバマ州モントゴメリーで公民権運動に参加した人々が耐え抜いた暴力と虐待が詳述されていたのである。サリヴァンはアラバマ州の地元の警察官で、南部一帯の陰の実力者たちは名誉毀損法を用いて、公民権運動を世の中に伝えようとするタイムズ社などの報道機関を脅していたのだった。

クラレンス・ジョーンズは二〇一六年一〇月に私に手紙を書き、サリヴァン事件の際にタイムズ社とサルツバーガー家が新聞を守ったことや、その広告を出した公民権運動の指導者も守ったことを思い出させてくれた。「当時三一歳の私はキング牧師とタイムズに対して、サリヴァンの訴訟はタイムズの口封じと南部の公民権運動の指導部の首切りが狙いだと、全身全霊で伝えました」と、彼が記している。「私たちとタイムズは戦うしかなかったのです。自分たちが生き残るために戦ったのでした」

クラレンス・ジョーンズはそのときも正しかったし、今も正しい。サリヴァン事件から五五年が過ぎても、戦うという選択しかいまだにないのである。

あとがき　憲法修正第一条は死んだ——恋愛物語

王が死んだ！　王よ、永遠なれ！

——君主の死の際に発せられる伝統的な表現

もちろん、本当に死んだわけではない。ある意味で、憲法修正第一条はこれまでにないほど生き生きしている。もしあなたが、動物虐待を描いた映像を作ったり、死んだ兵士の葬儀で同性愛を嫌悪するプラカードを持って歩き回ったり、一五万ドル分の仕事をある人に選ばせるために多額の財産を寄付したりしたかったら、憲法修正第一条はあなたのことを優しく迎え入れて、しっかりと抱き締めることだろう。以上のケースはどれもここ最近、最高裁判所まで上がってきたものだ。そのたびに裁判所は、自分の考えを表現する権利を主張した者たちの弁護にすぐさま飛びついている。しかも、もっと平凡な形でも、憲法修正第一条は私たちの文化の中核であり続けている。今や、インターネットのサイバー空間の風へと形を変えて、フェイスブックの投稿が行われてツイートが咲き誇る、豊かな基盤となっているのだ。

それは私にもわかる。私はニューヨーク・タイムズ社のニュース編集室の弁護士として、一六年間過ごしてきたのだ。名誉毀損訴訟は何十件と監督したし、国中の大手マスコミのどの弁護士よりも多くの情報公開訴訟を起こした。私たちがある人たちについて言ったことに対し、不満を覚えた人たちによる、数え切れないほどの法的な脅迫に立ち向かってきたのだ。憲法修正第一条のおかげで、私にはこれらを容易に行うことができたのか？　毎日がそうである。

だが、この一六年間でわかったことがある。危険な世界や、激しく分断された国家の取材でジャーナリストが日々遭遇している多くの困難に対しては、憲法修正第一条は沈黙してきたということだ。この国が「報道の自由」に目覚めたのは五〇年前である。人種差別と、ベトナム戦争から ウォーターゲート事件まで、嘘をつき続けた政権によって分裂した国で、勇気あるジャーナリズムが可能となるのは、マスコミが法律上の危険を感じない場合のみと連邦最高裁判所は判断した。そして、その裁判所による解釈に憲法修正第一条が反応したのだ。一九六四年のタイムズ社対サリヴァン事件は名誉毀損法に大変革を起こし、名誉毀損訴訟を利用して批判を封じようとする、公人のじゃま立てをすることになった。ただ、重要なのはその前後関係である。これは南部で起こった公民権運動の指導者の権利に関して開かれた審理だった。そして、不公平を暴くためにミシシッピ州からアラバマ州、さらに深南部の残りの地域にまで分け入る北部の記者の権利を守ることを目的とした判決だったのだ。七年後の一九七一年のペンタゴン文書のときは、法廷は事前抑制に一線を引いて、裁判に訴えてマスコミに報道をやめさせようとする政府の権力を効果的に抑制した。だが、ここでも前後関係が重要だった。単に慎重を期する記事だっただけでなく、ベトナムで戦争を行う政府の二枚舌に関する記事だったのである。語られるべき物語があり、政府が保持する秘密を追いかける勇気と冒険心を備えたジャーナリストの声を聞くことを、憲法修正第一条が可能にしたのだ。

現在では、マスコミ——真実を伝えて、必ず生じる権力の逸脱をチェックする、民主主義の一番の希望であり続ける主流派メディア——の存在に対する脅威は、形や範囲が変わってきている。フェイクニュースの激増、報道の自由の否認（「アメリカ国民の敵だ」）に信じられないほど時間をかける政権、情報源を持つ記者の能力を脅かす、政府による歯止めのきかない監視計画、慎重を要する重要な記事の秘密情報源を保護できない法律、世界の広い範囲で外国特派員が遭遇する危険な現状、そして二つの現実を作り出した、バラバラのマスコミの環境——共和党の赤の現実と民主党の青の現実、あちらにはフォックスとブライトバート、こちらにはタイムズとポスト。分別ある民主主義を定期的に不可能にする相違——があるのだ。さらにその背景には技術革命がある。この一六年間で、報道機関に権威と力をもたらしていた声の独自性と、ジャーナリズムを支えた経済モデルは崩壊した。憲法修正第一条はこれらのいずれに関しても、修正する方法についてとりたてて言うことはない。マスコミは脅されて、民主主義は真実を必要としている。五〇年前、報道の自由はその解決策に欠かせないものだった。それが五〇年後には、マスコミは意味のある返答ができない場合が多く、現在民主主義を脅かしているその問題を助長してきたともいえるのだ。

それでも、本書は恋愛物語だったのである。弁護士としてあらゆる変化を経験すること、そして――昔の用語を使えば――タイムズマンとして、守る価値のあるジャーナリズムを守る方法を、法律と弁護士業に見出すことを伝える話だったのだ。私は子供のころ、毎朝父親のそばで〈ディケーター・ヘラルド〉を読んでいた。同紙は故郷の小さな町から三〇マイル離れたところにある、イリノイ州ディケーターという、私にはとてつもなく遠い世界に思われた土地のことを取り上げていたが、イリノイ州の奥深くにある自分たちの暮らしのさらに先にある、想像できないような世界の可能性も取り上げていたのである。

そして、本書は憲法修正第一条に関する恋愛物語でもあったのだ。優れた恋愛物語と同じく――純真さや幻想はないが――過去の光り輝く瞬間や希望に対するノスタルジアと、答えの一部となるような未来に満ちていたのである。

自分のことをニューヨーク・タイムズ社の弁護士と呼べるという特権を、私が見失ったことはない。国家としての私たちの大きな部分を変えた記事を〈タイムズ〉が報じたとき、私もその陰にいた。9・11の直後、ウィキリークス、対テロ戦争、アラブの春、イラク、シリア、アフガニスタンでの混乱、トランプの台頭、ハーヴェイ・ワインスタインに関する事実の発覚によって解き放たれた性にまつわる報い、といった記事の陰に。

そんな鋭く、重大な報道を祝い、報道の自由がない場所など不可能だと直感的にわかっていても、簡単には無視できない、つらいもうひとつの現実が存在している。サイバー空間にヘイトスピーチを撒き散らす者、インターネットを強力な復讐の武器として使う者、すでに不安定な国をさらに混乱させようと動く者、真実と虚偽のあいだの境界線をわかりにくくする者、そして自分とは異なる人、容認できない人、あまりに率直に発言する人、もしくは単に容姿が悪い人を減らそうと、ツイッターで人集めをする者にも、憲法修正第一条が救いの手を差し伸べてしまっているということだ。

コロンビア大学ロースクールのティム・ウー教授は二〇一七年一〇月に、「憲法修正第一条を殺したツイッター」という評論を〈タイムズ〉に寄稿した。これは次のように始まる。「私たちはメディアの歴史学者ではなくても、自分たちが生きているのは、メディアハラスメント、国内プロパガンダ、政治討論をコントロールする強制的な取り組みの黄金時代だとわかる」。一方で、様々な政治信条の反対側では、大統領が不愉快な真実はすべて「フェイクニュース」と断じ、自分に従う一部のアメリカ国民には見て見ぬふりをさせ、考えを合わせようとしないマスコミに憎しみを向けるよう促しているのだ。

制御の利かないインターネットと、独裁的な衝動を持つ反マスコミの大統領は、無関係ではない。ドナルド・トランプの才能というのは、安定しているかどうかは別にして、その関係を直観的に認識していることにある。基本的に、憲法修正第一条とは、真実と虚偽が戦っていて、市民は政府からの指示がなくてもその違いを見分けられる、思想の自由市場という考えに対する信念だ。インターネットは、その架空の市場へ参加するために、これまで話したい人や聞きたい人を妨げていた障害をすべて壊す、民主主義のエンジンとなるべきである。それにもかかわらず、私たちを賢くし、より情報に通じるようにし、孤立を減らし、他人に共感できるようにする可能性を持つ技術がやっているのは、正反対のことなのだ。識別する、問う、そして疑ってみるということが、歴史上これ以上に必要な瞬間はなかったのに、断絶した政治の不協和音の中で多くの人が行っているのは、それとは反対の一番簡単なこと、つまり信じることと無視することなのだ。

真実を隠したい、真実から隠れたいという大統領には、誰も驚かないはずだ。誰しも不都合な真実は持っているのだから。だが、驚くのは、実に多くのアメリカ人がその暗がりで彼を進んで支持していることである。悪者扱いされた他者——不誠実で堕落した大手マスコミ——は信じられないのだと。この他者はその力を乱用し、憲法修正第一条を悪用し、じゃまをして、破壊している。つまり敵というわけなのである。

一種のデマが民主主義にとってこれほど害になるのは、憲法修正第一条とは結局のところ、法律ではなく人の心についてのものだからだ。ジャーナリストにどれだけ自由があろうとも、だれも彼らのことを信じていなければ、何の意味もない。信用をなくしたマスコミは、民主主義を形成することはできないし、権力に責任を課すこともできない。そして、マスコミのことを見下げ果てたものと見ている大衆は、憲法修正第一条の価値観や報道の自由の擁護には、なんの関心も持っていないのだ。持つはずがあるだろうか？　市民の本能とは正反対のことをしているのだから。マスコミを信じないことと、報道の自由を信じないことは、ほとんど同じなのだ。

国民の総意はほつれてしまっている。民主主義が断絶してしまっている現代、たとえ意見が合わなくても、その自由な言論の権利を守るために人々が団結してきた国だとは、今やわからなくなってしまっている。そして、ヘイトスピーチの排除やネットいじめの禁止、ネット上での虚偽の力の削減を目指している人たちが、憲法修正第一条のことを障害ととらえたり、解決策の一部ではなく問題の一部とみなしたりしているのも理解できることなのだ。

だが言ったように、これは恋愛物語なのである。見解に対する愛情の話なのだ。憲法修正第一条の起草者たちは世間知らずだったのではない。嘘は避けられないものであり、人間性に根差した、騙したいという衝動があることを、彼らは厳しい経験から理解していた。だが民主主義の救済策とは、然るべきときに虚偽に対して真実のレバーを引く、知識ある一般市民である。それに相対するもの——権力を使って、話す者と黙る者、本物と偽物《フェイク》を決める政府——は擁護されない。私たちはそのことを、日々学びつつあるのだ。

憲法修正第一条は実際には死んでいないものの、アメリカ国民がそれを再び好きにならなければ、長くは生きられない。楽なロマンスでは決してないのだ。不断の努力が必要とされるのである。すべての人が話す権利を受け入れるだけでなく、真実を大事にし、耳を傾け、できるだけものを見分け、デジタルの現在や未来における驚くような狂気にもかかわらず、やはり思想の自由市場は誰も思いつかなかったほど優れた考えだと信じる必要があるのだ。これらはどれも、タイムズ社や報道に関わる誰もが正しく理解しているというわけではない。実はできていない。ジャーナリズムとは科学ではなく、芸術なのだ。それでも、私たちが毎日これを実際にこなし、完璧に正しく理解したとしても、それだけでは民主主義を再び偉大にするには足りないのである。そのような偉大さに至る唯一の道は、アメリカ国民の心の中に通っているのだ。

憲法修正第一条が新たな生涯を見つけられるのか、衰退した民主主義を勇気づけられるのか、かつての公民権運動やベトナム戦争、ウォーターゲート事件のときのように、現在の問題に対しても同じような存在になれるのかは、疑わしいと思わざるをえない。それでも私は、憲法修正第一条にはそれができるし、できるはずだと、変わらずに信じている。この信念が消えることはない。それが愛を込めるということなのだ。

謝辞

本書に記された話や意見は、もっぱら私のものではあるが、寛大にも時間をかけて原稿に目を通し、貴重な助言を寄せてくれた、以下の方々に深く感謝する。ドレイン・ブレイトン、スザンヌ（スー）・クレイグ、デヴィッド・ロード、クリステン・マルヴィヒル、デヴィッド・サンガー、ジョディ・カンター、メーガン・トゥーヒー、セルヒオ・フローレス、マイク・シュミット、マイケル・スラックマン、クリスティーナ・コーニンガイザー。

スザンヌ・デイリーは冒頭の数章を改訂して、その後のあらゆるものにヒントを与えてくれた。マーク・マクローは冷酷で腹立たしいまでに正しいファクトチェッカーだった。それぞれ著書をもつ友人のニール・スワイディ、スーザン・クロフォード、カレン・グリーンバーグ、クリス・チヴァーズは、重要な場面で助言と励ましをくれた。マイケル・ポラックのコピーエディターぶりは見事なものだった。

タイムズ社では、総合弁護士のダイアン・ブレイトンがこのプロジェクトを最初から支えてくれ、私が原稿を仕上げられるよう休暇の手配までしてくれた。彼女の前任のケン・リチェリは、二〇一六年秋に私がこの本について初めて話し始めたときに、私の考え方を決定づける手助けをしてくれた。タイムズ社の上層部であるアーサー・サルツバーガー・ジュニアとA・G・サルツバーガー、マーク・トンプソン、ディーン・バケットは、タイムズ社の弁護士なら本を書くべきであり、おそらく書けるだろうという考えに熱く応じてくれた。

本書のアイデアを最初に出してくれたのは、二〇一六年一〇月に会った著作権代理人のキム・ウィザースプーンで、それ以来彼女は導き手となってくれた。また、版元であるセント・マーティンズ社のチームにも感謝している——アダム・ベロー、ケヴィン・ライリー、アラン・ブラッドショー、それに原稿を本にしてくれて、一歩ずついいものにしてくれた彼らの同僚たちに。

翻訳協力◎中川　泉
組版◎キャップス

【著者紹介】
デヴィッド・E・マクロー　David E. McCraw

1954年生まれ。イリノイ大学卒業。コーネル大学大学院、オールバニ・ロースクール修了。「ニューヨーク・デイリーニューズ」紙の法務部門を経て、2002年より「ニューヨーク・タイムズ」紙の副法務担当役員として、名誉毀損、情報公開などに関する訴訟を手がける。2016年10月ドナルド・トランプ氏の弁護士に対し、同紙の権利を擁護する手紙を執筆。文面が公開され話題になる。ニューヨーク大学ロースクールの客員教授、ハーバード・ロースクールの客員講師も務める。

【訳者紹介】
日暮雅通（ひぐらし・まさみち）

1954年生まれ。青山学院大学卒業。英米文芸・ノンフィクション翻訳家。日本推理作家協会会員。おもな訳書に『未解決事件 死者の声を甦らせる者たち』（柏書房）『最初の刑事——ウィッチャー警部とロード・ヒル・ハウス殺人事件』（早川書房）『図説 図書館の歴史』（原書房）『キャプテン・クック 世紀の大航海者』（東洋書林）『テクノロジーとイノベーション』（みすず書房）『ディープ・シンキング 知のトップランナー 25人が語るAIと人類の未来』（青土社）など多数。

ニューヨーク・タイムズを守《まも》った男《おとこ》

印　刷　2020年2月25日
発　行　2020年3月5日

著　者　デヴィッド・E・マクロー
訳　者　日暮《ひぐらし》雅《まさ》通《みち》

発行人　黒川昭良
発行所　毎日新聞出版
〒102-0074　東京都千代田区九段南1-6-17　千代田会館5階
営業本部：03(6265)6941
図書第二編集部：03(6265)6746

印刷・製本　中央精版印刷

ISBN978-4-620-32622-1